Achtsamkeit in digitalen Zeiten

Lilian N. Güntsche

Achtsamkeit in digitalen Zeiten

Ein persönlicher Wegweiser für mehr Ruhe
in der Beschleunigung

 Springer

Lilian N. Güntsche
THE DIGNIFIED SELF
Berlin, Deutschland

ISBN 978-3-658-11089-5   ISBN 978-3-658-11090-1   (eBook)
DOI 10.1007/978-3-658-11090-1

Die Deutsche Nationalbibliothek verzeichnet diese Publikation in der Deutschen Nationalbibliografie;
detaillierte bibliografische Daten sind im Internet über http://dnb.d-nb.de abrufbar.

Illustration mit freundlicher Genehmigung von Celia Krietsch, Berlin

Gedruckt auf säurefreiem und chlorfrei gebleichtem Papier

Springer ist Teil von Springer Nature
Die eingetragene Gesellschaft ist Springer Fachmedien Wiesbaden GmbH
Die Anschrift der Gesellschaft ist: Abraham-Lincoln-Str. 46, 65189 Wiesbaden, Germany

Danksagung und Widmung

Dieses Buch ist all jenen gewidmet, die eine positive Zukunft gestalten und jetzt und heute damit beginnen möchten. Ich danke zuallererst Ihnen, dafür, dass Sie dieses Buch erworben haben und es lesen. Das ist das größte Geschenk für mich von allen! Mein Dank gilt zudem meinem fantastischen Verlag Springer, der so offen und agil war, neue Wege eines Sachbuches zu gehen. Ich danke insbesondere meinem Lektor Rolf-Günther Hobbeling, der mir vom ersten Moment meiner Idee bis zur Veröffentlichung des fertigen Buches stets mit Vertrauen, Begeisterung und Unterstützung begegnete.

Ein besonderer Dank gilt meiner Familie, meinen Freunden und Lieblingsmenschen, die mich täglich, ob virtuell oder persönlich, mit Liebe und Mitgefühl entlang der Straße des Lebens begleiten. Ich danke meinem Vater für die tollen Gespräche und Impulse. Insbesondere danke ich meiner Mutter für den endlosen Glauben an mich und die Inspiration ein Buch zu schreiben, indem sie es mir selbst vorgelebt hat.

Ich danke meiner talentierten Illustratorin Celia Krietsch, die meine Gedanken in kreative Zeichnungen transportiert hat. Ich danke Daniel Augsten für das Geleitwort eines beispielhaften „mindful"-Managers. Ich danke meinen geschätzten Interviewpartnern: Karina Leute, Jonathan Mac-Donald, Inmaculada Martinez, Anja Nothelfer, Stefanie Palomino, Heike Scholz, Humberto Schwab, Gabriela Seir und Rudy De Waele – für das Teilen ihrer wertvollen Gedanken in diesem Buch. Menschen wie Euch lassen mich an eine positive Zukunft glauben. Ich danke Carmen Köhler und Christa Witt für die konstruktive Durchsicht meiner Manuskripte. Ein besonderer Dank gilt Heike Scholz für ihr Vertrauen und die Unterstützung dabei, meinen Traum von „The Dignified Self" Realität werden zu lassen. Ich möchte auch der Community und den Kooperationspartnern von The Dignified Self danken für die Hilfe, mehr Achtsamkeit in digitalen Zeiten zu kultivieren.

Ich danke all jenen Menschen und Momenten, die mir auf meinen Reisen und Etappen des Lebens Inspirationen sind. Ich danke allen Instituten, Organisationen und Bewusstseinslehrern, die die Kunst der Achtsamkeit und somit mehr Ruhe in der Beschleunigung fördern. Ich danke dem Zukunftsinstitut für ihren Zukunftsreport, der mir in vieler Hinsicht aus der Seele spricht. Und ich danke Eckhart Tolle für das Buch „The Power of Now" – es war der Beginn meines Erwachens.

Abschließend gilt mein Dank der Gegenwart, denn sie ist der Fokus meiner Wirklichkeit.

Geleitwort von Daniel Augsten

Ist Achtsamkeit im Management eigentlich nur ein neuer Hype, wenn schon das „Time Magazin" von der sogenannten Achtsamkeitsrevolution spricht, oder ist es vielleicht eher ein Zeichen für eine bewusste Veränderung der Leadership-Kultur erfolgreicher Organisationen wie zum Beispiel Google, Apple, Medtronic, um nur einige zu nennen. Meine persönliche Sicht darauf ist eher Letzteres, auch wenn wir in deutschen Unternehmen noch am Anfang dieser Entwicklung stehen. Genau aus diesem Grunde freue ich mich mit meinen persönlichen Erfahrungen und insbesondere aus meiner Rolle als Manager, am Buch von Lilian N. Güntsche mitwirken zu dürfen.

Als ich vor über 15 Jahren in der Digitalbranche, genauer in der Mobilfunkbranche, gestartet bin, war dies sicher noch nicht so. Mein Motto und die Einstellung vieler um mich herum waren im Wesentlichen immer „höher, schneller und weiter" und vermutlich habe ich selbst meinen unbewussten Beitrag zur „always on"-Kultur geleistet, indem ich Anfang der 2000er Jahre eines der beliebtesten Manager Gadgets namens „Blackberry" in Deutschland eingeführt habe. Nach zahlreichen Stationen im In- und Ausland mit verschiedenen Technologieunternehmen hat mich der digitale Wandel in Unternehmen über Jahre begleitet und heute führe ich selbst ein Unternehmen mit mehreren hundert Mitarbeitern innerhalb eines der größten Medienkonzerne und unterstütze namhafte Unternehmen beim digitalen Marketing und der digitalen Transformation.

Gerade in der jetzigen Phase, in der die digitale Transformation nahezu jede Branche erfasst und damit die Technologie gefühlt immer stärker in den Vordergrund rückt, erhält das Thema Achtsamkeit eine immer wichtigere Bedeutung. Hier geht es vor allem um den verantwortungsvollen Umgang mit Technologie und der (eigenen) Gesundheit sowie der zur Verfügung stehenden Zeit für die Menschen, die für die Führungskräfte in Unternehmen verantwortlich sind. Manager und Unternehmen sollten sich dem Thema gerade deswegen widmen, weil es hierbei im Gegensatz zum Management, welches eher die Effektivität und die Effizienz im Fokus hat, um ein Leadership-Thema handelt, das heißt der Frage, wie man erfolgreich Veränderungen managt und hier insbesondere die aktuellen Herausforderungen der digitalen Transformation in den Unternehmen. Mit John Kotter, Professor der Harvard Business School und Bestseller Autor für Veränderungsmanagement, konnte ich kürzlich selbst darüber sprechen, dass es beim „Leadership" vor allem um das „Einschlagen der richtigen Richtung" (setting directions) geht. Mit dem Fokus auf einen achtsamen oder „mindfulness" Leadership, werden daher Führungsqualitäten wie zum Beispiel Empathie, Kreativität sowie emotionale Intelligenz zunehmend wichtiger, wenn sie die digitale Veränderung ihres Umfelds erfolgreich bewältigen möchten. Gegenwärtig haben insbesondere deutsche Unternehmen und Führungskräfte bei Themen wie Empathie und emotionale Intelligenz noch deutlichen Nachholbedarf und sollten daher gerade die Chance ergreifen, sich stärker dem Thema Achtsamkeit für ihre Mitarbeiter öffnen.

Lilian N. Güntsche schafft mit ihrem Buch genau diese Brücke, da sie als erfolgreiche Unternehmerin und Künstlerin sehr pragmatisch und authentisch und eben nicht esoterisch, sondern dieses Thema humorvoll und durchaus kritisch betrachtet. Es eignet sich daher sowohl für den technologieverliebten Geek sowie jeden Berufstätigen, der nicht zwangsläufig Manager sein muss, um Achtsamkeit im digitalen Zeitalter in das eigene Hier und Jetzt zu integrieren. Aus diesem Grunde unterstütze ich auch persönlich die Initiative von „The Dignified Self" und habe hier bereits in einem Podcast-Interview mit dem Titel „Happiness-Injektion für Manager" mit der Autorin dieses Buches und Gründerin von The Dignified Self einen regen und interessanten Austausch geführt (The Dignified Self 2016a). Wir müssen lernen, viel bewusster und achtsamer mit Technologie im beruflichen wie privaten Kontext umzugehen, ohne die Nutzung der Technologie pauschal zu verteufeln. Lilian N. Güntsche ist quasi ein Pionier zu diesem Thema und es ist erfrischend zu sehen, wie sie dieses Thema sehr undogmatisch und vielseitig beleuchtet.

Abb. 1 Foto Daniel Augsten

Daniel Augsten
Geschäftsführer Solution Group Digital Marketing, Bertelsmann

Daniel Augsten ist seit über 15 Jahren in der Digitalbranche tätig. Als Geschäftsführer bei der Bertelsmann Gruppe im Bereich Digital Marketing, ist Daniel zurzeit verantwortlich für mehr als 500 Mitarbeiter mit denen er unter anderem die Entwicklung und Umsetzung von digitalen Marketingstrategien bei namhaften Unternehmen vorantreibt. Davor war Daniel in verschiedenen Managementrollen in der ICT Branche aktiv, auch war er bei der Deutschen Telekom Gruppe verantwortlich für B2B-Marketing und das ICT-Geschäft in Europa sowie für globale Partnerschaften und Ventures mit Start-ups. Während seiner Zeit in einer Strategie- und Technologieberatung hat er unter anderem Mobile Unternehmen im Ausland aufgebaut. Er bezeichnet sich daher auch gerne als Mobile Urgestein der ersten Stunde. Daniel hat an der WHU – Otto Beisheim School of Management und Kellogg School of Management an der Northwestern University studiert und während der vergangenen Jahre an den verschiedensten Orten gelebt und gearbeitet, wie zum Beispiel in Lateinamerika, dem Mittlerer Osten und kurzzeitig auch in Asien. Inzwischen lebt der gebürtige Rheinländer mit seiner Familie in Niedersachsen.

Vorwort

Warum schreibt eine Medienökonomin und Digitalberaterin ein Buch über Achtsamkeit? Ok, sie hat auch einen Hang zur Kreativität. Aber dennoch: Wo ist die Verbindung? Gerade ist sie als Entrepreneur doch ein Workaholic ohnegleichen. Was hat sie mit Achtsamkeit am Hut? Sie isst Fleisch, ist eher gesellig, fehlt selten auf einer Veranstaltung und arbeitet mit großen Markenunternehmen. Sind achtsame Menschen nicht eher ruhig und zurückgezogen, essen vegan und leben weitestgehend ohne materielle Dinge? Gestern predigte sie als Mobile Marketing-Fachfrau doch noch „Always-On". Warum jetzt auf einmal den achtsamen Umgang mit Technologie? Gerade sie ist doch in der digitalen Branche zu Hause, sehr aktiv in sozialen Netzwerken und selten ohne ein Smartphone zu sehen. Und was hat Achtsamkeit eigentlich mit der digitalen Transformation und Leadership-Fähigkeiten zu tun? Was bedeutet „Achtsamkeit" überhaupt und warum schmückt dieser Begriff heute bereits Titelseiten großer Publikationen? Wie passt das alles zusammen?

Ich entspreche vermutlich nicht den anderen Yogis, Gurus und Stereotypen, die wir meist über Achtsamkeit reden hören. Ich bin ein Advokat der Zukunft und ein Ritter der Gegenwart in einer Zeit der Ablenkung. Gewissermaßen bin ich auch ein „Teilzeit-Baum" und ein „selbstbewusstes Zebra", aber dazu später mehr. Der Grund dieses Buches über Achtsamkeit in digitalen Zeiten ist meine Überzeugung, dass wir an einem wichtigen Scheideweg unserer Zeit angekommen sind, der maßgeblich über die Rolle der Menschheit in der Zukunft entscheiden wird. Und hierfür bedarf es einer dafür dringend erforderlichen Kraft: Achtsamkeit. Es handelt sich hierbei um die

„einfache" aber mächtige Fähigkeit, in der Gegenwärtigkeit zu leben und diese bewusst wahrzunehmen. Achtsamkeit ist in unserer schnelllebigen Zeit rar, aber es ist ein „Must-have" geworden, um sich seine Poleposition auch morgen noch zu sichern. Wenn Sie Achtsamkeit also noch immer mit im Schneidersitz sitzen, Räucherstäbchen anzünden, „„Omm' singen" und esoterischen Hippies assoziieren, dann ist es höchste Zeit für ein Update Ihres menschlichen Betriebssystems. Auch ich habe mal so gesprochen und kann mich daher gerade in diese Weltanschauung nur zu gut hineinversetzen, doch ist dieses Klischee von Achtsamkeit heute längst überholt. Denn wissen Sie was Steve Jobs, Oprah, George Lukas, David Lynch und Clint Eastwood gemeinsam haben? – Meditation.

Viele erfolgreiche Menschen, so auch vermehrt Führungskräfte großer Konzerne, schwören bereits auf die Praktiken der Achtsamkeit, zu denen unter anderem auch Meditation gehört. Darin finden sie eine Quelle ihrer Konzentration und Energie. Achtsamkeit hat die Leistungsgesellschaft erreicht und wurde kürzlich durch Vordenker Matthias Horx vom Zukunftsinstitut sogar zum „Megatrend" erklärt (Horx 2016, S. 6). Gerade in unserer technologisch geprägten Welt ist es wichtiger denn je geworden, Menschlichkeit und die Verbindung zu uns selbst wieder zu erlangen – und nicht nur zu unseren Smartphones und sozialen Netzwerken. Achtsamkeit begünstigt die Verbesserung zwischenmenschlicher Beziehungen und die Steigerung der Kreativität (Harvard Business Manager 2014, S. 36 ff.). Und es sind gerade solche menschlichen Fähigkeiten und Features, die uns im Roboter-Zeitalter einen entschiedenen Wettbewerbsvorteil verschaffen können (WeForum 2016). Denn: „Alles, was nicht automatisiert oder digitalisiert werden kann, steigt dramatisch im Wert" (Leonhard 2016, S. 29). So auch Achtsamkeit.

Ich lade Sie dazu ein, einer Autorin zuzuhören, die 35 Jahre alt, seit über einem Jahrzehnt in der digitalen Welt tätig ist und sich vor einigen Jahren selbst kaum noch hören konnte inmitten des „Lärms" des Alltags. Heute sind mein gegenwärtiges Bewusstsein und meine Intuition wichtige Berater täglicher Entscheidungen. Ich bin dadurch erfolgreicher, gesünder, effizienter und glücklicher. Denn ich habe eine Formel für mehr Ruhe in der Beschleunigung gefunden und diese nennt sich „Achtsamkeit". Ich bin immer noch ein Fan der Digitalisierung und immer noch ein Workaholic, aber eben ein achtsamer. Als jemand, der seit 2004 die Mobile Branche mitgestaltet, sehe ich es heute als meine Verantwortung, Menschen dabei zu unterstützen, der heute dominanten Währung der Geschwindigkeit und Daten im gelebten Alltag mehr Menschlichkeit und Ruhe entgegensetzen zu können. Deshalb habe ich im letzten Jahr „The Dignified Self" ins Leben gerufen – eine Initiative für mehr Achtsamkeit in der digitalen Zeit. Der Blog dazu ist erreichbar im Web (thedignifiedself.com) und ich werde sicher an der einen oder anderen Stelle im Verlauf dieses Buches darauf verweisen (The Dignified Self 2016b).

Das Buch, das Sie nun lesen, ist vermutlich anders als andere Bücher. Es ist weder ein reines Achtsamkeit-, noch Technologie-Lehrbuch. Es ist eine Fusion dieser Welten. Man könnte es wohl als eine Art persönliches „Mindful-Pedia" beschrieben, das Einblicke und Impulse für die moderne Interpretation der Achtsamkeit (im Englischen: Mindfulness) liefert. Es geht in diesem Buch weniger um die statistische Aufreihung von Fakten, sondern um das Schildern von Erlebtem und Erlernten sowie das Erleben und Anwenden für sich selbst. Achtsamkeit ist nichts, das wir uns anlesen können. Es ist ausschließlich spürbar. „Being mindful is not a matter of thinking more clearly about experience; it is the act of experiencing more clearly" (Huffington Post 2016). Ich persönlich nenne es auch gerne: „Learning by Being".

Ich möchte Ihnen mit diesem Buch aufzeigen, dass auch ehrgeizige Menschen, die in der kapitalistischen Wirtschaftswelt agieren, achtsam sein können, ohne nur noch in Yoga-Hosen zur Arbeit zu erscheinen oder gar ihren Beruf verlassen zu müssen. Ich möchte Ihnen aufzeigen, dass selbst jemand, der immer skeptisch gegenüber Meditation war, darin seine Faszination und eine wertvolle Quelle der Energie finden kann. Ich möchte Ihnen aufzeigen, wie Sie durch Achtsamkeit eine gesunde Mischung aus virtuellem und realem Leben herbeiführen und trotz konstanter Veränderung ruhiger, erfolgreicher und glücklicher werden können. Alles was Sie suchen, ist bereits da. Sie müssen sich dessen nur bewusst werden. Ich bin davon überzeugt, dass Sie nicht aussteigen müssen, um anzukommen.

Dieses Buch ist eine Bestandsaufnahme des Jetzt und ist geprägt von persönlichen Geschichten und Storytellings, gepaart mit Lyrik und Illustrationen, Praxisbeispielen, Tipps und Interviews mit geschätzten Branchenkollegen aus der Technologie- und Bewusstseinsszene. Ich möchte Ihnen somit ein Tool-Kit an die Hand geben, das das Thema Achtsamkeit für Sie greifbarer werden lässt. An dieser Stelle sei auch gesagt, dass die digitale Branche sich leider vieler „Denglischer" Begriffe bedient, die auch den Alltag stark bestimmen, wenn Sie in dieser Branche tätig sind. Deshalb kann es sein, dass Ihnen relativ häufig das eine oder andere englische Wort in diesem Buch begegnet.

Ich gratuliere Ihnen, dass Sie dieses Buch lesen. Und zwar deshalb, da Sie sich selbst wertvoll genug sind, sich in den Mittelpunkt einer Technologiewelt zu stellen und sich die Möglichkeit einräumen, einmal selbst die „laufende

Software" zu sein, die sich entwickeln darf. Es zeigt, dass Sie ein reflektierter und agiler Mensch sind. Wir sind alle ein „Work-in-progress". Warum also nicht teilen, was wir auf unserem Weg erleben? Ist das nicht Teil der heutigen „Sharing-Gesellschaft"? Letztendlich ist doch keiner von uns als Jedi geboren!

Lassen Sie mich als Digital-Strategin, die dafür engagiert wird, Unternehmen erfolgreich in der Zukunft zu positionieren, mit diesem Buch Ihren Blick auf die Gegenwart richten und Ihnen von einer Kraft erzählen, die sich Achtsamkeit nennt. Einer Superforce, wie sie auch die Jedi-Ritter beherrschen, und die wir heute kultivieren und erleben dürfen, um uns nicht selbst auf der digitalen Überholspur zu verlieren. Denn es wird Zeit für mehr Fokus in der Informationsüberflutung, für Beständigkeit im Wandel, für Positivität und Empathie in der Kritik- und Konkurrenzgesellschaft, für Menschlichkeit in der Maschinerie, für Ankommen ohne auszusteigen und vor allem: Für mehr Ruhe in der Beschleunigung. Also machen Sie sich bereit für Ihr Mindfulness-Update! Ich freue mich auf die gemeinsame Reise mit Ihnen…

Berlin, Deutschland   Lilian N. Güntsche

Literatur

Harvard Business Manager (April 2014) Work-Life-Balance. Achtsamkeit, im Interview mit Ellen Jane Langer, Redakteurin A. Beard der Harvard Business Review, Harvard Business Publishing

Horx M (2016) Gibt es einen Megatrend Achtsamkeit? Zukunftsreport 2016. Zukunftsinstitut, Frankfurt a. M. https://onlineshop.zukunftsinstitut.de/shop/zukunftsreport-2016/. Zugegriffen: 1. Apr. 2016

Huffington Post (2016) Minds matter: mindfulness is the key to success. http://www.huffingtonpost.com/stedman-graham/minds-matter-mindfulness_b_6455604.html. Zugegriffen: 19. Apr. 2016

Leonhard G (2016) Die Beziehung zwischen Mensch und Maschine wird neu definiert, PDF. gerdleonhard.de. Zugegriffen: 15. Apr. 2016

The Dignified Self (2016a) Interview „Happiness-Injektion für Manager". http://thedignifiedself.com/de/happiness-injektion-fuer-manager-podcast-interview-mit-daniel-augsten/. Zugegriffen: 19. Apr. 2016

The Dignified Self (2016b) Vision und Mission. http://thedignifiedself.com/de/vision-mission/. Zugegriffen: 2. Feb. 2016

WeForum (2016) The 10 skills you need to thrive in the Fourth Industrial Revolution. https://www.weforum.org/agenda/2016/01/the-10-skills-you-need-to-thrive-in-the-fourth-industrial-revolution/. Zugegriffen: 4. Mai. 2016

Inhaltsverzeichnis

Über die Autorin

Lilian Naomi Güntsche
Gründerin THE DIGNIFIED SELF und Güntsche Concepts.

Lilian N. Güntsche, CEO & Founder von Güntsche Concepts und THE DIGNIFIED SELF ist seit über zehn Jahren im Marketing- und Kommunikationsumfeld der Technologie- und Medienbranche aktiv. Sie unterstützt namhafte Unternehmen in der digitalen Strategieentwicklung, Projektsteuerung und im Marketing. Lilian N. Güntsche, Dipl.-Medienök. (FH), ist zudem Autorin und Sprecherin zum Thema Achtsamkeit sowie Jurymitglied in verschiedenen Branchengremien zu den Themen Mobile Health und Innovationen. Sie hat eine Leidenschaft für Gesang, Meditation, Yoga und Reisen und lebt in Berlin.

Mehr unter www.thedignifiedself.com.

Lilian N. Güntsche hat eine große Leidenschaft dafür immer Neues zu lernen. Sie hat daher diverse Ausbildungen und Trainings absolviert. Zudem engagiert sie sich für Themen der Gesundheit, Bildung und Potenzialentfaltung von Menschen. Nachfolgend eine Auswahl ihrer Aktivitäten und Abschlüsse:

Aus-/Fortbildung & Trainings
- High School Diploma (Honors) Girard Academic Music School, Philadelphia
- Abitur an der John-F. Kennedy School, Berlin
- Kauffrau für audiovisuelle Medien bei Bertelsmann Music Group (BMG)
- Diplom der Medienökonomie (FH), Rheinische Fachhochschule, Köln
- Gesangs- und Songwriting Ausbildung bei LeitTon Musik, München

- Zertifizierte Sprecherin der Deutsche Pop-Akademie, Berlin
- Scrum Master – Scrum Alliance (Agiles Projektmanagement)
- Prince II Practitioner, Köln (Projektmanagement Zertifizierung)
- Team-Management Führungskräfte Coaching bei Seven Principles AG
- Diverse Trainings im Bereich Persönlichkeitsentwicklung und -entfaltung
- Search Inside Yourself – Führungskräfte Training für Achtsamkeit bei Google/SIYLI
- NLP-Practitioner (Neurolinguistisches Programmieren) bei Kikidan Media
- MBSR-Mindfulness Based Stress Reduction bei Achtsamkeit des Herzens
- TM-Meditationstraining bei Transzendentale Meditation Deutschland

Auszeichnungen und ehrenamtliche Tätigkeiten
- Jury-Mitglied in verschiedenen Award-Gremien für Mobile Education und Mobile Health
- Autorin verschiedener Blogs (unter anderem für mobile zeitgeist und Elephant Journal)
- Webby Award 2104 Advertising/Media audi.de mit Audi & Razorfish
- Unterstützung gemeinnütziger Organisationen für Gesundheit, Tierschutz und Kreativität
- Aufnahme in das „Who's Who" Netzwerk (2015)
- Aufnahme in die National Honor Society, USA (1997)

Weitere Informationen unter
Website: thedignifiedself.com und guentsche-concepts.de
Twitter: @lilian_naomi / @dignifiedself

Abbildungsverzeichnis

1

Vom Smartphone zurück zum Moleskine

Zusammenfassung Das Kapitel „Vom Smartphone zurück zum Moleskine" stellt die Autorin als Person vor, die ein Update ihres Avatars erfährt, der nun das neue Feature „Achtsamkeit" erhalten hat. In greifbaren Anekdoten wird der Weg dorthin inklusive der Überwindung von alten Mustern und Vorurteilen gegen Meditation und Achtsamkeit erlebbar. Auch Themen wie Loslassen, Selbstwirksamkeit und Selbstliebe, die eine wichtige Voraussetzung bilden und im engen Verhältnis zu einem achtsamen Leben stehen, werden besprochen. Der Begriff der Achtsamkeit (im Englischen: Mindfulness) wird erklärt und es werden wichtige Bewusstseinslehrer wie Eckhart Tolle und Jon Kabat-Zinn vorgestellt. Die erste Meditationserfahrung wird durch eine Geschichte zum Erlebnis und mündet in einer Einführung in die Meditation, in der erste Vorteile sowie wichtiges Basiswissen erläutert werden. Das Kapitel widmet sich zudem dem Gedanken eines „spirituellen Kapitalismus", den wir heute erleben und bietet die Wortschöpfung „Teilzeit-Baum" als möglichen Kompromiss an. Abschließend wird die hohe Relevanz von Achtsamkeit in der digitalen Zeit erläutert – hier insbesondere in Bezug auf die Informationsüberflutung, die wir heute erfahren. Hierbei

© Springer Fachmedien Wiesbaden 2017
L.N. Güntsche, *Achtsamkeit in digitalen Zeiten*,
DOI 10.1007/978-3-658-11090-1_1

werden erste Impulse gegeben, von „mind full" (Kopf überfüllt) zu „mind-ful" (achtsam) zu gelangen, um sich im Zeitalter der Ablenkung nicht im digitalen Kosmos zu verlieren.

Lange Zeit hatte ich das Gefühl, in einem rasend schnellen Zug zu sitzen, der nie anhält und aus dem ich nie aussteige. Die Aussicht aus dem Zug-fenster ließ Bilder an mir vorbeifliegen wie im Fast-Forward-Modus. Alles passierte so rasend schnell, sodass das gerade noch Gesehene schnell wieder vergessen war. Und interessanterweise guckte ich auch selten aus dem Fens-ter, dafür hatte ich keine Zeit. Stattdessen war ich immer beschäftigt mit etwas, das den Namen „Arbeit" trug. Wirklich bewusst und achtsam hin-sehen tat ich selten und es störte mich auch nicht, dass alle Bildsequenzen nur so an mir vorbeisausten. Ganz im Gegenteil – mir konnte es eigentlich nicht schnell genug gehen, denn es gab doch noch so viel zu schaffen und zu erledigen und zu erreichen. So lebte ich viele Jahre und hatte dabei nie das Gefühl, etwas ändern zu müssen, eher den Wunsch, die Geschwindigkeit und rasante Inhaltsaufnahme in Form vorbeifliegender Eindrücke und Bil-der noch zu beschleunigen. Bis auf einmal alles anders wurde…

Gespürt aus dem nichts kommend realisierte ich auf einmal, dass diese Zugfahrt mein Leben symbolisierte und ich reflektierte und dachte: „Warum fährt dieser Zug so schnell? Warum hält er nie an? Und warum schaut die Frau mit der so kindlichen Stupsnase eigentlich nie aus dem Fenster?" Es war wie ein böser Traum aus dem ich erwacht war, als ich realisierte, dass ICH diese Frau war und dass ich nie aus dem Zug aussteigen konnte, ja sogar durfte. „Ich will raus!", schrie ich innerlich. „Halt! Ich möchte bitte aussteigen!" – aber es war als ob mich niemand hörte, und auch mein eige-ner Körper reagierte nicht. Ich steckte fest!

Heute, ungefähr zwei Jahre später, sitze ich tatsächlich gerade in einem Zug und fahre in meine Heimatstadt, Berlin. Die letzten zwei Stunden habe ich ausschließlich aus dem Fenster gesehen mit einem Lächeln im Gesicht und mich entschlossen, dieses Buch zu schreiben, das Manuskript verfasst in einem traditionellen Moleskine[1], das ich mir vorhin am Kölner Bahnhof gekauft habe. Trotz MacBook, Tablet und Smartphone habe ich mich für dieses Moleskine-Notizbuch entschieden, da es sich einfach gut anfühlt, ein analoges Produkt zu nutzen, echte Buchstaben zu Papier zu bringen (wie in

---

[1]Die Marke Moleskine, die es seit 1997 gibt, legt legendäre Notizbücher von Künstlern und Intellek-tuellen der letzten zwei Jahrhunderte neu auf, von Vincent van Gogh bis Pablo Picasso, von Ernest Hemingway bis Bruce Chatwin (Moleskine 2016). Moleskine ist eine Marke für Notizbücher und Kalender, die von Moleskine SpA hergestellt werden.

alten Schulzeiten, lange vor dem Einstieg in den Beruf), die Haptik zu spüren und physische Seiten mit meinen Gedanken zu füllen. Da ich selbst in der digitalen Branche arbeite und diese auch durch und durch lebe, ist diese Entwicklung fast als eigenartig zu deuten, oder als untypisch für mich. Aber was ist schon typisch? Und was ist, wenn ich genau das „typische" Bild, das Menschen von mir haben, etwas modifizieren möchte. In Digital-Deutsch würde man wohl sagen: Ich mache ein Update meines Avatars! „Möchten Sie das Update wirklich starten?", flüsterte es. „Ja! ich will. Update starten."

Zoooooooom!
– Update abgeschlossen –.

1.1 Das Update meines Avatars

Den Text „Vom Smartphone zurück zum Moleskine" schrieb ich in seiner Urform im Jahr 2010 – kurz bevor ich ein Jahr später meinen Job als Teamleiterin Mobile in einer Unternehmensberatung im Angestelltenverhältnis verließ, verschiedene verantwortungsvolle und hoch dotierte Angebote für Führungspositionen bei bekannten Unternehmen absagte und mich stattdessen entschied, mich selbstständig zu machen – ohne einer Projektzusage oder Erspartem. Ich war in diesem und dem Jahr zuvor diverse Male wegen starker Kreislaufprobleme umgekippt, bekam ständig Augen-Migränen und hatte viel zu hohe Cholesterinwerte. Eine stressbezogene Magenschleimhautentzündung sollte auch noch folgen. Aber ich fuhr immer weiter in meinem rasenden Zug, denn ich hatte doch noch so viel zu erreichen auf der Karriereleiter. 14 h Arbeit pro Tag, Dienstreisen, Fortbildungen (zuerst ein berufsbegleitendes Abendstudium von dreieinhalb Jahren, dann diverse Weiterbildungen und Führungscoachings), einen Haushalt mit Freund und zwei Katzen und der Nebenberuf als Sängerin und Klingeltonproduzentin waren doch alles kein Problem für mich. Das ging schon… In einem ersten Versuch zur besseren Work-Life-Balance ging ich irgendwann mit meinem damaligen Freund zum Thai Chi. Ich dachte, das würde mich sicher beruhigen und mir Ausgleich schenken. Problem war nur, dass ich immer völlig abgehetzt von Meetings viel zu spät dort erschien und es mich einfach nur aggressiv machte, wenn die Menschen in sich ruhend, wie in Zeitlupe energetische Strömungen mit ihren Händen und Körpern formten und scheinbar dabei sehr glücklich waren. Mich stresste das nur noch mehr. Trotz erster großer Euphorie mit komplettem Outfit inclusive Thai-Chi-Schuhen (Ja. So etwas gibt es tatsächlich!) brach ich den Kurs daher kurze Zeit später wieder ab. Das war doch was für Esoteriker, dachte ich damals. Die haben bestimmt alle keine richtigen Jobs. Wie falsch ich doch lag – aber das lernte ich erst viel später.

Irgendwann – und das war, glaube ich, mein letzter Zündstoff für den Wandel – sagte meine damalige Hausärztin nach einer Routine-Untersuchung: „Wenn Sie so weiterleben, bin ich nicht sicher, ob Sie Ihr 35. Lebensjahr erreichen werden!" Dies traf mich sehr hart. Ich war damals noch keine 30 Jahre alt gewesen! Das Buch, das ich kurze Zeit später beschloss zu schreiben, schreibe ich nun fünf Jahre später als gedacht, aber der Samen wurde damals gepflanzt. Das Leben zieht einen immer wieder in einen rasenden Zug und zack! – schon wieder ist ein Jahr vorbei! Und es gibt immer einen Grund, warum wir gerade jetzt für bestimmte Dinge meinen, keine Zeit zu haben. Aber gleichzeitig gehört das vielleicht alles dazu. Es ist ein Prozess, zu sich zu finden und zu verstehen, dass Menschen, die die Ruhe leben und darin Frieden finden, nicht zwangsläufig alle Esoteriker sind. Auch muss es manchmal sehr laut scheppern, damit man endlich hört.

Der Aufbau meiner Selbstständigkeit als digitale Beraterin (Schwerpunkt Mobile) und Sängerin/Sprecherin hat jede Minute von mir eingenommen. Selbst und Ständig sagt man so schön. Und so war es eben auch. Aber Selbstständigkeit heißt auch, viel über sich selbst zu lernen, wo man ja schließlich ständig mit sich selbst zusammen ist. Diese Begegnung mit mir, die Herausforderungen, aber auch die Chancen darin, die Menschen, die mir auf dieser Reise begegnet sind und weiterhin tun – all das hat mich inspiriert, dieses Buch zu schreiben. Gerade als Digitalberaterin, wo es darum geht, Marken in einer Welt von ständigen Veränderungen, wechselnden Bedürfnissen und technologisch bedingten neuen Entwicklungen erfolgreich zu positionieren, ist es schwer geworden, einen Gang herunterzuschalten, mal stehen zu bleiben oder aus dem Zug auszusteigen. Es scheint normal geworden zu sein, gedanklich immer drei Schritte voraus zu sein und das Update des Updates des Updates zu fokussieren. Selten sind wir noch im Jetzt. Wir machen schließlich „Future Business". Der Weg zur Ruhe in der Beschleunigung, Stabilität in der Veränderung, Menschlichkeit in der künstlichen Intelligenz und Achtsamkeit im technologiedominierten Zeitalter mit Smartphones und Always-On-Kultur ist eine Kunst, die wir neu lernen dürfen.

Das Update meines Updates verfasst nun diese Zeilen und freut sich, auch Ihnen vielleicht einen Impuls für Ihr nächstes Software-Update zu geben, welches als Zusatz-Feature nun das Thema „Achtsamkeit" inkludiert.

1.2   Ab jetzt immer im „Jetzt"

Ich kann meinen Start in das „Leben im Jetzt" witziger Weise dem Internet verdanken. Nichts anderes hätte ich allerdings bei einem Menschen mit meinem Beruf erwartet (vgl. Abb. 1.1). Eines Tages, vor einigen Jahren, wurde mir in dem sozialen Netzwerk Facebook auf einmal ein digitaler Werbebanner angezeigt, der mich auf ein Hörbuch von Eckhart Tolle aufmerksam machte. Es handelte sich hierbei um den Bestseller „The Power of Now", zu Deutsch: „Jetzt! Die Kraft der Gegenwart. Ein Leitfaden zum spirituellen Erwachen" (Tolle 2014). Nie zuvor hatte ich von dem Buch oder dem Autor gehört. Nie zuvor war ich ansatzweise mit dem Thema „Spiritualität" in Berührung gekommen. Aber irgendwie weckte der Name und die Beschreibung meine Neugierde und so klickte ich auf „kaufen". Eine Entscheidung, für die ich immer dankbar sein werde und die noch einen starken Einfluss auf mein Leben haben sollte.

Denn so lernte ich den Lehrer Eckhart Tolle kennen, der in mir einen entscheidenden Kanal öffnete. Ursprünglich stammt er aus Deutschland, lebt aber seit vielen Jahrzehnten in Vancouver. Sein Buch, das ich nun als Hörbuch besaß, wurde in 30 Sprachen übersetzt und ist mit fast einer Million verkaufter Exemplare ein internationaler Bestseller. Eckhart Tolle ist meiner Meinung nach einer der besten Bewusstseinslehrer. Er hat eine Sprache, die zugänglich ist und sympathisch zugleich. Er ist irgendwie eigenartig, ja gar witzig und sehr authentisch. Ist einfühlsam und fasziniert Millionen, so heißt es auch bei Amazon: „Millionen Leser weltweit haben Eckhart Tolles ‚Jetzt! Die Kraft der Gegenwart' verschlungen wie einen Krimi, selten hat ein spirituelles Buch in so kurzer Zeit solch hohe Auflagen erzielt" (Amazon 2016). Kein Wunder, denn es ist meiner Ansicht nach eines der wertvollsten Bücher unserer Zeit. Dieses Buch hat mir die Augen geöffnet. Es war mein Erwachen. Das Erwachen in die Gegenwart. In anderen Worten: Der Start meines achtsamen Lebens.

Eckhart Tolle begleitet mich nun seit vielen Jahren und seine Lehren haben bis heute einen großen Einfluss auf mich. Gerade in der schnelllebigen Zeit heute hilft es mir immer wieder, ein paar Minuten des Hörbuchs

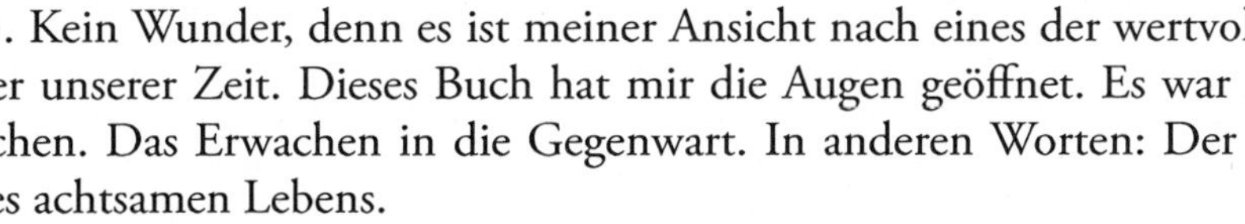

Abb. 1.1 Jetzt

von „The Power of Now" auf meinem Handy zu hören (Tolle 1997). Und Zack! Bin ich wieder im Jetzt. Ich habe durch dieses Buch das erste Mal nachvollziehen und auch erleben können, dass dieses Leben im „Jetzt" ziemlich toll sein kann. Eigentlich klar, bei einem Autor, der „TOLL(e)" heißt. Oder? Aber Spaß beiseite.

Was ist Achtsamkeit eigentlich?

„Mindfulness is the practice of being present in the moment" (Huffington Post 2016). Zu Deutsch gesagt: Achtsamkeit bedeutet beim Döneressen nicht schon an den Kaugummi zu denken (Scharnig 2015). Achtsamkeit (im Englischen: Mindfulness) bedeutet, seine gesamte Aufmerksamkeit dem Hier und Jetzt zu schenken und mit sich und seinem Umfeld achtsam umzugehen. Achtsamkeit setzt den Fokus auf die Gegenwart. Nicht auf die Zukunft, nicht auf die Vergangenheit. Wir nehmen einfach wahr was ist. In diesem Moment. Ohne gedanklich schon wieder drei Schritte weiter zu sein (The Guardian 2016). Unserer Kultur ist dieser Zustand eher fremd, wir sind wohl eher geprägt durch permanente Vernetzung und „24-h Multitasking" (Kabat-Zinn 1990). Wir meinen dies sei völlig normal. Ist das wirklich das neue normal? In Tolles Buch erklärt er wie folgt: „Sicherlich bist Du schon ,Verrückten' auf der Straße begegnet, die unaufhörlich mit sich selber reden oder murmeln. Das ist gar nicht so verschieden von dem, was Du und all die anderen ,Normalen' tun, ihr tut es nur nicht laut" (Tolle 1997, S. 32). Irgendwo hat er recht, oder? Tolle bringt in seinem Buch zudem das gute Beispiel einer Person, die zum Arzt geht und sagt, dass sie Stimmen in ihrem Kopf hört. Sie würde dann vermutlich zum Psychiater geschickt werden. In Wirklichkeit ist es aber so, dass wir auf ähnliche Art Stimmen in unserem Kopf haben (Tolle 1997, S. 32). Diese Stimme oder Stimmen nennen sich unsere Gedanken. Mit der Kraft der Gegenwärtigkeit jedoch, der Achtsamkeit, erhalten wir die Fernbedienung zu unseren Gedanken und sie kennt nur einen Knopf: Stop. Mit Achtsamkeit haben wir die Macht, die unwillkürlichen Gedanken anzuhalten (Tolle 1997, S. 32). Tolle spricht hierbei auch von einem Zustand jenseits der Gedanken: „Dieses Erkennen von Ich bin, dieses Gefühl deiner eigenen Gegenwärtigkeit ist kein Gedanke. Es hat seinen Ursprung jenseits der Gedanken" (Tolle 1997, S. 33). Das Anhalten der Gedanken gelingt uns nur dann, wenn wir unseren Fokus auf die Gegenwart richten, ohne uns von Erinnerungen der Vergangenheit, Wünschen oder Sorgen über die Zukunft einnehmen zu lassen. Wir bleiben einfach im Jetzt.

Tolle erklärt in seinem Buch im weitesten Sinne, dass wir Menschen die Tendenz entwickelt haben, in der Vergangenheit oder Zukunft oder gar in einer „Wenn, dann" kreierten Wirklichkeit zu leben (Tolle 1997). Diese Gedankenzustände können auch dazu führen, dass wir uns viel zu viele Gedanken machen, teils sogar über Dinge, die noch nicht einmal eingetreten sind. Vielleicht stellen Sie sich vor, dass etwas schlecht laufen könnte oder schief geht. Diesen Zustand nennt man „sich Sorgen" machen (Tolle 1997, S. 32) und er kann Stress verursachen. Menschen leiden heute unter den verschiedensten Stresssymptomen. Antworten wie „ich bin im Stress" sind normaler Sprachgebrauch geworden. Unsere Generation ist doch eigentlich fast immer im Stress. „Der Druck, der auf unserem Dasein lastet, macht es immer schwieriger Zeit für das Sein zu finden und für Augenblicke des Nicht-Tuns", so erklärt es der oft im Zusammenhang mit Achtsamkeit zitierte, amerikanische Medizinprofessors Jon Kabat-Zinn (Kabat-Zinn 1990, Einführung). Jon Kabat-Zinn hat es sich zu seiner Lebensaufgabe gemacht, Menschen durch Achtsamkeit von Stress zu heilen. Er hat hierfür das weltweit verbreitete MBSR-Programm entwickelt, das für Mindfulness Based Stress Reduction steht und von Tausenden Menschen absolviert wird. Im Rahmen eines der Interviews, das Sie in diesem Buch finden, können Sie mehr dazu sowie über die Wirkung dessen erfahren. Anja Nothelfer von Achtsamkeit des Herzens, bei der ich das MBSR-Programm durchlaufen habe, hat uns freundlicherweise ein paar Einblicke ihrer Erfahrungen als langjährige Achtsamkeitstrainerin gegeben. Dazu also später mehr. Auf der Website von Achtsamkeit des Herzens wird Achtsamkeit definiert als, sich dem unmittelbaren Augenblick mit einer nicht wertenden, annehmenden Haltung zuzuwenden (Achtsamkeit des Herzens 2016). Kabat-Zinn beschreibt Achtsamkeit als „eine bestimmte Weise aufmerksam zu sein, bewusst, im gegenwärtigen Augenblick und ohne zu urteilen" (Projekt Gesund 2016a). Es handelt sich um eine bestimmte Form der Aufmerksamkeit, die absichtsvoll ist, sich auf den gegenwärtigen Moment bezieht (statt auf die Vergangenheit oder die Zukunft), und nicht wertend ist (Wikipedia 2016). Der Vater der Achtsamkeit sagt zudem, dass Achtsamkeit ein lebenslanger Weg ist. Dieser führt nirgendwo hin – „nur in Ihr innerstes Sein" (Kabat-Zinn 1990, Einführung).

Es ist der Weg vom Tun ins Sein

Achtsamkeit ist keine Modeerscheinung, selbst wenn sie heute vermehrt Beliebtheit erfährt in den Medien, es ist eine Lebenseinstellung, die das Sein und die Gegenwärtigkeit eines Moments in den Fokus stellt. Achtsamkeit ist nicht gleich Multitasking, Achtsamkeit heißt, der einen Sache, die wir tun, unser vollstes Bewusstsein zu widmen. Achtsam heißt, etwas bewusst zu tun und zu erleben. Kennen Sie es, wenn Sie das Haus verlassen und sich nicht erinnern können, ob Sie die Herdplatte oder die Kaffeemaschine angelassen haben? Das ist das Gegenteil von Achtsamkeit. Wir schalten auf eine Art „Auto-Pilot" um und erinnern uns nicht an das tatsächliche Tun. Das sind gute Beispiele dafür, dass wir uns nicht im Sein befinden. Und das liegt meist daran, dass wir gedanklich irgendwo in der Vergangenheit oder Zukunft waren. Nicht aber in der Gegenwart.

Ich weiß nicht, wie es Ihnen jetzt geht. Aber ich fühlte mich damals irgendwie ertappt. Ich fand es schwer meine Gedanken zu stoppen und im „Jetzt" zu sein. Ich gehörte zu den Menschen, die tendenziell in der Zukunft lebten. Immer war ich gedanklich bei den nächsten Schritten, die ich erreichen wollte, die nächsten Stufen, die ich in meiner Karriere erklimmen wollte, dem nächsten Urlaub und der Zeit, wenn ich irgendwann mal Zeit haben würde. Ich denke, dies ist keine Seltenheit bei Menschen, die erfolgsorientiert, ehrgeizig und karriereorientiert sind. Und wenn Sie dazu noch in der digitalen Branche arbeiten sollten, wo es ja fast immer um die Zukunft geht, die wir mit neuen technologischen Möglichkeiten gestalten, werden Sie vielleicht sogar noch genauer wissen, wovon ich spreche. Ich war also der Typ Zukunft. Teilweise erwischte ich mich aber auch in der Vergangenheit. In Erinnerungen schwelgend und davon zehrend oder dessen verarbeitend. Das Gefühl, wirklich im Moment zu leben, war mir damals nicht vertraut. Umso mehr entdeckte ich mit der Zeit, wie gut es mir tat, dies zu üben und zu praktizieren. Heute lebe ich im Jetzt. Und es ist toll hier. Ich habe das Gefühl, sehr viel bewusster zu leben. Als ich anfing mein Bewusstsein immer auf den aktuellen Moment zu fokussieren, fiel mir auf, wie stark sich die Wahrnehmung bestimmter Dinge ändert. Sie wird viel intensiver. Sie fühlen mehr, sehen mehr, hören mehr, riechen mehr, schmecken mehr und leben mehr. Es ist fast wie eine Superkraft. „Achtsamkeit muss erfahren werden, um sie zu kennen" (Gerner et al. 2016, S. 22).

Einen Geschmack des Erlebens bekommen Sie zum Beispiel indem Sie Menschen wie Eckhart Tolle lauschen. Er lebt nur noch in der Gegenwart und er hat eine ganz besondere Aura. Ich habe die Ehre gehabt, ihn einmal live bei einem Vortrag in Hamburg hören zu dürfen. In den USA wird er übrigens auch liebevoll „E.T". genannt. Und das passt auch irgendwie. Denn er erinnert tatsächlich irgendwie an ein Wesen, das nicht aus unserer Welt stammt. Sie sollten sich einmal ein paar seiner YouTube-Videos ansehen (YouTube 2016a), dann wissen Sie was ich meine. Auch der berühmte Schauspieler Jim Carrey liebt Eckhart. Eine sehr lustige und berührende

Ankündigung Tolles durch den Komiker, ist ebenfalls bei YouTube zu sehen. Hier umarmt Jim Carrey auch eine Blume auf der Bühne und spielt brillant mit den Klischees der Achtsamkeit (YouTube 2016b). Eckhart Tolle ist ein bisschen wie ein Wesen, das fast schwebt und auf einer Ebene kommuniziert, das ein tieferes Bewusstsein der Menschen erreicht – sofern sie natürlich dafür offen sind. In Hamburg, wo ich ihn live erlebt habe, waren ca. 3000 Besucher offen dafür – während sich weitere Hunderte für die Online-Live-Übertragung anmeldeten. In kürzester Zeit war das Kongresszentrum komplett ausgebucht. Alles wegen eines gebückt laufenden, eher introvertierten Mannes, der mit einer Sonnenblume und einem Stuhl alleine auf einer großen Bühne sitzt und leise spricht. Dennoch öffnet er Millionen Menschen Herz und Seele und hilft ihnen bei der Evolution ihres menschlichen Bewusstseins. Die Besucher waren an jenem Tag gemischt – vom esoterischen Typ Hippie bis hin zum General Manager vom Großkonzern, von Kindern bis hin zu älteren Leuten – alles war vertreten und hatte an diesem Tag eines gemeinsam: Die Liebe und Begeisterung für die Worte und Weisheiten von Eckhart Tolle. Als er auf die Bühne kam, sprach er die ersten fünf Minuten kein Wort. Er schien die Stimmung des Raums förmlich in sich aufzusaugen. Während dieser Zeit herrschte absolute Stille im Saal. Ein irres Erlebnis. Und in kürzester Zeit entstand ein tiefes Gefühl der Verbundenheit im Raum, wie ich es selten gespürt habe. 3000 Menschen in einvernehmlicher Stille. Haben Sie so etwas schon einmal erlebt?

Tolle unterschied an diesem Nachmittag das oberflächliche, historische Ich („mein Leben") und das tiefe Ich, das nicht konstituiert ist. Das oberflächliche Ich ist sehr stark beeinflusst von unserem Ego. Tolle beschreibt das Ego als das „falsche Selbst", welches durch eine Identifikation mit dem Verstand geschaffen und gefüttert wird. Indem wir uns mit unserem falschen Selbst identifizieren, geraten wir aus der Balance. Für das Ego existiert die Gegenwart kaum. Es interessiert sich primär für die Zukunft und die Vergangenheit. Die Gegenwart nutzt es nur, um in der Zukunft etwas zu erreichen (Tolle 1997, S. 37). Das Verlassen einer Ego-getriebenen Weltanschauung beschrieb Tolle in Hamburg als das „Heraustreten aus den Gedanken" und die Verankerung in der Dimension der Tiefe. Dies können wir in einem Zustand jenseits unserer Gedanken empfinden, der auch der Zustand des „No Mind" genannt wird (Tolle 1997, S. 34). „Die Vorherrschaft des Verstandes ist nichts weiter als ein Stadium in der Evolution des Bewusstseins" (Tolle 1997, S. 38). An dem Nachmittag mit Tolle wurden von ihm nachfolgende fünf Portale vorgestellt, die in ein tieferes Bewusstsein führen können.

Fünf Portale in ein tieferes Bewusstsein aus dem Vortrag „Ein Nachmittag mit Eckhart Tolle" in Hamburg, 2015

1. Bewusstes Atmen
2. Bewusste Sinneswahrnehmung (fühlen, hören, sehen, schmecken, riechen)
3. Sich das Bewusstsein bewusst machen
4. Lebendigkeit des inneren Körpers spüren
5. „Ja" sagen zum jetzigen Moment und anerkennen als das was er ist („Let it be")

Ich denke insbesondere in unserer heutigen Zeit, in der wir uns neben Zukunft und Vergangenheit zusätzlich noch virtuell in Netzwerken aufhalten und auf unsere Screens starren, ist es wichtiger denn je geworden, im Jetzt zu leben und Achtsamkeit zu praktizieren, um den Fokus auf uns selbst und unser direktes Umfeld nicht zu verlieren. Sonst verlieren wir uns eventuell irgendwann selbst in der schönen digitalen Welt. Das Heraustreten aus der Ego-Dominanz ist sicher auch nicht immer leicht bei den vielen Veränderungen und Reizen. So ging es zumindest mir vor einigen Jahren. Und ich konnte mich selbst kaum noch hören. Ich fühlte mich oft irgendwie fremdgesteuert. Vielleicht weil mein Ego am Steuer saß. Wer weiß?

Ich kann Ihnen nicht versprechen, dass Sie morgen achtsam sein werden, ich kann Ihnen nur im Jetzt Impulse, Worte und Geschichten auf den Weg geben, die Sie vielleicht weg vom Verstehen ins Erleben bringen können. Daher teile ich in diesem Buch einige Stationen meiner Reise mit Ihnen. Sie sollten wissen, dass Sie die Macht einzig in diesem Moment zu leben bereits besitzen. Sie ist vielleicht erst einmal fremd. Sie ist uns aber allen angeboren (Kabat-Zinn 1990, Einführung). Das können wir bei Kindern gut beobachten. Auch in Schulen wird heute bereits Achtsamkeit gefördert, um die Gesundheit der Kinder zu sichern und sie vermutlich dabei zu unterstützen, ihr wertvolles, wertfreies und erlebendes „Child-Mindset" nicht zu verlieren im Trubel des Lebens (Huffington Post 2016a). Ich lade Sie ein, sich wertfrei und neugierig wie ein Kind, das alles zum ersten Mal erlebt, dem Thema Achtsamkeit zu widmen. „Um den Reichtum des Augenblicks sehen zu können, müssen wir den Geist des Anfängers entwickeln" (Kabat-Zinn 1990, Kap. 24).

Freuen Sie sich daran, dass Sie im Mittelpunkt stehen. Denn alles in diesem Buch – jede Anekdote, jedes Zitat, jedes Bild, jedes Interview – ist allein darauf ausgerichtet, Ihnen Impulse zum Nachdenken und Erleben zu geben. Auch als Erwachsener können wir sie noch lernen, die Achtsamkeit. Wichtig ist dafür insbesondere eines: Treffen Sie Entscheidungen nur noch im „Jetzt". Dieses „Jetzt" steht Ihnen jederzeit zur Verfügung (Kabat-Zinn 1990, Einführung).

Und Sie können Jetzt entscheiden, ob Sie weitergehen möchten…

1.3   Every day is a Friday: Von einem fremdbestimmten zum selbstbestimmten Leben

Über einen Freund lernte ich vor einigen Jahren einen Anfang 30-jährigen Mann aus den USA in einer Diskothek in Berlin kennen. Wie es oft in der Hauptstadt im Sommer ist, verlagerte sich der Hauptteil des Gesprächs irgendwann nach draußen, wo ebenfalls die Musik zu hören war. Wir vertieften uns in ein Gespräch über das Leben, die Arbeit und philosophierten über die perfekte Kombination daraus. Im Hintergrund schmückten elektronische Beats die Kulisse und langsam dämmerte die Morgensonne. Es war für mich eine sehr entscheidende Begegnung, denn damals waren noch nicht viele „Digitale Nomaden" unterwegs. Heute weiß ich, dass ich damals einem begegnet bin und er mir vorkam wie ein Zeitreisender. Diese Kultur des kompletten ort- und zeitunabhängigen Lebens und des Loslassens von alten Mustern oder Strukturen führten damals erst vereinzelte Personen in meinem Umfeld und ich begegnete ihnen stets mit gemischten Gefühlen.

Ich stand an jenem Abend an einem Punkt in meinem Leben, an dem ich noch nicht final entschieden hatte, mich selbstständig zu machen. Der Zeitreisende – wie ich ihn jetzt einmal nenne – schwärmte damals mit strahlenden Augen von den Freiheiten und endlosen Möglichkeiten der Selbstständigkeit. Hierbei ging es nicht ausschließlich um die Selbstständigkeit, sondern vielmehr um ein Leben, das selbstbestimmt und selbstwirksam war. Er war Programmierer und lebte überall und nirgends auf der Welt. Er erzählte mir davon, dass oft keiner wirklich wüsste, wo er war und dass er das sehr genoss. Solange das Ergebnis stimmte, sei es vollkommen in Ordnung, seinen eigenen Weg zu gehen, dafür müsste er nicht zwingend alles so tun, wie es vielleicht jemand, der sich „Norm" nannte, irgendwann einmal definiert hatte. Es schien ihm unwichtig, was andere über ihn dachten. Wichtig war ihm vor allem sein eigenes Lebensglück. Der Amerikaner nutzte bestimmte Mailbox- und Servicedienste, die es ermöglichten, seine Anrufe stets über sein Heimatland zu routen. Somit könnte er rein theoretisch auch in Australien sein und niemand würde es merken. Er war nicht rückverfolgbar, nicht trackbar – heute fast unvorstellbar, was?

Der Zeitreisende war gerne ohne Ort und Zeit und am liebsten kommunizierte er, wenn überhaupt, mit seinen Kunden via Skype. Programmierer sind ja stereotypisch oft nicht die größten Kommunikations-Liebhaber. Er erschien eine Ausnahme zu sein. Seine Überzeugung eines selbstbestimmten Lebens der Unabhängigkeit und Freiheit ließ ihn strahlen und reden wie ein

Wasserfall. Er sprach mit einer Leidenschaft in den Augen und Überzeugung in der Stimme, dass ich es bis heute noch bildlich vor mir habe und hören kann. Er erzählte von all den Reisen, die er machte und davon, dass der Bestseller „The 4-hour workweek" von Tim Ferris seine persönliche Inspiration sei (Ferris 2009). Ich habe das Buch auch ein paar Jahre später gelesen und es lohnt sich in jedem Fall, sich mit den Gedanken und Möglichkeiten, die Tim Ferris suggeriert, einmal näher zu beschäftigen. Auch sein Podcast ist zu empfehlen (Ferris 2016).

Aber zurück zu meinem Zeitreisenden … er kam mir fast unwirklich, wie eine Erscheinung oder wie ein Außerirdischer vor – so fremd war mir diese Weltanschauung und Lebensform damals, von der er erzählte. Wenn mir heute jemand ein Video von mir zeigen würde, wie ich tatsächlich in jener Nacht eigentlich Selbstgespräche in der besagten Diskothek führte und der Amerikaner vielleicht in Wirklichkeit gar nicht da gewesen wäre – es würde mich nicht wundern. Dieser Mensch war aber damals tatsächlich das, was ich in diesem Moment brauchte, um eine Leichtigkeit und ein Grundvertrauen in meinen Weg zu bringen, der mir noch so steinig und neu bzw. fremd erschien. Ich weiß, dass der „Zeitreisende" auch im realen Leben existiert und keine verrückte Erscheinung war. Heute weiß ich, dass er ein Lehrer des Lebens für mich war. „Durch das bewusste Wahrnehmen des Augenblicks wird alles zum Lehrer" (Kabat-Zinn 1990, Kap. 4). Was ich damit sagen möchte ist: Wir erschaffen uns gerne die Realitäten, die wir brauchen, um zu wachsen, um Antworten zu finden und Entscheidungen zu treffen. Ich glaube, das ist die Stimme unserer Intuition.

Oft begegnen wir Menschen nicht ganz ohne Grund. Ich glaube, der Grund der damaligen Begegnung mit dem damals auf mich fast verrückt wirkenden Amerikaner, der mir vorkam wie ein Zeitreisender, war ein einziger Satz, den er immer wiederholte. Dieser Satz ist ein Mantra für mich geworden und hat sich bis heute in die Tiefen meiner Seele gebrannt. Ich habe diesen Satz seit jener Begegnung unzählige Male wiederholt und zitiert – mal für mich selbst, mal für andere.

Der folgende Satz wurde zu meinem ersten Mantra (vgl. Abb. 1.2):

EVERY DAY IS A FRIDAY!

Abb. 1.2 Friday-Mindset

Es geht hierbei um weit mehr als nur um einen Wochentag. Dies ist eine Lebensform und Entscheidung für ein achtsames. Für mich steht diese Aussage für sieben Dinge:

1. Ich lebe ein Leben in Freiheit und Selbstbestimmung und genieße jeden Moment.
2. Ich entscheide selbst, was FREITAG in meiner Welt bedeutet.
3. FREITAG ist nur ein Name, ein Branding – keine Regel.
4. Ich selbst darf entscheiden WANN, WO, WAS und WIE ich arbeite und lebe.
5. Jeder Tag kann der Beste überhaupt sein, wenn ich es einfach auf mich zukommen lasse und die kontrollierende, wertende innere Stimme auf „mute" schalte.
6. Ich mache mir die Welt, wie sie mir gefällt und umarme die Veränderung.
7. Ich gebe jedem Tag die Möglichkeit, mein „FRIDAY" zu werden.

„Thank God it's Friday" war gestern. Wir könnten genauso sagen: „Thank God it's Today!" Warum an alten Grenzen festhalten, wenn wir die Möglichkeiten an die Hand gegeben bekommen haben, durch mobile Geräte und digitale Technologien, ort- und zeitunabhängig zu sein?!

Damals stand ich kurz vor dem Start in meine Selbstständigkeit, meine Intuition wusste bereits, was ich wollte, aber die innere Angst vor dem Neuem und das stark ausgeprägte Bedürfnis der Sicherheit hielten mich noch zurück. Sollte ich mich wirklich aus einem unbefristeten Arbeitsvertrag entfernen, um als freies Radikal etwas zu tun, das ich noch gar nicht kannte? „Das macht man doch nicht", urteilte ich. Und würde ich wirklich mehr Zeit finden für all meine Hobbys und die Dinge, die mich glücklich machen? Ich hatte Angst. Aber das Mantra „EVERY DAY IS A FRIDAY" und die Begegnung mit dem Zeitreisenden sollten eine tiefe Wirkung auf mich haben und haben mir Mut gegeben, den Schritt ins Ungewisse zu gehen. Ein Leben der Freiheit und Gelassenheit, des Loslassens, Vertrauens und der Selbstbestimmung mit all jenen Farben und Facetten, die ich mir wünsche – Ja! Das wollte ich auch haben.

Jeder weitere Freitag, der nach alten Mustern verlief, wurde ein weiterer Weckruf für mich und kurze Zeit später fing ich an, das „EVERY DAY IS A FRIDAY-Konzept" wirklich zu praktizieren bzw. damit zu experimentieren. Für mich war der Schritt in mein selbstbestimmtes Leben der Start meiner Selbstständigkeit. Die ersten zweieinhalb Jahre habe ich aus Prinzip heraus NIE freitags gearbeitet, zumindest nicht für jemand anderes. Ich habe von Anfang an eine 4-Tage-Woche gelebt. Zwar nicht die „4 hour workweek", sondern „4 day workweek". Aber immerhin ein guter Start. Freitags tat ich immer etwas für mich – meistens habe ich gesungen und an Songs mit verschiedenen Musikern gearbeitet oder aber ich habe geschrieben, Sport gemacht oder bin ein langes Wochenende in die Sonne gefahren. Es war egal, was ich an diesem Tag tat, wichtig war, dass es eine bewusste Entscheidung für mich und meine Leidenschaften war. Das machte mich sehr glücklich. Und genau darum geht es doch, oder?

„Freitags ist sie nie da!" – sang mein Projektansprechpartner auf Kundenseite in einem meiner ersten Beratungsmandate damals immer (eine Zeile aus dem Deutsch-Rap-Klassiker „Die da!?" von den Fantastischen Vier). Und jedes Mal, wenn er das sang, lächelte ich und fühlte mich fantastisch. Ich war stolz.

Nicht für jeden heißt ein selbstbestimmtes Leben die Selbstständigkeit oder eine 4-Tage-Woche. Es geht mehr um die Selbstwirksamkeit und das Gefühl, selbstbestimmt sein Leben zu gestalten. Und hierbei ist es meine Empfehlung, die genannten sieben Punkte auch einmal auf sich anzuwenden und zu schauen, wie Sie sich dabei fühlen und einfach damit zu experimentieren. Wir sind alle nur Gast auf dieser Erde, wie meine Mutter zu sagen pflegt. Wir sollten also versuchen, eine fantastische Zeit zu haben so lange wir hier sind. Und nichts in dieser Welt ist so sicher wie der Wandel! Raider heißt jetzt auch Twix! Also warum sollten wir uns nicht selbst ebenfalls die gleiche Freiheit einräumen?! Das Tolle ist, wir haben ein Leben lang Zeit, unsere persönliche Lieblings-Ausprägung unseres Lebenskonzeptes zu finden. Aber der beste Moment damit anzufangen ist immer nur einer: Jetzt.

1.4   Der freie Fall ins Loslassen

> **The only person who is truly holding you back is you. No more excuses, it is time to change. It is time to live life at a new level**
> **– Tony Robbins**

Da es langsam und gemächlich für einen Workaholic auf der digitalen Überholspur vermutlich zu langweilig wäre, war mein erster praktischer Schritt zu mehr Achtsamkeit und zu mir selbst nicht etwa ein Schritt – nein, es musste pompöser und vor allem schneller sein: Ein freier Fall!

Als jemand, der immer gerne die Kontrolle über Situationen behält, ist eine der schwierigsten Prüfungen des Lebens die des Loslassens und Vertrauens. Ich hatte daher immer eine Mischung aus Angst und Aufregung empfunden, wenn ich mit dem Gedanken eines Fallschirmsprungs konfrontiert wurde. Dennoch hatte ich es schon früh auf meine persönliche „Bucket-List" geschrieben und gedacht, dass ich das irgendwann einmal tun würde, wenn ich so weit wäre. Aber wann ist dieser Moment?

Planbar ist er vermutlich nie. Damals war ich trotz vieler positiver Dinge nicht wirklich glücklich. Aber es geht eben nicht um die Quantität, sondern um die Qualität. Und um das Sein und weniger um das Haben. In einem der sechs Pfeiler des Lebens, wie ich sie gerne nenne, stimmt vermutlich immer etwas nicht. Sei es die Liebe, die Freundschaft, die Familie, der Beruf, die Gesundheit oder die Selbstverwirklichung. Wenn man sich in mindestens vier von sechs gut fühlt, sollte man eigentlich sehr zufrieden sein, oder? Wenn man diese Momente allerdings übersieht, da man beim Träumen von anderen Dingen die Gegenwart versäumt, wird einem das wohl schwerer bewusst. Ich war bereits mit dem Thema der Gegenwärtigkeit in Berührung gekommen, doch fiel es mir anfangs schwer, die Gedanken ziehen zu lassen und mich auf das Jetzt zu fokussieren. Irgendeine Blockade schien es dort noch in mir zu lösen.

Etwas unglücklich mit dieser Situation besuchte ich eines Tages den Vortrag eines Autors und Coach namens Veit Lindau in Berlin. Veit versteht sich als liebevollen „achtsamen Businesspunk und modernen Mystiker" (Lindau 2016). Veit Lindau, der eine wunderbare Verbindung aus Ironie, Tiefsinnigkeit und Humor vereint, hielt damals einen Vortrag über etwas, das sich „Selbstliebe" nannte und dies setzte etwas in mir in Gang. Nie zuvor hatte ich mich wirklich mit diesem Thema beschäftigt. Ich kaufte mir sein damaliges Buch: „Heirate Dich selbst – wie radikale Selbstliebe unser Leben revolutioniert" (Lindau 2013). Ich erfuhr dort, dass es wichtig war, als Start zur bewussten Selbstliebe eine Zeremonie zu zelebrieren, in der wir etwas tun, das wir sonst nicht tun würden. Etwas, das unserem Unterbewusstsein sagt: „Hey, Jetzt wird alles anders!" Das wollte ich gerne für mich versuchen und überlegte, was für ein Ritual bzw. eine Zeremonie passend sein könnte.

Letztendlich entschied ich mich für einen Fallschirmsprung aus 4000 Metern Höhe. War ja klar bei einem Adrenalin-Junkie, dass es da nicht eine stille Kerzenzeremonie werden würde. Dieser Fallschirmsprung hat mir sehr viel bedeutet. Er war der Anfang von vielem. Ein Wendepunkt. Bis heute hat er eine große Symbolik für mich. Es war für mich ein Sprung in ein schöneres und glücklicheres Leben. Ein Leben, das bedachter und mehr im jetzigen Moment verankert ist sowie mit einer tieferen Verbindung zu Herz und Seele und zu dem Gefühl, das wir als Bauchgefühl oder auch als Intuition kennen. Es war das erste Mal, dass ich voller Bewusstsein losgelassen und einfach vertraut habe, dass der Fallschirm aufgehen wird. Ich weiß es noch, als ob es gestern gewesen wäre.

Ich hatte am Abend auf einer Party eine sehr nette Männer-Truppe über einen Arbeitskollegen kennengelernt. Sie hatten vor, am nächsten Tag Fallschirm zu springen und meinten nun, ich müsse mitkommen. Ich bin durchaus ein Typ, mit dem man Pferde stehlen kann, doch ich hatte eine Ohrenerkrankung, die mir Sorgen machte bei der Vorstellung, aus einem Flugzeug zu springen. Seit meinem neunten Lebensjahr habe ich ein künstliches Trommelfell und höre 20 % weniger. Der Aufenthalt in starken Höhen oder Tiefen – in der Luft oder unter Wasser – ist daher immer riskant für mich. Ein Fallschirmsprung aus 4000 m Höhe konnte also auch für mein Ohr Probleme nach sich ziehen. Ich hatte Angst. Ganz neben der Angst, die man vermutlich eh hat, wenn man sich mit dem Gedanken eines Sprungs aus einem Flugzeug auseinandersetzt. Obwohl mir meine innere Stimme sagte, dass mir dieser Fallschirmsprung guttun würde und dass ich vermutlich aus diesem Grund in diese Situation gekommen war, machte ich mir Sorgen und war aufgrund meines Ohres kurz davor, nicht zu springen. Dieses Einnehmen von Gedanken und Sorgen, die wir uns viel zu oft machen, wird im Englischen als „Mind-Dominance" betitelt. Der Kopf übernimmt dann das Steuer. Und auf einmal sind wir in unserem eigenen Film gefangen, der sich immer wieder vor unserem inneren Auge abspielt. Zu erlernen mich daraus zu befreien und die Stimmen, die mir sagen, dass ich etwas nicht kann oder scheitern werde, abzuschalten, ist ein großer Motivator für mich gewesen, mich tiefer mit dem Thema Achtsamkeit und Meditation zu befassen. Aber mehr dazu später.

Damals half mir meine Mutter, mich über die Stimmen der Angst hinweg zu setzen. Ich höre ihre Worte noch heute: „Wenn Du jetzt nicht springst, machst Du es nie. Lebe doch einfach mal! Dein Ohr ist schon Dein Leben lang ein Problem und Du nimmst immer Rücksicht auf Dein Ohr. Und jetzt ist es so schlimm, wie es viele Jahre nicht mehr war, es kann also kaum schlechter werden. Wenn Du es jetzt nicht machst, wirst Du es vermutlich nie tun. Mach Dir also keinen Kopf und spring. Mein Schutzengel wird bei Dir sein. Du brauchst das. Also spring!" Ich weiß, dass sind ungewöhnliche Sätze für eine Mutter, aber ich habe eben eine ganz besondere, die mich hervorragend kennt. Und ich habe auf sie gehört. Es gibt ein schönes Zitat von Lemony Snicket, das erklärt, warum: „If we wait until we're ready, we'll be waiting for the rest of our lives" (Goodreads 2016).

Ich bezweifele, dass wir jemals an den Punkt kommen, wo wir denken, dass wir nun bereit für etwas sind. Wenn sich eine Chance auftut, sollten wir sie ergreifen. Und zwar jetzt. Das ist Gegenwärtigkeit.

Wir wachsen mit unseren Herausforderungen. Wenn wir ins kalte Wasser geworfen werden, auch im Job, kämpfen wir uns schon durch und fangen an zu schwimmen. Irgendwann werden die Bewegungen leichter und die Situation fühlt sich vertraut und richtig an. Und im Rückblick erkennen wir, dass wir bereit dafür gewesen waren. Dennoch erfordert dies in dem Moment, in dem wir vor eine neue, herausfordernde Situation gestellt werden, Überwindung und Kraft und vor allem den Glauben an uns selbst. Damals fehlte mir dieses Bewusstsein noch etwas, daher half mir meine Mutter mit einem letzten „verbalen Schubs". Ich bin ehrlich; ohne ihre Worte wäre ich in diesem Moment vermutlich nicht gesprungen. Und ich hätte es bereut! Ich bin dankbar dafür, dass sie mich damals quasi verbal aus dem Flugzeug schubste. Manchmal brauchen wir Menschen, die uns liebevoll auf unserem Weg begleiten und uns die Augen öffnen. Deshalb sind zwischenmenschliche Beziehungen so wichtig. Sie können wir ebenfalls durch Achtsamkeit kultivieren.

Ich hatte natürlich große Angst vor dem Sprung und war sehr nervös. Mein Tandempartner beim Fallschirmsprung hieß „Arbi" und er hat mich damals sehr beruhigt und immer ruhig auf mich eingeredet, dass alles gut werden würde. Er war wohl der Schutzengel, den mir meine Mutter hatte schicken wollen. Ich versuchte also meinen Gefühlen der Angst keinen Raum zu geben und konzentrierte mich auf Arbi und die Gegenwart. Irgendwann konnte ich mich mehr und mehr von den negativen Emotionen, die in meinem Kopf herumspukten, auf einmal befreien. So hörten einfach auf. Ein wunderbares Gefühl. Ich habe mir selbst gesagt: „Dear Brain, please shut up!" Und es funktionierte.

Der Flug, bis wir oben in 4000 m waren, kam mir endlos vor. Es war heftig. Ich dachte immer nur: „Wie hoch denn noch?!"

Weit über den Wolken ging es dann los. Die Flugzeugtür öffnete sich und nacheinander sprangen alle gemeinsam mit ihren Tandempartnern aus dem Flugzeug in das gefühlte Nichts. Auf einmal war ich dran und es ging alles ganz schnell. Arbi ist einfach gesprungen und ich musste mit. Augen zu und durch! Es folgte ein freier Fall von ca. 45–60 s. Ich habe keine Luft mehr bekommen und mein Herz wäre gefühlt beinahe stehen geblieben. Ich konnte nichts mehr denken und nur noch wie im Schock stumm sein. Keinen Ton konnte ich herausbringen. Wirklich eine heftige Erfahrung. Doch dann ging irgendwann der Schirm auf und ich erwachte wieder aus diesem „Schockzustand" und realisierte plötzlich, dass ich wirklich, wahrhaftig, flog!

Ich nahm den Moment ganz bewusst war.

Mir wurde etwas schwindelig und der Gurt war sehr eng am Bauch. Ich hechelte nach Luft, weil ich so unglaublich aufgeregt war. Und ich machte auch den Fehler, dass ich kurz nach unten guckte und somit sah, dass der Boden nicht einmal ansatzweise erkennbar war, was die Höhe verdeutlichte, in der wir waren. Dadurch wurde ich noch nervöser und hechelte stärker nach Luft. Arbi sagte mir in diesem Moment, ich solle den Horizont anschauen, tief durchatmen und einfach die Aussicht genießen und das tat ich dann auch. Es war Wahnsinn. Ein unbeschreibliches Gefühl. Ich hatte das Gefühl, als wäre da wirklich ein riesiges Universum über den Wolken und als würde ich mit den Engeln fliegen. So ging es ungefähr vier Minuten.

Die Landung war sehr sanft, es klappte alles einwandfrei. Dennoch musste ich nach der Landung erst einmal wieder gefühlt in der Welt ankommen. Ich atmete tief durch, bestimmt einige Minuten lang und merkte, wie ich langsam ruhiger wurde. Es fühlte sich für mich fast wie ein Nah-Tot-Erlebnis mit Wiedergeburt an. Ich war sehr froh, als wir unten waren und gleichzeitig fand ich den Sprung atemberaubend und horizonterweiternd. „Breath taking und mind blowing" – beschreibt es am besten. Nach dem Sprung kam ein unglaubliches Glücksgefühl in mir auf. Ich fühlte mich so befreit! Ein wunderbares Gefühl. Den ganzen Tag war ich davon beflügelt. Ich fühlte mich wie neu geboren. Es fühlte sich an, als wären wir durch die dunklen Wolken meines Lebens einfach durchgerauscht und in den hellen Sonnenstrahlen angekommen. Und ich hatte das alles ganz intensiv wahrgenommen.

Ich wurde zu dem Fallschirmflugplatz über Zufälle oder gar Fügungen gelenkt an jenem Tag. Mehrere Entwicklungen, die von einem zum anderen geführt hatten, brachten mich dorthin. Die Blockade, die ich vorher noch spürte, war weg. Ich war frei. Jetzt und hier. Ich glaube, alles in unserem Leben passiert aus einem gewissen Grund. Manchmal wissen wir es nicht gleich, aber in der Retrospektive wird es oft ganz klar. Der Tag nach meinem Fallschirmsprung war für mich persönlich der „erste Tag vom Rest meines Lebens" (Lindau 2013). Ich war in ein neues, glücklicheres, bewusstes Leben gesprungen und hatte das alte, problembehaftete, sorgenerfüllte Ich einfach hinter mir gelassen. Ich befand mich nun auf der Sonnenseite und hatte einfach losgelassen und vertraut. Dieses Gefühl der Sonnenseite ist nie gegangen. Klar habe auch ich mal einen schlechten Tag, aber die Dankbarkeit, auch in jenen Momenten, bleibt, denn die Sonne trage ich seit jenem Tag im Herzen.

In dem Buch „Heirate Dich selbst" von Veit Lindau beschreibt er, dass die Zeremonie der Selbstliebe damit gleichzusetzen sei, sich selbst zu heiraten (Lindau 2013). Das erste Kapitel können Sie übrigens online kostenlos herunterladen auf der Website (Heirate Dich Selbst 2016). Ich hatte mich mit meinem Sprung also selbst „geheiratet" und mir damit ein Versprechen gegeben, das „JA-Wort", von nun an liebevoll und selbstwürdigend mit mir umzugehen, den Moment zu schätzen und mir aufhören, so viel Sorgen zu machen. All das ist Teil eines achtsamen Lebens. Selbstliebe spielt eine große Rolle in diesem Konstrukt. Indem wir den Blick anfangen nach innen zu richten, erfahren wir nämlich wie es dort aussieht. Charlie Chaplin hat zu seinem 70. Geburtstag ein Gedicht über Selbstliebe geschrieben. Er hat auch für sich erkannt, wie wichtig das ist. Sehen Sie hierzu bitte auch Abschn. 1.5 „Selbstliebe: Sage Nein zu anderen und Ja zu Dir".

> **Unser Fokus sollte nicht auf Sorgen, Ängsten, der Planung, der Kontrolle oder in „verkopften" Entscheidungsprozessen liegen, der Fokus sollte mehr auf dem Leben selbst liegen. Im Jetzt und Heute.**

Ich hatte Angst gehabt, zu springen. Ich hatte Angst auch wegen meiner Ohrenerkrankung. Aber ich habe mich damals meinen Ängsten gestellt und wurde dafür belohnt. Denn ironischerweise hatte sich durch den Sprung und den starken Druckausgleich etwas in meinem Ohr gelöst. Nach dem

Sprung konnte ich auf einmal besser hören als zuvor. Zumindest kam mir das so vor. Oder war ich mir dessen einfach bewusster geworden?

Ein Fallschirmsprung ist irgendwie wie das Leben selbst: Es gibt furchtbare und wunderschöne Momente – Momente, in denen Dir der Atem fehlt, Du denkst, Du stirbst, die Aufregung sprudelt über, Du verlierst die Orientierung oder Momente, in denen Du einfach gar nichts mehr weißt. Momente, in denen Du Angst hast und in die Richtung blickst, die die Gefahr beherbergt. Doch schaust Du in eine andere Richtung, so fühlt sich die Situation auf einmal ganz anders und gut an. Du musst auch mal durch dunkle Wolken gehen, um einen Regenbogen zu sehen und um schließlich in der Sonne mit den Engeln zu fliegen (vgl. Abb. 1.3).

Ich kann jedem nur ans Herz legen, auch für sich den Entschluss zu fassen, Selbstliebe zu praktizieren und sich vielleicht ebenfalls eine Zeremonie dafür einfallen zu lassen.

Ein wichtiger Aspekt der Achtsamkeit ist das Loslassen und „ziehen lassen" negativer Gedanken.

Es geht hierbei um das Loslassen. Da ich gerne über die Kanäle der Poesie und der Musik kommuniziere, habe ich auch über das Loslassen (im Englischen „Letting go") in 2014 einen Songtext gemeinsam mit meinem guten Freund Jonathan MacDonald verfasst. Den Text zu „Let It Go!" möchte ich zur Inspiration mit Ihnen teilen, in der Hoffnung, diese Zeilen bzw. die begleitende Musik und Rhythmik (Demo zu hören unter Soundcloud 2016) bewegen Sie, „einen Takt" weiter zu tanzen – einen Schritt weiter hin zum Loslassen.

Abb. 1.3 Der freie Fall ins Loslassen

LET IT GO! – Increase the peace

Songtext by Lilian N. Güntsche & Jonathan MacDonald (Soundcloud 2016)

How do you stop the voice that keeps on telling you "no"!?
How do you really know which way it is you want to go?
And how do you hear the silence in between the deafening hive?
Take a soulful dive and start living your life!

Probably your very own transition arrives from faith in our own intuition.
We can start today, you will find your way.
Just let it go, increase the peace and feel the flow. Let go!

Occuring turbulence in a demanding audience.
Our mind is king of dominance with zero tolerance.
We tend to live in the past, caught up in sorrow,
Way to focussed on rules and plans for tomorrow.

What about now, how do you truly feel?
Do you dare to dream? And do you do it for real?
You've got a choice to now start turning the wheel.
Just let it go, increase the peace. Let go!

Stop doing, start being, increase the peace.
Do it now, feel it now, live it now. And let it go!
How do you hear the voice that keeps on saying: "you know!"? Just let it go!

1.5   Selbstliebe: Sage „nein" zu anderen – „ja" zu Dir selbst

Das Glück gehört denen, die sich selber genügen.

– Aristoteles

Wir bleiben noch einen Moment bei dem so wichtigen Thema der Selbstliebe. Ein wichtiger Grundsatz der Achtsamkeit ist, sich selbst so anzunehmen, wie man ist. Ein weiterer ist es, liebevoll mit sich selbst umzugehen. Wenn Sie sich ständig kasteien und sich selbst einen Monolog darüber vortragen, wie schlecht Sie sind, dann werden Sie vermutlich keinen Seelenfrieden finden. Passen Sie also auf, was Sie denken, denn Ihr Körper und Geist hört immer zu und Ihr Ego sowieso. Achtsamkeit hat viel damit zu tun, in sich selbst wohnen zu können und damit zufrieden zu sein. Hierbei müssen Sie sich nicht grundlegend ändern. Ich habe immer noch ein künstliches Trommelfell und es schränkt mein Hörvermögen ein. Das ist sehr störend für jemand, der leidenschaftlich gerne Musik macht und singt. Ich kann mich also täglich darüber ärgern oder eben annehmen, dass es nun mal so ist. Die Entscheidung liegt bei mir. „Achtsam zu sein heißt nichts anderes, als auf alles zu achten und die Dinge so zu sehen, wie sie sind" (Kabat-Zinn 1990, Kap. 11). Ich spiele zwar im Verlauf dieses Buches mit dem Wort „Transformation", ich meine hierbei aber nicht, dass Sie sich verändern sollen, sondern dass Sie Ihre innere Einstellung ändern müssen. Denn diese ist von grundlegender Bedeutung, wenn Sie achtsam leben möchten (Kabat-Zinn 1990, Kap. 7). Achtsamkeit ist ein innerer Prozess mit vielen Konsequenzen, so beschreibt es das Zukunftsinstitut (Zukunftsinstitut 2016).

Wie das Beispiel meines eingeschränkten Hörvermögens zeigt, liegt es bei Ihnen, ob Sie sich täglich darüber ärgern möchten, dass Sie bestimmte Frequenzen schlechter hören oder darin vielleicht sogar Ihre Freude finden können. Ich kann es zum Beispiel nicht hören, wenn ein Kühlschrank brummt und das finde ich fantastisch. Ich habe hier einfach meine Haltung dazu geändert. Das hat viel mit Selbstliebe zu tun. Um herauszufinden, wo Sie sich da gerade befinden, können Sie zum Beispiel einmal darauf Acht geben, ob Ihre eigene Meinung und Ihr Gefühl genauso wichtig ist wie die der Anderen. Wenn wir uns nur um Gedanken anderer Sorgen machen, werden wir schwer zu einem Zustand jenseits der Gedanken kommen.

Haben Sie das Gefühl es immer allen recht machen zu müssen und vergessen dabei manchmal Ihre eigenen Bedürfnisse? Fallen diese ständig untern den Tisch? Dann ist es Zeit, dass Sie anfangen sich selbst zu lieben.

Wie sieht es zum Beispiel aus, wenn Sie Erfolg haben? Teilen Sie diesen mit anderen Menschen oder spielen Sie die tollen Dinge, die Ihnen passieren, herunter, um nicht als arrogant oder prahlend zu wirken? Oft ist es leider so in unser Neidgesellschaft, dass wir „je heller wir strahlen, mit umso negativeren Reaktionen konfrontiert werden" (Happinez 2015, S. 41). Wenn Sie aber alle Großartigkeiten abwerten aus Angst, dass es andere stören könnte, priorisieren Sie sich auch selbst herunter und Sie riskieren, dass Sie auch selbst irgendwann vergessen, wie hell Sie eigentlich strahlen können.

Gabrielle Bernstein, Bestseller-Autorin von „Miracles Now" und eine moderne spirituelle Bewusstseinsführerin, die von Oprah Winfrey „a next-generation thought leader" und von der New York Times als „role model" benannt wird, hat wertvolle Tipps zusammengestellt, wie wir unser Strahlen nicht vergessen. Gabby, wie sie auch genannt wird, ist übrigens auch erfolgreiche Sprecherin und hält Vorträge bei Google, TEDxWomen, The Chopra Center, The Omega Institute, L'Oreal, The United Nations und The Huffington Post (Gabby 2016). Es handelt sich also nicht um irgendeine Esoterikerin. Sie hausiert auch auf Technologiekongressen und in Konzernen. Sowieso mischen sich diese Welten heute immer mehr. „Auf der Konferenz ‚Wisdom 2.0' in San Francisco sucht die digitale Welt nach Achtsamkeit, Mitgefühl und Gegenwart", schreibt zum Beispiel die Welt. Der Redakteur berichtet, dass er nach der Konferenz noch einmal die Visitenkarten durchschaute und feststellte, dass es primär leitende Angestellte aus dem Silicon Valley waren mit Titeln wie President, Marketing Manager, Owner, Senior Consultant oder Executive Director (Welt 2016). Angeführt wird diese „Mindful Revolution", wie sie sie auch das TIME-Magazin nannte, durch Jon Kabat-Zinn (Welt 2016).

Zurück also zur Selbstliebe und Gabby. Ihre Tipps für das Erhalten unserer sogenannten „Strahlfaktoren" wurden im Happinez Magazin unter dem Titel „Du bist das Licht" zusammengefasst (Happinez 2015). Hier die wichtigsten Anregungen daraus auch für Sie:

1. **Schauen Sie nach innen.** Unsere Kultur schätzt äußere Kennzeichen von Erfolg. „Aber die Konzentration darauf, was außerhalb von Dir ist, blockiert Dein inneres Licht". Es senkt das Selbstwertgefühl. Wenn es schwerfällt sich davon zu lösen, hilft Meditation und die Konzentration auf den Atem. „Du wirst Dich geerdeter fühlen, mehr mit Dir verbunden und bereit zu leuchten." (Happinez 2015).
2. **Seien Sie authentisch** und gestehen Sie sich auch Ihre schrägen Seiten ein. „Es erfordert Mut, nicht konform zu gehen, auch wenn wir schon seit vielen Jahren nicht mehr in der Schule sind." Die authentische Wahrheit zu zeigen und zu entfalten ist toll. „Und wenn Du Deine Wahrheit erstrahlen lässt, wirst Du Dich mit anderen stärker verbunden fühlen – sie legen die Maske ab und werden auch authentischer!" (Happinez 2015).
3. **Nehmen Sie sich Zeit für Dinge, die Sie lieben.** Konzentrieren Sie sich auf die Dinge, die Sie beflügeln. Das ist der einfachste Weg zu Ihrem inneren Funken. Ob Sie gerne kochen, fotografieren oder malen. Reservieren Sie sich jede Woche Zeit für die Dinge, die Sie strahlen lassen (Happinez 2015).

Diese drei Tipps sind wunderbare Beispiele für einen liebevollen Umgang mit uns selbst. Achtsamkeit heißt den Blick nach innen zu richten, denn „der Begriff der Achtsamkeit ist ohne Selbst-Wirksamkeit nicht zu begreifen: Achtsamkeit schaut nach innen, ohne das Außen zu vernachlässigen"

(Zukunftsinstitut 2016). Und das, was Sie dort sehen, sollte eine Umgebung sein, in der Sie sich wohlfühlen.

Ich weiß, dass das nicht immer leicht ist. Glauben Sie mir, ich war lange nie gut genug für mich selbst. Ich war lange mein größter Kritiker. Aber irgendwann habe ich verstanden, dass ich eine Entscheidung zu treffen habe: Entweder ich bin mein größter Kritiker oder mein Cheerleader. Nachdem ich bereits einige Zeit auf dem Spielfeld des Kritikers verbracht habe, habe ich mich schließlich entschieden, einmal bei den Cheerleadern vorbei zu schauen. Ganz schön dort! Das verrückte ist aber, dass man dennoch immer wieder die Kritikerstimme in sich selbst hört und sich selbst Schmerz zuführt mit negativen Gedanken.

Schmerz ist unvermeidlich, solange wir mit unserem Verstand identifiziert und ‚unbewusst' sind (Tolle 1997, S. 47).

Wichtig ist auch, dass wir unser Glück nicht an jemand anderes knüpfen, sondern es in uns selbst finden. Dazu finden Sie einige sehr interessante Gedanken in dem wunderbaren Buch „The Mastery of Love", das ich sehr empfehlen kann, wenn Sie die Kunst der Liebe wirklich verstehen möchten.

Selbstliebe heißt nicht egoistisch zu sein. Es ist vielmehr der respektvolle Umgang mit uns selbst. Es geht in der Selbstliebe meiner Ansicht nach nicht darum, dass wir uns immer und zu jeder Zeit hundertprozentig klasse und fantastisch finden müssen. Es geht vielmehr darum, sich selbst so anzunehmen, wie wir sind. Das ist auch für die Achtsamkeit entscheidend. Hey! Es ist okay, nicht perfekt zu sein. Perfektion ist doch langweilig, wenn wir mal ehrlich sind. Die schönsten Skulpturen und Malereien sind auch nicht alle perfekt und das Muttermal von Cindy Crawford, das eigentlich ihre Nicht-Perfektion ausmachte, wurde zu ihrem größten Markenzeichen und ein Grund ihres Riesenerfolgs als Model. Ich denke, Liebe bedeutet eben auch gerade das zu lieben, was nicht perfekt ist. Und genau das dürfen wir auch bei uns selbst anwenden. Auch Schwäche ist schön, und diese zu zeigen, ist durchaus ein Zeichen von Stärke.

Die Akzeptanz und das Annehmen unseres Selbst ist ein wichtiges Thema in der Achtsamkeitspraxis.

Denn nur wer mit sich selbst im Reinen ist und sich selbst annimmt und kennt, kann auch andere wirklich wahrnehmen. Jemand, der nur dem Lärm des Alltags folgt und sich ständig von negativen Emotionen einnehmen lässt, hört sich irgendwann selbst nicht mehr. Wir dürfen uns auch eingestehen, dass wir in bestimmten Momenten mal nicht so sehr in Form sind. Ich persönlich finde, man muss auch Fehler haben, sonst wird man unsympathisch. :-)

Selbstliebe heißt nach meiner Interpretation auch: „Sage nein zu anderen und ja zu Dir selbst". Es ist eine Entscheidung, wem Sie mehr Priorität schenken. Wir können es unmöglich immer allen recht machen. Denn irgendwann haben schließlich auch wir selbst Bedürfnisse, die sich melden und Aufmerksamkeit wünschen. Um sich also selbst zu priorisieren, müssen wir manchmal auch „Nein" sagen können.

Ich habe beispielsweise angefangen, sogenannte „Me-Abende" zu verbringen. Das ist einfach Qualitätszeit für mich selbst. Hier verbringe ich bewusst Zeit alleine, genieße die Stille oder tue Dinge, die mich inspirieren. Das ist eine schöne kleine Auszeit für mich selbst. Vielleicht wäre das auch etwas für Sie? Die einzige „Schattenseite" ist, dass Sie eventuell merken werden, wie gut Ihnen das tut. Dies führt in logischer Folge dazu, dass Sie noch mehr „Nein" sagen müssen, um diese Zeit für sich zu sichern. Das ist nicht immer leicht. Für mich ist es auch nach wie vor jede Woche aufs Neue eine Herausforderung, mir selbst diese „Me-Zeit" zu reservieren. Wir sind schließlich alle ein „Work-In-Progress".

> Fakt ist, der Körper braucht persönliche Auszeiten, in denen er seinen Akku wieder aufladen kann. Er fordert sie ein. Sie müssen nur hinhören. Ihm liebevoll zu begegnen und sich selbst das zu geben, was man braucht, gehört auch zur Achtsamkeit. Ein Computer, der mit 20 % Energie läuft, würden Sie vermutlich auch an den Strom anschließen und nicht noch weitere Programme installieren. Warum also nicht genauso fürsorglich sich selbst entgegentreten?

Charles Spencer Chaplin, besser bekannt als Charlie Chaplin, einer der in der Filmgeschichte einflussreichsten Komiker des 20. Jahrhunderts, Autor und Regisseur, hat nicht nur Millionen Menschen begeistert, er hat auch die hohe Bedeutung von Selbstliebe erkannt. In seiner Rede anlässlich seines 70. Geburtstag rezitierte er ein Gedicht, das bis heute als eines der eindrucksvollsten der Weltliteratur gilt. Es heißt „Als ich mich wirklich selbst zu lieben begann". Es ist ein Gedicht mit viel Tiefe und Wahrheit und es lohnt sich, es immer einmal wieder zu lesen. Ich finde, wir können viel aus den Teilen lernen und immer etwas Neues darin entdecken. Die Liebe war schon immer einer der besten Lehrer. Die größten Änderungen und der Wandel resultieren aus der Liebe oder aus Schmerz. Manchmal sind die beiden sogar miteinander verbunden. Ein gesundes Verhältnis zur (Selbst-)Liebe zu entwickeln ist aus meiner Sicht ein wichtiger Bestandteil auf dem Weg zu mehr Ruhe in der Beschleunigung. Ich habe das Gedicht schon oft verschenkt,

vorgetragen, lese es selbst regelmäßig und habe es sogar im Tonstudio ein-
gesprochen, um es den Lesern meines Blogs zur Verfügung zu stellen. Wenn
Sie es hören möchten, können Sie die Datei ganz einfach nach Registrie-
rung für den Newsletter von The Dignified Self erhalten. Es ist das Begrü-
ßungsgeschenk in der Community (The Dignified Self 2016a). Hier ist das
Gedicht für Sie, so wie es kürzlich in dem Happinez Magazin unter dem
Titel „Herzens-Weisheit" veröffentlicht wurde (Happinez 2015).

„Als ich mich wirklich selbst zu lieben begann"
Rede von Charlie Chaplin vom 16.04.1959 (Happinez 2015, S. 13–19)

Als ich mich wirklich selbst zu lieben begann,
erkannte ich, dass emotionaler Schmerz und Leid nur Warnungen für mich
sind, gegen meine eigene Wahrheit zu leben. Heute weiß ich: Das nennt man
Authentizität.

Als ich mich wirklich selbst zu lieben begann,
habe ich verstanden, wie sehr es jemanden beschämt, ihm meine Wünsche
aufzuzwingen, obwohl ich wusste, dass die Zeit nicht reif und dieser Mensch
nicht bereit war, und sogar, wenn ich selbst dieser Mensch war. Heute weiß
ich: Das nennt man **Respekt.**

Als ich mich wirklich selbst zu lieben begann,
habe ich aufgehört, mich nach einem anderen Leben zu sehnen, und konnte
sehen, dass alles um mich herum eine Aufforderung zum Wachsen war. Heute
weiß ich: Das nennt man **Reife.**

Als ich mich wirklich selbst zu lieben begann,
habe ich mich von allem befreit, was nicht gesund für mich war, von Spei-
sen, Menschen, Dingen, Situationen, und von allem, das mich immer wieder
hinunterzog, weg von mir selbst. Anfangs nannte ich das gesunden Egoismus,
aber heute weiß ich, das ist **Selbstliebe.**

Als ich mich wirklich selbst zu lieben begann,
habe ich mich geweigert, immer weiter in der Vergangenheit zu leben und mich
um meine Zukunft zu sorgen. Jetzt lebe ich nur mehr in diesem Augenblick,
wo alles stattfindet. So lebe ich jeden Tag und nenne es **Vollkommenheit.**

Als ich mich wirklich selbst zu lieben begann,
habe ich aufgehört, mich meiner freien Zeiten zu berauben, und ich habe aufgehört, weiter grandiose Projekte für die Zukunft zu entwickeln. Heute mache ich nur, was mir Spaß und Freude bereitet, was ich liebe und was mein Herz zum Lachen bringt, auf meine eigene Art und Weise und in meinem Tempo. Heute weiß ich, das nennt man **Ehrlichkeit.**

Als ich mich wirklich selbst zu lieben begann,
da erkannte ich, dass mich mein Denken armselig und krank machen kann. Als ich jedoch meine Herzenskräfte anforderte, bekam mein Verstand einen wichtigen Partner, diese Verbindung nenne ich **Herzensweisheit.**

Wir brauchen uns nicht weiter vor Auseinandersetzungen, Konflikten und Problemen mit uns selbst und anderen fürchten, denn sogar Sterne knallen manchmal aufeinander, und es entstehen neue **Welten.**

Heute weiß ich: Das ist das Leben!

1.6   Einführung in die Meditation

Was haben Steve Jobs, Oprah, Clint Eastwood, George Lukas und David Lynch gemeinsam?

Regelmäßige Meditation.

Meditation – was ist das eigentlich? „Meditation heißt: einfach da sein, ohne irgendetwas zu tun – keine Handlung, keine Gedanken, keine Gefühlsregung" (Osho 2016). Meditation ist die Praxis, die den Geist trainiert. Die Pflege der Achtsamkeitsübung durch Meditation und somit das mentale Training des Nicht-Tuns führt zu einer erheblichen Auswirkung auf die Lebensqualität. Das haben 18.000 Patienten und die Erfahrung aus wissenschaftlichen Studien der Mindfulness Based Stress Reduction (MBSR) Clinic und dem Center of Mindfulness ergeben, so schildert es Jon Kabat-Zinn (Kabat-Zinn 1990, Einführung). Weltweit führt er Menschen durch sein MBSR-Training zu mehr Gesundheit und Zufriedenheit und lässt sie Stress, Schmerzen und Krankheiten überwinden. Ich habe das achtwöchige Training ebenfalls durchgeführt und es ist fantastisch. Ich kann es Ihnen sehr an Ihr Herz legen, wenn Sie sich für Achtsamkeit interessieren. Sie werden dort auch viel über Meditation lernen. Denn hier gibt es viele Möglichkeiten. Meditation kann sehr unterschiedlich ausgeführt werden. Im Gehen, im Sitzen, im Tanzen, im Liegen. 10, 20, 60 min. Morgens, mittags, abends, auf den Atem, auf ein Wort, auf den Körper, auf die Umwelt oder die Sinne fokussiert, usw. Es gibt Wege und nicht nur die eine richtige Formel, die für jeden funktioniert. Das Wichtige ist die Essenz der Meditation, die Eckhart Tolle wie folgt zusammenfasst: „Anstatt den ‚Denker zu beobachten‘, kannst Du genauso gut eine Unterbrechung im Strom der Gedanken schaffen, indem Du Deine Aufmerksamkeit vollkommen auf das Jetzt richtest. (…) Auf diese Weise löst Du Deine Aufmerksamkeit von den Aktivitäten des Verstandes und schaffst eine Lücke für ‚No-Mind‘, in der Du höchst wachsam und aufmerksam bist, aber nicht denkst" (Tolle 1997, S. 35).

Die in den USA wohl beliebteste Form der Meditation ist die der transzendentalen Meditation, welche kurz mit „TM" abgekürzt wird (Gabby 2016). Sie wird von vielen bekannten Hollywood-Stars wie zum Beispiel Cameron Diaz, George Lucas, Jim Carrey und Clint Eastwood praktiziert (Meditation 2016). Der Filmregisseur David Lynch hat sogar eine eigene Stiftung zur Unterstützung und Verbreitung transzendentaler Meditation ins Leben gerufen. Im Internet (zum Beispiel unter dem Link http://meditation.de/prominente-tm/) können Sie viele Videos und Beiträge von Prominenten lesen und hören, die auf TM schwören. Sie werden überrascht sein, wer das alles macht. TM nutzt in der Meditationspraxis ein persönliches Mantra, das das „Transzendentieren" bzw. Eintauchen in einen tieferen Bewusstseinszustand ermöglicht.

Soweit so gut, mögen Sie vielleicht denken. Aber was ist um Himmelswillen jetzt ein „Mantra"? Mantra kommt aus dem Sanskrit. Das „Man" steht für „Mind". Das „tra" ist die Wurzel des Wortes Instrument. Übersetzt heißt es also so viel wie „mind-instrument", zu Deutsch: Geistesinstrument. Sie können dabei helfen, uns von Gedankenketten zu befreien (Gabby 2016). Aber nicht alle Meditationen bedienen sich Mantras, es ist aber die Basis der TM. TM wird morgens und abends je 20 min auf einem Stuhl sitzend durchgeführt. Kundalini Meditation wiederum nutzt zusätzlich zu einem Mantra die Ebene der Bewegung. Hier werden beispielsweise auch Tanz-Meditationen und die Bewegung der Hände (mudras) integriert. Achtsamkeitsmeditationen hingegen haben kein Mantra und können auch im Gehen, Liegen oder Stehen erfolgen. Sie fokussieren sich auf die Stille und die Beruhigung des Geistes durch den konzentrierten Fokus auf unseren Atem oder den Körper. Sie bekommen also bereits einen Eindruck der Vielfalt von Meditation. In vielen Meditationszentren werden kostenlos Kurse zur Einführung angeboten. Besser als viel darüber zu lesen und zu studieren, ist es einfach zu machen und selbst Erfahrung damit zu sammeln. Denn es ist eine sehr individuelle Entscheidung und Erfahrung, welche Form der Meditation die Beste für uns ist bzw. welche für uns persönlich funktioniert.

Kabat-Zinn erklärt, dass es vor allem wichtig ist, zu wissen, warum sie meditieren. Ansonsten ist es schwer, diese Praxis des Nichts-Tuns aufrechtzuerhalten oder überhaupt zu beginnen.

Hierbei hilft es eine persönliche Zielvorstellung festzulegen, die Sie in Ihren Bemühungen leiten kann (Kabat-Zinn 1990, Kap. 1, 3).

Als ich vor ein paar Jahren das erste Mal an einem Meditationskurs teilnahm, funktionierte ehrlich gesagt erst einmal gar nichts für mich. Ich hatte aber auch keine persönlichen Zielvorstellungen und mir auch vorher keine großen Gedanken gemacht. Dafür hatte ich keine Zeit. Denn ich hatte einen sehr unruhigen Geist, so lernte ich es jedenfalls an jenem Tag. Ich schrieb mich damals im buddhistischen Zentrum in Berlin für einen Tages-Workshop zur Einführung in die Meditation ein. Während Bekannte aus meinem Umfeld predigten, dass Meditation ihnen so guttue und so viel Ruhe schenke, war es wahrlich schmerzhaft für mich am Anfang. Bei meiner ersten bewussten Meditationserfahrung an jenem Tag brach ich in Tränen aus. Ich fand es furchtbar schwer, mich auf meinen Atem zu konzentrieren, ruhig zu sitzen und in mich selbst tief hinein zu fühlen oder gar in einen gedankenfreien Zustand des „No-Minds", wie es Eckhart Tolle nennt, zu gelangen (Tolle 1997, S. 35). Da waren Seiten und Emotionen verborgen, die ich nicht sehen wollte. Ich fühlte mich, als wäre ich in einem Tempel der Ängste, Wut, Sorgen und gar Trauer gefangen. Ich empfand wenig Schönes und Befreiendes darin. Das war erschreckend. Ich schaute mich damals zwischen den Teilnehmern um und alle wirkten entspannt auf mich, einige lächelten sogar. Ich aber konnte meine Tränen nicht stoppen und fühlte eine Aggression in mir aufkommen sowie immer wieder der innere Widerstand und die wiederholende Frage, warum ich mir so etwas hier überhaupt antue. Es war mir unangenehm, dass ich mich so gehen ließ und ich wäre am liebsten direkt wieder gegangen. Ich dachte, irgendetwas stimmt nicht mit mir oder die Meditation ist schlicht und einfach nichts für mich. Ich suchte letztlich am Ende des Tages das Gespräch mit einem der Trainer. Er sagte: „Sie haben einen sehr unruhigen Geist. Akzeptieren Sie. Es ist gut, dass Sie hier sind. Es ist Zeit." – Was für eine Antwort! Was sollte ich damit bloß anfangen!?

Aber er beurteilte mich nicht, was ich sehr schätze, und sagte mir, dass sie schon viele ähnliche Fälle gehabt hatten, ich also bei Weitem nicht die Einzige sei. Es sei ein großer Schritt, sich für das bewusste Nichtstun und die Fokussierung auf das Sein, statt immer nur auf das Tun, zu konzentrieren. Gerade Menschen, die einen Go-Go-Go-Charakter haben, also immer hoch hinaus wollen, haben große Startschwierigkeiten damit, einen Zustand der Stille und Ruhe als angenehm zu empfinden oder gar zu erreichen.

Ich war damals eine Künstlerin der Ablenkung gewesen. Wenn ich krank wurde, nahm ich Aspirin Komplex und ging arbeiten. Das Hineinführen in meinen Körper und der Quelle des Schmerzes wäre das Letzte, worauf ich gekommen wäre. Ähnlich war es, wenn ich mal traurig war. Statt mich diesem Gefühl hinzugeben und es anzunehmen, trank ich lieber ein Glas Wein und suchte mir jemanden, der mich aufmunterte. Wenn ich müde war, trank ich literweise Kaffee anstatt schlafen zu gehen. Und wenn ich mal einen Fehler machte, kasteite ich mich dafür und pushte mich selbst bis an mein Limit. Ich musste doch immer perfekt sein.

Kennen Sie solche Momente, in denen Sie sich nicht einen einzigen Fehler eingestehen?

Diese Einstellung und das Verdrängen führt aber leider nicht zu einer Besserung, sondern macht uns auf Dauer krank. Wie der bekannte PR-Manager Paul J. Kohtes, der bereits mit nur 32 Jahren durch eine schwere Krankheit ausgebremst wurde, so schön in seinem Interview sagt: „Ich habe gar nicht darüber nachgedacht, ob ich glücklich bin, weil ich immer gut beschäftigt war. Auch das ist eine Form von Glück, nicht darüber nachdenken zu müssen, ob man glücklich ist. Wobei das sicherlich auch gesundheitsschädlich war" (Enorm Magazin 2016). Meditation führt Studien zufolge zu einem potenziell längeren Leben, einer verbesserten Gesundheit, einem höheren Glücksempfinden und stärkt das Immunsystem (Yoga Easy 2016). Kein Wunder also, dass auch Herr Kohtes heutzutage regelmäßig meditiert. Doch all das war mir damals noch nicht wirklich bewusst. Ich lebte nach dem Grundsatz der Bühne: „The Show must go on". Diesen Grundsatz hatte ich als Sängerin bereits in Teenager-Jahren gelernt und verinnerlicht. Wenn es Dir schlecht geht, dann lächle und mache weiter, als wäre alles bestens. Heute denke ich anders über den Grundsatz der Bühne. „The Show must be real!" Und zwar „real to me". Ich denke, „The Show must go on" heißt nicht, dass wir immer „high" sein sollen. Es heißt eher, dass der Zug unseres Lebens weiterfährt. Diese Fahrt des Lebens begrüßt uns mit Bergen und Talfahrten. Kein Theaterstück oder Konzert hat nur schnelle Up-Tempo-Momente oder Szenen der Freude und des Adrenalinkicks. Gerade der Wechsel und die Dynamik aus langsam und schnell, aus ein- und ausatmen, aus laut und leise und aus traurig und freudig machen ein Stück abwechslungsreich, spannend und berührend. So ist es auch mit dem Leben. Damals interpretierte ich aber noch anders. Ich dachte, ich müsste immer stark sein.

Ich lebte eher nach dem Motto: „Die Fassade steht." Bei mir schien nach außen immer alles super zu sein. Und dann saß ich da auf einmal in meinem Meditationskurs in einem völlig fremden Umfeld und weinte wie ein Schlosshund. Die Fassade war gefallen!

Irgendetwas hatte an diesem Tag Klick gemacht. Diese neue Umgebung kam mir zwar fremd vor, aber sie hatte auch etwas Zauberhaftes.

Nun war es Zeit, aufzuräumen und für sich Sorge zu tragen. Der Lärm des Alltags lässt uns oft überhören, was unser Körper uns zu sagen hat. Aber fängt man einmal an, hinzuhören, begibt man sich auf eine Reise, die unglaublich spannend ist. Es ist quasi so, als würde man seine eigene DNA sehen können. Und mit konzentriertem Fokus kann man darauf basierend beginnen, die richtige Rezeptur für sich selbst zu mixen. Nämlich jene, die einem mehr Zufriedenheit und Ruhe in der Beschleunigung verleiht. Es ist die Welt der Gegenwärtigkeit, des bewussten Wahrnehmens, der geschärften Sinne, ein Zustand des Seins und der Authentizität. Denn Meditation ist eine Form der Achtsamkeit. Und es ist meiner Meinung nach eine sehr, sehr kraftvolle. Eine Art Superpower, die wir in uns selbst freischalten können.

Damals war ich dieser Superpower und dieser neuen Welt bewusst das erste Mal begegnet und in ihr schien ich nicht perfekt zu sein. Als eher ehrgeiziger Mensch wurmte mich das natürlich. Daher urteilte ich schnell und dachte: „Das ist nichts für mich." Der Fakt, dass ich in dieser „eigenartigen Achtsamkeitspraxis" und der „esoterisch angehauchten Meditation", wie ich damals noch dachte, nicht gut war, ließ mich jedoch nicht locker. Ich war fasziniert von der Ruhe, die alle Menschen ausstrahlten, die achtsam leben, die meditieren, die Yoga machen oder die andere Wege der inneren Ruhe und Stille für sich gefunden haben. Sie wirkten ausgeglichen und entspannt. Sie wirkten glücklich und dankbar. Sie waren zudem effizienter und produktiver und selten krank. Ja, das wollte ich auch alles! Ich hatte schließlich daraus gelernt, um ein Haar an einem Burn-out vorbei gekommen zu sein.

Während ich gedanklich damals über all dies meine Meinungen formte und Urteile aufstellte, verurteilte mich im Buddhistischen Zentrum damals. Obgleich es sicherlich Anlass dafür gegeben hätte. Ich fuhr mit meinem Cabrio vor, trat mit meinen Markenklamotten ein, telefonierte bis zur letzten Sekunde, kam also erst einmal zu spät, da ich ja noch etwas Wichtiges, Geschäftliches, zu erledigen hatte. Das konnte dieser Schlag Mensch bestimmt nicht verstehen, dachte ich damals. Meditation ist doch was für Hippies! Achtsamkeit heißt nicht, den Geist daran zu hindern Urteile zu fällen, es heißt eher sich dessen bewusst zu werden, wenn es passiert. „Es ist

nicht nötig, das Urteilen zu beurteilen". Das würde es nur noch komplizier-
ter machen (Kabat-Zinn 1990, Kap. 17).

Meditation war mir zwar immer noch etwas suspekt. Aber gleichzeitig wurde ich irgendwie infiziert von der Idee, es zu erlernen. Obgleich es
schwer und teilweise gar schmerzhaft für mich war, war ich beeindruckt von
der emotionalen Wirkung dessen.

**Ich wollte das auch können, so ruhig und lächelnd in Stille sitzen. Das
kann doch nicht so schwer sein.**

Immer wieder konnte ich mich aber nicht dazu durchringen zu meditieren
und brach nach ein paar Minuten wieder ab. „Das ist doch Zeitverschwen-
dung", dachte ich. „Das kann ich nicht!". Doch all dies sind Urteile. Und
Urteile sind nichts als Gedanken, wie Kabat-Zinn erklärt. Das Aufkommen urteilender Gedanken im Geist können durchaus Teil der Übung sein.
Wenn sie aufkommen, so empfiehlt er, sollen wir diese einfach im Rahmen
der Meditation beobachten ohne ihnen jedoch weiter nachzugehen oder
darauf zu reagieren. Wir nehmen sie einfach nur wahr. Damit machen wir
uns das „Urteilen" bewusst (Kabat-Zinn 1990, Kap. 18). Diese Erkenntnis
bringt uns in die Gegenwart zurück. So aber leider funktioniert es nicht
mit Achtsamkeitsübungen. Mit Erzwingen und Ehrgeiz erreichen wir hier
nichts. Meditation wird heute vermehrt auch durch Führungskräfte praktiziert, die ebenfalls häufig ehrgeizige Züge haben können. Das könnte
herausfordernd für sie werden, dem nicht nachzugehen. Denn in der Meditation ist beobachten, annehmen und loslassen gefragt.

Was wir hier aus meiner persönlichen Erfahrung vor allem brauchen, ist
Geduld. Geduld einfach still zu sitzen und nichts zu tun. Und Geduld sowie
eine Form der Gelassenheit sind eben nicht leicht zu erlernen, wenn man
ein Leben auf der Überholspur führt. Doch „es gibt kein größeres Übel als
Wut. Und keine größere Tugend als Geduld. Deshalb sollte ich auf verschiedenste Weise danach streben, mit der Praxis von Geduld vertraut zu werden", wie es in Kelsang Gyatsos Werk so schön heißt. (Gyatso 2005, S. 21).
Geduld besaß ich damals überhaupt nicht. Sie widerstrebte mir, denn für
mich konnte es nie schnell genug gehen. Eine Freundin schenkte mir einmal
ein Bild mit der Aufschrift: „God give me patience. NOW!" – ich denke das
sagt alles (vgl. Abb. 1.4).

Ja, ich weiß, Geduld will gelernt sein und man lernt sie nur, indem man
geduldig ist. Das ist mir heute durchaus bewusst, doch damals war ich von
diesem achtsamen Mindset noch meilenweit entfernt. Denn ich war ein Fan
von Multitasking, damit ich, wie ich damals noch dachte, Zeit gewinne.

Abb. 1.4 God give me patience. NOW!

Dem ist aber nicht so. Autor Hun sagt in seinem Buch „The Burnout Society“: „The attitude toward time and environment known as multitasking does not represent civilizational progress“ (Han 2015, S. 12).

Achtsamkeit ist „Single-Tasking“ fokussiert. Das parallele Tippen auf dem Laptop oder Surfen im Internet hilft nicht wirklich dabei Strecke zu gewinnen und es nimmt uns zudem vollständig ein.

„Wenn man in alltäglichen Situationen – an der Bushaltestelle, beim Arzt, beim Autofahren – den Geist aufmerksam wach hält, ohne ständig an seinem Smartphone zu fummeln, hat man schon einen gewaltigen Schritt zur Freiheit geschafft“ (Zukunftsinstitut 2016b). Mein Smartphone aus der Hand legen? Das gab es für mich nicht. Ich konnte doch noch hier und schnell etwas erledigen. Nein. Ich besaß keine Geduld dafür, einfach nur auf mein Flugzeug zu warten und in Stille zu verweilen. Mein menschliches System hatte auch kein Single-Tasking-Feature oder kannte gar Momente des bewussten Nichtstuns und Nichtdenkens. „Dafür habe ich keine Zeit“, hätte ich wohl gesagt. So hatte ich doch bereits berufsbegleitend studiert, um keine Zeit zu verlieren. Eine verspielte und lässige Unizeit habe ich nie erlebt. Mein Studium der Medien-Ökonomie verband ich sogar noch mit beruflicher Auslandserfahrung in einer der schnellsten Städte überhaupt:

New York. Sonst hätte es ja auch langweilig werden können. Im Rahmen meiner Zeit in der Stadt, die niemals schläft, lernte ich das Lebensmotto der New Yorker kennen. Es heißt: „Always keep on going!" Das hatte mich geprägt. Waren Sie schon mal in New York? Ist Ihnen dort aufgefallen, wie schnell alle Menschen laufen? New York hat ein anderes Tempo und eine ganz besondere Dynamik. Als ich ankam, dachte ich immer: „Warum rennen die Menschen denn alle?!" Zwei Wochen später fiel es mir nicht mehr auf und ich hatte mich dem Tempo angepasst. Hieran sehen Sie, dass alles eine Frage unserer Wahrnehmung ist.

Nicht die Welt ist komplexer und schneller geworden, unsere Wahrnehmung dessen ist es! Wir selbst haben die Entscheidung, wie stark wir auf das Gaspedal drücken.

Konstanter Wandel heißt nicht, dass auch wir konstant rennen müssen.

Als ich nach einigen Monaten wieder aus den USA nach Deutschland zurückkam, bin ich fast wahnsinnig geworden, weil mir alles so langsam erschien. Irgendwie habe ich den New Yorker Flow niemals abgegeben. Noch heute bin ich ein Freund der Geschwindigkeit. Dennoch genieße ich genauso Momente der Ruhe und tue Dinge manchmal auch bewusst langsam. Wie sagt der Autor Lothar J. Seiwert so schön: „Wenn du es eilig hast, gehe langsam.", denn in der Ruhe liegt die Kraft (Seiwert 2012). Oder, wie ich es nenne: Finde die Ruhe in der Beschleunigung.

In dem Buch „Wie wir unsere menschlichen Probleme lösen" wird der innere Widerstand, der sich durch Angst, Erwartungen, Wut, Trauer und emotionaler Abhängigkeit bemerkbar macht, als „Anhaftung" und „Verblendung" erklärt und als unruhiger Geist. Hier liegt meist die Quelle der inneren Unruhe (Gyatso 2005). Wenn wir Ruhe in der Beschleunigung anstreben, ist es ein Teil der Aufgabe, mit diesen Gefühlen Frieden zu schließen. Das Gefühl der Wut beispielsweise beschreibt Gyatso in seinem Werk wie folgt: „Wut ist eine der häufigsten und destruktivsten Verblendungen, und sie sucht unseren Geist fast jeden Tag heim. Um das Problem der Wut zu lösen, müssen wir als erstes die Wut in unserem eigenen Geist erkennen, uns eingestehen, dass sie uns selbst und anderen schadet, und die Vorteile des Geduldigseins angesichts von Schwierigkeiten schätzen." (Gyatso 2005, S. 23). Wut in Geduld umzuwandeln ist ein Prozess, der bestimmt nicht über Nacht erfolgt. Es hilft hierbei zu beobachten, in welchen Momenten wir ein Gefühl der Wut empfinden. Dies kann man sehr gut durch Achtsamkeit üben, sowie zum Beispiel durch die Praxis der Meditation.

Diese Übung kann man zum Beispiel beim Autofahren üben, wenn man sich ärgert über einen anderen Verkehrsteilnehmer. In diesen Momenten einfach einmal tief durchatmen und die negativen Gefühle loslassen. Wenn Sie ins Auto steigen können Sie sich auch kurze Ruhepausen zur Entschleunigung nehmen, indem Sie, bevor Sie gleich losfahren, einfach für ein paar Minuten Ihren Atemfluss beobachten (Tolle 1997, S. 35).

Ich habe einige Anläufe gebraucht, um Meditation wirklich in mein Leben zu integrieren. Gerade diese kleinen Übungen haben mir sehr geholfen.

Es war eine meiner schwersten Geduldsprüfungen Meditation zu erlernen. Aber all die positiven Auswirkungen von Meditation, die ich über die Jahre las, haben mich immer wieder motiviert, einen neuen Anlauf zu starten. Denn Meditation hat diversen Forschungen zufolge einen massiv positiven Einfluss auf unser Gehirn, unseren Körper und unsere Gesundheit. Zum Beispiel wurde im Rahmen des „research about neuroplasticity and meditation in the Harvard Gazette" untersucht, wie sich das Gehirn von Menschen bereits nach acht Wochen verändert, wenn sie regelmäßig meditieren. Die Probanden meditierten durchschnittlich lediglich 27 min pro Tag und ihre Gehirn-Scans zeigten dennoch nach nur zwei Monaten erhebliche positive Veränderungen. Insbesondere im Bereich des „Hippocampus", der sich in unserem Gehirn für die Entscheidungsfähigkeit (executive Demission-making) und das Erinnerungsvermögen erkenntlich zeigt. Zudem auch im Bereich des „Tempo Parietal Lobe", welcher für Empathie, Veränderungsoffenheit und Mitgefühl verantwortlich ist. Zudem wurde festgestellt, dass Meditierende weniger verletzendes Adrenalin in den Körper ausschütten in stressigen Situationen. Somit können regelmäßig Meditierende meist sehr viel besser mit Stress umgehen. In dieser Forschungsstudie wurde aber noch eine weitere sehr beeindruckende Entdeckung gemacht: Die Dichte der grauen Substanz im Hippocampus eines 50 Jahre alten Gehirns wuchs auf das Level eines 25-Jährigen. Und das bereits nach acht Wochen täglicher Meditation. Es ist also auch wissenschaftlich nachvollziehbar, dass viele Menschen und Autoren die These vertreten, dass regelmäßige Meditation das Leben potenziell verbessert und gar verlängern kann durch eine gesteigerte mentale Fitness (Huffington Post 2016b). Weitere positive Auswirkungen von Meditation und Achtsamkeit bitte ich Sie dem Kap. 2 „Die 7 Ebenen der Achtsamkeit" zu entnehmen.

Und wussten Sie eigentlich, dass sich mittlerweile jeder Fünfte in Deutschland vorstellen kann zu meditieren (The Dignified Self 2016b)? Also worauf warten Sie noch? Fangen Sie am besten direkt an und konzentrieren Sie sich für ein paar Minuten mit geschlossenen Augen nur auf Ihren Atem. Na, wie fühlt sich das an?

1.7   Der spirituelle Kapitalismus und die Achtsamkeit-Technologie-Fusion

Nach meinem ersten Meditationserlebnis fuhr ich damals, noch immer sehr eingenommen von den tiefen Emotionen und irgendwie nachdenklich, nach Hause. Mein Vater rief mich an und fragte, wo ich unterwegs sei. Ich antwortete: „Ich war gerade bei einem Meditationskurs im Buddhistischen Zentrum in Berlin Kreuzberg." – Stille – Nach einer kurzen Pause antwortete mein Vater mit folgendem Satz, der mich noch lange begleiten sollte: „Du hast also gerade Deine buddhistische Phase. Die hatte ich auch einmal. Du wirst feststellen, dass Du Dich irgendwann zwischen Kapitalismus und Spiritualität entscheiden musst." Mein Vater hatte mich immer schon beruflich beeinflusst und mit diesem Statement hatte er etwas in Gang gesetzt, das mich nicht mehr loslassen sollte. Kennen Sie solche Momente? In denen Ihnen ganz bewusst wird, dass Sie soeben einen neuen Pfad betreten haben? Fast als wären Sie in einem Videospiel und Sie haben soeben ein neues Level freigespielt…

So fühlte sich dieser Moment jedenfalls an. Der Satz hatte etwas in Gang gesetzt. Nun gab es kein Zurück. Gab es wirklich keine Form der Verbindung oder Fusion von Kapitalismus und Spiritualität? Ich glaube, in der Nachkriegszeit, fernab von Digitalisierung, Smoothies und Ayurveda, in der meine Eltern aufgewachsen sind, galten andere Regeln und Bedingungen. Ich verstehe daher durchaus, warum mein Vater diese Erfahrung machte. Aber war es auch heute noch so, dass hier eine solche starke Trennung – ja gar eine Grundsatzentscheidung – zu treffen war? Gibt es so etwas wie den spirituellen Kapitalismus? Und erlebte ich nicht genau diesen gerade? Als eine Geschäftsfrau hatte ich mich doch gerade in den letzten vier Stunden genau in dieser Sphäre aufgehalten.

Spirituell zu sein heißt für mich, sich seinem Geist und seiner Seele mit Freundlichkeit und Fürsorge zu widmen. Zur Verbindung mit der Achtsamkeit erklärt Leonardo Boff, Professor für Theologie, Ethik und Spiritualität in Brasilien und bekannt als Vertreter der Befreiungstheorie und Träger des alternativen Nobelpreises, zudem Folgendes:

Die Achtsamkeit auf den Geist führt dazu, die Güte, das Wohlwollen, die Solidarität, das Mitleid und die Liebe zu kultivieren. Diese Werte bilden die Substanz der Spiritualität. (Boff 2013, S. 155).

Ich denke, spirituell zu sein, heißt das anzunehmen, was ist und jeder Form der Wahrheit offen gegenüber zu sein, ohne Bewertung oder Urteilsbildung.

Boff beschreibt das Leben der „Spiritualität" damit, „für den Geist Sorge zu tragen" (Boff 2013, S. 154). Weiter erläutert er, dass Spiritualität der Stille bedarf und dass wir „Spiritualität aus dem Korsett der Religion" befreien sollten. So schreibt er: „Es gibt mit Sicherheit keine Religion ohne Spiritualität; sie entspricht einer tiefen inneren Erfahrung. Doch es kann Spiritualität ohne Religion geben. Die Spiritualität zu nähren heißt, eine Haltung ständiger Offenheit gegenüber jeder Wirklichkeit einzuüben" (Boff 2013, S. 154).

Ich glaube, wie auch Boff, dass Spiritualität frei von Religion ist und auch sonst keinen Beschränkungen oder Regelwerken unterliegt. Für mich heißt spirituell zu leben, auch an eine universelle Verbindung zu glauben und andere Menschen oder Lebewesen mit Einfühlungsvermögen, Liebe und Freundlichkeit zu behandeln. Spiritualität ist etwas, das wir fühlen und leben, weniger etwas, das wir erreichen. Es ist weniger fokussiert auf das Tun, sondern mehr auf das Sein sowie auch die Achtsamkeit. Spirituelle Menschen zeichnen sich nicht nur durch ihren Glauben aus. Auch der Lebensstil ist entscheidend. Sie praktizieren Rituale, die ihrem Dasein eine Struktur geben. Sie sind oft Freunde der Meditation sowie von Tai-Chi, Qigong und Yoga. Diese Methoden geistiger Fokussierung können auch Managern helfen konzentrierter und entspannter zu werden. Sie schützen zudem vor Stress und negativer Stimmungen (Kirady 2015, S. 82). Diese spirituell geprägten Methodiken sind heute hervorragende Werkzeuge, um ein Gefühl der Kontrolle zurückzugewinnen. Spirituelle Menschen verkraften Tiefschläge und Stress im Leben häufig besser als eher nüchterne Zeitgenossen. Sie haben eine sehr hohe Widerstandskraft (Kirady 2015, S. 81). Das ist eine wertvolle Eigenschaft gerade für verantwortungsvolle Aufgaben, denen sich Führungskräfte in der Kapitalgesellschaft täglich stellen. Das Zukunftsinstitut erläutert Achtsamkeit in diesem Kontext als Schnittmengen von Kognitionspsychologie, Systemwissen und Spiritualität. „Anders als im klassischen Buddhismus ist das Ziel nicht die Auflösung des Ichs. Sondern die Wiederentdeckung des Selbst" (Zukunftsinstitut 2016a). Das denke ich ebenfalls: Es geht um die Wiederentdeckung Ihres würdevollen Selbst. Sie können also Spiritualität sowie auch Achtsamkeit frei von religiösen Entscheidungen praktizieren.

Mit der nun aufgekommenen Frage der Verbindung aus kapitalistischen Grundgedanken und jener der Spiritualität wurde mir mehr und mehr bewusst, wie viel wir von solch einer Verbindung dieser gegebenenfalls auf den ersten Blick konträren Lebensversionen bereits heute erleben dürfen. Die Gesundheit hat in modernen Zeiten einen hohen Stellenwert eingenommen. Die Gesundheitsindustrie ist eine der wirtschaftsstärksten Zweige überhaupt geworden. Zudem ist es modern und „schick" geworden, sich vegan oder vegetarisch zu ernähren, auf seinen Körper zu achten, gesundheitsbewusst zu sein, ja gar seine Schritte und Aktivitäten durch digitale Schrittzähler, Smartwatches, Fitness-Bänder, Pulsuhren und mobile Applikationen zu erfassen und öffentlich in sozialen Netzwerken kundzutun. Auch Menschen mit Smoothies in der Hand, Ayurveda-Reisen, Detox-Kuren – sogar Digital Detox Camps, wo für eine gewisse Zeit auf sämtliche Nutzung von digitalen Geräten verzichtet wird – sind heute mehr und mehr verbreitet. Manager verbringen Stille-Zeiten in Schweigeklostern oder fahren in Yoga-Retreats, um wieder klar zu denken bevor sie die nächste große Geschäftsentscheidung zu treffen haben. In einem Beitrag zu diesem sogenannten „Slow-Business-Trend" heißt es wie folgt:

> **Beschäftigte von Daimler-Benz können Business-Yoga-Kurse belegen, um in der Hektik des Alltags Klarheit und Orientierung zu finden. Und mittlerweile ist auch der Manager mit der Aktentasche in der Hand und der Yogatasche auf dem Rücken nichts Besonderes mehr. In den USA treffen sich CEOs nicht mehr auf TED-, sondern auf „Wisdom 2.0"-Konferenzen, um Weisheit zu (er)finden. Und das von Google konzipierte „Search Inside Yourself"-Programm hilft Managern, ihre Führungs- und Leistungsfähigkeit steigern – indem ihr Wohlbefinden optimiert wird (XING 2016).**

Das erwähnte „Search Inside Yourself Leadership Institute" (SIYLI) von Google, welches Führungskräfte emotionale Intelligenz durch Achtsamkeit vermittelt, und auch ein Buch dazu veröffentlicht hat, ist hier ein sehr gutes Beispiel für die Technology-Mindfulness-Fusion (SIYLI 2016). Auf der Website wird die Brisanz des Handlungsbedarfs im Bereich Well-Being zum Beispiel durch die folgenden Zahlen deutlich: „70 % of employees are disengaged, leading to lower productivity, innovation, and wellbeing. only 8 % of people strongly agree that they experience overall wellbeing because of their work" (SIYLI 2016). Diese Disharmonie soll durch Achtsamkeitstrainings ausgeglichen werden. Und das Programm wird von einigen der größten Konzerne Deutschlands durchgeführt. Ich habe letztes Jahr selbst in Hamburg daran teilgenommen und besonders beeindruckt hat mich der Moderator des Ganzen. Er war von SAP und trug den Titel: „Head of Mindfulness". In einer großen Tageszeitung, wie Vordenker Mathias Horx vom Zukunftsinstitut zusammenfasste, hieß es vor Kurzem:

Wenn selbst Mercedes seinen Mitarbeitern Mail-Zwangspausen und digitalen Urlaubs-Absentismus verordnet, dann ist das Thema Achtsamkeit in der Mitte der Wirtschaft angekommen. Der Pharmakonzern Genentech startete unlängst ein ehrgeiziges Mindfulness-Programm für seine Mitarbeiter. Intel und SAP erhöhten mit einem ähnlichen Versuch die seelische Zufriedenheit ihrer Mitarbeiter. Bei diesen Programmen geht es nicht nur um Yoga oder Rückengymnastik. Es geht um die kognitive Selbst-Wirksamkeit. Wir dürfen gespannt sein, wann Google vom Googeln abrät. Schon heute propagiert ja Larry Page das Abschalten des Mobiltelefons beim Essen (Horx 2016, S. 6).

Trotz solcher Meldungen, die sich täglich in den Medien häufen, gibt es nach wie vor Skepsis und sehr viele Menschen, die glauben, die Welten der Spiritualität und des Kapitalismus wären weiterhin zu trennen. Sie grenzen sich auch gerne davon ab und meinen dann schlichtweg, das sei nichts für sie. Oft wird bis heute die Aktivität der Meditation und Achtsamkeit noch teilweise in die Schublade Esoterik gesteckt. Aber ist dem wirklich so? Ist nicht genau die tiefe Verankerung in uns selbst, die Selbst-Wirksamkeit und Fokussierung, wie wir sie beispielsweise durch Meditation lernen können, die Fähigkeit, die wir heute dringend benötigen, um uns auf der digitalen Überholspur nicht zu verlieren? Ich denke, ein bisschen Tiefsinn kann nicht schaden zwischen all den wohl eher weniger tiefgründigen „Likes" und „Lols" bei Facebook und Co. Vordenker Horx definiert Achtsamkeit jedenfalls wie folgt: „Achtsamkeit heißt: In einer über-füllten, überreizten, überkomplexen Welt müssen wir lernen, uns auf neue Weise auf uns selbst zu besinnen. Uns vergewissern, um leben zu können. Und gleichzeitig birgt der Begriff der Achtsamkeit die tiefere Erkenntnis, dass die Welt gar nicht wirklich über-füllt, überreizt und über-komplex ist" (Horx 2016, S. 7). Neue Wege auszuprobieren, die potenziell zu mehr Zufriedenheit und innerer Ruhe führen können, sind vermutlich auch nicht als etwas Schlechtes einzuordnen, oder? Gerade in Zeiten der digitalen Transformation.

Ich war damals bereits begeistert davon, die Perspektiven des Kapitalismus und der Spiritualität zu erforschen und diese Welten dabei zu unterstützen, stärker zusammenzufinden. Und ich beschloss, dass ich einen Beitrag leisten wollte, dass sie eine Sprache sprechen lernen. Die beiden Vertreter und Zielgruppen gleicherweise anzusprechen und zusammenzuführen war eine herausfordernde Aufgabe, aber eben eine Herausforderung, die es zu meistern galt. Für ein achtsames und bewusstes Leben in der Gegenwart gibt es keine Pille, die man schlucken oder App, die man installieren kann. Dies gelingt nur durch viel Geduld und Übung. Und vor allem die Offenheit dazu, sich weiterentwickeln zu wollen und sich von alten Mustern und Glaubenssätzen zu lösen. Diese zwei Zielgruppen-Segmente mit eigentlich unterschiedlichen Interessen, Bedürfnissen und Werten müssten lernen, mehr miteinander zu sprechen, um voneinander zu lernen. Ich sehe eine große Chance einer Win-Win-Situation. Denn folgende Fragen ließen mich nach meiner ersten Meditationserfahrung und nach meinen ersten Einblicken in das Thema Achtsamkeit nicht mehr los:

1. Ist Achtsamkeit gerade in digitalen Zeiten zwingend erforderlich?
2. War es nicht an der Zeit, das Leben im Hier und Jetzt in einer zeit- und ortsunabhängigen Welt neu zu erlernen und einen gesunden Umgang damit zu kultivieren?
3. Wird uns Achtsamkeit unterstützen können, eine bessere Balance zwischen Online- und Offlinewelten zu schaffen?
4. Kann Achtsamkeit zu mehr Gesundheit und Entschleunigung führen?
5. Hat es Einflüsse auf emotionale Intelligenz und Mitgefühl? Ist das Thema Achtsamkeit bereits in die Business-Welt und in die Führungsebene vorgedrungen?
6. Könnten Meetings effizienter und produktiver sowie die Kommunikation besser werden, wenn sie die Grundsätze der Achtsamkeit befolgen würden?
7. Werden große Unternehmen auch Meditations- oder Yogakurse anbieten?
8. Kann Achtsamkeit Menschen motivierter, konzentrierter und erfolgreicher machen?
9. Kann uns Achtsamkeit dabei helfen, uns selbst mehr zu spüren und herauszufinden, was uns wirklich wichtig ist (Stichwort: Potenzialentfaltung)?

YES. To all of the above!

Und die Zeit ist jetzt da. Die Fusion bzw. Symbiose aus Kapitalismus und Spiritualität befindet sich in vollen Zügen. Und wir haben das wunderbare Glück dies mitzuerleben, mitzugestalten, und unterstützen zu dürfen! Selbst ein traditioneller Wirtschaftsverlag wie Springer Gabler war bereit, für das Thema Achtsamkeit sowie für einen Hauch von spirituellem Kapitalismus in der digitalen, schnelllebigen Zeit. Zudem startete ich einige Zeit später die Initiative The Dignified Self – für mehr Achtsamkeit in der digitalen Zeit.

Egal, ob Sie sich persönlich eher der kapitalistischen Welt oder der spirituellen zuordnen würden, ich bin fest davon überzeugt, dass beide stark voneinander profitieren werden, und dass es in jedem Fall horizonterweiternd ist, sich damit zu befassen. Und wenn Sie immer noch skeptisch sind, sich Achtsamkeit gegenüber zu öffnen und dies als Chance zu verstehen, dann möchte ich Sie an folgende Worte des Zukunftsinstituts erinnern:

Abb. 1.5 Google Trends Entwicklung für den Begriff „Mindfulness". (Google Trends 2016)

> **Wenn wir einen Begriff nennen müssten, der in den kommenden Jahren eine Schlüsselrolle spielen wird: Welchen würden wir wählen? ACHTSAMKEIT (Horx 2016, S. 6).**

Wenn Sie „Mindfulness", das englische Wort für Achtsamkeit, bei Google eingeben, bekommen Sie über 33 Mio. Suchergebnisse. Allein in den letzten vier Jahren hat sich die Relevanz von Achtsamkeit (Mindfulness) gemäß Google Trends (vgl. Abb. 1.5) mehr als verdoppelt, Tendenz steigend (Google Trends 2016).

1.8   Das Teilzeit-Baum-Konzept

Als ich anfing, mich mit dem Thema Achtsamkeit zu beschäftigen, bemerkte eine gute Freundin irgendwann einmal: „Ich finde das toll, dass Du das machst. Ich beobachte auch, dass es Dir viel Ruhe schenkt und Dir guttut. Aber verspreche mir eins: Werde bitte nicht zum Baum." Ich antwortete darauf: „OK. Ich bin ein Teilzeit-Baum".

Mit der Wortschöpfung „Werde nicht zum Baum" meinte meine Freundin jemanden, der den ganzen Tag Bäume umarmt. Sie spielte damit auf die Klischees der Achtsamkeit an. Und ja, ich gebe zu: Ich habe schon einmal in meinem Leben einen Baum umarmt, da ich endlich wissen wollte, was der ganze Wirbel darum zu bedeuten hat (probieren Sie es doch auch mal, wenn Sie sich trauen). Aber es ist sicherlich nicht zu einem meiner neuen Hobbys geworden. Was aber mit Achtsamkeit einhergeht, ist ein größeres Bewusstsein für die Natur. Einige Autoren, so auch Leonardo Boff, sehen daher auch eine sehr enge Verbindung zwischen Achtsamkeit und Nachhaltigkeit (Boff 2013).

Beim Teilzeit-Baum-Konzept geht es darum unserer Wahrnehmung der Beschleunigung ein Gefühl der Beständigkeit (Allegorie eines Baumes) entgegenzusetzen.

Das Teilzeit-Baum-Konzept gibt Ihnen die Freiheit, nur ein bisschen Baum – sinnbildlich für spirituell – zu sein, ohne direkt einen Trainerschein als Yogalehrer zu machen oder einer Musikgruppe mit Sanskrit-Texten beizutreten. Sie müssen gar nichts, um genau zu sein. Das Teilzeit-Baum-Konzept suggeriert lediglich sich zumindest teilweise – in Teilzeit sozusagen – mit Themen der Spiritualität, der Philosophie, der Ethik, der Theologie, der Psychologie, der

Abb. 1.6 Tree-Hug

Soziologie, der Psychologie, der Literatur, der Kunst und der Kreativität zu beschäftigen. Eben mit solchen Themen, die zum Nachdenken unseres Selbst anregen. In Teilzeit genießen Sie zum Beispiel bewusst die Natur, die Kunst, die Worte, die Musik, die Stille, die Lyrik, das Gedankengut oder auch die Ebene, die sich jenseits des Denkens befindet. Der Teilzeit-Baum spielt mit den Gedanken des spirituellen Kapitalismus. Er macht sich zudem die 7 Ebenen der Achtsamkeit zunutze und hat das Mindset eines selbstbewussten Zebras, welches Sie im Abschn. 4.1 „Das Zebra-Modell" ebenfalls noch kennenlernen.

Also pflanzen Sie Ihren eigenen Teilzeit-Baum. Seien Sie bewusst mehr Sie selbst und nicht nur technologiedominiert und extern gesteuert. Sie können die Bezeichnung „Ich bin ein Teilzeit-Baum" auch in Ihrem Alltag verwenden, wenn Sie mal wieder von anderen Menschen mit den Klischees der Achtsamkeit konfrontiert werden. Das tue ich auch und es führt meist zu sehr angeregten und erheiterten Gesprächen. Teilzeit-Bäume schaffen Sympathie (vgl. Abb. 1.6). Sie werden sehen.

1.9 Reizüberflutung: Von „mind full" zu „mindful"

Nichtstun ist die allerschwierigste Beschäftigung. Und zugleich diejenige, die am meisten Geist voraussetzt.

– Oscar Wilde

Wir befinden uns heute im Zeitalter der Informationen. Wenn wir es aus einem anderen Licht betrachten, könnten wir es auch „The Age of Distraction" nennen, wie es Leo Babauta in seinem Buch „Focus – A Simplicity Manifesto in the Age of Distraction" nennt (Babauta 2010, S. 5). „Da ist was Wahres dran, denn in 2014 wurden pro Minute 571 neue Websites, 278.000 Twitter Tweets, 204.000.000 E-Mails, 2 Mio. Suchanfragen, 72 h Video-Uploads und 246.000.000 Posts in Foren erfasst," so Jonathan MacDonald in seinem Buch „28 Thoughts On Digital Revolution" (MacDonald 2014, S. 135). Drei Viertel der Deutschen nutzen gemäß der Bitkom in 2016 ein Smartphone (51 Mio.) (Notebookcheck 2016). 48 Mio. Bundesbürger haben ihr Handy immer dabei und sind fast immer erreichbar. Bereits in 2011 verließen 62 % der Handy-Besitzer ihr Zuhause niemals ohne ihr Mobiltelefon (Bitkom 2016a). 25 Mio. Bundesbürger machen „Selfies" (Selbstporträts mit dem Smartphone) und jeder Sechste verbreitet es auch öffentlich (Bitkom 2016b). „Jeder dritte Smartphone-Besitzer teilt per Internet seinen Standort mit, um ortsbezogene Dienste zu nutzen" (Bitkom 2016c). Das Geschäft mit mobilen Datendiensten stieg in 2015 in Deutschland auf 10,3 Mrd. EUR und es wurden erstmals mehr Umsätze mit dem mobilen Internet als mit Handy-Gesprächen verzeichnet (Bitkom 2016d). Wir werden in der schönen digitalen Welt konstant mit Nachrichten, Status-Updates, Bildern, Videos, E-Mails und Daten versorgt. Das Internet ist das universell verfügbare Lexikon der Information. Es scheint nichts zu fehlen. Doch eine Frage wird hierbei immer wichtiger:

Wie lernen wir, uns aus dem Zeitalter der Ablenkung zu befreien, sodass wir uns in dem digitalen Kosmos der unendlichen Möglichkeiten nicht selbst irgendwann verlieren?

Denn so schön das alles ist, der konstante „Lärm" der Informationsflut tut irgendwann in den Ohren weh. Dennoch sind wir fast süchtig danach geworden zu wissen, wie viele „Likes" etwas hat oder der verlockenden Versuchung nachzugehen, mit nur wenigen Klicks alle Antworten in einer Suchmaschine zu finden. Die Sucht ist tatsächlich ein Faktor, der hier eine entschiedene Rolle spielt. Diese ist auf das sofortige positive Feedback zurückzuführen. Andere Süchte wie Drogen oder das Essen von Junkfood haben das gleiche Muster des empfundenen positiven Feedbacks für den Nutzer (Babauta 2010, S. 7). Eine Sucht wird aber nur dann zur Sucht, wenn wir es dazu kommen lassen. Wenn wir uns nur ab und zu eine Pizza gönnen, macht uns das noch lange nicht zum Junkfood-Junky.

Heißt das etwa, ich soll mein Smartphone weglegen?

Nein. Verstehen Sie mich nicht falsch, Ich bin ein großer Fan der Digitalisierung. Ich habe quasi eine Art Liebesbeziehung zu meinem Smartphone und ich finde auch soziale Netzwerke großartig. Denn sie erleichtern mir die Kontaktpflege zu meinen Freunden, egal wo sie sich befinden. Ich finde es toll ohne Probleme mit Menschen in Australien zu chatten oder mit einer Freundin in Italien kostenlos über WhatsApp von unterwegs zu telefonieren. Es ist beeindruckend die Reise einer Schulfreundin, die gerade durch Südamerika tourt, virtuell mitzuerleben, per Video-Übertragung gefühlt dabei zu sein, wenn in den USA der Thanksgiving-Truthahn zubereitet wird... und zap! liegt mein Fokus auf der nächsten Information und weg von der Gegenwärtigkeit.

Momente wie diese kenne ich selbst nur zu gut. Die unendlichen Möglichkeiten der Informationen machen es uns nicht gerade leicht ein „mindful-mindset" zu wahren. Sie können und sollen natürlich weiterhin die Vorteile nutzen, die uns Technologien liefern, doch manchmal ist die Informationsaufnahme eben auch zu viel. Da ist es wichtig, auf sich selbst zu hören. Der Kopf erscheint dann überfüllt („mind full"). Die Festplatte ist voll. Kennen Sie das? Genau dann ist der Zeitpunkt gekommen, wo Sie sich vermutlich still und heimlich doch etwas zu viel Pizza zugeführt haben, wenn ich das metaphorisch ausdrücken darf. Bei der Achtsamkeit geht es gewissermaßen darum, von zu viel Pizza ohne wirklichen Bestand zu einem gezielten, qualitativ hochwertigen Pizza-Gefühl zu gelangen. Sie gelangen von einem Zustand der Überfüllung („mind full") zu einem achtsamen, bewussten Zustand („mindful"). Die englische Sprache hat dies charmant in sehr ähnlichen Worten gelöst, die sich einzig und allein durch ein Leerzeichen und einen Buchstaben unterscheiden. Dies zeigt, wie nah beieinander diese Begriffe doch sind (vgl. Abb. 1.7). So nah und doch so fern…

Und wie weiß ich, wann ich zu viel Pizza esse? Mögen Sie vielleicht fragen. Hier liefert Autor Leo Babauta eine brillante Gegenfrage wie ich finde: „Let's say you woke up and decided you no longer wanted to participate in the Age of Distraction in some way… could you just drop out?" (Babauta 2010, S. 8)

Abb. 1.7 Von „mind full" zu „mindful"

Wie komme ich also von mind full zu mindful?

Rolf Dobelli schreibt: „Nachrichten sind gesundheitsschädlich. Ich will die Kontrolle über mein Hirn zurück" (Zukunftsinstitut 2016). Und meiner Überzeugung nach haben wir diese Kontrolle bereits, zumindest gibt es ein Instrument dafür: Achtsamkeit. Stellen Sie sich ein Glas Wasser mit tausenden Partikeln vor, die darin schwimmen. Das ist „mind full". Nun wird das Glas durch ein Sieb geschüttet und anschließend ist das Wasser frei von allen Partikeln. Es ist glasklar, frei von Gedanken, Sorgen, Facebook-Likes und E-Mail-Texten. Das ist „mindful". Was finden Sie spontan attraktiver? Wäre diese Klarheit nicht etwas, das Ihnen guttun könnte? Ihren Körper waschen Sie doch auch rein und pflegen ihn, warum also nicht Ihren Geist?

Der gefühlte Zustand des konstanten „Nachjagens" und Rennens kann uns in das „mind full – mindset" manövrieren. Denn man könnte ja etwas verpassen... Diese Angst wird auch „FOMO" genannt und steht für „Fear of missing out" oder unter Marketeers auch: „Fear of missed opportunity". Diese FOMO kann dazu führen, dass wir uns im digitalen Kosmos verzetteln, Tausende Gedanken und Eindrücke in unserem Kopf haben und nicht fokussiert bei einer Sache bleiben – nämlich bei der, die uns selbst gerade in diesem Moment im realen Leben begegnet.

Der Dreh- und Angelpunkt eines Mindset-Wechsels von „mind full" zu „mindful" liegt nicht in der Abschaffung von jeglicher Ablenkung, sondern in der Konzentration auf das, was „Jetzt" ist. Also indem wir uns der Welt um uns herum in diesem Moment bewusster werden. Ausschalten des Auto-Pilots, Wahrnehmen und Beobachten der Gedanken und Gefühle und sich auch der körperlichen Auswirkung dessen bewusst machen (The Guardian 2016). Ein achtsamer Geist nimmt das wahr, was in diesem Moment passiert – und nicht noch gestern, vorgestern, morgen und übermorgen.

> Stellen Sie sich zum Beispiel einen Hund vor, mit dem Sie Gassi gehen. Er denkt über nichts nach und empfindet pure Freude beim Erkunden der Umgebung. Er ist zu 100 % in der Gegenwart. Der Mensch an seiner Seite hingegen hat 3000 Gedanken im Kopf und sieht den Wald vor lauter Bäumen oft nicht mehr. Das ist der Unterschied zwischen „mind full" und „mindful."

Achtsamkeit heißt Beobachten und bewusst Wahrnehmen und es bedarf Geduld und täglicher Übung. Auch beim körperlichen Training haben Sie nicht bereits nach einer Aktivität die Fähigkeit erlangt, einen Marathon zu laufen. Es bedarf Training, Geduld, Verbindlichkeit und Ausdauer. Ähnlich ist es auch mit der Achtsamkeit. Nur dass Sie hierbei nicht Ihren Körper, sondern Ihre mentale Fitness trainieren. Eine tägliche Praxis ist auch bei der Achtsamkeit erforderlich. Die Techniken sind nicht kompliziert: Still an einem ruhigen Ort sitzen, tiefe Bauchatmung, Aufmerksamkeit auf den Körper richten, den Geist zum Beobachten, Fokussieren und Filtern trainieren. Aber bereits 15 min am Tag damit zu verbringen genau das zu tun und die Gedanken ziehen zu lassen, erscheint im stressigen Alltag für viele Mindfulness-Beginner oft wahnsinnig schwer, so berichtet auch The Guardian (The Guardian 2016). Heute sind wir leider viel zu oft mit unserem Laptop, dem nächsten Facebook-Update und der Anzahl unserer Twitter-Follower beschäftigt.

Bei der Achtsamkeit mit Technologie geht es nach meiner Definition auch darum, eine gesunde Balance aus virtueller und realer Welt herzustellen. Das bedeutet: Unseren Fokus ab und zu auf das Leben selbst zu richten.

Statt 24/7 auf einen Bildschirm zu starren und den Kopf gesenkt durch die Welt zu laufen, sollten wir ab und zu wieder aufschauen und die reale Welt wahrnehmen.

Statt nur darüber nachzudenken, was andere sagen und wie viele Likes eine Statusmeldung hat, sollten wir uns darauf fokussieren, was uns unser eigener Körper zu sagen hat und wie wohl er sich fühlt. Das können wir tun, indem wir unsere Aufmerksamkeit auf unseren Körper richten zum Beispiel mit einem „Body-Scan". „Beim Body-Scan handelt es sich um eine Reise durch den Körper, ein gedankliches Abtasten („scannen") des eigenen Körpers (…) Es ist eine Meditationsübung, die ihren Ursprung in der buddhistischen Vipassana-Tradition hat und dann später vom Medizinprofessor Jon Kabat-Zinn abgeändert wurde" (Projekt Gesund 2016b). Anleitungen dazu finden Sie online (Projekt Gesund 2016b).

Die Entscheidung, wie sehr wir uns von der Reizüberflutung und dem Lärm des Alltags einnehmen lassen, liegt bei uns selbst. Thesen, die meinen, dass Technologie böse ist und dass sie allein daran schuld ist, dass wir uns nur noch selten in die Augen schauen, kann ich nicht unterstützen. Technologien haben sehr viel zu bieten, die Digitalisierung erfährt meine höchste Passion und sie hat unser Leben in vieler Hinsicht stark aufgewertet. Ansätze, die sich dafür aussprechen, dass wir wieder analoger werden, respektiere ich, gehe aber nicht mit ihnen konform. Es alles auf die Technologie zu schieben und durch die Ausblendung dieser unsere Probleme lösen zu können, wäre zu einfach. Zudem ist es aus meiner Sicht eher unrealistisch, denn wir stehen noch am Anfang der Digitalisierung. Sie wird also wohl kaum morgen wieder weg sein. Und gerade am Anfang ist es wichtig, den richtigen Umgang zu lernen.

Wenn wir also von „mind full" zu „mindful" gelangen möchten, gilt es wieder mehr zu lernen „Mensch" zu sein und unsere Fokussierung und Wahrnehmung zu schärfen.

Die Antwort liegt nicht im Verteufeln der Technologie. Wir müssen eher trainieren, mehr dem wirklich Wesentlichen unsere Aufmerksamkeit zu schenken.

Es kann zum Beispiel dienlich sein, sich einmal darüber klar zu werden, was, wer und welche Dinge unsere Aufmerksamkeit einnehmen. Jonathan Mac-Donald, Speaker und Gründer von „TEN – Thought Expansion Network", den Sie im Kap. 7 „Stimmen aus der Praxis" dieses Buches noch genauer kennenlernen werden, unterscheidet hier zum Beispiel zwischen „Signal" und „Noise" (MacDonald 2014, S. 136). „Noise" ist alles, was Lärm und Ablenkung ist. „Signal" hingegen das, was uns wirklich wichtig ist (MacDonald 2014, S. 136). In einem TED-Talk fasst er es wie folgt zusammen: „Noise takes. Signal gives" (TEDx 2016). Nun ist es vielleicht nicht direkt leicht zu wissen, was „Noise" und was „Signal" in Ihrer Welt bedeutet. Im Rahmen eines TEN-Workshops empfahl MacDonald hierfür die Unterteilung in drei Kategorien: „Need to have", „Nice to have" und „Noisy to have". Jede unserer Tätigkeiten soll hierbei einer der drei zugeordnet werden, um ein besseres persönliches „Attention Management" daraus abzuleiten (TEN 2016).

Obgleich ich selbst im Marketing tätig bin, muss ich zugeben, dass auch unsere Konsumgesellschaft sowie die Marketingexperten der großen Werbeagenturen, die die Etats der Wirtschaftskonzerne und Marken verwalten, heute oft das Gegenteil von Achtsamkeit pflegen. Das Wecken eines Bedürfnisses nach etwas, das wir eigentlich nicht brauchen sowie die Ansprache des Konsumenten mit attraktiven, emotionsgeladenen Botschaften über diverse Kanäle und jederzeit, kann schon ganz schön Verwirrung stiften. Achtsamkeit kann uns aber auch hier behilflich sein und vor unachtsamen Konsum und unüberlegten Entscheidungen und Reaktionen bewahren. Hier einen bewussteren Selektionsmechanismus zu entwickeln, der sich Achtsamkeit nennt, ist sicherlich sehr hilfreich. Aber heißt „Achtsamkeit praktizieren" sogar in noch viel radikalerer Weise, auch unseren Konsum grundsätzlich zu reduzieren oder gar auf ihn zu verzichten? Von mir persönlich gibt es hier ein Nein. Andere Autoren, wie auch Leonardo Boff (2013), denken, dass Achtsamkeit zu praktizieren durchaus bedeutet, auch seinen Konsum deutlich zurückzufahren. Ich denke, ähnlich wie auch Leo Babauta in „The Power of Less", dass die Antwort eher in der Steigerung der Produktivität durch Fokus und Selektion auf das Essenzielle liegt. Irgendwann gibt es kein „mehr" mehr. „We can consume more, and we produce more, and we do more than ever before. At some point, however, we run into limits. There is only so much we can do or consume. There are a finite number of hours in a day, and once we reach that limit to our production, we can't do more" (Babauta 2009, S. 3).

Babauta stellt in seinem Werk sechs Prinzipien vor, wie wir durch weniger mehr erhalten können: mehr Produktivität. In dem Buch werden auch zwölf wertvolle Tipps als „Key Habits to start with" (Kerngewohnheiten für den Start) vorgestellt. Babauta erklärt, dass dies die zwölf erfolgversprechendsten Gewohnheiten sind. Jede sollte einen Monat lang für ein Jahr praktiziert werden. Hier seine Top 12, übersetzt in die deutsche Sprache (Babauta 2009, S. 38).

---

12 Kerngewohnheiten für den Start (Babauta 2009, S. 38)

1. Benennen Sie jeden Morgen Ihre drei MITs (MIT steht für Most Important Tasks, die wichtigsten Aufgaben des Tages).
2. Single-Task bzw. eins nach dem anderen. Wenn Sie an etwas arbeiten, beenden Sie es erst, bevor Sie etwas Neues beginnen.
3. Bearbeiten Sie Ihr E-Mail-Postfach, bis es leer ist.
4. Checken Sie nur zweimal täglich Ihre E-Mails.
5. Machen Sie jeden Tag fünf bis zehn Minuten Sport bzw. bewegen Sie sich.
6. Arbeiten Sie, während Sie vom Internet „disconnected" sind, ganz ohne Ablenkung.
7. Entwickeln und folgen Sie einer Morgenroutine.
8. Essen Sie jeden Tag mehr Früchte und Gemüse.
9. Halten Sie Ihren Schreibtisch sauber.
10. Sagen Sie Verpflichtungen und Anfragen ab, die nicht auf Ihrer Prioritätenliste stehen.
11. Räumen Sie jeden Tag 15 min Ihr Zuhause auf.
12. Schreiben Sie E-Mails mit maximal fünf Sätzen.

In verschiedenen Blog-Beiträgen wird auch über das Konzept der 100 Dinge philosophiert. Die Übung besteht darin, unser Hab und Gut auf lediglich 100 Dinge zu reduzieren. Hierbei zählt alles! Die Zahnbürste, die Zahnpasta, die Teetasse, die Bettwäsche usw. Es zählt jedes Buch, jedes Gerät, jedes Kleidungs- oder Möbelstück, jeweils als eine Einheit. Wie schnell ist man da doch bei 100 Dingen! Ich finde diese Übung persönlich wahnsinnig schwierig und glaube nicht, dass ich sie für mich anwenden werde. Dennoch schätze ich den Grundgedanken und die Menschen, die dies schaffen. Sich auf das Essenzielle zu konzentrieren, ist die Metaebene und Kernbotschaft, die hier im Mittelpunkt steht. Das Buch „The Age of Less" gibt hier zum Beispiel weitere Einblicke (Bosshart 2011). Das Befreien von materiellen Dingen, die wir eigentlich gar nicht alle brauchen, ist sicherlich etwas, das wir uns alle immer einmal vornehmen sollten. Und sei es nur die Regel, dass wir beim Erwerb eines neuen Kleidungsstückes automatisch ein altes aussortieren müssen. Die Übung der Reduktion der Dinge und des regelmäßigen Ausmistens ist sicherlich mächtig. Ich würde sogar so weit gehen zu sagen, dass das Ausmisten von Dingen dazu führt, dass wir unseren eigenen Kopf ausmisten und reinigen können. Kennen Sie das befreiende Gefühl, wenn Sie alte Sachen zum Sperrmüll gebracht oder Klamotten zur Altkleidersammlung gegeben haben?

„Ein geordneter Geist braucht ein geordnetes Umfeld". Das sagte immer die Mutter einer engen Freundin.

Das Buch „Feng Shui gegen das Gerümpel des Alltags" von Karen Kingston hat hier ein paar sehr wertvolle Tipps und Erklärungen für dieses Phänomen (Kingston 2014). Das Ausmisten des Gerümpels gehört gemäß der Autorin zu den grundlegenden Voraussetzungen des Feng Shui (Kingston 2014, S. 18). Sie erläutert in ihrem Werk wie folgt: „Gerümpel sammelt sich, wenn Energie stagniert, und umgekehrt stagniert Energie, wo sich Gerümpel sammelt. Also beginnt die Unordnung als Symptom für das, was in Ihrem Leben geschieht, und wird Teil des Problems. Denn je mehr Sie ansammeln, umso mehr stagnierende Energie wird dadurch gebunden" (Kingston 2014, S. 19). Ferner erklärt die Autorin: „Jeder Aspekt Ihres Lebens ist energetisch in Ihrem Lebensraum verankert. Daher kann Gerümpel ausmisten Ihre gesamte Existenz umkrempeln." (2014, S. 21). In Bezug auf Achtsamkeit ist dies ein wichtiger Punkt, denn Gerümpel kann uns auch in der Vergangenheit festhalten. In der Achtsamkeit geht es aber um die Gegenwart. „Für eine bessere Zukunft ist das Loslassen der Vergangenheit entscheidend" (Kingston 2014, S. 32). Das Reduzieren der Dinge auf ein Minimum (von beispielhaften 100 Dingen) ist sicherlich kein Muss der Achtsamkeitspraxis, aber das Loslassen der Vergangenheit ist ein essenzieller Punkt. Wenn wir also bei bestimmten Dingen, die wir in unser Wohnung haben, immer wieder gedanklich in die Vergangenheit wandern, ist es vielleicht Zeit sich davon zu trennen.

Unser Alltag bietet uns viele Möglichkeiten, Achtsamkeit zu lernen. Einige davon werden wir im Verlauf dieses Buches beleuchten. Wenn Sie zum Beispiel Tierfreund sind, dann habe ich gute Neuigkeiten für Sie. Tiere sind wunderbare Achtsamkeitstrainer. Wir können viel von ihnen lernen. Meine Katzen nenne ich gerne meine „Zen-Meister". Sie meditieren den gesamten Tag und sind die Ruhe in sich selbst. Manchmal, wenn ich gestresst nach Hause komme, schaue ich sie einfach ein paar Minuten an, beobachte, wie sich ihre Augen immer langsam öffnen und schließen, lausche und synchronisiere den ruhigen und gleichmäßigen Atemrhythmus, höre ein leises Schnurren und streiche das weiche Fell. Das ist unheimlich beruhigend. Nicht umsonst gibt es tonnenweise Katzen-Schnurr-Meditationsvideos bei YouTube. Viele Menschen empfinden den Klang des Schnurrens als sehr entspannend und als etwas Meditatives. Wenn Sie keine Katze haben, nehmen Sie mit den Videos vorlieb. Dies ist ein wunderbares Beispiel für Technologie bzw. digitale Medien, die Achtsamkeit unterstützen. Solche Videos bei YouTube oder auch Songs für Yoga, Meditation und Co., welche kostenlos bzw. für einen geringen Abo-Betrag auch werbefrei bei Musik-Online-Anbietern wie Spotify gehört werden können, haben den Zugang hier sehr vereinfacht. Katzen genießen es übrigens ebenfalls, wenn Sie meditative Übungen in ihrer Nähe machen, Entspannungsmusik hören oder gar Ihre Yoga Asanas zu Hause durchführen. Das liegt daran, dass Tiere sehr empfindsam auf Energien sind. Und durch achtsame Übungen wie Meditation und Yoga strahlen Sie eine angenehme und beruhigende Energie aus, denen Tiere gerne nahe sind. Wenn ich zu Hause Yoga mache, sitzt eine meiner zwei Katzen grundsätzlich – gelassen und weit gestreckt – auf meiner Yoga-Matte. Und ich muss zugeben, mir zaubert es auch immer wieder ein Lächeln ins Gesicht. Auch bei meiner täglichen Meditationspraxis habe ich meine Vierbeiner meist neben mir oder auch manchmal leider gar auf mir sitzen. Dies macht es nicht gerade einfacher zu praktizieren, aber wir haben uns arrangiert.

Selbst wenn Sie kein Katzenfreund sein sollten und vielleicht lieber auf ihre Katzen-Yoga-Übungen verzichten möchten, so sind Sie vielleicht ein Hundefreund? Auch hier kann ich Ihnen positive Nachrichten übermitteln, denn auch Hunde sind Lehrer dieser Lebenskunst. Hunde haben die Haltung eines Kindes. Meine Teilzeithündin, die ich ab und zu von einer Freundin habe, verhält sich immer so, als würde sie mich und überhaupt alles zum ersten Mal erleben und sehen. Wenn sie mich sieht, freut sie sich so sehr, als hätte sie mich Monate nicht zu Gesicht bekommen, selbst wenn es nur 30 min waren. Da geht mir jedes Mal das Herz auf. Zudem lehren Hunde auch viel über Loyalität und Loslassen und es eignet sich hervorragend beim Gassi gehen, achtsames Gehen zu praktizieren. Beobachten Sie hierfür einfach nur Ihren Hund und die Natur und blenden Sie alles andere aus. Keine anderen Menschen, keine Handy-Nachrichten, kein Telefonieren. Glauben Sie mir, das kann sehr entspannend sein. Auf meinem Blog habe ich einen Artikel zu diesem Thema verfasst. Er heißt: „Der Trend geht zum Teilzeithund" (The Dignified Self 2016c).

Jon Kabat-Zinn, quasi der Jedi-Meister der Achtsamkeit, führt sieben Punkte und Verhaltensweisen auf, die wir für ein achtsames „mindful mindset" benötigen (Kabat-Zinn 1990, Kap. 6): Er nennt sie in seinem Hörbuch „Gesund durch Meditation" (Kabat-Zinn 2016) auch die „sieben Säulen der inneren Einstellung". Sie bilden die Basis des „mindful mindsets".

---

7 Säulen der inneren Einstellung – Achtsamkeitsübung nach Jon Kabat-Zinn (1990, Kap. 6)

1. Nicht urteilen
2. Geduld
3. Den Geist des Anfängers bewahren
4. Vertrauen
5. Nicht erzwingen
6. Akzeptanz
7. Loslassen

Geduld definiert Zinn in diesem Zusammenhang wie folgt: „Geduld ist eine Weisheit, allem die Zeit zu geben, die sie eben braucht" (Kabat-Zinn 2016). Für das Loslassen benennt Zinn das Beispiel des Einschlafens. Es zeigt uns, dass wir alle eigentlich loslassen können. Denn hier lassen wir Körper und Geist jeden Abend los, sonst würden wir keinen Schlaf finden. Er sagt: „Nicht anhaften heißt loszulassen" (Kabat-Zinn 2016). Im Verlauf dieses Buches werden Sie noch weitere Aspekte der Achtsamkeit kennenlernen. Dies sind alles Werkzeuge und Impulse, wie Sie von „mind full" zu einem „mindful mindset" gelangen können.

Literatur

Achtsamkeit des Herzens (2016) Was ist Achtsamkeit? http://www.achtsamkeit-des-herzens.de/achtsamkeit/. Zugegriffen: 1. Mai 2016

Amazon (2016) Jetzt! Die Kraft der Gegenwart. http://www.amazon.de/Jetzt-Kraft-Gegenwart-Eckhart-Tolle/dp/3899013018. Zugegriffen: 1. Mai 2016

Babauta L (2009) The power of less. Hay House, Carlsbad

Babauta L (2010) Focus – A simplicity manifesto in the age of distraction. Editorium, West Valley City

Bitkom (2016a) Das Handy als ständiger Begleiter. https://www.bitkom.org/Presse/Presseinformation/Das-Handy-als-staendiger-Begleiter.html. Zugegriffen: 2. Mai 2016

Bitkom (2016b) Digitalisierung der Wirtschaft nimmt Fahrt auf. https://www.bitkom.org/Presse/Presseinformation/Digitalisierung-der-Wirtschaft-nimmt-Fahrt-auf.html. Zugegriffen: 2. Mai 2016

Bitkom (2016c) Jeder dritte Smartphone Nutzer teilt seinen Standort mit. https://www.bitkom.org/Presse/Presseinformation/Jeder-dritte-Smartphone-Nutzer-teilt-seinen-Standort-mit.html. Zugegriffen: 2. Mai 2016

Bitkom (2016d) Erstmals mehr Umsatz mit mobilem Internet als mit Handy-Gesprächen. https://www.bitkom.org/Presse/Presseinformation/Erstmals-mehr-Umsatz-mit-mobilem-Internet-als-mit-Handy-Gespraechen.html. Zugegriffen: 2. Mai 2016

Boff L (2013) Achtsamkeit: Von der Notwendigkeit, unsere Haltung zu ändern, 1. Aufl. Claudius, München

Bosshart (2011) The Age of Less – Die neue Wohlstandsformel der westlichen Welt, 1. Aufl. Murmmann, Hamburg

Enorm Magazin (2016) Das Glück in der Stille. http://enorm-magazin.de/das-glueck-der-stille. Zugegriffen: 1. Mai 2016

Ferris T (2009) The 4-hour workweek (Erstveröffentlichung 2007). http://fourhourworkweek.com/

Ferris T (2016) Four hour work week, podcast. http://fourhourworkweek.com/podcast/. Zugegriffen: 4. Mai 2016

Gabby (2016) Beginners guide to meditation, Gabrielle Bernstein. http://gabbyb.tv/. Zugegriffen: 1. Mai 2016

Gerner C, Siegel R, Fulton P (2016) Achtsamkeit in der Psychotherapie, 2005 The Guilford Press, http://www.arbor-verlag.de/files/9783936855715.pdf. Zugegriffen: 1. Mai 2016

GoodReads (2016) Quotes, Lemony Snicket, The Ersatz Elevator. http://www.goodreads.com/quotes/549633-if-we-wait-until-we-re-ready-we-ll-be-waiting-for. Zugegriffen: 27. Apr. 2016

Google Trend (2016) Mindfulness Trend. https://www.google.de/trends/explore#q=mindfulness. Zugegriffen: 1. Mai 2016

Gyatso KG (2005) Wie wir unsere menschlichen Probleme lösen: Die vier edlen Wahrheiten. Tharpa, Berlin. http://www.amazon.de/Wie-unsere-menschlichen-Probleme-l%C3%B6sen/dp/B010IO8F0Y/ref=sr_1_fkmr0_2?ie=UTF8&qid=1462323141&sr=8-2-fkmr0&keywords=Kelsang+Gyatso%2C+Geshe%3A+%E2%80%9EWie+wir+unsere+menschlichen+Probleme+l%C3%B6sen%E2%80%9C. Zugegriffen: 1. Aug. 2005

Han BC (2015) The Burnout Society. Stanford University Press, California

Happinez (2015) Tue, was dein Herz dir sagt, Nummer 5–2015. Bauer Media Group, Hamburg

Horx M (2016) Gibt es einen Megatrend Achtsamkeit?, Zukunftsreport 2016. Zukunftsinstitut GmbH, Frankfurt a. M. https://onlineshop.zukunftsinstitut.de/shop/zukunftsreport-2016/. Zugegriffen: 1. Apr. 2016

Huffington Post (2016a) Mindfulness in schools is giving children the vital tools to protect their mental wellbeing. http://www.huffingtonpost.co.uk/2016/02/17/mindfulness-schools-good-mental-health-children-_n_9184916.html. Zugegriffen: 1. Mai 2016

Huffington Post (2016b) Minds matter: mindfulness is the key to success. http://www. huffingtonpost.com/stedman-graham/minds-matter-mindfulness_b_6455604. html. Zugegriffen: 15. Apr. 2016

Kabat-Zinn J (1990) Jeder Augenblick kann dein Lehrer sein, 1000 Momente der Achtsamkeit. Barth, München

Kabat-Zinn, J. (2016) Hörbuch, Gesund durch Meditation: Die Übung der Achtsamkeit. Argon,Berlin http://www.audible.de/pd/Freizeit-Leben/Gesund-durch-Meditation-Die-Uebung-der-Achtsamkeit-Hoerbuch/B00G22U4ZG?gclid=Cj0K EQjwmKG5BRDv4YaE5t6oqf0BEiQAwqDNfF0-tzTxQeytFnoj9vV6EqlNCEO5 jQbgVVPL0HkjqZkaAjMT8P8HAQ&source_code=GAWFAPSH0325159075. Zugegriffen: 15. Apr. 2016

Kingston K (2014) Feng Shui gegen das Gerümpel des Alltags: Richtig ausmisten – Gerümpelfrei bleiben, 5. Aufl. Rowohlt Taschenbuch Verlag, Leipzig

Kirady M (2015) Kraft schöpfen im Glauben, in Geo Wissen, Nr. 55, G+J Wissen GmbH, Hamburg, 24. Apr. 2015

Lindau V (2013) Heirate Dich selbst – Wie radikale Selbstliebe unser Leben revolutioniert. Kailash, München

Lindau V (2016) Heirate Dich Selbst. http://www.heirate-dich-selbst.de/veit-lindau/. Zugegriffen: 1. Mai 2016

MacDonald J (2014) 28 thoughts on digital revolution, Copyright Jonathan MacDonald, 2014

Meditation (2016) Prominente TM. http://meditation.de/prominente-tm/. Zugegriffen: 3. Mai 2016

Moleskine (2016) COMPANY INFORMATION, http://www.moleskine.com/about-us. Zugegriffen: 1. Mai 2016

Notebookcheck (2016) Smartphone Markt Konjunktur und Trends. http://www.notebookcheck.com/fileadmin/_processed_/csm_Bitkom_Pressekonferenz_Smartphone_Markt_Konjunktur_und_Trends_16_02_2016_Praesentation_final_Seite_02_42372f86df.jpg. Zugegriffen: 2. Mai 2016

Osho (2016) Was ist Meditation? http://www.osho.de/was/. Zugegriffen: 2. Mai 2016

Projekt Gesund (2016a) Achtsamkeit (MBSR). http://www.projekt-gesund-leben. de/achtsamkeit-mbsr/. Zugegriffen: 1. Mai 2016

Projekt Gesund (2016b) Anleitung zum Body Scan. http://www.projekt-gesund-leben. de/2015/03/anleitung-zum-body-scan-mbsr-uebung/ Zugegriffen: 2. Mai 2016

Scharnig M (2015) Tweet vom 02.03.15. https://twitter.com/schrngg. Zugegriffen: 15. März 2015

Seiwert L (2012) Wenn du es eilig hast, gehe langsam (Sonderausgabe): Mehr Zeit in einer beschleunigten Welt. Campus, Frankfurt a. M.

SIYLI (2016) Search Inside Yourself Leadership Institute. https://siyli.org/. Zugegriffen: 3. Mai 2016

Soundcloud (2016) Let It Go, Lyrics & Music by Lilian N. Güntsche & Jonathan MacDonald, 2014, Just like me. https://soundcloud.com/just-like-me-3/let-it-go-demo. Zugegriffen: 15. Apr. 2016

TEDx (2016) Jonathan MacDonald at TEDxOPort. http://tedxtalks.ted.com/video/Jonathan-MacDonald-at-TEDxOPort. Zugegriffen: 3. Mai 2016

TEN (2016) TEN – Thought Expansion Network. YOU to the power of TEN Workshop Unterlage, nach Kurs-Durchführung erhalten.http://ten.io/. Zugegriffen: 3. Mai 2016

The Dignified Self (2016a) The Dignified Self, Newsletter. http://thedignifiedself.com/de/newsletter/. Zugegriffen: 3. März 2016

The Dignified Self (2016b) Habt ihr noch Stress oder meditiert ihr schon? http://thedignifiedself.com/de/habt-ihr-noch-stress-oder-meditiert-ihr-schon/. Zugegriffen: 20. Apr. 2016

The Dignified Self (2016c) Der Trend geht zum Teilzeithund. http://thedignifiedself.com/de/der-trend-geht-zum-teilzeithund/. Zugegriffen: 20. Apr. 2016

The Guardian (2016) Mindfulness: a beginner's guide. http://www.theguardian.com/lifeandstyle/shortcuts/2014/jan/07/mindfulness-beginners-guide-meditation-technique-treatment-depression. Zugegriffen: 1. Mai 2016

Tolle E (2014) The power of now, Sonderausgabe, 7. Aufl. Namaste, Vacouver (Erstveröffentlichung 1997)

Welt (2016) Auf Cloud Nummer sieben. http://www.welt.de/print/wams/kultur/article125110543/Auf-Cloud-Nummer-sieben.html. Zugegriffen: 1. Mai 2016

Wikipedia (2016) Achtsamkeit. https://de.wikipedia.org/wiki/Achtsamkeit. Zugegriffen: 1. Mai 2016

Xing (2016) „Slow business"-Trend: Achtsamkeit statt Fließband. https://spielraum.xing.com/2016/02/slow-business-trend-achtsamkeit-statt-fliessband/. Zugrgriffen: 15. Apr. 2016

Yoga Easy (2016) Infografik: Effekte von Meditation. https://www.yogaeasy.de/artikel/infografik-wirkung-meditation. Zugegriffen: 20. Apr. 2016

YouTube (2016a) Eckhart Tolle. https://www.youtube.com/user/EckhartTeachings. Zugrgriffen: 2. Mai 2016

YouTube (2016b) Jim Carrey conquers ego. https://www.youtube.com/watch?v=9QmtYDI2rK0&index=1&list=PLGHiSzrdy5x4oVNIJBACcQLCjdVRPX1id. Zugegriffen: 2. Mai 2016

Zukunftsinstitut (2016a) Gibt es einen Megatrend Achtsamkeit. https://www.zukunftsinstitut.de/artikel/tup-digital/06-innovation-gap/07-future-forecast-2016/gibt-es-einen-megatrend-achtsamkeit/. Zugegriffen: 15. Apr. 2016

Zukunftsinstitut (2016b) Was ist der derzeit wichtigste Trend? https://www.zukunftsinstitut.de/artikel/achtsamkeit/. Zugegriffen: 14. März 2016

Weiterführende Literatur

Ruiz D (1999) The mastery of love: a practical guide to the art of relationship (Toltec Wisdom). Amber-Allen, San Rafael

Tan C-M (2015) Search Inside Yourself: Optimiere dein Leben durch Achtsamkeit. Goldmann, München

2

Die 7 Ebenen der Achtsamkeit

Zusammenfassung Das Kapitel „Die 7 Ebenen der Achtsamkeit" stellt die verschiedenen Ausprägungen und Formen der Achtsamkeit vor. So ist Meditation und Yoga zwar wie König und Königin der Achtsamkeit zu sehen, es sind aber gemäß der Interpretation in diesem Buch nicht die einzigen Wege. Die 7 Ebenen der Achtsamkeit, die beschrieben werden, umfassen die Beziehungsebene, die Bewegungsebene, die Ritualsebene, die Ebene der Stille, die Erschaffungsebene, die Kreativitätsebene sowie die Aktivistenebene. Im Rahmen der Vorstellung dessen finden viele Beispiele aus dem echten Leben Anwendung. Es werden unter anderem die Vorteile von Meditation und Yoga und das Prinzip des „Flows" erklärt sowie Modelle der Manifestation positiver Gedanken durch Werkzeuge wie die Visualisierung und NLP (Neurolinguistisches Programmieren) aufgezeigt. Praktiken wie „achtsames gehen" und „achtsames zuhören" werden ebenfalls im Rahmen des Kapitels erläutert. Es bildet einen wichtigen Grundbaustein für das weitere

© Springer Fachmedien Wiesbaden 2017
L.N. Güntsche, *Achtsamkeit in digitalen Zeiten,*
DOI 10.1007/978-3-658-11090-1_2

Buch, da auf viele Inhalte immer wieder verwiesen wird. Zum Schluss erhalten die Leser zudem die Möglichkeit, mit dem erlernten Wissen und Impulsen ihren eigenen „Baum der 7 Ebenen der Achtsamkeit" zu gestalten (vgl. Abb. 2.9).

Ich vertrete die Annahme, dass Achtsamkeit nicht nur aus Atmen, Meditieren und Yoga besteht. Achtsamkeit hat viele Seiten, Gesichter und Ausprägungen. Des Weiteren vertrete ich die These, dass wir alle unseren eigenen Kanal der Achtsamkeit haben, der für uns besonders gut funktioniert. „That one channel that resonates" – wie man so schön im Englischen sagt. Ähnlich wie mit dem gesunden Lebensstil. Auch dort gibt es nicht nur eine Antwort auf den richtigen Sport, die richtige Ernährung und die richtige Ausgewogenheit. Wir haben alle unterschiedliche Körper und Vorlieben. In der Musik gibt es verschiedene Tonarten, Tonlängen, Orchestrierungen, Arrangements, Genres, Rhythmen, Tonlagen, Timbres und Instrumente zur Auswahl – warum sollte es in der Achtsamkeit anders sein. In einem Orchester gibt es verschiedene Instrumente. Für den einen klingt die Flöte am schönsten, für den anderen die Geige und für den dritten das Klavier. Auch hier dürfen wir eine Entscheidung treffen. Ähnlich ist es auch mit der Achtsamkeitspraxis und jener, mit der unser Herz am meisten im Einklang spielt. Zu gerne wird das Thema Achtsamkeit über einen Kamm geschert mit der kurzen Antwort: „Das ist nichts für mich." Leider leidet Achtsamkeit nach wie vor oft unter einem Klischee der Hippie-Szene. Auch wird Achtsamkeit gerne mit Meditation gleichgesetzt. Aber das ist nur eine der Ebenen der Achtsamkeit. Und nur eine Version der Wahrheit. Achtsamkeit, zumindest nach meinem Verständnis und Definition, ist vielmehr die Kunst, im Moment zu sein und die Gedanken ziehen zu lassen.

Wenn ich in meinen Gesprächen und Vorträgen über Achtsamkeit bei meinen Gesprächspartnern kritisch hinterfrage, ob sie achtsam sind, merke ich immer wieder, dass viele Menschen bereits Berührungspunkte mit der Power der Achtsamkeit hatten ohne sich dessen bewusst zu sein. So haben sie beispielsweise Praktiken und Gewohnheiten in ihr Leben integriert, die den Gedanken der Achtsamkeit entsprechen. Sie haben sie nur schlicht und einfach nicht als solche betrachtet, da sie eben das Klischee der Achtsamkeit im Kopf hatten. Fakt ist aber: „Achtsamkeit verbessert die Leistungsfähigkeit" (Harvard Business Manager 2014, S. 36). Es lohnt sich also, sich dieses Feld einmal genauer anzusehen. Ich möchte Ihnen daher die 7 Ebenen der Achtsamkeit vorstellen.

The Center for Contemplative Mind in Society hat eine sehr gute Illustration mit dem Titel „The Tree of Contemplative Practices" entwickelt (Contemplative Mind 2016), die ich auf Achtsamkeit angewendet habe. Der Baum der besinnlichen Übungen, wie er ursprünglich übersetzt heißt, zeigt 7 Äste. Hieraus haben sich die 7 Ebenen der Achtsamkeit ergeben, die ich Ihnen fortlaufend erläutern möchte. Diese können Sie mit verschiedenen Aktivitäten, die Ihnen Freude machen, gedanklich schmücken. All dies können potenzielle Achtsamkeitspraktiken sein, die individuell für jeden unterschiedlich ausfallen können. Ich habe mich sehr eingehend mit den 7 Ebenen der Achtsamkeit beschäftigt und sie aus meiner Sichtweise heraus modern interpretiert. Meine Grundthese hierbei ist:

Meditation und Yoga sind wie König und Königin der Achtsamkeit. Sie sind aber nicht die einzige Antwort.

Der eine liebt die Konversation, der Zweite die Bewegung, der Dritte die Tradition, der Vierte die Stille, der Fünfte die Manifestation, der Sechste die Kreativität und der Siebte die Berufung. All das können potenzielle Achtsamkeitszweige für Sie sein, wenn Sie in diesen Momenten in der Gegenwart sind und den Fokus bei nur dieser einen Tätigkeit belassen können. Der Baum des Centers for Contemplative Mind in Society hat im Ursprung die nachfolgenden sieben Äste, welche ich beibehalten und auf Deutsch übersetzt habe (vgl. Abb. 2.1).

1. Relational (Beziehungsebene)
2. Movement (Bewegung)
3. Ritual (Rituale)
4. Stillness (Stille)
5. Generative (Generierend, Manifestation)
6. Creative (Kreativität) und
7. Activist (Einsatz für einen guten Zweck/größeres Ziel/andere Menschen).

Die Wurzel des Baumes mündet im Original in den Begriffen: Communication, Connection und Awareness (Contemplative Mind 2016). Die Kommunikation, das Gefühl der Verbundenheit und unser Bewusstsein bilden somit die Basis für die 7 Ebenen der Achtsamkeit. Ich hoffe, Ihnen mit den 7 Ebenen der Achtsamkeit aufzeigen zu können, dass Achtsamkeit weit mehr als nur Meditation ist. Sie werden zudem hoffentlich feststellen, dass Sie gar nicht so weit von einem achtsamen Leben entfernt sind wie Sie

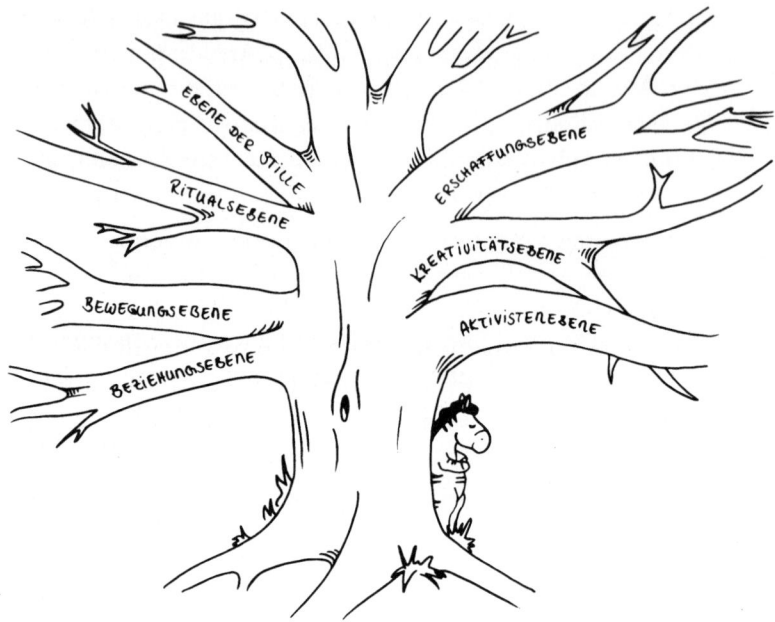

Abb. 2.1 Die 7 Ebenen der Achtsamkeit – basierend auf The Center for Contemplative Mind in Society. (Contemplative Mind 2016)

vielleicht denken und dass es Spaß machen kann, seinen eigenen (Teilzeit-) Baum zu dekorieren. Ich lade Sie daher am Ende des Kapitels ein, Ihren eigenen Baum zu gestalten und Dinge an die Äste der Ebenen zu zeichnen/ schreiben, die Sie in Ihrem Leben damit verbinden. Wir haben meist nicht nur einen Zweig, es sind also durchaus auch Mehrfachauswahlen zulässig. Oft ist es auch so, dass wir in bestimmten Lebensphasen bestimmte Ebenen bevorzugen und erst nach und nach die 7 Ebenen der Achtsamkeit für uns entdecken lernen.

2.1   Die Beziehungsebene der Achtsamkeit

Zwei Menschen sitzen nebeneinander im Restaurant und starren beide auf ihre Smartphones. Kennen Sie solche Szenen? Das ist ein Abbild der Kommunikation, wie wir sie heute erleben in der schönen, neuen, digitalen Welt. Ähnliche Momentaufnahmen sind zu vernehmen, wenn Sie sich auf Reisen befinden – in der Bahn oder am Flughafen. Die Menschen schauen sich kaum noch in die Augen, da sie meist kopfsenkend durchs Leben gehen, fixiert auf den Bildschirm ihres Smartphones. Die

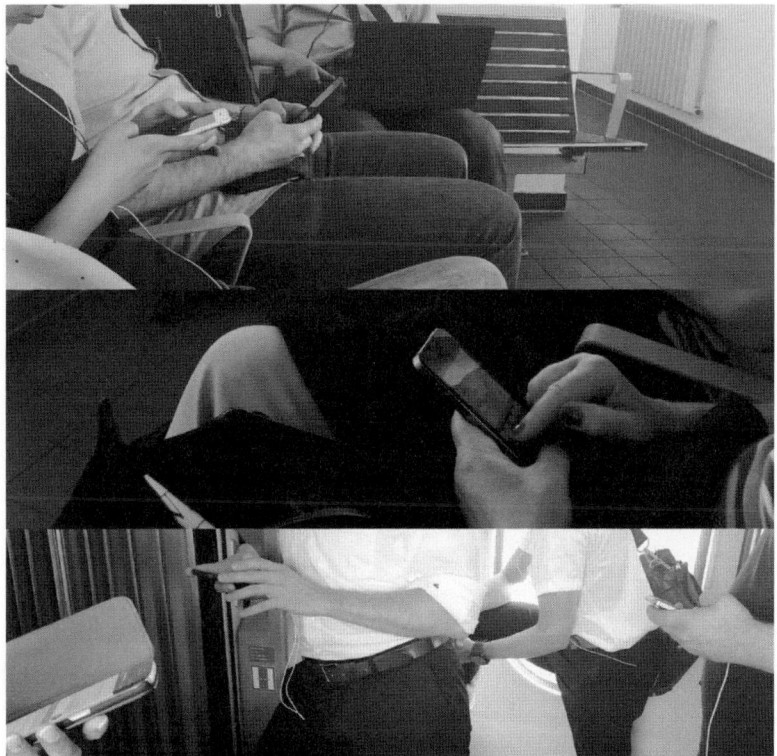

Abb. 2.2 Moderne „Kommunikation"

„Head-Down-Gesellschaft", wie wir sie auch nennen, scheint eine engere Beziehung zu ihrem Smartphone als zu echten Menschen zu haben (vgl. Abb. 2.2).

Mit Achtsamkeit können Sie hier Abhilfe schaffen. Indem Sie Ihre Sinne bewusst wahrnehmen, können Sie auch Ihr Gegenüber ganz neu kennenlernen. Achten Sie auf das Funkeln in seinen Augen, wenn er etwas Bestimmtes erzählt, darauf wie der Stimmfall sich ändert bei bestimmten Geschichten usw.

Die Beziehungsebene der Achtsamkeit konzentriert sich auf das zwischenmenschliche Miteinander.

Sind Sie ein Mensch, der eine Leidenschaft für Worte hat und jemand, der es genießt, gute Gespräche zu führen? Dann ist die Beziehungsebene vermutlich Ihr favorisierter Achtsamkeitszweig und ein naheliegender Übungsbereich, um Achtsamkeit zu kultivieren. Zum Beispiel in Gesprächen. Sie kennen vermutlich Gespräche mit Menschen, die eine gewisse Tiefe haben und Sie zum kritischen Nachdenken anregen? Kennen Sie auch Momente, in denen Sie das Gefühl haben, dass Ihnen wahrlich zugehört wurde? Und sind Sie sich auch sicher, dass Sie wirklich richtig verstanden werden?

> In der Achtsamkeitspraxis wird hier auch vom „aktiven, achtsamen Zuhören" gesprochen. Damit ist gemeint, sich voll und ganz auf sein Gegenüber zu fokussieren, sich dem Gespräch offen hinzugeben, ohne es zu bewerten und den Worten des Gegenübers bewusst zu lauschen – ohne bereits eigene Antworten im Kopf zu formen. Wenn Sie darauf achten, merken Sie vielleicht, dass Ihre Gedanken oft abschweifen, während Sie jemandem beim Sprechen zuhören. Das ist das Gegenteil vom achtsamen Zuhören.

Seit ich mich mit aktivem, achtsamem Zuhören beschäftige, ist mir leider bewusst geworden, wie viele Menschen ständig unterbrechen, noch bevor der Satz eines anderen beendet ist. Genauso fällt mir auf, wie auch ich oft bereits Antworten in meinem Kopf bilde, noch bevor mein Gegenüber seine Aussage beendet hat. Wenn ich dies merke, nehme ich es bewusst wahr und lenke meinen Fokus und meine Aufmerksamkeit wieder auf den Menschen, der mir gegenüber sitzt – ich stelle ihn in das Zentrum meiner Achtsamkeit.

Ich glaube, viele Unklarheiten, Missverständnisse und Auseinandersetzungen kommen zustande, da die Menschen nicht achtsam zuhören. Gerade zwischen Mann und Frau kommt es daher immer wieder zu Unstimmigkeiten. Anstatt das gesprochene Wort des Mannes einfach nur als das wahrzunehmen was es ist – ohne jegliche subjektive Interpretation – denken wir als Frau oft, dass er doch sicher dies oder jenes gemeint haben muss, und dass dieser und jener Satz doch sicher eine Anspielung auf etwas Bestimmtes war, das er unterschwellig kritisieren möchte. Ich glaube, Männer haben uns in dieser Hinsicht etwas voraus, denn sie kommunizieren meist klarer und wertfreier als Frauen. Wenn ein Mann etwas will, dann wird er Ihnen das mitteilen. Wenn ein Mann mit Ihnen Zeit verbringen möchte, dann wird er dafür sorgen. Wir machen uns als Frau oft zu viele Gedanken darüber, was der Mann wohl gemeint haben könnte, und dass seine Nichtkommunikation wahrlich ein Desinteresse bedeuten könnte. Ich glaube aber aus eigener Erfahrung und auch der meiner Freundinnen, dass dies ein Trugschluss ist. Männer sind nicht so kompliziert wie wir Frauen in diesem Punkt, sie kommunizieren klar und deutlich – wir müssen nur zuhören. Auch in Beziehungen kann uns Achtsamkeit also weiterhelfen. Heute sehen wir vermehrt Menschen, die mehr mit ihren Geräten als miteinander beschäftigt sind.

Abb. 2.3 Zwischenmenschliche Beziehungen in digitalen Zeiten

Immer wieder wird das Smartphone gezuckt und der Blick wandert weg vom Gegenüber auf den digitalen Bildschirm (vgl. Abb. 2.3). Wenn Sie also das nächste Mal mit einem lieben Menschen einen gemeinsamen Ausflug machen, dann lassen Sie das Smartphone doch einfach mal in der Tasche und genießen Sie den Moment.

Was Männer jedoch ebenfalls weniger beherrschen – und in dem Punkt nehmen auch wir Frauen uns nichts – ist das aktive Zuhören im Sinne des Ausredenlassens. Gerade Menschen in Führungspositionen – Manager, CEOs, Geschäftsführer, Berater oder Lehrende – haben die Tendenz, immer zu unterbrechen, da sie vermeintlich denken, dass das, was sie zu sagen haben, wichtiger sei, eine bessere Lösung darstellt oder aber eine schnellere, effizientere Zusammenfassung der Situation darstellt. Viele Menschen hören sich zudem auch einfach selbst gerne reden. Rede weniger und höre mehr zu – ist meiner Meinung nach einer der wichtigsten Grundsätze der Achtsamkeit. Dieser Grundsatz, angewendet auf Teams im Business-Kontext oder auf Geschäftsbeziehungen im Allgemeinen, führt zu einer deutlich besseren Kommunikation, einem gestärkten Wir- und Teamgefühl, zu einem höflicheren Umgang mit Respekt und zu mehr Freude und Produktivität. Achtsamkeit macht Sie zudem sympathischer und charismatischer (Harvard Business Manager 2014, S. 37). Beobachten Sie also, wie sich Ihre zwischenmenschlichen Beziehungen dadurch verändern.

Jeder Mensch ist dankbar, wenn er gehört und wertgeschätzt wird. Und nicht jeder Mensch muss dafür am lautesten sein.

> Menschen sind wie Instrumente – manche sind lauter, andere leiser. Dennoch ist das eine nicht schöner als das andere. Auch in der Stille und den leisen Klängen liegen Antworten. Oft sind es die stillen Personen (die leiser gestimmten Instrumente) in Meetings, die die interessantesten Gedanken und Lösungsansätze haben, sie aber nicht teilen, da sie unsicher sind oder einfach kein Interesse an einem „Kommunikations-Karaoke" haben.

Eine Trompete wird eine zarte Oboe vermutlich immer übertönen. Aber es gibt eben Momente, da ist die perfekte Zeit für die Trompete und in anderen die der Oboe gekommen. Es geht um Ausgewogenheit. In meinen Beratungsprojekten achte ich sehr auf die Ausgewogenheit der Kommunikation und auf das achtsame Zuhören. Eine Geschäftsfreundin sagte einmal zu mir: „Du orchestrierst Harmonien". Sinnbildlich begebe ich mich hierbei oft in die Rolle des Dirigenten, gerade wenn ich in einer Projektleitungsrolle bin. Ich stelle einfach nur bestimmte Instrumente und Töne leiser und lauter, erhöhe oder senke den Rhythmus und versuche, die Klangvielfalt und -stärke immer weiter zu justieren. Früher dachte ich, ich müsste auch jedes Instrument selbst spielen. Das sind die Menschen, die schlecht delegieren können und immer alles selbst machen. Das sind aber auch jene, die sich immer wundern, warum sie am Abend stets zuletzt das Büro verlassen. Es ist wertvoll, das Werkzeug der Gitarre zu beherrschen, es heißt aber nicht, sie selbst spielen können zu müssen. Oft reicht es, ein grundsätzliches Verständnis und Respekt für ihre Bauform zu haben sowie ihre Stärken und Schwächen zu kennen. Es gibt natürlich Momente, in denen Sie auch einmal das Spielen eines Instrumentes übernehmen werden und beruflich gesprochen auch operativ agieren, dies ist aber vermutlich nur erforderlich, wenn dieses Instrument schwach oder gar nicht besetzt ist, oder auch um den Spieler zu motivieren oder zu inspirieren, weiter zu wachsen und besser zu werden. Um jedoch jedes Instrument – oder auch jeden Team-Teilnehmer – richtig wahrnehmen zu können, die Schwachstellen überhaupt zu hören und auch ihre brillantesten Klänge und Potenziale zu erfassen, ist es unweigerlich, achtsam und aktiv zuzuhören. Ich kann daher jeder Führungskraft nur ans Herz legen, dies zu praktizieren und zu üben.

Aber auch im Privatleben wird es ähnlich funktionieren. Wann haben Sie Ihrer Mutter, Ihrem Sohn, Ihrer Frau, Ihrem Mann, Ihrer besten Freundin oder auch dem Postboten oder der Frau beim Bäcker das letzte Mal richtig achtsam zugehört? Achtsamkeit im Rahmen der Beziehungsebene inkludiert das achtsame Denken, das aktive Fragen stellen, das achtsame Kommunizieren, das achtsame Handeln sowie das ganzheitliche achtsame Wahrnehmen unserer Person und unseres Gegenübers.

Sie können Menschen mit konkreten Fragen dazu bringen achtsamer zu werden und holen sie damit in die Gegenwart.

Einem Mediziner könnte es beispielsweise helfen, wenn Sie ihm folgende Frage stellen: „Wie unterscheidet sich die Hautfarbe des Patienten heute von der am gestrigen Tag?" (Harvard Business Manager 2014, S. 41). Achtsame Bemerkungen können auch Ihre zwischenmenschlichen Beziehungen verbessern, wenn sie ehrlich und mit Bedacht gewählt sind (Harvard Business Manager 2014, S. 41).

Zu guter Letzt gehört es meiner Ansicht nach ebenfalls zu der Beziehungsebene der Achtsamkeit, auch sich selbst liebevoll und respektvoll zu behandeln. Hierbei sollten wir uns selbst achtsam zuhören, unsere Gedanken und die innere Kommunikation, die wir mit uns selbst führen, bewusst beachten. Denn auch zu uns selbst pflegen wir schließlich eine Beziehung. Daher ist die Selbstliebe auch ein wichtiger Aspekt, den Sie im Rahmen Ihrer Achtsamkeitsübung nicht vergessen sollten.

2.2   Die Bewegungsebene der Achtsamkeit

Der Körper ist der Übersetzer der Seele ins Sichtbare.
– Christian Morgenstern

Nicht umsonst heißt es Körper, Geist und Seele. Nur wenn diese drei Gefährten im glücklichen Dreiklang spielen, herrscht eine vollständige Harmonie in uns. Es ist daher wichtig, nicht nur seinen Gedanken und seinem seelischen Empfinden Aufmerksamkeit zu schenken, sondern Selbiges mit seinem Körper zu tun. Kennen Sie das glückliche und freie Gefühl, das Sie nach dem Sport haben? Physische, körperliche Bewegung öffnet unseren Geist und ist wie ein Impuls, der einen direkten Einfluss auf Geist und Seele hat. Wenn wir geistigen Stress haben, fühlen wir dies meist auch im Körper. Es machen sich Verspannungen breit, Kopfschmerzen, Magenbeschwerden oder Ähnliches. Jemand, der immer Ohrenprobleme hat, möchte vermutlich nichts mehr hören. Jemand der eine chronische Sinusitis (Nasenneben-höhlen-Verschleimung) hat, hat vermutlich die Nase voll. Jemand der eine Augenentzündung hat, will vielleicht gewisse Dinge und Realitäten nicht sehen bzw. nicht wahrhaben oder braucht ganz einfach Schlaf. Jemand der Magenschmerzen hat, dem schlägt vermutlich etwas auf den Magen. Jemand, der ständig Schulterverspannungen hat, trägt womöglich einfach eine zu große Last auf seinen Schultern.

Eine sehr bekannte und beliebte Bewegungsform der Achtsamkeit ist Yoga. Yoga hat ähnlich der Meditation heilende Kräfte, das ist bereits in mehreren Studien erforscht worden. „Mittlerweile stützen mehr und mehr wissenschaftliche Untersuchungen die Annahme, dass Yoga nicht nur die Vitalität von Gesunden steigert, sondern auch eine heilsame Wirkung auf Kranke hat (vgl. Abb. 2.4). So zeigte etwa eine Studie des American College of Sports (ACSM), dass nur zweieinhalb Stunden Yoga pro Woche ausreichen können, um Asthmakranken spürbar Linderung zu verschaffen" (Focus 2016). Auch Migräne, Herzkrankheiten und Rückenschmerzen können durch Yoga reguliert werden. Yoga ist daher mittlerweile so weit anerkannt, dass viele Krankenkassen Yogakurse subventionieren. „Wir gehen zur Yoga-Schule statt zum Arzt" oder auch: „Eine Stunde Yoga statt Antibiotika", das sind die Headlines, die wir heute regelmäßig in den Tageszeitungen

Abb. 2.4 Vorsicht! Yoga gefährdet Ihre Probleme! (Yoga Festival in Berlin, 2015)

und Magazinen lesen können (Brigitte 2016). Und zu Recht, denn Studien zufolge hilft Yoga gegen Depressionen, Stress, führt zu mehr Leistungsfähigkeit, reguliert das Herz-Kreislauf-System und hilft sogar bei Tuberkuloseerkrankungen (Brigitte 2016). Zudem wird durch Yoga der Blutdruck gesenkt, das positive Gefühl zu uns selbst sowie auch das Gleichgewicht und unsere körperliche Flexibilität gestärkt. Yoga wird für eine ganze Reihe an Krankheitsbildern eingesetzt: „Von psychischen Krankheiten über Multiple Sklerose bis hin zu ADHS oder Brustkrebs" (3Sat 2016).

Auch im Yoga gibt es viele Ausprägungen und Varianten: Von Hatha-Yoga, welches eine der traditionellsten Formen ist und sich auf die pure Balance zwischen Körper und Geist konzentriert, die durch Körperübungen und Atemtechniken erreicht wird. Kundalini-Yoga, welches eher spirituell geprägt ist und sich durch Dehnungs- und Atemübungen gepaart mit Meditationen und Gesängen auszeichnet. Ashtanga-Yoga, welches eher als die körperlich betonte und Ausdauer fördernde Variante bekannt ist, da Bewegungen schneller durchgeführt werden. Das eher schweißtreibende Bikram-Yoga, bei dem die Übungen (Asanas) bei ca. 40 Grad ausgeübt werden. Sivananda-Yoga, das auf fünf Säulen aufbaut bis hin zu Jivamukti, welches Musik und Gesang mit Yoga kombiniert (Focus 2016). Hier gibt es kein richtig oder falsch, jeder kann sich für die eine oder andere Form des Yogas entscheiden.

Persönlich habe ich mich auf einer Reise durch Thailand in einem Yoga Retreat auf der Insel Koh Yao Noi in die Kunst des Yogas verliebt. Zuvor war es jahrelang nicht mein Ding gewesen. Lange konnte ich mit dieser Achtsamkeitspraxis nichts anfangen. Als ich aber fernab von Fitness-Studienkursen einmal Yoga in einem Yoga Retreat in schönster Idylle erleben durfte, war es um mich geschehen. Ich war so angeheizt davon und von dem Wohlbefinden, das ich empfand, dass ich daraus fast einen Leistungssport machte.

Doch Yoga ist kein Leistungssport, Yoga ist eine Philosophie und Disziplin.

Ich wollte gut sein, ich wollte auch den Kopfstand, die Krähe, den Lotussitz, den herabschauenden Hund, den Sonnengruß und die Tänzerpose perfekt können und mit ähnlicher Grazie ausführen, wie die besten Yoga-Kollegen im Kurs. Am nächsten Tag flog ich vom Mofa und riss mir meine Hände und Knie auf und hatte überall Schürfwunden. Und zack, wurde ich in meinen Ambitionen durch meinen eigenen Körper gezügelt. Das war es mit dem Ziel, die Beste im Yoga-Kurs zu sein. Zwei Wochen später tourte ich mit Freundinnen durch das schöne Asien und als wir ankamen, suchte ich überall eine Yogaschule, statt einfach nur die Ankunft und den Moment zu genießen. Am nächsten Tag stolperte ich und verstauchte mir meinen Fuß so stark, dass ich den restlichen Urlaub kein Yoga mehr machen konnte und nur noch tägliche Thai-Massagen genoss. Ich wurde ausgebremst durch meinen eigenen Körper. Ich sollte aufhören zu rennen und rastlos umherzuschauen. Was mein Körper nun brauchte, war Entspannung, Ruhe und Ankommen. Unser Körper ist stets ein Spiegel unserer Seele, wir müssen nur achtsam zuhören wollen. Auch William Shakespeare sagte schon:

Unser Körper ist unser Garten, und unser Wille der Gärtner (Zitate 2016).

Yoga hilft dabei, den eigenen Körper besser zu fühlen. Es geht hierbei darum, den Zustand des Seins zu erfassen.

Wenn man sich auf Yoga einlässt, erhält man einen direkten Einblick in die körperliche und seelische Verfassung. Es ist eine Direct-Response-Kommunikation mit der Matte.

Denn das Faszinierende ist, dass ich in dem Moment, wo ich auf der Yoga-Matte stehe, weiß, wie es um mich steht. Jede Bewegung, jede Dehnung, jeder Atemzug zeigt sofort, wie ruhig, gelassen oder auch angespannt wir heute sind. Jegliche Widerstände des Geistes begegnen einem ebenfalls auf der Matte. So hatte ich mich vielleicht letzte Woche doch noch ohne Bedenken in eine bestimmte Pose bewegt und mich der Dehnung und Streckung ohne Probleme hingegeben, und nun habe ich auf einmal eine innere Blockade, die mir sagt, dass ich das nicht kann. Ja gar, dass die Dehnung für meinen Körper unmöglich ist. Aber eigentlich spricht hier nur der Geist und unsere Gedanken erzählen uns eine Geschichte. Hier gilt es dann Hingabe zu praktizieren. „Hingabe ist keine Schwäche. Hingabe ist eine große Stärke", wie Eckhart Tolle sagt (Happinez 2015, S. 55). Geben wir uns also hin, im Englischen: „Surrender", und atmen in die Pose hinein, spüren wir, wie befreiend das ist und wie sich auf einmal etwas löst.

Yoga ist meiner Meinung nach ein sehr guter Lehrer des Vertrauens und des Loslassens. Wir geben uns einfach hin und atmen. Nicht jeder findet seine Erfüllung im Yoga. Als ich das erste Mal vor einigen Jahren Yoga machte, habe ich den Kurs nach der Hälfte abgebrochen und beschlossen, dass dies nichts für mich wäre. Ich war nicht bereit, mich den Dehnungen hinzugeben. Ich war nicht bereit loszulassen. Ich empfand das als völlig unnatürliche Akrobatik. Ich habe hierbei aber einen entscheidenden Fehler gemacht: Ich habe es bewertet und ich habe mich durch meine Gedanken in die Irre führen lassen. Dabei geht es in der Achtsamkeit gerade darum, die Gedanken ziehen zu lassen und urteilsfrei zu sein. Wenn Sie also weniger nachdenken und sich einfach Ihrem Körper hingeben, werden Sie Yoga vielleicht auch noch einmal anders kennenlernen.

Yoga erfordert übrigens auch Disziplin. Dazu gehört Pünktlichkeit, Stille, Hingabe, Respekt und Vertrauen. Auch die Übungen der Balance, wie das Stehen auf einem Bein und Ähnliches, sagen viel aus. Wenn ich nicht in Balance mit mir selbst bin, kippe ich immer um – egal wie oft ich Yoga praktiziere. Wenn ich jedoch ausgeglichen bin, stehe ich ohne Probleme kerzengerade auf einem Bein. Yoga ist zudem urteilsfrei. Es gibt kein falsch und richtig. Jeder Körper und jede Anatomie ist anders, für jeden ist eine andere Ausprägung und Intensität einer Asana richtig. Welche es ist, fühlt man nur selbst. Im Yoga gibt es daher auch meist verschiedene Möglichkeiten, eine Übung auszuführen und zudem immer und zu jederzeit die Möglichkeit, in die sogenannte „Child-Pose" zu gehen und in ihr zu verweilen. Ich lade jeden dazu ein, sich einmal auf Yoga einzulassen und es zu probieren – wertfrei und ohne jegliche Erwartung. Insbesondere eine Retreat-Erfahrung kann ich sehr empfehlen, da sich hier eine gewisse Routine, Regelmäßigkeit und Einstellung einstellt, die es leichter macht und mehr Spaß bereitet. Es wird zu einer Erfahrung, aus der man lernen kann, und Ihre Gesundheit wird es Ihnen in jedem Fall danken.

Würde ich bestimmten Menschen in meinem Umfeld sagen, sie müssten nun Yoga machen oder meditieren, um achtsam zu leben, dann würden sie sich vermutlich direkt von dem Thema abwenden und beschließen, dass dieser „Achtsamkeits-Quatsch" wohl nichts für sie ist. Aber wie bereits zu Beginn des Kapitels gesagt:

Yoga ist quasi die Königin der Achtsamkeit – ein mächtiges Werkzeug, um den Fokus auf die Gegenwart zu lenken. Nicht aber die einzige Lösung.

Ich kenne beispielsweise auch viele hervorragende und leidenschaftliche Golfer. Wenn sie auf dem Golfplatz sind, empfinden sie Ruhe und Ausgeglichenheit. Mein Vater beispielsweise bindet den Golfsport als erfolgreicher Rechtsanwalt und Notar seit Jahren in seinen Berufsalltag ein. Nach einer Runde auf dem Golfplatz weiß er, wie er einen gewissen Fall gewinnen kann. Er findet dort Antworten, die er in seinem Büroraum nicht finden kann. Er ist dort in seiner Mitte und gedanklich einzig und allein auf dem Golfplatz. Er denkt nicht parallel über den Fall nach, den es zu lösen gilt. Sein Fokus gilt dem Moment und dem Ball, den er ins Loch befördern möchte. Es ist hohe Fokussierung gefragt. Der Golfer praktiziert hierbei aus meiner Sicht eine Art Gehmeditation und das über Stunden. 18 Loch haben ca. zehn Kilometer und es dauert vier bis fünf Stunden, bis man sie gespielt hat. Das ist schon ein längerer Spaziergang und ein langer Zeitraum, in dem Konzentration und Achtsamkeit gefragt ist. Auch ist es eine Challenge, im Falle des schlechten Spiels sich nicht von Wut einnehmen zu lassen, sondern diese negativen Gefühle einfach ziehen zu lassen. Wenn Sie Ihr Handicap beim Golf verbessern möchten, ist es insbesondere wichtig, die Ruhe zu bewahren und die Fokussierung stundenlang zu erhalten. Übungen der Achtsamkeit wie der Meditation können hierbei dingliche Trainer sein, um sich auf ein Spiel vorzubereiten und die Gedanken immer wieder zurück auf den Ball zu lenken – selbst wenn Sie mal hacken. Ich glaube, gute Golfer sind oft Profis der Achtsamkeit. Sie wissen es nur oft nicht. Andere erzählten mir vom Segeln und der Befreiung, die sie in jenen Momenten auf dem Boot spüren. Wieder andere spielen vielleicht eine Runde Tennis, gehen boxen oder laufen. Eventuell ist es auch ein Spaziergang im Park in der Schönheit der Natur, bei dem die Erleuchtung kommt, wie wir eine gewisse Herausforderung meistern können. Es ist egal was es ist, die körperliche Bewegung öffnet den Geist. Wichtig ist hierbei nur, den Geist in diesem Moment nicht parallel mit anderen Gedanken zu beschäftigen.

> Wenn Sie es also beim Laufen gehen schaffen, nicht parallel noch über alles nachzudenken, was Sie heute noch erledigen müssen, oder wie Sie sich einer bestimmten Situation gegenüber verhalten sollen, sondern sich einzig und allein auf das Laufen konzentrieren, befinden Sie sich in der Bewegungsebene der Achtsamkeit. Fangen Ihre Gedanken an zu kreisen, lassen Sie sie einfach weiterziehen. In dem Moment, in dem Sie Gedanken als solche erkennen, sind Sie bereits achtsam.

Hier gibt es ein tolles YouTube-Video eines TED Talks von Andy Puddicombe, dem Gründer von Headspace, einer Meditation-App mit ca. zwei Millionen Usern, die viele tolle Einstiegsprogramme in die Meditation liefert (TED Talks 2016). In dem Talk zeigt er wie sich die Gedanken verhalten, indem er mit Bällen jongliert. Er bringt hier auch zum Ausdruck, dass bereits zehn achtsame Minuten am Tag einen erheblichen Unterschied machen (TED Talks 2016). Um Achtsamkeit beim Sport zu üben, sollten Sie Ihren Fokus auf das richten, was Sie gerade tun. Also gedanklich bei

Ihrem Körper, Ihren Bewegungsabläufen und somit in der Gegenwart bleiben. Dann kommen die Antworten später von ganz alleine.

In der Achtsamkeitspraxis spricht man auch vom „achtsamen, bewussten
Gehen". Achtsames Gehen bedeutet: „Einfach nur zu gehen und sich dessen
bewusst zu ein" (Kabat-Zinn 2014, Kap. 78). Es kommt selten vor, dass wir
„einfach nur gehen", meist tragen wir auch unseren Geist mit uns herum.
Bewusst gehen ist auch eine Form der Meditation und eine gute Möglichkeit, Achtsamkeit im Alltag zu praktizieren (Kabat-Zinn 2014, Kap. 78).
Das können Sie jederzeit üben – auch im Geschäftsalltag.

> Laufen Sie zwischendurch einfach einmal achtsam zur Kaffeemaschine. Gehen
> Sie dafür langsam, atmen Sie tief und durch den Bauch und gehen Sie jeden
> Schritt ganz bewusst. Konzentrieren Sie sich dabei ausschließlich auf das Auf-
> treten Ihrer Füße auf dem Boden und den Vorgang des Laufens. Wie fühlt sich
> das an? Was für einen Boden sehen und fühlen Sie unter Ihren Füßen? Sie kön-
> nen diese Übung auch mit geschlossenen Augen machen, dies würde ich Ihnen
> aber weniger im Büro empfehlen, da es Ihre Kollegen irritieren könnte. :-) Dies
> können Sie in Ihrer freien Zeit tun und daraus eine kleine Gehmeditations-
> übung machen.

Ich habe das achtsame Gehen fest in meinen Alltag integriert. Ich habe
beispielsweise zwei-bis dreimal im Monat einen „Teilzeit-Hund"; es ist der
Hund einer Freundin (vgl. Abb. 2.5). Ich nutze die Zeit des Gassi Gehens

Abb. 2.5 Der Trend geht zum Teilzeit-Hund

und des Ausführens des freundlichen Rhodesian-Ridgebacks für das achtsame Gehen. Manchmal sitzen wir aber auch im Park und ich habe meine Technologie dabei und arbeite. Zwischendurch lenke ich meine Aufmerksamkeit dann aber immer wieder auf die Hündin zurück, die an meiner Seite liegt. Das hält mich in der Gegenwart.

Haben Sie schon einmal mit einem Business-Partner bei einer Runde Golf oder bei einem Spaziergang ein paar Themen besprochen und gemerkt, wie frei und einfach die Kommunikation verlaufen ist? Körperliche Bewegung beeinflusst auch unsere mentale Beweglichkeit. Ich glaube, dass wir daher in solchen Momenten tendenziell empfänglicher sind für einen kreativen Austausch oder auch für ein Gespräch, das eine gewisse Leichtigkeit benötigt. Allein wenn jemand bei einem Geschäftstermin auf einmal aufsteht und sich an das Flipchart bewegt oder aber durch den Raum läuft, entsteht auf einmal eine völlig neue Dynamik und Aktivität im Raum. Kennen Sie das? Bewegung hat einen hohen Einfluss auf unsere Produktivität und Konzentrationsfähigkeit. Ich finde es daher sehr lobenswert, wenn Unternehmen körperliche Angebote für ihre Mitarbeiter haben – sei es der Yoga-Unterricht, das Pilates-Training, das Fitnessstudio, der Tai-Chi-Kurs, der Business-Run oder das Fußballspiel unter Kollegen. Immer mehr Unternehmen folgen diesem Trend des sportlichen Angebots und nutzen dies auch als Bindungsmaßnahme für Mitarbeiter und Geschäftspartner.

Wichtig ist, dass wir Körper, Geist und Seele als Ganzes verstehen und unserem Körper ebenfalls liebevoll und achtsam begegnen – egal welchen Sport, welche Bewegungsform oder Dehnung wir hierfür wählen. Und übrigens:

Behandeln Sie Ihren Körper eigentlich so achtsam wie Ihr Smartphone?

Hier schauen Sie doch auch öfter mal, wo es ist, ob es geladen ist, prüfen, dass es nicht kaputtgeht und dass es einen guten Schutz vor „Verletzungen" hat. Wieso nicht Selbiges auch unserem Körper entgegenbringen?

> Tu Deinem Geist des Öfteren etwas Gutes, damit Deine Seele Lust hat, darin zu wohnen – Teresa von Avila (Aphorismen 2016a).

2.3   Die Ritualsebene der Achtsamkeit

Gibt es etwas, das Sie schon immer einmal tun wollten? Dann machen Sie es und zwar für 30 Tage. Es gibt auch einen wunderbaren TED Talk von Matt Cutts zu dem Thema (TED 2016). Fakt ist, dass alles, was Sie für 30 Tage lang tun, eine neue Gewohnheit von Ihnen werden kann. Wichtig ist hierbei: Erst denken, dann starten. Bringen Sie also Ihre Punkte eins bis drei, die Sie gerne ändern möchten, zu Papier und starten Sie dann Ihre 30-Tage-Challenge (Businesslifehack 2016).

Wir befinden uns nun in der Ritualsebene der Achtsamkeit. Regelmäßig durchgeführte Rituale werden Gewohnheiten und sie können eine erfüllende Wirkung haben. Sie sind vergleichbar mit Routinen oder gar Traditionen. „Gewohnheiten sind Automatismen" (Gedankenpower 2016). Sie machen unsere Persönlichkeit aus und sie können ein Gefühl der Ruhe und des Vertrautseins schenken. Rituale definiere ich als das achtsame Respektieren von Gewohnheiten. Egal welche Yoga-Klasse ich auf der Welt besucht habe, sie befolgen alle das Ritual des ruhigen Beginns und des Ausklangs in der sogenannten „Savasana-Stellung" – liegend auf dem Boden mit beiden Armen ausgestreckt. Das „Namasté" gilt als Grußformel und zudem oft als Dank zum Ende der Praxis. Es ist Sanskrit und bedeutet so viel wie „Die Seele in mir grüßt die göttliche Seele in Dir". Dazu werden die Hände gefaltet. Das sind immer wiederkehrende Rituale in der Yoga-Praxis.

Genauso haben Familien Rituale. Sei es das abendliche Dinner zusammen, der Kaffee am Frühstückstisch oder der Sonntagsspaziergang. Paare zelebrieren oft Date Nights an bestimmten Tagen, an denen sie sich ein paar Stunden der gemeinsamen Zeit und Romantik gönnen und sich gerne eine „Gute Nacht"-WhatsApp-Nachricht zum Einschlafen senden. Ein Morgenritual kann dabei helfen, gelassener und produktiver in den Tag zu starten. Ein Abendritual vor dem Schlafengehen kann dabei behilflich sein, einen schnelleren und ruhigeren Schlaf zu finden. Familien finden aus alter Tradition an Feiertagen wie Weihnachten wieder zusammen und lassen ihre eigenen individuellen Familienrituale jedes Jahr auf das Neue aufleben. Dabei werden Lieder gesungen wie „Alle Jahre wieder".

Es ist beruhigend, wenn Dinge Wiederholungen finden. Auch in der Musik gibt es nicht ohne Grund stets einen Refrain, der von allen mitgesungen werden kann.

Auf meinen Reisen nach Afrika habe ich oft Afrikaner strahlend bei der Arbeit beobachten dürfen und oft singen sie gemeinsame Lieder. Es schenkt ihnen Freude, dass sie gemeinsame Melodien teilen. Das heitert auch das Arbeiten auf. Auch beim Kölner Karneval ertönen jedes Jahr die gleichen Lieder. Zwar gibt es immer mal den einen oder anderen neuen Hit der großen Karnevalsbands, aber das bestehende Liedgut schenkt Tausenden Menschen das Gefühl des Zusammenhalts und der Gemeinschaft. Ich habe acht Jahre in Köln gelebt und habe bereits innerhalb meines ersten Monats nach Ankunft die gesamte Kölsche Musik beherrscht. Das gehört einfach dazu und ist Teil des Kölner Lebensgefühls und Tradition der 5. Jahreszeit – dem Karneval. Viele Rituale werden hier jedes Jahr gefeiert. Wir kennen ähnliche Phänomene auch von der Fußball-Weltmeisterschaft. Auf einmal werden gemeinsame Anfeuerungshymnen für die eigene Mannschaft zelebriert und es entsteht ein gemeinsamer Rhythmus, wo man mit dabei ist. Rituale gibt es in jeder Kultur und sie genießen eine Wertigkeit und werden respektiert. In Thailand zum Beispiel wird kein Geschäft oder Restaurant mit Schuhen betreten. In das Hab und Gut eines anderen trägt man nicht den Schmutz der Straße. Das gehört sich nicht. Es ist ein Zeichen von Respekt, dies anzunehmen und die Lokalität oder das Geschäft barfuß zu betreten. Und so sieht man überall vor den Restaurants in Thailand Flipflops liegen. Es ist normal und ein Ritual, das alle Urlauber akzeptieren, annehmen und nach einer Weile als eine Gewohnheit abspeichern. Auch Tiere benötigen Rituale. Hunde speichern sich sogar komplette Kommandos ab, auf die sie reagieren. Ein Reiz führt dann automatisch zu einem Impuls. Aber auch Katzen haben Rituale, die sie mit ihrem Menschen ausmachen. Eines davon ist in meinem Fall leider, dass meist, wenn ich meinen Laptop aufklappe oder Schreib- und Bürounterlagen in meinem Homeoffice ausbreite, sich meine Katze mitten auf das Keyboard meines Laptops setzt oder auf die Unterlagen legt, die ich bearbeiten möchte. Das kennen vermutlich alle Katzenfreunde. Tiere gewöhnen sich an ihre Menschen und passen sich ihnen an. Und wenn Ihre Katze irgendwann lieber auf/vor Ihrem Laptop sitzt, statt zu meditieren, wissen Sie woher sie das hat (vgl. Abb. 2.6).

Katzen sind die größten Zen-Meister. Von ihnen kann man viel über Achtsamkeit und die Meditation lernen. Eckhart Tolle sagte einmal: „Ich habe mit vielen Zen-Meistern gelebt. Alle von ihnen waren Katzen" (Law of Attraction 2016). Tolle, der Autor des Bestsellers „The Power of NOW", ist ein großer Katzenfan, da er glaubt von ihnen viel zu lernen. Gewisser Weise könnte man also auch sagen: The Power of „MEOW"! (vgl. Abb. 2.7).

Abb. 2.6 Digital-Cat

Abb. 2.7 The Power of „MEOW"

In einem Punkt sind aber auch Katzen weniger achtsam: Sie urteilen schnell. Jegliche Veränderung der Gewohnheit – sei es zum Beispiel ein neues Möbelstück – trifft erst mal auf keinerlei Zustimmung. Das haben sie sich vermutlich von den Menschen abgeguckt.

Unsere Gewohnheit, alles zu beurteilen, ist eine der schwierigsten abzulegen, wenn wir Achtsamkeit üben möchten.

„Unser Geist ist wie ein Jo-Jo, das sich beständig an der Schnur unserer urteilenden Gedanken auf und ab bewegt" (Kabat-Zinn 2014, Kap. 14). Hier ist es unsere Aufgabe zu lernen, diese Gedanken ziehen zu lassen, alleine indem wir wahrnehmen, dass wir urteilen und dass diese Gedanken nur Gedanken sind, werden wir uns dessen bewusst und lenken den Fokus wieder auf die Gegenwart. So gelangen wir in unsere Mitte zurück. Auch bei Katzen ist das Schnurren nach ein paar Tagen wieder melodischer.

Never change a running system – ist wohl ein weiterer Grundsatz, den wir aus unserem Sprachgebrauch kennen. Auch ich verwende ihn oft. Das, was funktioniert und womit man glücklich ist, muss man nicht verändern. Wir Menschen sind schließlich Gewohnheitstiere. Es gibt uns ein Gefühl der Sicherheit. Und ein bisschen das Gefühl von „Zuhause". Wer wünscht sich nicht ein wenig Geborgenheit und Nestwärme in unserer globalen und schnell drehenden Welt?

Der Berliner ist ein weiteres gutes Beispiel für die Ritualsebene der Achtsamkeit. Berlin ist mit seinen ca. 3,5 Mio. Einwohnern, seinen vielen verschiedenen Bezirken (auch „Kiez" genannt) und vielen internationalen Gästen und Wahlberlinern eine Metropole des ständigen Wandels geworden. An jedem Tag eröffnet ein neuer Club, schließt eine Bar und ändert ein Restaurant seinen Besitzer. Der steigende Zugewinn von Start-ups bringt viele Kulturen und Mentalitäten zusammen. Wenn ich die Stadt Berlin mit einem Wort beschreiben müsste, so wäre es: „Kontrast". Berlin hat so viele unterschiedliche Gesichter und Seiten. Selbst als gebürtige Berlinerin habe ich bis heute noch das Gefühl, nicht alle Ecken Berlins zu kennen und immer wieder etwas Neues zu entdecken. Dennoch hat wohl jeder Berliner bzw. Wahlberliner seinen Kiez, in dem er die meiste Zeit verkehrt. Der Berliner liebt es, in dem Großstadtdschungel und inmitten all der Anonymität und der ständigen Veränderung – natürlich auch historisch bedingt – den gleichen Bäcker, den gleichen Kiosk und den gleichen Gemüseladen aufzusuchen. Die Kiezkultur gibt uns Berlinern ein häusliches und lokales Gefühl und schenkt uns Beständigkeit im Wandel. So ist es ein Ritual, stets zu Murat, dem Gemüsedöner, zu gehen oder die Currywurst am Kudamm 195 zu verspeisen. Der Berliner bleibt am liebsten in seinem Kiez und verlässt diesen äußerst ungern. Er mag zwar hipp und innovativ sein, aber seine Gewohnheiten hat er ebenfalls.

Wie wäre es also, wenn Sie auch für Ihre Achtsamkeitsübung Rituale entwerfen? Oder noch besser:

Seien Sie achtsam bei der Durchführung Ihrer Routinen. Gerade in unserem alltäglichen Leben bieten sich viele Möglichkeiten dafür.

Mir kann also niemand erzählen, dass er für Achtsamkeit keine Zeit hat. Sie können mit jeder Ihrer Routinehandlungen Achtsamkeit üben. Wie? Indem Sie Ihrer Routine die volle Aufmerksamkeit geben, sodass sie selbst zum Zweck wird (Tolle 2014, S. 35). Wenn Sie zum Beispiel die Treppe raufgehen, gehen Sie bewusst und achten Sie auf jeden Schritt. Wenn Sie sich die Zähne putzen, achten Sie zum Beispiel besonders auf den Geschmack der Zahnpasta. Wichtig ist es, allen Sinneswahrnehmungen die volle Aufmerksamkeit zu geben. „Dem Geräusch und Gefühl des Wassers, der Bewegung deiner Hände, dem Duft der Seife und so weiter" (Tolle 2014, S. 35).

Wenn wir Achtsamkeit kultivieren möchten, ist es wichtig, dies auch in unseren Routinen zu tun. Wir können auch neue Rituale für die Achtsamkeit entwickeln. Es gibt viele Rituale der Achtsamkeit und im Rahmen der Achtsamkeit im Alltag-Modells (AiA) werde ich Ihnen einige Impulse an die Hand geben. Sie können sich daraus Ihre eigene Liste erstellen mit Ihren ganz persönlichen Lieblingsroutinen, die Sie achtsam tun.

Es gibt viele Wege, Achtsamkeitsrituale zu zelebrieren. Hier ein Beispiel für neun Achtsamkeitsrituale (mymonk 2016)

1. Sitzen am Morgen.
2. Putze Deine Zähne.
3. Iss achtsam.
4. Wasche Deine Schale.

5. Trinke Tee.
6. Gehe langsam.
7. Lese in Stille.
8. Betrachte jemanden in Dankbarkeit.
9. Arbeite mit Fokus.

Rituale können eine natürliche Achtsamkeit erhalten. Und so kann im Umkehrschluss das Einführen eines Rituals für Ihre Achtsamkeit Sie positiv unterstützen. Die beliebte agile Projektmanagement-Methodik „Scrum" beispielsweise, die in der Softwareentwicklung gerne verwendet wird, lebt von Ritualen. Wie wir uns das zunutze machen können, werden Sie im weiteren Verlauf des Buches noch lesen.

Rituale können zur Steigerung von mehr Achtsamkeit im Alltag sehr dienlich sein. Ich habe mit Freunden beispielsweise das Ritual etabliert, dass wir uns täglich unseren Glücksmoment des Tages mitteilen. Seit wir diese Gruppe und diese Kommunikation auf täglicher Basis als festes Ritual in unseren Alltag integriert haben, sind wir glücklichen Momenten gegenüber im Alltag sehr viel achtsamer geworden. Wir nehmen Momente des Glücks und der Zufriedenheit bewusster wahr und teilen uns diese täglich mit. Generell haben wir alle Freiheiten bei Ritualen und Gewohnheiten. So hat sich Steve Jobs, der Gründer von Apple, zu Lebzeiten beispielsweise täglich folgende Frage gestellt: Wenn heute der letzte Tag meines Lebens wäre, würde ich das tun, was ich heute vorhabe? (Im Original: „If today were the last day of my life, would I want to do what I am about to do today?" – Steve Jobs (The Dignified Self 2016)). Antwortete Jobs zu oft nacheinander mit „nein", wusste er, dass er etwas verändern muss in seinem Leben und das tat er auch. Steve Jobs hat einmal eine sehr inspirierende, mittlerweile weltbekannte Rede bei der Universität Stanford gehalten, die ich schon sehr oft in meinem Leben angesehen habe und ich kann nur jedem ans Herz legen, sie immer mal wieder anzuschauen. Sie beinhaltet unzählige grandiose Gedanken und Zitate eines unserer größten Meister der digitalen Revolution. Sie können sich das Video auf YouTube sowie auch auf The Dignified Self anschauen (The Dignified Self 2016). Es lohnt sich. Aus der Rede von Steve Jobs stammt übrigens auch das tolle Zitat: „Stay hungry, stay foolish!" Das kann Sie immer mal wieder motivieren, mal etwas Neues auszuprobieren.

2.4   Die Ebene der Stille der Achtsamkeit

Meditation is not relaxation; it is mind cultivation. It is not mindfulness; it is training for the practice of mindfulness (Huffington Post 2016a).

Wie dieses Zitat sagt, ist Meditation nicht gleich Achtsamkeit, sondern eine der Trainingsmethoden für die Praxis der Achtsamkeit. Wenn Sie also mit Meditation nichts am Hut haben, so können Sie natürlich dennoch achtsam sein. Meditation ist quasi der König der Achtsamkeit. Es ist aber nicht die Achtsamkeit selbst, sondern einer der möglichen Wege. Und zwar der Mächtigste. Meditation ist, wie es bereits unzählige Studien und Gehirnforschungen belegen, sehr wohltuend für Körper, Geist und Seele. Nachfolgend einige Beispiele der positiven Einflüsse regelmäßiger Meditation.

Wirkung von Meditation auf Körper, Geist und Seele:

- **Aktivierung der Selbstheilungskräfte** – „Unser Körper hat viel mehr Kraft, sich selbst zu heilen, als wir ahnen. Die Erfahrung des Transzendierens schafft im Körper die idealen Voraussetzungen, seine innewohnenden Selbstheilungskräfte zu aktivieren. Zum Glück geht das viel leichter als bisher angenommen, wie 600 wissenschaftliche Studien und die Erfahrung von sechs Millionen Menschen weltweit bestätigen" (Meditation 2016a).
- **Stressreduktion und ein Gefühl der tiefsten Ruhe** – unser Körper erreicht eine Ruhe, die doppelt so tief ist wie die tiefste Ruhe im Schlaf. Inzwischen bestätigen dies mehr als 30 Untersuchungen (Meditation 2016a). Dies hält an und führt zu einer besseren Stressverarbeitung und -resistenz. „Forschungsergebnisse, die 2013 im Journal ‚Health Psychology' veröffentlicht wurden, haben gezeigt, dass Menschen, die meditieren, sich nicht nur weniger gestresst fühlen – es konnte sogar nachgewiesen werden, dass Meditation die Ausschüttung des Stresshormons Cortisol verringert" (Huffington Post 2016a). Das bestätigte auch die New York Times (NY Times 2016). Molekularbiologe Jon Kabat-Zinn, der die Achtsamkeitsmeditation in den späten 70er Jahren in die Schulmedizin einführte, spezialisiere sich auf Behandlung von Stress durch Achtsamkeit (MBSR). Seine Trainings werden weltweit erfolgreich durchgeführt. Studien haben auch erwiesen, dass die Patienten nach dem Training weniger Schmerzmittel benötigen. Der Schmerz bleibt zwar, aber er wird fundamental anders bewertet. Dies führt dazu, dass auch weniger Schmerz begleitende Folgen auftreten (Stern 2016).
- Erhöhte **Entscheidungsfähigkeit**, verbessertes **Erinnerungsvermögen**, verbesserte **geistige Fitness** und **Konzentrationsfähigkeit** (Meditation 2016a; Huffington Post 2016a; Yoga Easy 2016; NY Times 2016). Meditierende erfassen schneller und arbeiten konzentrierter. Das bestätigt auch das Search Inside Yourself Leadership Institute von Google (SIYLI 2016). Ebenfalls wurden geringere Angst sowie Depressionen bei den Patienten festgestellt, die Achtsamkeit beherrschen (Stern 2016).
- Leichterer **Umgang mit Veränderungen durch mehr emotionale Stabilität** (Huffington Post 2016a; Yoga Easy 2016). Dies kann insbesondere in Zeiten der digitalen Transformation und des konstanten Wandels sehr helfen.
- **Mehr Empathie und Mitgefühl** (Meditation 2016a; Yoga Easy 2016). Dies ist insbesondere auf der Führungsebene eine wichtige Eigenschaft. Die Forscher der Harvard University haben nachweisen können, dass Menschen, die meditieren, mitfühlender sind. Auch das Bedürfnis, Gutes zu tun, wird bei Meditierenden ausgeprägter (Huffington Post 2016a). Achtsame Menschen können gemäß einer Studie besser „auf ‚emotional intelligente' Weise mit Angst und Frustration umgehen" (Stern 2016). Indem wir unsere Gedanken und Gefühle bewusst steuern, vermeiden wir es auch, unser Handeln von negativen Emotionen beeinflussen zu lassen und diese auf andere Menschen zu übertragen. Eine Studie ergab zum Beispiel, dass die Probanden, die Achtsamkeit erlernt haben, sehr viel einfacher negative Ereignisse bewältigen können (Stern 2016).

- **Steigerung des Immunsystems** und potenzielle Verlängerung der Lebensdauer (Huffington Post 2016a; Yoga Easy 2016).
- **Geringeres Herzinfarktrisiko, Senkung des Bluthochdrucks** (Yoga Easy 2016).
- **Mehr Kreativität** (Meditation 2016a; Yoga Easy 2016). „Meditation hilft dem Gehirn, Emotionen zu steuern, wie Wissenschaftler der Brown University nachweisen konnten. So können meditierende Menschen ihrem Gehirn helfen, die Wege zu kreativem Denken freizulegen" (Huffington Post 2016a).
- Bessere körperliche Wahrnehmung und **Intuition** (Yoga Easy 2016).
- Aktiveres **Glücksgefühl** durch Anstieg der Glückshormone (Meditation 2016a; Yoga Easy 2016).
- **Besserer und ruhigerer Schlaf** (Yoga Easy 2016). Es besteht ein enger Zusammenhang zwischen Achtsamkeit und geringerer Aktivität zur Schlafenszeit, was die Qualität des Schlafes positiv beeinflusst (Huffington Post 2016a). Bei der Meditation wird der Geist von allen Gedanken und Ablenkungen befreit, die uns so häufig am Einschlafen hindern.

Und last but not least (vermutlich, da das bewusstere Erleben zu intensiveren Emotionen führt): **Besserer Sex** (Yoga Easy 2016)!

Warum in aller Welt sollten Sie sich diese Methodik nicht zunutze machen?

Ich frage Sie also: Kennen Sie den Klang der Stille? Kennen Sie den Zustand jenseits Ihrer Gedanken und sind Sie bereit dafür, ihn zu erkunden? Stellen Sie sich hierfür einmal das Meer vor.

Unser normaler Zustand im Alltag ist mit der Oberfläche des Meeres zu vergleichen. Unsere kreisenden Gedanken sind hierbei die Wellen. Im Zustand der Meditation tauchen wir ein in die Tiefen des Ozeans bis wir ganz unten in der Stille und Ruhe angelangt sind, wo die Wellen des Meeres nicht mehr stören.

Dort sind wir ganz wach und dennoch mit den Gedanken jenseits der Wellen. Ich habe viele Jahre nicht verstanden, was die Menschen meinten, wenn sie sagten, dass die größte Weisheit in den Tiefen der Stille liegt. Das Bild des Meeres hat mir dabei geholfen (vgl. Abb. 2.8).

Auch die Musik kann uns helfen, Meditation zu lernen. Sie lehrt uns die Schönheit der Stille, indem wir auch dem Klang zwischen den Noten lauschen. Auch Pausen und Stille sind Musik und Teil einer Komposition. Die Band Simon & Garfunkel hat sogar den Welthit „The Sound of Silence" über die Magie der Stille geschrieben. Die Musik kann uns lehren, Stille zu schätzen. In dem Hörbuch „Gesund durch Meditation – Die Übung der Achtsamkeit" von John Kabat-Zinn (Audible 2016), wird eine

Abb. 2.8 Meditation: Jenseits der Wellen des Meeres

Klangmeditation als mögliche Übung vorgestellt. Hierfür können Sie sich einfach eine schöne Musik auflegen (Ihr Lieblingssong, instrumentale Musik – egal was). Dabei schließen Sie die Augen und hören ganz bewusst zu – jeder Note, jeder Pause, jedem Instrument. Wenn das Stück vorbei ist, bleiben Sie noch einen Moment liegen oder sitzen und lauschen einfach nur der Stille nach der Komposition. Das ist ein wunderschöner Klang. Ähnlich ist es auch in unserem Alltag. Probieren Sie es aus und versuchen Sie, offen und wertfrei in die Übung zu gehen. Keine Angst, Sie werden daher nicht gleich zum Guru und können anschließend auch gerne wieder durchstarten und die Welt retten.

Vor einigen Jahren, mit ca. Ende 20, konnte ich die Stille nicht genießen. Ich war nach einer langjährigen Beziehung das erste Mal Single und in eine neue Wohnung gezogen, die ich nun nicht länger mit meinem Partner teilte. Bereits beim Einrichten fiel mir auf, dass ich gar nicht genau wusste, was mein Geschmack war. Immer wenn ich ein Bild aufhängen wollte, überlegte ich, ob es auch meinem Partner gefallen würde. Doch dieses Mal ging es nicht darum. Es ging in erster Linie darum, dass es mir gefallen sollte. Ein völlig neues Lebensgefühl, das einerseits spannend war, da ich mich auf einmal selbst erst neu kennenlernte. Andererseits machte es mir schreckliche Angst, da ich nicht wusste, was ich eigentlich will. Auch die Stille,

wenn ich alleine war, gefiel mir nicht. Ich liebte meine erste eigene Wohnung, aber dennoch fühlte ich mich dort oft einsam und irgendwie alleine.
Daher fing ich immer, wenn ich nach Hause kam, sofort an zu telefonieren,
machte den Fernseher an, hörte laute Musik an oder lud mir Freunde ein.
Am liebsten war ich unterwegs. Auch mein Smartphone wurde zu meinem
besten Freund. Immer, wenn ich die Stille vernahm, fühlte ich mich allein
und einsam. Heute kenne ich den Unterschied zwischen allein – und einsam
sein. Denn zwischen diesen beiden Worten gibt es einen entscheidenden
Unterschied: Wer alleine ist, ist nicht zwingend einsam. Und wer einsam ist,
ist nicht zwingend allein. „Einsamkeit ist, wenn Du den anderen vermisst.
Alleinsein ist, wenn Du Dich selbst findest. Aus dem Alleinsein entsteht eine
völlig neue Art von Liebe" (Osho 2016).

Heute weiß ich, dass ich die Stille und das Alleinsein brauche, um mich
selbst zu hören. Ich suche förmlich die Stille. Yogis und Meditierende erzählen oft, dass sie konstant in einem Zustand der inneren Ruhe und Stille
angekommen sind. Es stört sie nicht, ob Geräuschkulissen neben ihnen und
um sie herum bestehen, sie können sie ganz einfach rausfiltern und all das
auf „mute" schalten. Sie sind dann ganz bei sich.

Auch weiß ich heute was ich will und ich weiß ebenfalls, dass es auch eine
Folge meiner Achtsamkeitsübungen ist, die mich dorthin geführt haben.

**Denn das Erkennen unseres Selbst und unserer Möglichkeiten und Poten-
ziale ist eine Folge der Achtsamkeit sowie auch der Meditation.**

Es ist ein „Wachstum in der Entfaltung des vollen Potenzials unserer Persönlichkeit, Wachstum zu einem Zustand, in dem die Eigenschaften des transzendentalen Bewusstseins – Ruhe, innerer Frieden, Glück, Liebe, unendliche
Kreativität und Intelligenz, Verbundenheit, Mitgefühl, erfüllte zwischenmenschliche Beziehungen   in unserem täglichen Leben auf authentische
Weise mehr und mehr gegenwärtig sind" (Meditation, 2016a). Im Trubel
unseres Alltags haben wir nicht immer Momente der Stille, und vielleicht
beherrschen wir auch noch nicht die Kunst, jeglichen „Lärm" auszuschalten
und die kreisenden Gedanken ziehen zu lassen. Meist ist es laut, alle reden
auf einmal, das Handy vibriert oder klingelt, am PC tippt jemand herum,
dabei reden wir selbst noch und werden vermutlich parallel noch von einem
Kollegen angesprochen. Ich glaube, es ist daher wichtiger denn je geworden in der heutigen Zeit, die Stille zu üben und bewusst zu genießen. Sie
ist selten geworden. Und um seine eigene innere Stimme wieder hören zu
können, müssen wir lernen, die Störgeräusche von außen auch einmal abzuschalten.

Zum Beispiel indem wir unseren Fokus bewusst auf den jetzigen Moment richten und einfach nur wahrnehmen, was wir hören, riechen, sehen, schmecken, fühlen. So kann ein Moment der Stille ganz automatisch erfolgen. Auch wenn wir die Augen schließen und einfach drei bewusste, tiefe Atemzüge in den Bauch hinein nehmen, kehrt ein Gefühl der Ruhe ein. Das ist übrigens ein sehr einfacher Weg auch im stressigen Alltag achtsam zu sein.

Drei bewusste Atemzüge vor einem großen Meeting, bewirken Wunder. Probieren Sie es doch einmal.

Ich bin persönlich ein großer Fan von Kommunikation und Musik, zudem liebe ich die Bühne, die Bewegung, Präsentationen und Inszenierungen. Ich bin humorvoll und ich genieße es, auch einmal Quatsch zu machen. Ich denke, wenige Menschen in meinem Umfeld würden mich als „still" beschreiben. Aber gerade als eher extrovertierter Mensch ist die Stille umso wertvoller. Reden ist Silber, aber Schweigen ist Gold. Ich kann es Ihnen nur empfehlen, sich einmal mit der Stille einzulassen und anzufreunden. Glauben Sie mir, sie ist gar nicht so schlecht. Seit ich achtsamer bin, sagen mir Menschen aus meinem Umfeld, dass ich sie beruhige. Das ist etwas, das ich früher nie gehört habe. Ich war doch immer diejenige, die 1000 Dinge auf einmal machte und bei der es immer so laut scheppern musste, dass ich überhaupt etwas hörte. Auf einmal scheine ich aber auch Ruhe auszustrahlen. Mitunter ist dies vermutlich auch einer der Gründe für dieses Buch, denn auch mein Verlag war interessiert daran, wie ich zu mehr Ruhe in der Beschleunigung finde – trotz eines Lebens auf der digitalen Überholspur.

Ich bin sicher keine Person, die dafür den ganzen Tag in Stille verweilt und „AUM" („Omm") macht. Ich bin nach wie vor jemand, der gerne Gas gibt und Projekte nach vorne bringt, ich bin nach wie vor jemand, der gerne quatscht und viel reist. Dennoch bin ich heute ebenfalls jemand, der die Stille wertschätzt und diese bewusst wahrnimmt. Und es ist sehr befreiend, sie endlich hören zu können. Ich habe dadurch die Meditation gelernt.

Meditation ist gerade dann ein wertvolles Tool, wenn man ein sehr forderndes und lautes Leben führt. Es setzt den Gegentrend dazu.

Mein Vater sagte einmal zu mir: „Die wertvollsten Menschen sind jene, mit denen Du lachen und schweigen kannst." Ich glaube, er hat recht, denn es ist die Balance aus Laut und Leise, die die Schönheit der Musik ausmacht. Lachen ist etwas Wundervolles und verleiht ein Gefühl der Freude und der

Lebendigkeit. Die Stille hingegen und die Momente, mit einem Freund oder Partner in Stille zu verweilen, ohne dass es sich seltsam anfühlt, weil einer das Gefühl hat, er müsse etwas sagen, verleihen ein Gefühl des Seelenfriedens.

In der Stille nehmen wir intensiver wahr. Den Klang des Wassers, den Wind auf der Haut, den Duft von Lavendel, den Geschmack von Limone, ein Gefühl der Wärme. Wir nehmen wahr, dass wir Dinge auf einmal klarer sehen können – und das meine ich tatsächlich sowie auch sinnbildlich, denn die Sinnesschärfung ist eine wertvolle Folge des achtsamen Lebens. Wie es auch in dem Buch „Das Bildnis des Dorian Gray" von Oscar Wilde so schön heißt:

Das ist eines der Geheimnisse des Lebens: Die Seele durch die Sinne zu heilen und die Sinne durch die Seele
> – Oscar Wilde (Aphorismen 2016b).

2.5   Die Erschaffungsebene der Achtsamkeit

Your focus determines your reality
> – Yoda

Die Erschaffungsebene der Achtsamkeit bezieht sich nach meiner Interpretation auf das Generierende und auf die Manifestation. Wenn Sie lieber weiterhin viel und hart arbeiten und ein Leben führen möchten, das sich schwer anfühlt, dann sollten Sie diese Ebene der Achtsamkeit besser nicht aktivieren. Denn sie birgt das Risiko, Ihnen Werkzeuge zu geben, die Sie zu mehr Erfolg führen können. Und das wäre doch schwer vorstellbar, oder?

Die Erschaffungsebene, die der Manifestation, hilft meiner Erfahrung nach dabei, Gedanken aus dem aktiven Geist loszulassen und jene zu manifestieren, die uns guttun. Es gibt verschiedene Möglichkeiten der Manifestation. Um Ihre Gedanken aber in klare Worte zu formulieren, sollten Sie achtsam sein. Denn Ihre Gedanken werden Ihre Realität (Aphorismen 2016c). Sie erfordern unsere Achtsamkeit. Nicht allein Eignung, Begabung oder soziale Herkunft entscheiden über Erfolg oder Misserfolg, sondern auch das Maß an Zuversicht (Liesemer und Weiss2015, S. 33). Denn das, was wir heute denken, wird morgen unser Schicksal sein, wie es in den nachfolgenden und oft zitierten Worten hergeleitet wird:

Achte auf Deine Gedanken, denn sie werden Worte.
Achte auf Deine Worte, denn sie werden Handlungen.
Achte auf Deine Handlungen, denn sie werden Gewohnheiten.
Achte auf Deine Gewohnheiten, denn sie werden Dein Charakter.
Achte auf Deinen Charakter, denn er wird Dein Schicksal– Talmud
(Aphorismen 2016c).

Wie also positive Gedanken kultivieren?

Grundsätzlich sollten Sie im Rahmen der Achtsamkeit natürlich versuchen, Ihre Gedanken loszulassen. Um dies zu tun, hilft es sie zu beobachten und damit Frieden zu schließen. Wenn Sie damit Schwierigkeiten haben, kein Problem: Da gibt es eine App dafür! :-) Nein, nicht ganz. Da müssen Sie schon selbst ran. Aber es gibt ein sehr effektives Werkzeug, dass Sie unterstützen kann. Es hat drei Buchstaben und nennt sich „NLP". Diese stehen für neurolinguistisches Programmieren. Es ist die Programmierung unseres Gehirns durch unsere Sprache. „NLP vereint ein Kommunikationsmodell mit Ansätzen aus der Psychologie, der Hypnose und den Sprachwissenschaften. Auf der ganzen Welt nutzen Menschen NLP für die verschiedensten Zwecke. Das Spektrum reicht von Therapie über Entertainment bis zur Anwendung im Marketing, Werbung und Verkauf" (Kikidan 2016a). Als NLP-Practitioner habe ich mich mit ihren Grundmethodiken vertraut gemacht und gelernt, was es heißt, unser Gehirn durch unsere Sprache zu beeinflussen. Ich wende es hauptsächlich auf mich selbst für die Manifestation positiver Gedanken an. Teilweise, dann aber nur auf ausdrücklichen Wunsch, auch bei anderen. NLP arbeitet stark mit der Schärfung der Sinneswahrnehmung und Zuständen der Trance, die einer Meditation ähneln.

Es ist eine Form der Manifestation der positiven Gedankenstrukturen.

Wir lenken unsere Aufmerksamkeit dabei zum Beispiel auf einen Moment aus unserem Leben, der uns Freude bereitet hat, verankern diesen in uns selbst und transformieren ihn auf die Gegenwärtigkeit. Die Reaktivierung dessen führt dazu, dass sich unser Gehirn an diesen Moment erinnert und ihn abruft und auf das Jetzt transportiert. Chris Mulzer, Berater, internationaler Trainer und Gründer der Firma kikidan media in Berlin erklärt: „Das Gehirn unterscheidet nicht zwischen dem, was es tatsächlich erlebt hat und dem, was Du Dir selbst konstruierst. Das ist natürlich ein sehr interessanter Ansatz, denn indem Du die Teile von dem, was Du erinnerst, veränderst, kannst Du Deine eigene Wahrnehmung dieser damals stattgefundenen Realität verändern" (Kikidan 2016b). Das kann sehr hilfreich sein, um in Alltagssituationen besser mit Stress umzugehen.

NLP ist in meinen Augen neben der Verwendung von Mantras und der Kraft der Visualisierung, zu der wir noch kommen, die mächtigste mir bekannte Art der Manifestation.

Während Achtsamkeit das bewusste Wahrnehmen fokussiert, ist NLP ein Werkzeug, dass das Wahrnehmen beeinflussen kann.

Es sollte aus meiner Sicht daher jedem Menschen beigebracht werden. Falls Sie skeptisch sind, kein Problem. Sie müssen sich dieser Methodik nicht vertraut machen. Ich möchte Sie nicht verändern. Ich liefere Ihnen lediglich Informationen. Und diese besagen, dass jeder Mensch, der NLP beherrscht, aus meiner Sicht zu 100 % im Vorteil ist. Wissende des NLP-Codes beherrschen einen sehr mächtigen Algorithmus, der maßgeblich zum eigenen Wohlbefinden beitragen kann. Es ist eine Programmiersprache, die Sie von Sorgen, Ängsten, negativen Gefühlen und schlechten Erfahrungen befreien kann und Ihnen durch Ihre „neue" Wahrnehmung mehr von den Erlebnissen schenken kann, die Sie sich wünschen. Wenn Sie aber ein Mensch sind, der es sich gerne lieber schwerer macht – lesen Sie besser nicht weiter.

Ich weiß, das klingt alles auch etwas eigenartig oder gar beängstigend. Nicht ohne Grund behaupten einige Personen, dass NLP ein böses Werkzeug der Manipulation ist. Und vielleicht ist es auch so, dass dieses mächtige Werkzeug auch als Art Superkraft beschrieben werden kann. Und mit jeder speziellen Kraft ist es doch das Gleiche. Wir selbst haben die Entscheidung, was wir daraus machen. In Starwars gibt es gute und böse Jedi-Ritter. Aber die Entscheidung, welcher Seite Sie sich anschließen möchten, liegt nur bei Ihnen selbst. Wenn Sie NLP lernen, um andere Menschen zu manipulieren, dann sage ich: Good luck on your mission. Denn das ist der Pfad zur dunklen Seite der Macht. Wenn Sie NLP nutzen, um Menschen zu helfen und um sich selbst persönlich weiterzuentwickeln und um positive Gedanken durch Ihre Sprache achtsam zu manifestieren: Go for it! Die Vorurteile über NLP kommen übrigens meistens von Personen, die NLP nicht gelernt haben. Sie urteilen also, ohne über wirkliches Wissen zu verfügen. Dennoch zeigen ihnen diese Vorurteile bereits, dass viele Menschen Angst vor NLP haben, da ihnen ihre Wirkung bekannt ist. Denn sie ist enorm. Ich möchte Ihnen mit dem nachfolgenden Beispiel einen Eindruck davon geben, wie NLP wirkt:

Ich erinnere mich an ein Abendessen mit einem Mann, mit dem ich mal befreundet war. Ich erzählte ihm, dass ich mein Steak nur „durch" esse, da es mir sonst zu blutig ist. Zudem sagte ich, dass ich keinen Rotwein trinke. Er fragte mich, ob er NLP bei mir anwenden dürfte und versprach mir, dass ich vermutlich heute noch meine Meinung über diese beiden Aussagen verändern könnte. Ich stimmte zu und er bestellte mir ein Steak medium gebraten. Dazu bestellte er mir ein Glas feinen Rotwein. Dann begann er mit mir zu sprechen – langsam und ruhig. Er lud mich dazu ein, mich an positive Dinge in meinem Leben zu erinnern und sie vor mein inneres Auge zu führen. Das tat ich und lächelte. Nun bat er mich mir vorzustellen, dass dies das leckerste Stück Fleisch ist, dass ich je gegessen hatte und während des ersten Bissens sollte ich bei diesen positiven Gedanken bleiben. Er sagte mir zudem, dass sich der Küchenchef etwas dabei gedacht hat, als er fragte, ob wir das Steak medium gebraten essen würden. Der Küchenchef sagte dies vermutlich, da er wusste, dass dies die beste Version seines Steaks war, das maximale Optimum seines Produktes. Weiterhin erzählte er mir, dass die Kombination aus Steak und rotem Wein die Perfektion des Genusses sei und dass ich in dem Moment, in dem mir das Stück Fleisch auf der Zunge liegt, einen Schluck Wein trinken sollte, sodass ich Zeuge dieser einzigartigen Komposition des Genusses werden könne. Er redete hierbei die ganze Zeit sehr ruhig, langsam und mit tiefer, warmer Stimme. Es beruhigte mich, ihm zuzuhören. Ich genoss es. Als ich letztendlich das Fleisch probierte und dazu einen Schluck Wein nahm, glaubte ich es selbst kaum, doch es schmeckte fabelhaft! Parallel hatte ich noch immer den wunderbaren Moment aus meinem Leben vor meinem inneren Auge und fühlte mich gut. Ich aß das ganze Steak medium gebraten und trank genüsslich das Glas Rotwein. Es schmeckte fantastisch.

Seit jenem Abend esse ich Steak nur noch „medium" gebraten und genieße auch gerne mal ein Glas Rotwein. Er schien mein Gehirn tatsächlich umprogrammiert zu haben. Er hatte mir zudem einen sogenannten „Anker" gesetzt. Denn als ich glücklich vollgestopft und den zweiten Wein schlürfend vor meinem leeren Teller saß, drückte er zart meine Hand und sagte mir, dass er mir jetzt einen „Positiv-Anker" an meine Hand setzt, der mich immer an diesen positiven Moment des Wandels erinnern würde. Ich war zutiefst beeindruckt von diesem Erlebnis. An diesem Abend beschloss ich ebenfalls NLP zu erlernen.

Der Positiv-Anker, den ich an jenem Abend erhalten habe, ist bis heute aktiv. Wenn ich heute in einer Starre sitze und nicht weiß, wie ich mit den aufkommenden Herausforderungen oder Veränderungen in meinem Leben oder im Beruf umgehen soll, aktiviere ich selbst den Positiv-Anker an meiner Hand und das Erlebnis des Abends, an dem ich selbst erfahren hatte, wie die Sicht der Dinge unsere Realität beeinflussen kann, ist mir wieder ganz präsent. Auf einmal fällt es mir dann ganz leicht mir vorzustellen, dass die eben noch so schwierige Aufgabe eigentlich eine einfache Lösung hat.

Ich muss sie nur von einer anderen Seite betrachten. Das ist also zum Beispiel die Macht des „Ankersetzens" und Wiederabrufen, die Sie im NLP lernen. Es ist nur eine der vielen Formate. NLP ist natürlich nicht gleich Achtsamkeit. Das möchte ich an dieser Stelle noch einmal betonen. Aber es ist ein gutes Beispiel dafür, wie mächtig unsere Wahrnehmung ist. „Dinge ändern ihre Bedeutung, je nachdem, aus welcher Perspektive man sie betrachtet" (Harvard Business Manager 2014, S. 40).

Der Konfetti-Moment

Im Rahmen meines Trainings zum NLP Practitioner bei Chris Mulzer (Kikidan 2016a) habe ich viele weitere Positiv-Anker gespeichert, die ich mit großen Glücksmomenten verbinde. Sie sind wichtige Ressourcen der Stressbewältigung im Alltag geworden. Das intensive zehntägige Training hat mein Leben massiv aufgewertet und ich kann es nur empfehlen (Kikidan 2016a). Ich habe in dieser Zeit einen mächtigen Anker erhalten, den ich häufig abrufe. Ich nenne ihn meinen „Konfetti-Moment". Die Übung hierzu war, gedanklich entlang meiner eigenen „Timeline des Lebens" zu spazieren und die glücklichsten Momente meiner Kindheit zu reaktivieren (Kikidan 2016a). An einer Stelle visualisierte ich ein glückliches Kind vor meinem inneren Auge, das wieder und wieder Konfetti in die Luft wirft und ganz laut dabei lacht. Ich weiß nicht, ob ich diesen Moment jemals wirklich in meiner Kindheit erlebt habe. Meine Mutter sagte mir, wir hatten eigentlich nie viel Konfetti. An jenem Tag im NLP-Training erlebte ich diesen Moment jedoch und es entstand dieser Film und das Gefühl des endlos glücklich verspielten Kindes. Es war eine wunderbare Erfahrung und ein tolles Gefühl der Freiheit, der Kreativität und der unendlichen Möglichkeiten. Es ist ein Positiv-Anker für mich geworden, den ich sehr oft im Alltag nutze. Wenn ich mich heute in einer schwierigen Situation befinde, einen schlechten Tag habe oder meine Kreativität steigern möchte, schmeiße ich meine Hände in die Luft und rufe dreimal hintereinander „Konfetti"! Damit aktiviere ich den Anker und wecke das innere Kind in mir. Und sofort fühle ich mich wie im Konfetti-Himmel. Überall sehe ich dann Konfetti und höre lautes Kinderlachen. Danach geht mir alles leichter von der Hand, ich lächle und der kreative Flow entsteht von selbst. Probieren Sie es doch einmal. In der Achtsamkeitspraxis geht es viel um die geschärfte Sinneswahrnehmung und die Fokussierung darauf. Durch unsere fünf Sinne, also das bewusste Hören, Fühlen, Sehen, Schmecken und Riechen, können wir mehr wahrnehmen und auch neue Realitäten formen und generieren. So wie es der Positiv-Anker und der Konfetti-Moment verdeutlicht.

Ich möchte Ihnen ein weiteres Werkzeug der Manifestation vorstellen:

Die Kraft der Visualisierung

Das Visualisieren von Gedanken kann sehr unterstützend sein, wenn Sie Ihre Ziele erreichen möchten, denn „Visualization is one of the most powerful mind exercises you can do" (Huffington Post 2016b). Um sich die Visualisierung bei Ihren Träumen zunutze zu machen, können Sie beispielsweise mit sogenannten Vision-Boards arbeiten, die Sie an einer Stelle platzieren, die Sie häufig sehen. Ein Vision-Board kann und wird Ihnen dabei helfen, Träume zu manifestieren und real werden zu lassen. Sie visualisieren auf einem Vision-Board all jene Dinge, von denen Sie träumen, die Sie inspirieren und motivieren und die Sie in Ihr Leben einbeziehen möchten. Indem Sie sie jeden Tag sehen, Ihren Fokus und Ihr Bewusstsein darauf richten, ist die Wahrscheinlichkeit hoch, dass Sie auch genau diese Dinge in Ihr Leben ziehen werden. Auch die Huffington Post hat bereits über die Wirkungsstärke von Vision-Boards Bericht erstattet. Ihren Beitrag dazu leiten sie mit folgenden Worten ein: „If you think vision boards are bogus, then the joke's on you. They work, and there's actually a really simple explanation of why they work so well." Durch das Visualisieren übergeben Sie Ihre Gedanken aus Ihrer eigenen Kontrolle an das Universum und nutzen hierbei das Grundprinzip des Universums, das Gesetz der Anziehung („Law of attraction"). Das Law of attraction (LOA) wird in dem Bestseller-Buch und -Film „The Secret" sehr gut beschrieben. Das Buch „The Secret" wurde nicht ohne Grund weltweit über sieben Millionen Mal verkauft. Es beschreibt schließlich eines der mächtigsten Gesetze überhaupt. In seiner einfachsten Form kann es wie folgt beschrieben werden: „Gleiches zieht Gleiches an" (Secret 2016a). Wie es ferner auf der Website von The Secret erläutert wird, zieht sich das Wissen über dieses Gesetz wie ein goldener Faden durch das Leben und die Lehren aller Propheten, Weisen und Wegbereiter der Menschheitsgeschichte und auch durch das Leben aller wirklich außergewöhnlichen Frauen und Männer (The Secret 2016).

Ob Sie es nun glauben wollen oder nicht, dieses Gesetz der Resonanz und Affinität, wie es auch genannt wird, funktioniert. Dies ist wissenschaftlich wie folgt zu erklären: Unser Gehirn unterscheidet nicht zwischen wirklich erlebten und vorgestellten Wahrheiten. Psychology Today hat über Forschungsergebnisse berichtet, die besagen, dass die gleichen Gehirnmuster aktiviert werden, wenn Sie sich vorstellen, Gewichte zu heben und dies so visualisieren, als wenn die Gewichte tatsächlich gehoben wären. Olympische Athleten nutzen die Technik der Visualisierung daher seit Jahren, um ihre Performance zu steigern (Huffington Post 2016b).

In Bezug auf meine Wohnungssuche war es ähnlich. Ich hatte meinen Traum darüber an meinem Vision-Board platziert mit einer Postkarte, auf der „I lo(i)ve Schöneberg" stand. Ich wollte gerne in den Bezirk Schöneberg in Berlin und visualisierte die Straße, die es sein sollte, die Geschäfte drum herum und die Wohnung selbst. Auch meine anderen Sinne aktivierte ich hierbei und stellte mir vor, wie es wohl dort riechen würde, was ich zum Beispiel aus den Geschäften höre, die sich in meiner Nachbarschaft befinden. Und das Wichtigste: Ich stellte mir vor, wie es sich anfühlen würde, in meiner Wohnung zu sein. Vision-Boards visualisieren Gefühle. Das ist der wichtigste Fokus eines Vision-Boards. „Your vision board should focus on how you want to feel", so beschreibt es auch die Huffington Post in dem Artikel „Why Vision-Boards work" (Huffington Post 2016b). Am Beispiel der Wohnung wurde mir mit jeder Sinnesaktivierung klarer, wie meine neue Wohnung sein und vor allem wie sie sich anfühlen würde. All das verankerte ich gedanklich auf der Postkarte, die ich an mein Vision-Board gehängt hatte, und ließ die Kontrolle los, die Wohnung schnell finden zu müssen, obgleich ich sehr viel Stress in meiner aktuellen Wohnsituation empfand. Ich sendete den Wunsch einfach an das Universum. Schließlich wurde mir meine Wohnung auf dem Silbertablett serviert und zwar genau in der Straße, in die ich gerne wollte. Ich hatte den Wunsch der neuen Wohnung im Bezirk Schöneberg manifestiert, ihn auf meinem Vision-Board visualisiert und ihn quasi an das Universum gesendet. Und nun war sie auf einmal da. Sie ist mir übrigens, während ich dieses Buch geschrieben habe, begegnet und ich ziehe nächsten Monat ein. Das ist nicht das erste Mal, das mir so etwas passiert. Jedes Jahr erstelle ich ein neues Vision-Board, denn fast alles, was ich dort aufhänge und visualisiere, wird Realität. Es ist wirklich Wahnsinn. Falls Sie auch einmal die Ebene des Manifestierens für sich probieren möchten, so erzähle ich Ihnen kurz, wie ich persönlich mein Vision-Board erstelle. Es gibt aber zudem auch viele weitere Videos und Anregungen dazu im Internet zu finden.

Erstellung eines Vision-Boards

Der Fokus eines Vision-Boards liegt auf der Gefühlsebene. Das Vision-Board soll also aussagen, wie ich mich fühlen möchte. Ich persönlich nehme mir hierfür Zeitschriften und schneide alles aus, das mich unterbewusst irgendwie anspricht. Ich folge hierbei der Stimme meiner Intuition, meinem Bauchgefühl. Neben dem Ausschneiden von Bildern und Texten, achte ich auch bewusst darauf, was mich inspiriert, wenn ich unterwegs bin und mache Fotos von Dingen, die meine Wünsche und Emotionen porträtieren. Ich nehme auch mal eine Postkarte mit oder achte auf Musik, die das für mich am besten zum Ausdruck bringen. Die Songtexte dazu drucke ich mir aus. Wenn ich ein bisschen Material gesammelt habe, beschäftige ich mich einen Tag lang ausschließlich mit all den Schnipseln, Fotos, Texten und Bildern meiner Träume und Emotionen. Hierfür nehme ich mir viel Zeit und Platz. Ich schaue sie durch und breite sie auf dem Fußboden aus. Ich habe in diesen Momenten immer das Gefühl, etwas sehr Wichtiges zu tun und es macht mir sehr viel Freude. Diese Tätigkeit erhält meine vollständige Konzentration und Achtsamkeit. Denn ich erschaffe in diesen Momenten meine Realität des Morgens. Ich versuche hierbei, meiner inneren Stimme zu folgen. Hier kann es durchaus passieren, dass der eine oder andere Teil eines Traum-Mosaiks am Ende nicht auf meinem Board landet, da ich ihn aus der Gefühlsebene heraus auf einmal doch nicht mehr ansprechend oder als wichtig genug erachte. Ich mache mir hier nicht den Stress allem Bedeutung zu geben und es final zu analysieren. Es geht schließlich nicht darum, etwas zu beurteilen in der Achtsamkeit. Ich folge einfach der Stimme meines Herzens. Am Ende entsteht nach einigen Stunden mein Vision-Board, das mich dann für mehrere Monate begleitet und immer sichtbar in meiner Wohnung hängt. Ich habe hierfür eine Magnetwand gewählt, an der ich alles befestige. Dies gibt mir die Möglichkeit, auch Änderungen vorzunehmen oder etwas abzuhängen, das bereits eingetreten ist oder sich emotional für mich verändert hat. Immer wieder stehe ich wie ein kleines Kind vorm Weihnachtsbaum vor meinem fertigen Vision-Board und habe Momente, in denen ich es kaum fassen kann, was ich sehe. Manchmal erkenne ich erst später, dass einzelne Motive für mich etwas ausdrücken, das ich gerade erlebt habe. Und ich habe Fotos aus meinem realen Leben, die eins zu eins das widerspiegeln, das auf dem Vision-Board noch als ein Bild aus einer Zeitschrift zu sehen war. Probieren Sie es doch einmal aus und helfen Sie Ihren Träumen dabei, Ihre Wirklichkeit zu formen.

Wenn Sie das Werkzeug des Vision-Boards nicht für sich auswählen möchten, finden Sie andere Wege der Visualisierung. Sie können zum Beispiel auch Fotos aufhängen oder auf Ihrem Smartphone speichern, die Ihnen genau das Lebensgefühl geben, das Sie haben möchten. Genauso können Sie auch Ihr Traumhaus malen und ebenfalls erleben wie sich das anfühlt. Sie mögen vielleicht noch nicht an so etwas glauben und vielmehr denken, das wäre alles Hokuspokus. Aber glauben Sie mir, ich kann jedes Jahr fast alles abhängen, das an meiner Magnetwand der Träume, meinem Vision-Board, hängt, da es fast bildlich und eins zu eins genau so eingetreten ist. So nun auch die „I lo(i)ve Schöneberg"-Karte.

2.6   Die Kreativitätsebene der Achtsamkeit

Kennen Sie den Ort, der keine Uhr kennt? Sie nehmen nichts mehr wahr außer Ihr Werk, dass Sie in diesem Moment vor Augen haben? Das, was Sie tun, erhält ihre hundertprozentige Aufmerksamkeit? Künstler und Kreative kennen diesen Raum. Es ist der Raum des tiefen Erschaffens, es ist der Zustand, der auch als „Flow" bekannt ist. Flow ist ein Gefühl des „Fließens". Es ist ein Zustand, der frei ist von Ort und Zeit. „Es ist der Rausch einer perfekten Choreographie" (Liesemer und Weiss 2015). Kennen Sie diesen Zustand? Dann sind Sie ebenfalls jemand, der die Kreativitätsebene der Achtsamkeit kennt.

Die Kunst kann uns viel über die Achtsamkeit leeren. Es ist die Kreativitätsebene der Achtsamkeit. So hat die Malerei ihre Weißabstände zwischen den Farben und in der Lyrik hören wir die Worte auch zwischen den Zeilen erklingen. Einige Menschen lieben es auch zu kochen und sind in diesen Momenten voll und ganz in der Welt ihrer Gewürze und Zutaten. Sie möchten dann am liebsten die Küche für sich haben und nicht gestört werden. Und es erfüllt sie mit wahren Glücksgefühlen. Kennen Sie diese Momente der kreativen Schöpfung?

Ich liebe es zum Beispiel zu singen und zu schreiben. Seit meinem neunten Lebensjahr schreibe ich Gedichte und Songtexte. Zitate und tiefe Worte haben mich immer schon inspiriert. Das Verfassen dieses Buches war für mich wie eine Meditation. Die Zeilen kommen alle aus dem Tiefsten meines Inneren. Ich hoffe, dass Sie das spüren können. Schon immer fand ich eine tiefe Magie in Worten und in der Musik. Bereits als Kind habe ich Klavier gespielt und im zarten Teenageralter entdeckte ich meine Stimme und wollte fortan nur noch Singen. Wenn ich singe, bin ich im vollkommenen Einklang mit mir selbst. Meine innere Stimme wird zu meiner hörbaren Stimme. Mein Innerstes kommt nach außen. Das ist alles Teil meines würdevollen Selbst und Teil meiner täglichen Achtsamkeitspraxis.

Mein Leben lang schon bin ich Zeuge der Wirkung von Achtsamkeit, war mir dessen aber lange nicht bewusst. Lange war mir nicht klar, dass auch die Kreativität eine wichtige Ebene der Achtsamkeit ist. Lange habe ich nicht verstanden, warum ich eine Dissonanz in Kommunikationen empfinde und mit mir selbst nicht im Einklang war, wenn ich meine Stimme nicht oder zu viel benutzte oder eben nicht auf sie hörte. Zudem übertönte der Lärm des Alltags oft alles und ich hörte gar nichts mehr.

Am besten konnte ich mich immer hören, wenn ich meine Liebe für das Schreiben und Singen mit meinen sonstigen Tätigkeiten in eine gesunde Balance bringen konnte. Nicht zu viel, nicht zu wenig. Heute weiß ich warum, denn Studien erklären dieses Phänomen. Heute weiß ich, dass meine liebsten Achtsamkeitsübungen die des Singens und des Schreibens sind, sie aber eben nicht alleine die Antwort darauf sind, den Moment zu leben und nicht die alleinige Antwort auf meine Potenzialentfaltung sind. Dies ist auf wissenschaftliche Erkenntnisse zurückzuführen, die, wie ich finde, sehr spannend sind.

Eine US-Psychologin untersuchte die Wirkung auf das Gehirn während des Zustands des Flows: Die Probanden, die sich sehr häufig in einem absoluten Zustand des Flows befinden, filtern fast alle anderen Informationskanäle aus außer die Lichtblitze oder Töne, die den Fokus des Flows bilden. Sie sind dann weniger achtsam für andere Dinge. Probanden, die hingegen eher selten ein Gefühl des Flows haben, zeigten ein anderes Ergebnis. Ihre Großgehirne, der Teil des Denkvermögens, der auch das menschliche Bewusstsein ausmacht, arbeiteten weiter und sogar noch stärker. Wir sollten uns folglich nicht konstant und zu oft in einem Zustand des kompletten „Fließens" befinden, wenn wir produktiver sein möchten. Die richtige Dosierung führt hier aber zu einer Stärkung unseres Bewusstseins.

Es ist also ein Energiesparmodus unseres Flow-Features einzuschalten, um zu mehr Achtsamkeit und höherer Konzentrationsfähigkeit zu gelangen. „Die Grundlage, um immer wieder Glücksmomente bei der Arbeit oder anderen Tätigkeiten zu erleben, ist die Fähigkeit, energiesparend zu denken und seine Aufmerksamkeit auf das Wesentliche zu richten" (Liesemer und Weiss 2015, S. 33).

Wenn ich singe, bin ich „im Flow". Es ist es wie ein Zyklus, der sich in mir vervollständigt – aus innerer und äußerer Welt. Ich singe oft auf Veranstaltungen, habe eigene Songs veröffentlicht, lange in der Musikindustrie bei einer großen Plattenfirma und als Demo-Sängerin in Tonstudios gearbeitet. Ich bin aber auch Sprecherin und genieße jede Form der Kommunikation, daher auch meine hauptberufliche Tätigkeit im Marketing und in der strategischen Beratung. Ich fühle mich am besten und produktivsten, wenn ich das Singen im gesunden Verhältnis mit meinem sonstigen Alltag verbinden kann. Sonst wäre ich wohl hauptberuflich Sängerin geworden. Das passt auch sehr gut zu den Studienergebnissen, denn konstanter Flow zeigt eben auch, dass wir dann das Bewusstsein für anderes verringern. Da ich aber ein großer Fan der Beziehungsebene der Achtsamkeit bin und auch andere Menschen gerne dabei unterstütze, ihrer eigenen inneren Stimme zu folgen, wäre das wohl schwer in Einklang zu bringen, wenn ich konstant selbst im Flow wäre. Ich würde dann vermutlich nicht parallel noch achtsam zuhören können.

Haben Sie schon einmal mit Programmierern zusammengearbeitet? Ich schätze Programmierer sehr, ich habe eine große Faszination für sie. Stereotypisch sitzen Programmierer aber am liebsten alleine irgendwo in einer dunklen Kammer und programmieren. Kommunikation mit anderen

Menschen empfinden sie oft als irrelevant. Programmierer, die man mit zu einem Kundentermin nehmen kann, sind daher sehr rar. Es ist eine sehr seltene Spezies. Nachvollziehbar, wenn wir uns die Studienergebnisse noch einmal in Erinnerung rufen. Das Bewusstsein nimmt ab bei Menschen, die konstant im Flow-Zustand sind. Wenn jemand, der es liebt, zu Coden, den ganzen Tag nichts anderes tut, ist es schwer für ihn, sich auf andere Informationskanäle wie auch Gespräche mit anderen Menschen zu fokussieren. Die Dinge, die uns die höchste Empfindung des Flows vermitteln, sollten dosiert werden, sodass wir den Zugang und die Wahrnehmung zu den anderen Dingen nicht verlieren. Hier ist Achtsamkeit gefragt. Dann werden künftig vielleicht auch Ihre Programmierer etwas kommunikativer, wenn wir stereotypisch sprechen.

> Flow ist nicht gleich Kreativität. Das ist auch noch wichtig festzuhalten. Den Zustand des Flows sollten wir dosieren, während kreatives Denken uns eigentlich immer nützlich ist. Kreativität wird durch Achtsamkeit gefördert (Yoga 2016; Harvard Business Manager 2014).

Ich hatte im Rahmen des Schreibens an diesem Buch zum Beispiel zwischendurch eine Schreibblockade. Fast ironisch, bei einem Buch über Achtsamkeit. Achtsamkeit ist aber eben nichts, das wir studieren und analytisch herleiten, Achtsamkeit ist etwas, das wir empfinden und erleben. Im Sinne des Gedankens „Walk your talk", habe ich also meine Schreibblockade durch Achtsamkeit geheilt, indem ich einen Kurs der Transzendentalen Meditation (TM) besuchte. Eine Meditationsform, die ich Ihnen bereits im **ersten Kapitel** vorgestellt habe. Durch die Meditation habe ich meine Schreibblockade in kürzester Zeit lösen können und war wieder im kreativen Fluss. Die Kreativität ist ein enger Verbündeter der Achtsamkeitspraxis. Um Kreativitätspotenziale auch in Ihrer Organisation oder in Ihrem Leben zu steigern, können Sie sich also für die Einführung von Achtsamkeitsprogrammen einsetzen.

Zudem kann auch die Förderung von Methoden des Storytellings eine gute Wahl sein. „Storytelling can be a powerful tool for focussing an organisation on a particular problem or project and for unleashing employees' creativity by giving them the power to dream" (Capodagli und Jackson

2007, S. 18). Walt Disney verwendet in diesem Kontext auch gerne das Wort „Imageneering". Eine Übung hierbei kann es sein, einen imaginären Zeitungsartikel darüber zu schreiben, wie das Unternehmen, in dem Sie tätig sind, einen triumphierenden Gewinn erwirtschaftet hat. Hierbei sollen die Werkzeuge, die dafür angewandt sowie wie sie implementiert wurden, primär erläutert werden (Capodagli und Jackson 2007, S. 20). Diese Art und Weise des kreativen Arbeitens wird auch als „Dream Principle" beschrieben. Gemäß Scott Stevenson, Präsident der Telecommunications Association of Michigan, war das Dream-Principle das entscheidende Erfolgsgeheimnis für die Telekommunikationsbranche, da sich diese mit technologischen, disruptiven Innovationen beschäftigen musste, die bislang teilweise noch nicht einmal existierten (Capodagli und Jackson 2007, S. 21).

Auch kann es unterstützend sein, wenn Sie kreative Hobbys in Ihr Leben integrieren und dafür auch bewusst Zeiten in Ihrem Alltag freihalten. Singen zum Beispiel hat einen nachweislichen Einfluss auf unsere Gesundheit und unser Wohlbefinden. Singen macht gute Stimmung und fördert das Immunsystem (healthbenefits 2016). Durch das Schwingen der Stimmbänder und die tiefe und gleichmäßige Atmung wird unser Körper optimal mit Sauerstoff versorgt. Einer finnischen Studie zufolge steigert Singen sogar das Kurzzeitgedächtnis und den Orientierungssinn bei Demenz-Patienten. Wenn wir ein Lied trällern, wird im Gehirn zudem das Belohnungszentrum aktiviert. In der Folge werden Glückshormone ausgeschüttet, die uns entspannt werden lassen (die aktuelle 2015, S. 66–67). Wenn Sie also nach einem Mittel gegen Stress suchen, kann diese Form der Kreativität sehr helfen. Also singen Sie doch von nun an täglich laut unter der Dusche Ihren Lieblingssong. Das steigert die Morgenstimmung bestimmt!

Da das Ausmalen als eine Art Meditation gilt und sehr entspannend sein kann, gibt es mehr und mehr „mindful coloring books" zu kaufen.

Sie erfreuen sich hoher Beliebtheit. Vielleicht macht es ja auch Ihnen Freude und schenkt Ihnen etwas Ruhe. Finden Sie es heraus.

Nachfolgend also eine Seite für Ihre kreative Seite. :-)

2.7   Die Aktivistenebene der Achtsamkeit

Kommen wir zur siebten Ebene der Achtsamkeit: Die Aktivistenebene. Sie wird angesprochen, wenn wir uns für etwas Höheres und Größeres einsetzen möchten, das nicht „Ich" heißt. Es ist das universelle Wir-Gefühl. In diesem Kontext begegnen wir auch dem Begriff des universellen Bewusstseins, im Englischen: Universal Consciousness. Indem wir unseren Blick auf die Gegenwart und nach innen richten, werden wir uns bewusster, wer wir sind und was uns wichtig ist. Dies führt uns näher zu unserer Authentizität und Berufung. Die Meditation zum Beispiel wird gerne als eine der wertvollsten Praktiken zur Selbstfindung beschrieben, da sie die Verbindung zu uns selbst und dem Leben stärkt. Wenn Sie Ihre Berufung finden möchte, meditieren Sie also (Zeitzuleben 2016). Menschen, die sich der Spiritualität nahe fühlen, haben zudem eine höhere Widerstandskraft. Das ist darin begründet, dass sie eine universelle Verbindung spüren und darin zusätzlichen Halt finden (Liesemer und Weiss 2015, S. 81). Die Achtsamkeitsebene des Aktivisten wird angesprochen, wenn wir für etwas aktiv werden, woran wir glauben. Aktivisten sind meist glaubens-, werte-, oder passionsgetrieben. Das kann ein Mensch, an den Sie glauben, eine Sache oder eine Organisation sein, für die Sie sich einsetzen. Das, wofür Sie stark werden, steht im engem Einklang mit Ihren Werten und den Dingen, an die Sie glauben. Wenn Sie also jemand sind, der sich in dieser Beschreibung wiederfinden kann, so ist diese Ebene der Achtsamkeit etwas für Sie.

Das Bewusstsein, sich für etwas einsetzen zu wollen, wird durch regelmäßige Achtsamkeitspraxis ausgeprägter. Das ist darauf zurückzuführen, dass Achtsamkeit zu mehr Mitgefühl führt. Das Konkurrenzgefühl nimmt ab und das Wir-Gefühl nimmt zu.

Achtsamkeit fördert die Harmonie.

„This will open doors to universal consciousness, flood us with joy and fulfillment, and help us consciously co-create our goals and dreams", so heißt es in einem Beitrag über Achtsamkeit und universelles Bewusstsein (AlternativeShrink 2016). Es wurde sogar gemessen, dass Gewalt sinkt, wenn Meditation steigt. Dies ist bekannt als der „Maharishi-Effekt".

Im Rahmen dieser wohl bekanntesten Studie über Meditation aus 1994 kam es zu wirklich beachtlichen Ergebnissen: „At the time of the maximum number of Yogic Flyers, the number of heavy crimes had decreased by 23 %." Yogic Flyers sind in diesem Zusammenhang die 4000 Probanden der Transzendentalen Meditation (Meditation 2016b). Durch die Meditation sank die Kriminalitätsrate um 23 %! „Further analysis showed that if the group of Yogic Flyers could have stayed longer, crime would have dropped by 48 %". Wäre die Gruppe der 4000 Meditierenden länger geblieben, hätte sich die Senkung der Kriminalitätsrate sogar noch mehr als verdoppelt (Meditation 2016b). Ich denke, wir können mit diesem Beispiel also einer gewissen Wirkung von Meditation zustimmen. Um genau zu sein, hat sie sogar eine immense Wirkung – gerade auf die Aktivisten. Wenn diese ihre Kräfte und Energien bündeln, kann das universelle Bewusstsein gestärkt werden. Die Bedeutung, die die Förderung von Achtsamkeit also haben kann, ist sehr weitreichend.

Aktivisten sind, wie ich sie beschreibe, vor allem Menschen, die gerne ihre Gedanken teilen – auf bilateraler Ebene, sowie teilweise sogar vor großem Publikum. Nicht, weil sie egogetrieben sind, denn das wäre nicht achtsam. Sondern weil sie eine wichtige Botschaft zu übermitteln haben.

Der Aktivist in uns möchte aktiv werden und etwas bewegen, dann fühlt er sich lebendig und erfüllt.

Und er ist in diesen Momenten hundertprozentig fokussiert und bei der Sache, für die er sich stark macht.

Ich bin ein Fan davon, wenn Menschen ihrer Berufung folgen und sich für etwas stark machen, wenn sie daran glaube. Ich habe vieler solcher Persönlichkeiten in meinem Netzwerk und sie lassen mich an eine gute Zukunft glauben. Auch ich habe einen kleinen „Aktivisten" in mir. Sonst wäre ich wohl nicht selbstständig und hätte eine Initiative für Achtsamkeit in der digitalen Zeit ins Leben gerufen. Mehr dazu bitte ich Sie dem Abschn. 3.1 „The Dignified Self – eine Initiative für Achtsamkeit in der digitalen Zeit" zu entnehmen.

Vielleicht haben auch Sie etwas, das Sie als wichtig erachten und gerne bewegen möchten? Was ist es, woran Sie tief in Ihrem Herzen glauben? Was sagt Ihnen die Stimme Ihrer Intuition?

Sie müssen dafür nicht gleich ein Unternehmen oder eine Initiative starten, zum Mönch werden oder alle Menschen umarmen. Aktivisten setzen sich einfach gerne für andere ein. Das kann auch leise und aus dem Hintergrund agierend passieren. Meine Mutter macht sich zum Beispiel seit Jahren für den Tierschutz stark, was ich klasse finde.

Diese Ebene der Achtsamkeit ist eng mit dem Bedürfnis des Altruismus verbunden. Nicht „Ich" stehe im Mittelpunkt, sondern mein Gegenüber.

Oder gar die ganze Welt, das Universum. Think big! Und … gibt es etwas wofür oder für wen Sie sich vielleicht einsetzen möchten?

Fühlen Sie doch mal in Ihren Körper hinein und finden heraus, was er Ihnen zu sagen hat.

Fazit zu den 7 Ebenen der Achtsamkeit

Ich glaube, dass wir alle die eine oder andere der 7 Ebenen der Achtsamkeit in uns tragen. Die eine stärker, die andere weniger stark. Achtsamkeit hat verschiedene Gesichter. Es ist nur die Frage, welchem wir uns zuwenden oder in welchem wir uns zu Hause fühlen. Ich denke, dass wir alle wissen, was Bauchgefühl bedeutet und vielleicht Momente kennen, in denen wir uns unserer inneren Stimme näher sind und weniger nah. Dieses Gefühl der inneren Verbundenheit und Intuition schafft Vertrauen und Achtsamkeit kultiviert es. Auch denke ich, dass jeder Mensch Momente erleben kann, in denen er frei von allen Gedanken ist. Selbst wenn dies nur sehr kurz der Fall sein sollte.

Es geht hier nicht um Quantität, sondern um Qualität.

Also fangen Sie an Ihren eigenen Baum zu schmücken mit Ihren eigenen Qualitätsmomenten. Stellen Sie sich einmal vor, jeder würde seine Energie etwas mehr auf die 7 Ebenen der Achtsamkeit lenken, weniger „Tun" und mehr „Sein": „We'd be in a state of pure bliss, in love with everything and everyone" – Wayne Dyer (Dyer 2016)

So… das Herz aufgewärmt mit den schönen Worten von Wayne Dyer, Hauptdarsteller des Spielfilms „The Shift", den ich sehr empfehlen kann (Secret 2016b), sind Sie nun an der Reihe. In Abb. 2.9 befindet sich Ihr Baum mit den 7 Ebenen der Achtsamkeit. Erkunden Sie den Teilzeit-Baum in sich und schmücken Sie ihn entlang der sieben Äste mit Ihren Lieblingsaktivitäten und -momenten. Viel Spaß dabei!

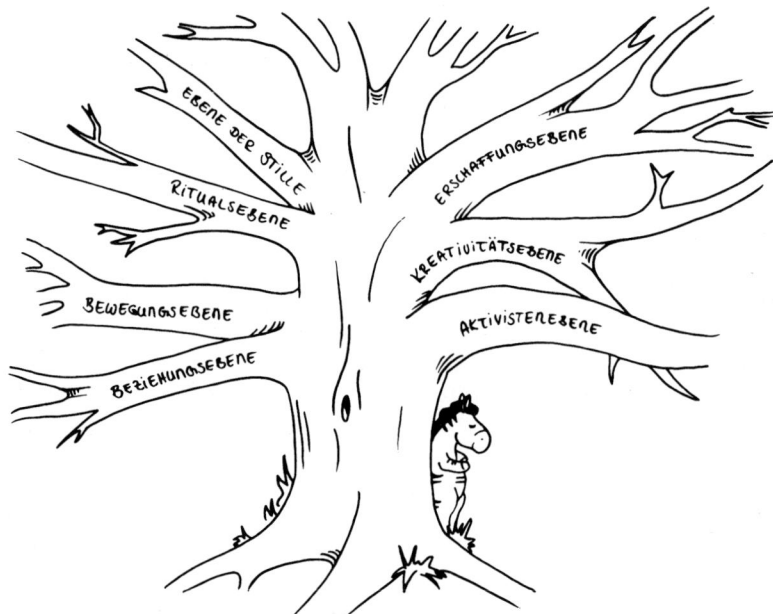

Abb. 2.9 Die 7 Ebenen der Achtsamkeit zum Selbstgestalten

Literatur

3Sat (2016) „Gesundheitliche Wirkung Steigerung der Lebensqualität durch Yoga". http://www.3sat.de/page/?source=/scobel/168440/index.html. Zugegriffen: 20. Apr. 2016

AlternativeShrink (2016) Love Consciousness: How mindfulness opens the door to natural love. http://alternativeshrink.com/2015/11/17/love-consciousness-how-mindfulness-opens-the-door-to-natural-love/. Zugegriffen: 19. Apr. 2016

Aphorismen (2016a) Aphorismus zum Thema: Bauch, Körper. http://www.aphorismen.de/zitat/19412. Zugegriffen: 1. Mai 2016

Aphorismen (2016b) Aphorismus zum Thema: Seele. http://www.aphorismen.de/zitat/2338. Zugegriffen: 1. Mai 2016

Aphorismen (2016c) Aphorismus zum Thema: Schicksal. https://www.aphorismen.de/zitat/19331. Zugegriffen: 1. Mai 2016

Audible (2016) Hörbuch, Gesund durch Meditation: Die Übung der Achtsamkeit. Von Jon Kabat-Zinn. Argon Verlag GmbH, Berlin, 2013. http://www.audible.de/pd/Freizeit-Leben/Gesund-durch-Meditation-Die-Uebung-der-Achtsamkeit-Hoerbuch/B00G22U4ZG?gclid=Cj0KEQjwmKG5BRDv4YaE5t6oqf0BEiQAwqDNfF0-tzTxQeytFnoj9vV6EqlNCEO5jQbgVVPL0HkjqZkaAjMT8P8HAQ&source_code=GAWFAPSH0325159075. Zugegriffen: 25. Apr. 2016

Brigitte (2016) Yoga als Medizin. http://www.brigitte.de/figur/yoga-balance/yoga-medizin-536225/. Zugegriffen: 25. Apr. 2016

Businesslifehack (2016) Gewohnheiten ändern in 30 Tagen. http://www.businesslifehack.de/gewohnheiten-aendern-in-30-tagen/. Zugegriffen: 28. Apr. 2016

Capodagli B, Jackson L (2007) The Disney way. McGraw-Hill, New York

Contemplative Mind (2016) The center for contemplative mind in society, the tree of contemplative practices. http://www.contemplativemind.org/practices/tree. Zugegriffen: 1. Mai 2016

die aktuelle (2015) Singen – Therapie für Körper, Geist und Seele. FUNKE Women Group GmbH, Ismaning

Dyer W (2016) Mindfulness. http://www.drwaynedyer.com/blog/category/mindfulness/. Zugegriffen: 2. Mai 2016

Focus (2016) Yoga Studien belegen Therapieeffekt. http://www.focus.de/gesundheit/gesundleben/fitness/aktuell/tid-18326/yoga-studien-belegen-therapieeffekt_aid_509895.html. Zugegriffen: 28. Apr. 2016

Gedankenpower (2016) In 7 Schritten jede Gewohnheit ändern. http://www.gedankenpower.com/in-7-schritten-jede-gewohnheit-aendern/. Zugegriffen: 29. Apr. 2016

Happinez (2015) Tue, was dein Herz dir sagt, Nummer 5–2015. Bauer Media Group, Hamburg

Harvard Business Manager (2014) Work-Life-Balance. Achtsamkeit, im Interview mit Ellen Jane Langer, Redakteurin A. Beard der Harvard Business Review, Harvard Business Publishing (April 2014)

Huffington Post (2016a) Meditation: 7 wissenschaftlich belegte Vorteile geistigen Trainings. http://www.huffingtonpost.de/2014/12/13/meditation-vorteile-wissenschaftlich-belegt_n_6319748.html.Zugegriffen: 15. März 2016

Huffington Post (2016b) The reason vision boards work and how to make one. http://www.huffingtonpost.com/elizabeth-rider/the-scientific-reason-why_b_6392274.html. Zugegriffen: 15. Apr. 2016

Kabat-Zinn J (2014) Jeder Augenblick kann dein Lehrer sein, 1000 Momente der Achtsamkeit. Barth, München (Erstveröffentlichung 1990)

Kikidan (2016a) Wie sich der NLP Practitioner für Dich auszahlt. kikidan media (Erstveröffentlichung 2012). https://www.kikidan.com/download/workshops_vielfach_nutzen.pdf. Zugegriffen: 30. Apr. 2016

Kikidan (2016b) Grundtechniken im Modell von NLP. https://www.kikidan.com/profil/chris-mulzer.html. Zugegriffen: 21. März 2016

Law of Attraction (2016) Eckhart Tolle, 5 inspirational quotes. http://www.thelawofattraction.com/eckhart-tolle-5-inspirational-quotes/. Zugegriffen: 1. Mai 2016

Liesemer D, Weiss B (2015) Mit Zuversicht durchs Leben gehen, in Geo Wissen, Nr. 55, G + J Wissen GmbH, Hamburg, 24.04.2015

Meditation (2016a) Transzendentale Meditation. http://meditation.de/. Zugegriffen: 30. Apr. 2016

Meditation (2016b) Maharishi Effekt. http://meditation.de/maharishi-effekt-035-washington-kriminalitaet/. Zugegriffen: 3. Mai 2016

mymonk (2016) 9 Kleine Rituale für mehr Achtsamkeit. http://mymonk.de/9-kleine-rituale-fur-mehr-achtsamkeit/. Zugegriffen: 1. Mai 2016

NY Times (2016) How meditation changes the brain and body. NY Times, 18. Febr. http://well.blogs.nytimes.com/2016/02/18/contemplation-therapy/?_r=0. Zugegriffen: 1. Mai 2016

Osho (2016) Was ist Meditation? http://www.osho.de/was/. Zugegriffen: 2. Mai 2016

Secret (2016a) Das Gesetz der Anziehung. http://secret-wiki.de/wiki/Gesetz_der_Anziehung. Zugegriffen: 15. Apr. 2016

Secret (2016b) The Shift, Das Geheimnis der Inspiration. http://secret-wiki.de/wiki/Shift_-_Das_Geheimnis_der_Inspiration. Zugegriffen: 4. Mai 2016

SIYLI (2016) How meditation increases productivity and performance. https://siyli.org/increase-focus/. Zugegriffen: 28. Apr. 2016

Stern (2016) Die Wissenschaft vom Hier und Jetzt. http://www.stern.de/gesundheit/meditation-die-wissenschaft-vom-hier-und-jetzt-3852400.html. Zugegriffen: 1. Mai 2016

TED (2016) Matt cutts try something new for 30 days. http://www.ted.com/talks/matt_cutts_try_something_new_for_30_days. Zugegriffen: 29. Apr. 2016

TED Talks (2016) Andy Puddicombe: All it takes is 10 mindful minutes. https://www.youtube.com/watch?v=qzR62JJCMBQ&feature=youtu.be. 4. Mai 2016

The Dignified Self (2016) The Dignified Self, 2016, Inspiration #3: Ritual von Steve Jobs für ein glückliches Leben. http://thedignifiedself.com/de/inspiration-3-ritual-fuer-ein-glueckliches-leben-von-steve-jobs/. Zugegriffen: 15. Febr. 2016

The Secret (2016): The secret. http://www.thesecret.de/. Zugegriffen: 1. Mai 2016

Tolle E (2014) The power of now (Sonderausgabe, 7. Aufl.). Namaste, Vancouver (Erstveröffentlichung 1997)

Yoga Easy (2016) Infografik: Effekte von Meditation. https://www.yogaeasy.de/artikel/infografik-wirkung-meditation. Zugegriffen: 20. Apr. 2016

Zeitzuleben (2016) 10 Schritte um seine Bestimmung zu finden. http://www.zeitzuleben.de/10-schritte-um-seine-bestimmung-zu-finden/. Zugegriffen: 1. Mai 2016

Zitate (2016) Zitate. http://zitatelebenalle.com/K%C3%B6rper/10890/. Zugegriffen: 1. Mai 2016

3

Von Selfie zu Self: Achtsamkeit im schnelllebigen Wandel

Zusammenfassung Das Kapitel „Von Selfie zu Self: Achtsamkeit im schnelllebigen Wandel" geht auf die Bedeutung von Achtsamkeit im Technologiezeitalter ein. Hierbei werden Auswirkungen ständigen Wandels aufgezeigt, die eine Erhaltung der Souveränität der Menschen erfordert. „The Dignified Self" – eine Initiative für mehr Achtsamkeit in digitalen Zeiten wird vorgestellt, die 2015 von der Autorin gegründet wurde und Achtsamkeit ein modernes Branding in Zeiten der Digitalisierung verleiht. Es werden Technologie-Trends aufgezeigt, die die Rolle des Menschen federführend beeinflussen. Hierbei finden Themen wie Internet of Things (IoT),

© Springer Fachmedien Wiesbaden 2017
L.N. Güntsche, *Achtsamkeit in digitalen Zeiten,*
DOI 10.1007/978-3-658-11090-1_3

Augmented (AR) und Virtual Reality (VR), The Quantified Self und Artificial Intelligence (AI) Erwähnung. Es wird die Bedeutung der Menschlichkeit im Roboter-Zeitalter herausgearbeitet und die Einflüsse, die das Einkehren der Maschinen auf Leben, Beziehungen und Arbeit hat. Die hohe Bedeutung von Achtsamkeit wird dadurch noch verdeutlicht. Es wird auf die Bedeutung menschlicher Werte sowie den Begriff der Würde eingegangen. Zudem wird die Idee von Achtsamkeit im Rahmen des „Human-Scrum-Ansatzes" als agiles Konzept beleuchtet. Da Kreativität eine immer wichtigere Rolle erhält, wird hierfür das Walt-Disney-Modell als mögliches Werkzeug vorgestellt. Auch die hohe Relevanz und Anwendbarkeit von Achtsamkeit in der Geschäftswelt und in der Führung wird im Rahmen dieses Kapitels herausgestellt. Abschließend liefert das Kapitel eine Liste von Mobile-Mindfulness-Lösungen, die das Erlernen und Praktizieren von Achtsamkeit auf dem Smartphone unterstützen.

Nichts ist so beständig wie der Wandel

– Heraklit von Ephesus.

Höher, schneller, weiter und danach noch höher, noch schneller und noch ein bisschen weiter. Und das ganze bitte am besten immer bis gestern. Wer kennt das nicht? Heute hier, morgen da, heute Facebook, morgen Instagram, übermorgen Snapchat, heute Android, morgen iPhone, heute SMS, morgen WhatsApp, heute Dating-Portal, morgen Eheschließung, heute große Liebe, morgen „einvernehmlich getrennt", heute Fleisch, morgen vegan, heute Eigentumserwerb, morgen Auslandserfahrung, heute Baby, morgen wieder Arbeiten, usw. Selten verbringt in unserer heutigen Generation noch jemand sein gesamtes Leben in der gleichen Firma, Ort oder Funktion. In Agenturen wird sogar oft alle zwei bis drei Jahre ein neuer Job aufgesucht. Es vergeht kaum ein Tag, an dem nichts Bahnbrechendes entwickelt oder geschaffen wird. Das was gestern noch angesagt war, ist morgen bereits verjährt. Alles ist in Bewegung, alles ist im Wandel. Es ist alles eitel. Ein Sonett aus meiner Schulzeit über die Vergänglichkeit ertönt in meinen Ohren, wenn ich diese Zeilen schreibe. Es stammt aus der Feder von Andreas Gryphius und trägt den Titel „Es ist alles eitel" (Rhetoriksturm 2016). Kennen Sie es noch?

Du siehst, wohin du siehst, nur Eitelkeit auf Erden.
Was dieser heute baut, reißt jener morgen ein:
Wo jetzt noch Städte stehn, wird eine Wiese sein,
Auf der ein Schäferskind wird spielen mit den Herden.
Was jetzt noch prächtig blüht, soll bald zertreten werden.
Was jetzt so pocht und trotzt, ist morgen Asch' und Bein,
Nichts ist, das ewig sei, kein Erz, kein Marmorstein.
Jetzt lacht das Glück uns an, bald donnern die Beschwerden.
Der hohen Taten Ruhm muss wie ein Traum vergehn.
Soll denn das Spiel der Zeit, der leichte Mensch, bestehn?
Ach! Was ist alles dies, was wir für köstlich achten,
Als schlechte Nichtigkeit, als Schatten, Staub und Wind;
Als eine Wiesenblum', die man nicht wieder find't.
Noch will, was ewig ist, kein einzig Mensch betrachten!

Ja, in Momenten, in denen ganze Industrien revolutioniert, verdrängt und neu erschaffen werden, können wir durchaus von einer starken Vergänglichkeit (hier: Eitelkeit) sprechen. Diese muss nicht schlecht sein, sie schafft auch Freiraum für Neues. Das Gedicht bezieht sich jedoch gemäß der Interpretation auf das Wesentliche des menschlichen Lebens (Schädlich 2015, S. 21). Also all die Dinge, die wirklich wichtig sind. Vermutlich meint er hier zum Beispiel das nächste Smartphone, dass wir uns kaufen möchten. Oder nicht?

Zeichen der Veränderung wie wir sie heute erleben, sind auch Multitasking-Fähigkeiten, „immer beschäftigt sein" und die neue Schlagzeile des Tages auf unserer persönlichen Tageszeitung, die sich Facebook nennt, werden vermehrt als Norm empfunden. Das Internet ist eine Visitenkarte unseres Selbst geworden. Doch zeigt diese Version der Wahrheit leider oft nicht das „Selbst", das wir eigentlich wirklich sind.

Die dazu kommenden globalen Vergleichbarkeitsmöglichkeiten und der transparentere globale Wettbewerb führen ebenso schnell dazu, dass wir uns noch weiter angespornt fühlen, das Schneller-Höher-Weiter-Konzept zu verfolgen. So gibt es da zum Beispiel soziale Netzwerke, Gadgets und Apps, die dazu anspornen, Daten zu übertragen mit der Aussicht, dadurch leistungsstärker zu werden. Ein Schrittzähler in Form einer Smartwatch hier, eine App zur Erfassung der Schlafruhe da, eine Liegestützen-Challenge auf Twitter hier, ein Fitnessprogramm mit Erfolgsbildern auf Instagram da und dazu kommt noch die digitale News-Meldung. Wer hat wie viele Likes, wie viele Follower, wie viele digitale Freunde? Wer scheint das beste Leben zu führen und postet die beliebtesten Bilder?

Die Selbstdarstellung und eine Fütterung des Digital-Narzissmus waren noch nie einfacher.

Unsere digitale Leistungsgesellschaft weiß alles, will alles und kann alles!

„Unlimited ‚Can' is the positive modal verb of achievement society," so heißt es in dem Buch „The Burnout Society" (Han 2015, S. 8). Es könnte ja noch etwas Besseres geben. Also warum festlegen? So sind zum Beispiel in Single-Dating-Apps auch jede Menge Menschen angemeldet, die sich eigentlich in Beziehungen befinden. „Sie wollten sich ja nur mal umschauen", erklären sie dann. „Sie seien glücklich in ihrer Beziehung, das hier sei ja nur Spaß!" Hmmm, was antwortet man darauf? Ich empfinde das als gutes Beispiel für die „I want it all-Gesellschaft", wie wir sie heute erleben. Und was hierbei das „all" für sie bedeutet, finden sie wohl derzeit selbst noch heraus. Die Menschen scheinen alles kennenlernen zu müssen um dadurch Ihre Position zu stärken. Doch Quantität ist nicht gleich Qualität.

Technologie ist ein fester Bestandteil unseres Lebens und der Wirtschaft geworden und sie zeigt täglich die Macht ihres Einflusses. In der deutschen Wirtschaft hat die Digitalisierung tief greifende Veränderungen hervorgebracht. Infolge der Digitalisierung haben 40 % neue Produkte auf den Markt gebracht und 57 % bestehende Angebote angepasst (Bitkom 2016c). Diese Entwicklung ist bekannt als die „digitale Transformation". Es handelt sich um die Veränderung von Unternehmen und Wirtschaftszweigen, die durch technologische Entwicklungen entstehen. Branchen, die gestern noch bestanden, sind heute schon lange nicht mehr das, was sie einmal waren (zum Beispiel die Musikindustrie), Medien, mit denen wir groß geworden sind (wie die Kassette, die Vinylplatte oder auch die VHS) sind heute ersetzt worden durch digitale Güter und werden schnell als MP3-Datei runtergeladen. Aktenordner werden zu Dropbox-Filesharing-Lösungen und Geräte, die gestern noch modern waren, wie zum Beispiel Nokia, kennt heute kaum ein Jugendlicher mehr. Wir erfahren eine Demokratisierung der Wertschöpfungsketten, in denen der Konsument Teil der Produktion und des Erschaffens geworden ist. Wir erleben ein sogenanntes „Maker-Movement" und jeden Tag entstehen neue Start-ups. Unternehmen wie Kodak wurden durch den Fotoapparat im Handy ersetzt. Sowie auch der Wecker, das Adressbuch, der Musikrekorder, die Videokamera, das Notizbuch – um nur einige zu nennen. Das ganze Leben findet heute vermehrt in der virtuellen Welt statt. Eine Welt, die es in der Generation vor uns noch gar nicht gab und für viele ältere Menschen daher äußerst befremdlich wirkt. Wir befinden uns in einer Zeit der Neuerfindung.

> **Die heutige Zeit ist geprägt durch konstanten Wandel. Alles transformiert, alles verändert sich. Da kann es schon schwieriger werden, sich in all dem Wandel selbst immer treu zu bleiben.**

Doch wirtschaftliche Beschleunigung heißt nicht, dass wir konstant rennen müssen. Tun wir dies konstant, kommen wir in ein rasend schnelles Rad, aus dem es so schnell kein Herauskommen zu geben scheint. Das Hamsterrad dreht sich und wir stecken drin. Es wird über Burn-out geweint und auf Entschleunigung gehofft. Da kommt bei vielen Menschen der Wunsch nach Beständigkeit und mehr Ruhe nicht überraschend. Lassen wir uns einnehmen von der andauernden Beschleunigung hat das irgendwann auch Ausstrahlungseffekte auf uns Menschen. Die konstante Verbundenheit zur Technologie, gepaart mit der Summe der Ablenkungen und dem fehlenden Fokus, können maßgeblich unseren Seelenfrieden, unser Stressempfinden und unser Gefühl der Zufriedenheit beeinflussen (Babauta 2010, S.13). Wir müssen also lernen, uns davon abzugrenzen und zu entschleunigen. Das können wir durch Achtsamkeit erzielen.

Das konstante Rennen führt zur Erschöpfung, denn wir Menschen sind nun mal keine Maschinen. Zudem führt es dazu, dass wir durch all die äußeren Einflüsse wohlmöglich uns selbst nicht mehr richtig hören können. Ich denke, wir sind heute dominiert von externen Stimmen in der ständigen Geräuschkulisse der Informationen. Dies haben wir bereits im Abschn. 1.9 „Reizüberflutung: Von ‚Mind full' zu ‚Mindful'" berührt. Was an dieser Stelle noch zu betonen ist, ist der Treiber des Gefühls des konstanten Rennens: Unsere Wahrnehmung dessen. Gerade deshalb ist es so wichtig geworden, das Bewusstsein zu stärken.

> **Nicht die Technologie selbst treibt uns, sondern das, was wir daraus machen.**

Der gesellschaftliche und wirtschaftliche Wandel schreit förmlich dazu, die Aufmerksamkeit immer wieder auf die Zukunft zu richten – weg vom gegenwärtigen Moment.

Das Zauberwort „Achtsamkeit" kann hier einen wertvollen Beitrag leisten und der konstanten Lichtgeschwindigkeit einen Riegel vorschieben, ohne dabei wirklich merklich langsamer zu werden. Zukunftsforscher Matthias Horx, der

Achtsamkeit zum „Megatrend" erklärte, begründet dies damit, dass die Zeit der Gegentrends gekommen sei. „Jeder Trend hat einen Gegentrend. Der Gegentrend zu Online ist zunächst einmal Offline" (Horx 2016, S. 20). Komplett „offline" ist wohl schwer verstellbar. Daher galt es hier einen anderen Weg zu finden. Im Sonntagsblatt wurden seine Gedanken wie folgt zusammengefasst: „Globalisierung führe zur Sehnsucht nach Heimat. Individualisierung verursache eine Suche nach Gemeinschaft. Und Achtsamkeit sei der mächtigste dieser Antitrends: In einer überreizten und übervernetzten Welt wollten die Menschen jetzt ihre Souveränität zurück. Auf die Begeisterung über die grenzenlose Informationsfülle folge Ernüchterung" (Vordermayer 2016).

Das Smartphone ist selten weiter als eine Armlänge entfernt und überhaupt sind wir eigentlich fast immer online. Die Grenzen zwischen Privat- und Berufsleben scheinen ebenfalls mehr und mehr zu verschwimmen. Im Privatleben ist also auch selten Zeit für persönliche Entwicklung und Besinnung auf das Wesentliche, denn da werden ebenfalls E-Mails bearbeitet. Wann sollen Sie also zum Himmelswillen beginnen sich nun auch noch mit Achtsamkeit zu beschäftigen? Das ist gar nicht so schwer: Jetzt.

Im Verlauf dieses Kapitels möchte ich Ihnen die Mission hinter „The Dignified Self" vorstellen. Zudem geht es um Gedanken zur Erhaltung von Werten und der Menschlichkeit im Roboter-Zeitalter. Ich möchte Ihnen einen Einblick geben, was Achtsamkeit im Führungskontext bedeuten kann, Impulse zur Kreativität und Agilität geben und einige Beispiel für „Mobile Mindfulness"-Lösungen aufzeigen.

3.1 The Dignified Self – eine Initiative für mehr Achtsamkeit in der digitalen Zeit

Know thyself!

– Aristoteles

Achtsamkeit wird heute beispielsweise von Unternehmen wie Google, SAP, Deutsche Bahn und Twitter praktiziert. Viele der erfolgreichsten Menschen setzen seit Jahren auf Achtsamkeit und Meditation. Angefangen mit David Lynch, Jerry Seinfeld, Oprah und Clint Eastwood bis hinzu Persönlichkeiten wie Twitter-Mitbegründer Evan Williams, Ford-Präsident Bill Ford, Apple-Chef Tim Cook und Medienunternehmer Rupert Murdoch (Huffington Post 2016a). Ich möchte hier keine Achtsamkeitskampagne starten und ich möchte Sie nicht verändern. Als langjährige Strategieberaterin in Zeiten der digitalen Transformation möchte ich Sie lediglich auf wichtige Entwicklungen aufmerksam machen. Achtsamkeit ist schon lange keine Nischenerscheinung oder ein „Nice-to-have" mehr. Achtsamkeitstrainer verdrängen mehr und mehr die Unternehmensberater in großen Konzernen (Zukunftsinstitut 2016a). Achtsamkeit ist heute ein „Must-have".

Leider wird der Begriff der Achtsamkeit jedoch nach wie vor oft mit Vorurteilen wie „im Schneidersitz im Kreis sitzen, Räucherstäbchen anzünden und ‚Omm' singen" in Verbindung gebracht. Ich habe daher den dringenden Bedarf gesehen, dem Wort einen neuen Anstrich zu verleihen. Denn diese Klischees entsprechen nicht dem, was Achtsamkeit wirklich bedeutet, schon gar nicht, wenn es auf die digitale Zeit angewandt wird, die wir heute erleben. Wie manchmal eine Website einen Relaunch erfordert, so war es aus meiner Sicht auch an der Zeit, dem Begriff Achtsamkeit ein Rebranding zu geben. Dieses nenne ich: „The Dignified Self". Es handelt sich hierbei um eine Initiative für mehr Achtsamkeit in digitalen Zeiten (The Dignified Self 2016a; s. auch Abb. 3.1).

Abb. 3.1 Achtsamkeit-Workshop mit Führungskräften von The Dignified Self bei der Technologie-Konferenz RETHINK! ITEM Europe 2016 in London

The Dignified Self ist eine Bewegung für mehr Menschlichkeit in einer technisierten Welt, für Ruhe in der Beschleunigung, für Selbstbewusstsein im Sturm der Digitalisierung.

Zukunftsforscher Horx nennt die Übersetzung des Achtsamkeitsdenkens in die digitale Sphäre den „Omline-Trend", eine wunderbare Wortschöpfung, wie ich finde (Horx 2016, S. 9). The Dignified Self ist ein Beispiel für eine Initiative, die auf genau diesen „Omline-Trend" einzahlt.

Meine sehr geschätzte Geschäftspartnerin Heike Scholz, Gründerin der Online-Publikation Mobile Zeitgeist (mobile zeitgeist 2016b) und Mobile-Frau der ersten Stunde, und ich haben einen zweisprachigen Blog ins Leben gerufen, der sich den Themen der Menschen, der Arbeit, der Inspiration, des Wissens, der Techniken und der Definition von Achtsamkeit selbst widmet (The Dignified Self 2016b). Heike Scholz lernen Sie übrigens auch noch genauer im Rahmen eines Interviews kennen, das Sie im Kap. 7 „Stimmen aus der Praxis" in diesem Buch finden. Abb. 3.2 zeigt ein Foto von Heike und mir, welches im Rahmen eines Workshops in Berlin entstanden ist.

Abb. 3.2 The Dignified Self – Treffen von Gründerin Lilian N. Güntsche und Partnerin Heike Scholz in Berlin

The Dignified Self verbindet ein umfangreiches Netzwerk aus Vordenkern der Technologies- und Achtsamkeitsszene. Es ist quasi eine Fusion aus Technologie und Achtsamkeit. Neben der Ansprache von Privatpersonen, wendet sich The Dignified Self auch an Unternehmen. Wir wurden bereits in Managermagazinen wie Harvard Business Manager und ManagerSeminare erwähnt und halten Vorträge und Workshops zu Achtsamkeit in der digitalen Zeit auf Technologie- und Gesundheitskongressen Europas (vgl. Abb. 3.1). Es freut uns sehr festzustellen, dass Achtsamkeit auch vermehrt als Managementthema verstanden wird (The Dignified Self 2016c).

Hintergrund zur Namensgebung von The Dignified Self

Übersetzt heißt The Dignified Self: „Das würdevolle Selbst". Die aus meiner Sicht moderne Interpretation von Achtsamkeit ist weit mehr als nur im Schneidersitz zu sitzen. Ich verbinde Achtsamkeit persönlich eng mit dem Begriff der Würde. Es geht hierbei um die Gestaltung unseres würdevollen Selbst („The Dignified Self"), fernab von äußeren Einflüssen und Erwartungen. Die Frage, was Würde für uns bedeutet, ist hierbei entscheidend. Im Rahmen eines Podcast-Interviews beschrieb die amerikanische Transformations-Evangelistin Urvi Bhandari das Wort der Würde (im Englischen: Dignity) wie folgt: „Dignity means to own yourself" (The Dignified Self 2016d). Und genau darum geht es. Es geht bei Achtsamkeit in digitalen Zeiten um die Erhaltung bzw. Zurückgewinnung der Souveränität über unser eigenes Leben trotz ständiger Veränderung und steigender externer Reize, Abhängigkeiten und digitaler Einflüsse. Mit The Dignified Self unterstützen wir in Zeiten des rasanten Wandels den Prozess von „mind full" zu „mindful" und von „Selfie" zu „Self" zu gelangen.

Wir wissen alle was ein „Selfie" ist, aber wissen wir auch wer wir „selbst" sind?

Wie steht es um das Verhältnis des virtuellen versus realen Lebens? Wie oft nehmen Sie sich Zeit, sich nur auf sich selbst zu konzentrieren? Geben Sie auch sich selbst so viel Energiezufuhr wie Ihrem Smartphone? Laden Sie auch Ihren Akku mehrfach die Woche auf? Wie würdevoll gehen Sie mit sich selbst um? Fast jedes Gerät fängt an wieder zu funktionieren, wenn wir es einmal neu starten und ihm eine kleine Pause gönnen. Ich finde, wir sollten uns auch selbst diese Freiheit einräumen. Meinen Sie nicht?

Wenn Sie ebenfalls denken, dass Menschen etwas mehr Aufmerksamkeit im Technologiezeitalter verdienen, vernetzen Sie sich mit uns und unterstützen Sie die Mission von The Dignified Self. Jeder Wandel beginnt mit uns selbst. Oder um es in Mahatma Ghandis Worten zu sagen:

Wir müssen selbst die Veränderung sein, die wir in der Welt zu sehen wünschen (Lama 2015, **S. 11).**

Mission-Statement von THE DIGNIFIED SELF (The Dignified Self 2016b)

- THE DIGNIFIED SELF steht für mehr Achtsamkeit in der digitalen Zeit. Es ist eine Bewegung für mehr Menschlichkeit in einer technisierten Welt, für Ruhe in der Beschleunigung, für Selbstbewusstsein im Sturm der Digitalisierung.
- THE DIGNIFIED SELF ergänzt das Quantified Self als Initiative für einen menschenzentrierten Blick auf Technologien und die Beschreibung und Gestaltung der Veränderungen von Menschen, Gesellschaft und Arbeit.
- THE DIGNIFIED SELF möchte den Einflüssen auf Individuen, Gesellschaft und Unternehmen, die durch die digitale Transformation spür- und erlebbar werden, Denk- und Diskussionsimpulse, aber auch Werkzeuge und Lösungsansätze entgegensetzen für mehr Achtsamkeit und Resilienz, eine höhere Produktivität und Ausgeglichenheit.
- THE DIGNIFIED SELF hat sich zum Ziel gesetzt, in diesen Zeiten großer gesellschaftlicher Veränderungen und sich auflösender Grenzen zwischen realen und digitalen Lebenswelten Wissen und Lösungen anzubieten, um achtsam zu leben und würdevoll – eben DIGNIFIED – mit sich und den alltäglichen Technologien in Einklang zu sein.
- THE DIGNIFIED SELF vereint Interessensgebiete der Technologie- und der Achtsamkeitsszene – im Englischen: Mindfulness.
- THE DIGNIFIED SELF versteht sich als zentrale Anlaufstelle für Inspiration und mehr Achtsamkeit im digitalen Alltag. Statt eines vielleicht von Digital-Experten erwarteten „Technologie First"-Ansatzes soll mit THE DIGNIFIED SELF wieder der Mensch stärker in den Vordergrund treten, ohne die Technologie zu verteufeln. Hier steht der Mensch im Mittelpunkt, nicht das Smartphone.

In 140 Zeichen: Workaholic meets Yogi. TheQuantifiedSelf meets TheDignifiedSelf. Find mindfulness in our Tech accelerated world.

3.2   The Dignified, Quantified und Augmented Self

Hast Du nach innen das Mögliche getan, gestaltet sich das Äußere von selbst.

– Johann Wolfgang von Goethe

Haben Sie manchmal das Gefühl, dass die Technologie die Überhand über Ihr Leben gewinnt?

Gerade in Zeiten der ständigen Veränderung in gefühlter Maximalgeschwindigkeit ist es wichtig das Menschsein nicht zu vergessen. Hierfür ist es entscheidend sich auch selbst überhaupt richtig zu kennen. Wir Technologie-Liebhaber beschäftigen uns gerne mit spannendenden Innovationen wie zum Beispiel dem Internet der Dinge (Internet of Things, IoT) oder Künstlicher Intelligenz (Artificial Intelligence, AI). Aber sprechen wir bei dabei wirklich nur von Dingen – wie einem Kühlschrank, einem Fahrzeug oder einem vernetzten Zuhause? Sind hierbei nicht auch Menschen Teil des Systems? Und was wird es für Menschen bedeuten, wenn künstliche Intelligenz unser tägliches Arbeitsleben begleitet? Werden wir Menschen nicht neue Berufe wählen und gestalten müssen? Hier sind menschliche Werte und Fähigkeiten gefragt, wie auch der kürzlich erschienene Future of Jobs Report bestätigt (WeForum 2016), den wir noch genauer betrachten werden.

Wenn wir mal ehrlich sind, so ist das Smartphone heute doch bereits ein Teil unseres Körpers geworden.

Es weckt uns am Morgen, es weiß alles, kann alles und es ist auch unser direkter Kanal zu unseren Freunden. Wenn wir unser Smartphone verlieren, verlieren wir unsere Freunde. Das sagte ich bereits vor vielen Jahren im Rahmen eines Vortrags auf einer Telekommunikationskonferenz. Oder wie viele Telefonnummern oder Geburtstage Ihrer Freunde kennen Sie heute noch auswendig? Vielleicht haben Sie Ihre Daten mittlerweile in der Cloud gespeichert oder lassen sich von sozialen Netzwerken an die Geburtstage Ihrer Kontakte erinnern. Sie sind nicht mehr nur an ein Gerät gekoppelt. Aber dennoch haben Sie dieses Wissen ausgelagert, oder?

Wir machen uns Datendienste jeglicher Form zunutze, um unseren Kopf zu bereinigen, uns, zweideutig gesprochen, Festplattenplatz zu sparen und um uns weniger merken zu müssen. Das bietet große Vorteile und auch ich bin ein großer Fan von Services wie Dropbox, iCloud oder Google Drive. Doch sollten wir bei der Datenauslagerung achtsam sein. Unsere Wolke des Lebens, unser großer Bruder, wacht zwar liebevoll über uns und erleichtert in vielerlei Hinsicht unser Leben, aber dennoch müssen wir wissen: „Big Brother is watching you". Dieser Satz aus dem bekannten Buch „1984" von George Orwell erhält heute eine große Brisanz, denn vieles, das Orwell 1994 in diesem großartigen Werk verschriftlicht hat, ist heute bereits Teil unserer Realität geworden. Viele Prognosen der Gesellschaft, die in diesem Buch als Utopie erschaffen wurden, sind bereits eingetreten. Was Orwell nur vergaß vorauszusehen ist, dass wir selbst diejenigen sein würden, die die „Kameras" erwerben würden, die uns immer beobachten (The Reality Party 2016). Ein Aprilscherz im Internet verkündete die Botschaft, dass ab Dezember dieses Jahres jedes in Europa geborene Kind einen Mikrochip erhält, um es verfolgen und erfassen zu können. Das wäre angeblich wichtig, um unsere Sicherheit zu fördern (Hoax 2016). Die Angstgesellschaft lässt grüßen. Heute ist es ein Scherz, aber ich frage Sie: Wie lange noch?

Fast alles ist heute bereits digitalisiert worden – auch wir. Viele unserer Schritte werden mitverfolgt. „Jeder dritte Smartphone-Besitzer teilt per Internet seinen Standort mit, um ortsbezogene Dienste zu nutzen" (Bitkom 2016b). Das sind ca. 17 Mio. Menschen. Sogenannte Cookies verfolgen unsere Aktivitäten im Internet und unser Smartphone, das „always-on" ist, gibt meist darüber Auskunft, wo wir uns befinden. Services und Apps wie Google und Co. steuern den Rest unserer Daten und gläsernen Identität bei. Da sollten wir sicherstellen, dass das virtuelle Bild von uns auch dem realen gleich kommt. Denn bei jedem Posting in sozialen Netzwerken sollten Sie sich dessen bewusst sein, dass jemand eventuell diese Daten speichert.

Daten sind mächtig geworden. Sie sind neben Geschwindigkeit die primäre Währung unserer Zeit.

Viele Unternehmen setzen heute ihren gesamten Geschäftserfolg auf Datengenerierung und -management. „The world's largest taxi firm, Uber, owns no cars. The world's most popular media company, Facebook, creates no content. The world's most valuable retailer, Alibaba, carries no stock. And the world's largest accommodation provider, Airbnb, owns no property" (Independent 2016). Das sind beeindruckende Beispiele unserer Zeit, die die wirtschaftliche Veränderung aufzeigen, die wir heute erleben. Wir sind Zeuge einer mächtigen digitalen Transformation. Doch ich frage Sie bei all den technologischen Veränderungen: Wo ist der Mensch in diesem Konstrukt?

Big Data ist heute ein riesiges Thema. Doch werden die Zahlen und Daten, die wir generieren, nicht erst dann wirklich wertvoll, wenn es die Menschen dazu gibt, die sie auswerten können und sie vor allem kreative Ideen haben, was damit geschehen soll? Der Erfolg hängt nicht allein von der Menge an Informationen ab. Er hängt davon ab, wie diese Informationen aufgenommen werden – und das sollte auf achtsame Weise erfolgen (Harvard Business Manager 2014, S. 41).

Wissen Sie eigentlich, welche Daten bereits von Ihnen erfasst werden?

Sind wir uns dessen überhaupt bewusst? 80 % der Internetnutzer denken, dass ihre „Data Privacy" ein fundamentales Grundrecht sein sollte. Aber erschreckend ist leider, dass ein Drittel (31 %) der Befragten keinerlei Überblick darüber hat, welche Daten von ihnen erfasst und weiter ausgewertet werden (BetaNews 2016). Hier einen genauen Durchblick zu erlangen erfordert technisches Verständnis, doch können wir achtsam sein, indem wir bewusst Informationen kundtun.

Wie lange wird es wohl dauern, bis wir auch als Mensch vollständig vernetzt sind und das Internet in unsere Körper verlagert haben. Es ist doch irgendwie umständlich, dafür ein Gerät (Device) zu verwenden, oder?

Die Überwindung des „Device-Body-Medienbruchs" werden wir wohl schon bald erleben dürfen. Es ist der nächste logische Schritt. Das zeigen bereits die jüngsten Innovationen und Investitionen großer Konzerne. Internetbasierte Kontaktlinsen, sogenannte „smart lenses", sollen vermutlich noch in diesem Jahr auf den Markt kommen (Wearable-Technologie 2016). Große Konzerne wie Sony, Samsung und Google arbeiten bereits an Smart Lenses, die Gesehenes aufzeichnen oder fotografieren und es uns wie einen Film oder Bild jederzeit wieder vorspielen können. Digitale Zusatzdaten und Informationen werden somit direkt auf unser Auge geliefert und werden gewisser Weise Teil des menschlichen Körpers und unserer Realität, wie das Video auf ToMoNews US zum Beispiel in einem Bericht über die Lösung des Tech-Giganten Sony zeigt (ToMoNews 2016). Gestern noch nannten wir Träger der internetbasierten Google Glasses „Glass holes". Heute tragen wir Wearables, die uns Auskunft über unseren Herzschlag liefern. Wenn das Produktdesign, der Nutzen und Anwendungsszenario stimmt, erweitern wir unser Selbst gerne durch virtuelle Zusatzkörperteile. Wir erleben heute bereits mehr und mehr Versionen der virtuellen, erweiterten Wirklichkeit, bekannt unter dem Begriff „Virtual Reality" oder auch „Augmented Reality".

Google arbeitet an LED Smart Lenses, die sogar in der Lage sein sollen uns über zu hohe Glucose-Werte in unserem Körper zu informieren. So berichtet ein Mitarbeiter aus dem Google X Team: „We're also investigating the potential for this to serve as an early warning for the wearer, so we're exploring integrating tiny LED lights that could light up to indicate that glucose levels have crossed above or below certain thresholds" (Healthline 2016). Ich finde, wenn man von solchen Innovationen hört, da wirkt das Smartphone schon fast „old-school". Das spiegelt auch der Markt wider, so waren auf dem Mobile World Congress 2016, der größten Telekommunikationsmesse (vgl. Abb. 3.3), kaum noch Mobiltelefone zu sehen (außer die der Besucher).

Wir erschaffen heute eine von der Form oder Sache losgelöste Version des Internets. Das „Internet of Everything", wie es in Branchenkreisen gerne genannt wird. Alles ist vernetzt. Auch wir Menschen. Diese Innovationen sind hochspannend, sehr verlockend und liefern viele neue Potenziale. Doch verändert sich damit auch die Rolle des Menschen in dieser schönen, technologiedominierten, neuen Welt. Und auf die Menschen möchte ich mit

Abb. 3.3 Virtuelle Realitäten beim Mobile World Congress 2016 @Samsung Stand

The Dignified Self (The Dignified Self 2016a) sowie mit diesem Buch Ihre Aufmerksamkeit richten.

Durch „Augmented Reality" erfahren wir eine künstliche Erweiterung unserer Sinne und unseres Selbst. Die Erweiterung bzw. Verstärkung (Augmentation) des menschlichen Selbst mithilfe von Technologie nenne ich „The Augmented Self". Ich denke es ist fantastisch, wenn wir uns weniger merken müssen und besser sehen lernen, doch bevor wir bereit sind, unser „Augmented Self" zu designen, sollten wir meiner Ansicht nach sicherstellen, dass wir auch unser „Dignified Self" kennen. Achtsamkeit lenkt den Blick nach innen auf uns Selbst.

Wir brauchen nicht nur Flügel, die uns höher und schneller tragen, wir brauchen auch Wurzeln, die uns festen Boden unter den Füßen geben und uns daran erinnern, wer der Mensch ist, der sich hinter dem virtuellen Avatar verbirgt.

Neben all den technologischen Entwicklungen ist Achtsamkeit ein bisschen zu verstehen wie das Internet der Menschen. Es ist unsere eigene Suchmaschine und unsere eigene Ressource, die wir aktivieren können. „Meditation – because some answers can't be found by Google" – heißt es daher wohl auch auf vielen Bildern im Internet (Pinterest 2016). Ähnliche Varianten gibt es auch mit „Yoga". Abb. 3.4 zeigt ein Beispiel aus Berlin.

Meditation sowie auch die anderen Ebenen der Achtsamkeit sind die innere Kraft, die „Super Force" in uns, die Antworten liefern kann, die uns technologische Entwicklungen und Unternehmen nicht liefern können. Wie viele Dinge lagern wir bereits an unsere freundlichen technologischen Assistenten aus? Ist es nur der Orientierungssinn via digitaler Routenführung und Maps-Applikationen, unser Erinnerungsvermögen durch technisierte Notifikationen, Kalender, Telefonbücher und unser Wissen durch Suchmaschinen, die uns sofort Antworten liefern. Staumeldungen und Navigationshilfen werden natürlich auch gerne beim Autofahren abgerufen. Jeder siebte Autofahrer (14 %) ruft Internetnachrichten selbst während des Fahrens ab (Bitkom 2016e). Dies zeigt selbst den Bedarf an mehr Achtsamkeit im Auto, Stichwort: „Mindful Driving". Denn wenn man mal ehrlich ist, sollte der Blick doch primär auf die Straße gerichtet sein, oder? Nicht immer leicht bei den großen Digitalbildschirmen, die sich heute in vernetzten Fahrzeugen (Connected Car) befinden.

Wie steht es zum Beispiel um den aktuellen Hype der Quantifizierung unseres eigenen Körpers?

Abb. 3.4 Yoga: Because some answers can't be found by Google

„Mithilfe von Apps und anderen technischen Hilfsmitteln versuchen immer mehr Menschen, Facetten ihres Daseins in Zahlen zu fassen. Auf diese Weise, so glauben sie, sind Probleme leichter zu lösen, können sie gesünder leben und effektiver arbeiten" (Reumschüssel 2015, S. 109). Daran ist natürlich nichts Schlechtes, um genau zu sein, ist Technologie heute fast genauso wichtig bei Sport wie die Sportschuhe.

„Drei Viertel der 14- bis 29-jährigen Freizeitsportler (76 %) nutzen Handy und Co. beim Sport. Aber auch bei den Sportlern ab 65 ist es immerhin knapp jeder Dritte (31 %)". So berichtet die Bitkom weiter, dass sechs von zehn Freizeitsportlern Hightech-Geräte beim Sport nutzen (Bitkom2016a). Auch ich zähle zu dieser Zielgruppe, da ich es toll finde, wenn sich meine Spotify-Playlist auf dem Smartphone automatisch an meine Laufgeschwindigkeit anpasst. Das löst ein Problem, das ich früher selbst regulieren musste. Das ist das Tolle am Wunder der Technik. Von den Menschen, die Technologie beim Sport primär nutzen, um Musik dabei zu hören, gibt es vermutlich einige. Zusätzlich kann die Technologie auch genutzt werden um zum Beispiel Schritte und Pulsdaten zu erfassen und auszuwerten. In der Technologieszene ist der Trend der Erfassung von Daten unseres Selbst auch als „The Quantified Self" bekannt. Ziel des „Quantified Self" ist es, sich „bis ins Letzte" in Daten zu erfassen, schreibt das GEO Wissen Magazin (Reumschüssel 2015, S. 110). Weltweit bezeichnen sich Schätzungen zufolge mindestens 40.000 Menschen als „Selbstvermesser" (Reumschüssel 2015, S. 110). Es geht hierbei um „self-awareness through numbers", also das Bewusstsein durch Zahlen (The Quantified Self 2016). The Dignified Self hingegen setzt den Fokus auf „self-awareness through intuition" (The Dignified Self 2016a). Es ergänzt das „Quantified Self", welches Zahlen fokussiert durch die menschliche Intuition. Denn Achtsamkeit ist das Benzin für unsere Intuition. Ein befreundeter Informatiker sagte neulich: „Ich gehöre nicht zu den Menschen, die nur messen, ich gehöre zu denen, die es tatsächlich tun. Ich brauche keine App, die mir sagt, ob mein Puls zu hoch ist, ich kenne doch meinen eigenen Körper und Atem." Wir müssen hier keine Schwarz-Weiß-Entscheidung treffen. „Always-On" hat sicherlich seine Grenzen. Doch ich sage keinesfalls, dass wir uns Technologie nicht zunutze machen dürfen. Das wäre auch gänzlich unauthentisch als Digitalberaterin und als jemand der digital lebt und atmet. Technologie ist hier um unser Leben zu verbessern, nicht aber um es zu kontrollieren. Es ist wichtig seine eigene Stimme noch zu hören und nicht nur die des Smartphones. Solange wir auch unabhängig von der Technologie noch unseren Körper spüren können, ist alles wunderbar. Stellen Sie einfach nur sicher, dass dies der Fall ist und dass Sie Ihre eigene DNA und Ihren Herzschlag nicht in all den Daten verlieren, die Sie erfassen.

Jahrelang habe ich „Mobile First" gepredigt, heute bin ich ein Freund von „Human-First". Jahrelang habe ich „Always-On" gepredigt, heute sehe ich die Grenzen von „Always-On" und bin ein Freund von „Always-Omm".

Ich meine damit die Erhaltung des „Selbst" (Self) und unserer menschlichen Werte. Der Mensch sollte im Mittelpunkt der Technologie stehen und nicht umgekehrt. Hier ist Achtsamkeit gefragt. Wenn wir uns ansehen, welche Abhängigkeit wir heute bereits von unseren Smartphones haben, sollte uns dies aufzeigen, wie wichtig der achtsame Umgang mit Technologie ist und wie wichtig es hierbei vor allem ist, darauf achtzugeben, dass wir auch ohne technologische Hilfsmittel „lebensfähig" bleiben. Dies bringt nachfolgendes Zitat von Vordenker Gerd Leonhard sehr schön auf den Punkt: „Just imagine a world where you simply cannot compete or even keep up without some kind of wearable augmented reality (AR) or virtual reality (VR) device, or without an implant, or other mental or physical augmentations. Given that many of us are already utterly dependent on our mobile devices, and often feel alone or incomplete without them, these scenarios may become reality a lot faster than we think" (Leonhard 2016a, S. 87). Ich glaube nicht, dass die Antwort in „Augmented", ODER „Quantified", ODER „Dignified" liegt, sondern vielmehr in der achtsamen Ausbalancierung dieser Welten. In anderen Worten:

Vergessen Sie nicht Mensch zu sein zwischen all den Maschinen.

3.3 Die Erhaltung der Menschlichkeit im Roboter-Zeitalter

Man sieht nur mit dem Herzen gut. Das Wesentliche ist für die Augen unsichtbar.

– Antoine de St. Exupéry

Im Anschluss an einen Kunden-Workshop hatte ich das Vergnügen, die jährliche Wassershow in der Autostadt in Wolfsburg zu besuchen. Es handelt sich hierbei um ein großes Spektakel mit Musik, Lichteffekten und den Elementen Wasser und Feuer, die zu verschiedener Musik auf beeindruckende Weise in Szene gesetzt werden. Die vielen Menschen waren begeistert. Die Show spielte mit wunderschönen Lichteffekten und das Wasser war mal lieblich, mal verspielt, mit romantischen französischen Chansons, mal elegant und würdevoll untermalt mit Klaviermusik, mal hart und futuristisch, unterstützt durch Daft Punk oder andere härtere Musik. Es war beeindruckend, wie unterschiedlich das Element Wasser in Erscheinung treten kann, insbesondere wenn es im Zusammenspiel mit dem Element Feuer steht. In den vorderen Reihen war eine angenehme

Mischung aus Wassertropfen und Kühle und durch die Flammen des Feuers eine gleichzeitig auftretende Wärme zu spüren.

Echte Stimmung. Echte Gefühle.

Der ganze Himmel leuchtete. Aber wenn man genauer hinsah, so war es nicht nur wegen der Wasser-, Feuer-Elemente und der Lichteffekte, sondern auch durch die vielen Smartphone-Screens, die durch die Besucher in die Luft gehalten wurden und den Himmel aufhellten. Das ist also das „neue Normal", dachte ich, und erwischte mich ebenfalls dabei. Man kennt es ja auch schon von Konzerten und sonstigen Veranstaltungen – überall erleuchten die Smartphones in voller Pracht über den Köpfen, manche verlängern die Sicht durch das digitale Auge sogar durch einen der etwas lächerlich wirkenden Selfie-Sticks. Voller Einsatz und alles dabei. Nur um eine super Liveaufnahme für Periscope, den besten Instagram Shot, einen Schnelleindruck für Twitter oder einige Likes bei Facebook zu erhaschen. Oder vielleicht auch einfach, um das Erlebte virtuell mit den Liebsten zu teilen, die nicht live dabei sein können. Wie auch immer. Mit einem Auge sieht man heute die reale Show, das reale Leben. Mit dem anderen Auge wird die Szenerie durch das digitale Bild vernommen, welches das Erlebnis durch den Screen des Smartphones verfolgt. Die Technologie, sei es ein Smartphone, ein Tablet oder eine Watch, scheint ein Teil jedes persönlichen Erlebnisses geworden zu sein. Schnell mal ein Check-in bei Swarm, ein Video und ein gemeinsames Selfie bearbeiten mit einer der vielen Foto-Apps. Realität und Virtualität scheinen eins geworden zu sein. Digitales Auge und wirkliches Auge sind verschmolzen. So ist der heutige Split in der Technologie eins mit dem Menschen geworden.

Eine richtig spannende Beobachtung konnte ich aber insbesondere nach der eigentlichen Show machen! Auf einmal – quasi aus dem Nichts kommend – erschien eine Drohne am Himmel. Alle waren aufgeregt und zeigten darauf. Kurz darauf wurden wir freundlich aufgefordert bitte langsam zu gehen oder zumindest etwas Abstand zu halten, denn nun würde über die Drohne in der Luft eine Videoaufnahme gemacht werden. „Bitte gehen Sie jetzt. Die Drohne möchte nun die Show genießen." – scherzte ich. Aber Tatsache, binnen weniger Minuten war die Autostadt in Wolfsburg fast komplett leer – die meisten Menschen waren von der Drohne quasi nach Hause geschickt worden. Technologie sticht Mensch.

Wir Technologie-Liebenden blieben an diesem Abend mit etwas Abstand – sodass die Drohne natürlich auch gut „sehen" konnte – noch einen Moment, um nun erneut die Show, aber natürlich auch die Drohne im Einsatz zu genießen.

Was für ein Bild! Menschenleerer Platz, eine bombastische Show – sogar noch besser und länger als die offizielle Show zuvor. In der Mitte des Spektakels ein einziger offizieller Zuschauer auf dem besten Platz: Eine Drohne.

Den Text „Technologie sticht Mensch – Die Drohne siegt", den Sie eben gelesen haben, habe ich im letzten Jahr auf den Blog-Seiten von The Dignified Self veröffentlicht (The Dignified Self 2016f). Ich denke, er illustriert die aktuelle Situation, in der wir uns heute befinden, ganz gut. Warum möchte ich in diesem Kapitel näher erläutern.

Der Automobilhersteller Audi hat letztes Jahr übrigens einen genialen Werbespot veröffentlicht, in dem sie einen Drohnen-Krieg nachstellten, inspiriert durch Hitchcock's Film „Die Vögel". Den Spot können Sie sich ebenfalls auf den Blog-Seiten von The Dignified Self anschauen (The Dignified Self 2016f). Nun aber ein paar weitere Worte zum Roboter-Zeitalter und warum dieses unsere Menschlichkeit erfordert.

Wir befinden uns auf dem besten Weg in das Roboter-Zeitalter. Schon bald werden Roboter und Maschinen wie diese Drohnen omnipräsent sein. Die süßen, faszinierenden Roboter-Freunde, in die wir als Technologie-Geeks heimlich etwas verliebt sind, werden ein sicherer Bestandteil unserer Zukunft (vgl. Abb. 3.5). Der Fakt, dass die großen Konzerne dieser Welt bereits Summen an Geld in die Entwicklung künstlicher Intelligenz stecken (AI = Artificial Intelligence) und dass Silikon-Valley-Größen wie Elon Musk, Peter Thiel, Sam Altman, Reid Hoffman, Jessica Livingston, sowie Amazon Web Services (AWS), Infosys, und YC Research, einer non-profit Artificial Intelligence-Organisation namens „OpenAI" einen stolzen Betrag in Höhe von einer Mrd. Dollar zugesagt haben, sollte diese Prognose bestätigen (OpenAI 2016). Apple hat sich in 2015 ein eigenes Start-up namens „Perceptio", mit dem Fokus der Künstlichen Intelligenz (KI) und Robotics, unter den Nagel gerissen (zdnet 2016) und Google baut bereits fleißig an ihrer Open-Source-Plattform für „Machine learning", die den Namen „TensorFlow" trägt. In einem Google AI Lab sollen wir weitere Einblicke erhalten (Popsci 2016). In naher Zukunft werden wir wohl mehr und mehr mit

Abb. 3.5 Die Roboter sind los! Hier auf der Web Summit in Dublin 2015

Robotern zusammenleben und zusammenarbeiten. Die künstliche Intelligenz wird eine hohe Dominanz und Präsenz erfahren.

Ich glaube, dass gerade dann menschliche Werte sehr an Bedeutung gewinnen werden und somit schon jetzt ein starker Fokus darauf liegen muss. Maschinen haben keine Werte, Ethik und Tugenden. Aber wir Menschen haben dies. Und wir sind letztlich diejenigen, die die Maschinen entwickeln und programmieren. Wenn wir gute Grundprinzipien haben und unsere Menschlichkeit erhalten, brauchen wir keine Angst vor der bösen digitalen Zukunft zu haben. Der Einzug der künstlichen Intelligenz wird auch die Felder der Arbeit, des Lebens und der Beziehungen maßgeblich beeinflussen. Der Future of Work Reports des World Economic

Forums zeigt hier sehr interessante Auswirkungen auf den Arbeitsmarkt. So wurden in einer Aufstellung, die Top 10 Professional Skills in 2020 veröffentlicht (WeForum 2016). Das Ergebnis des Future of Jobs Report für Sie hier in diesem Abschnitt (WeForum 2016):

Top 10 Skills in 2020 gemäß des World Economic Forum (WeForum 2016)

1. Complex Problem Solving
2. Critical Thinking
3. Creativity
4. People Management
5. Coordinating with Others
6. Emotional Intelligence
7. Judgment and Decision Making
8. Service Orientation
9. Negotiation
10. Cognitive Flexibility

Hier tauchen zwei ganz neue Fähigkeiten in der Liste der zukünftigen Job-Auswahlkriterien auf: Emotionale Intelligenz und Kognitive Flexibilität. Beide waren in 2015 noch nicht enthalten. Kreativität schafft es sogar in 2020 das erste Mal unter die Top 3 der wichtigsten Fähigkeiten. In 2015 war Kreativität noch auf dem letzten Platz (WeForum 2016). Emotionale Intelligenz ist in 2015 nicht Teil der Aufstellung gewesen. Woran liegt es, dass diese eine so große Rolle spielen wird in nur vier Jahren? Und warum schafft es Kreativität gar auf Platz 3? Ich denke, die Antwort ist naheliegend. „Robots may help us get to where we want to be faster, but they can't be as creative as humans (yet)" (WeForum 2016).

In meiner Wahrnehmung zeichnet sich die Liste der Top 10 für 2020 insbesondere durch eines aus: Menschliche Fähigkeiten. Wir befinden uns in einer konstanten Beschleunigung des Wandels. Geschwindigkeit ist heute eine Währung geworden ist. Und wir stehen erst am Anfang. Die Geschwindigkeit des Wandels wird sich noch weiter multiplizieren. Und sind wir mal ehrlich: Rationales, analytisches Auswerten von Fakten – das haben unsere Roboter- und Maschinen-Freunde vermutlich schneller im Griff als wir. Aufgaben, digitalisierbarer und wiederkehrender Prozesse, heute noch von Menschen getätigt, werden schon bald durch Maschinen ersetzt werden. Die Zukunft hat keine Verwendung für Menschen die langsamer und fehleranfälliger sind als Roboter.

Die Zukunft braucht Menschen, die um die Ecke denken, kritisch hinterfragen, kreativ und einfühlsam sind, die Beziehungsebene („people management") beherrschen und über kognitive Flexibilität (Stichwort: Agilität) verfügen. Es ist unsere Konzentrationsfähigkeit und Gedankengut gefragt, unsere Kreativität, unsere Intuition und unsere emotionale Intelligenz, die entscheidend ist. Alles Fähigkeiten, die Sie durch Achtsamkeit, wie zum Beispiel durch regelmäßige Meditation, stärken können (Yoga Easy 2016). Das habe ich Ihnen in den vergangenen Kapiteln aufgezeigt.

Die Erhaltung und Pflege unserer menschlichen Features ist erfolgsentscheidend, wenn Sie in vier Jahren noch einen Beruf haben möchten.

Um es in den Worten des Dalai Lamas zu sagen: „Ich schlage vor: mehr zuhören, mehr nachdenken, mehr meditieren" (Lama 2015, S. 11). Alles, was diese Eigenschaften fördert, ist eine sichere Anlage in die Zukunft. Denn diese Fähigkeiten sind weder automatisierter noch digitalisierbar. Und alles, was nicht automatisierter oder digitalisierbar ist, wird massiv an Wert gewinnen in den kommenden Jahren (Leonhard 2016b). So auch Achtsamkeit. „Wer auf Achtsamkeit achtet, steigert emotionale Intelligenz und schafft Raum für Konzentration und Kreativität" (XING 2016), Dort, wo Kreativität und emotionale Intelligenz die Früchte sind, ist Achtsamkeit die Wurzel der Weisheit. Wenn wir Achtsamkeit kultivieren, werden wir automatisch eine bessere emotionale Stabilität erreichen, reflektierter, mitfühlender (empathisch) und kreativer werden (Yoga Easy 2016). Sie sehen also nun, wie all alles zusammenläuft und wie wichtig es für Ihre Zukunft ist die Kraft der Gegenwart zu kultivieren. In Bezug auf die Förderung von Kreativität sehe ich noch deutlich zu wenig Bewegung in der Geschäftswelt. Hier bekomme ich leider immer noch oft dieselbe Antwort, wenn ich danach frage:

Wie sichern Sie Kreativität in Ihrem Unternehmen?
– Stille –

Auch wenn die Ebene der Stille in anderen Momenten wertvoll ist, dies ist keiner dieser Momente. Hier sollte jedes Unternehmen Antworten geben können, gerade in Anbetracht der künftigen Entwicklungen.

Einige Unternehmen haben aber zum Glück bereits Maßnahmen zur Förderung von Kreativität und emotionaler Intelligenz eingeführt, zum Beispiel Google. Nicht umsonst setzt das Trainingsprogramm „Search

Inside Yourself" von Google darauf, durch Achtsamkeit die Kenntnisse der emotionalen Intelligenz von Führungskräften zu verbessern (SIYLI 2016). Emotionale Intelligenz zeichnet sich durch Empathie aus. Das ist die „Bereitschaft und Fähigkeit, sich in die Einstellungen anderer Menschen einzufühlen" (Duden 2016b). Empathie hilft den anderen zu verstehen und sich in sein Gegenüber hineinfühlen zu können. Das ist etwas, das wir für gutes People Management benötigen. Ebenfalls eine der Fähigkeiten auf der Liste der Future of Jobs Reports (WeForum 2016). Und ebenfalls etwas das Maschinen vermutlich weniger beherrschen – zumindest noch nicht. Achtsamkeitspraktiken wie auch die Meditation füttern die Fähigkeit der Empathie und emotionalen Intelligenz (Yoga Easy 2016). Sie sind eine wertvolle Quelle, die diese Fähigkeiten stärkt.

Emotionale Intelligenz kann beschrieben werden als der fühlende und erlebende Geist, nicht der denkende und analysierende Geist (Goleman 1995, S. 9).

Wir haben immer eine denkende und eine fühlende Wahrnehmung. Die Fühlende ist die, die bei der emotionalen Intelligenz im Vordergrund steht, so wie es Daniel Goleman in seinem Bestseller „Emotional Intelligence" beschreibt (Goleman 1995, S. 9). Wenn Sie zum Beispiel einem Freund dabei zuhören, wie er von seiner Scheidung erzählt und tapfer sagt, dass das alles gar kein Problem sei, dabei aber wahrnehmen, dass in dem Moment, in dem die Worte gesprochen sind, die Augen anfangen, sich etwas mit Tränen zu füllen, werden Sie Zeuge zweier Wahrnehmungen. Den Moment, in dem die Augen Ihres Freundes feucht werden, könnten Sie vermutlich auch ver- passen, wenn Sie nicht genau hinschauen. Unser empathisches Verständnis lehrt uns, dass jemand, der tränenerfüllte Augen hat, eigentlich Trauer emp- findet, auch wenn die Worte und Fakten etwas Anderes sagen. Eines ist ein Akt des emotionalen, das andere ist ein Akt des rationalen Geistes (Goleman 1995, S. 9). „In a very real sense, we have two minds, one that thinks and one that feels" (Goleman 1995, S. 9). Der denkende Geist hört die Worte, die Ihr Freund sagt. Er erzählt Ihnen doch schließlich, dass alles in Ordnung sei. Ihr fühlender Geist jedoch empfängt die Trauer, die sich hinter den sich bildenden Tränen und den Worten verbirgt. Die emotionale Intelligenz ist diejenige, die sich jenseits des analytischen Denkens und Verstehens befin- det. Sie ist diejenige, die sich nicht an Daten und Fakten orientiert, obgleich diese rationale Art der Wahrnehmung meist die maßgebliche und bewuss- tere Ebene in uns zu sein scheint (Goleman 1995, S. 9 ff.). Die Intelligenz des impulsiven und des manchmal unlogisch erscheinenden Wissens ist sehr stark. Es ist die Herzensweisheit, wie ich sie gerne nenne, während die andere die Weisheit des Kopfes ist. Wenn Sie wissen, dass etwas richtig ist, weil Sie es in Ihrem Herzen fühlen, dann spricht die Stimme Ihrer Intuition. Das ist die Unterscheidung zwischen Kopf und Herz.

Die Intelligenz des Kopfes ist quantifizierter. Sie basiert auf rationalen Fakten und Auswertungen des Erlebten. Die Intelligenz des Herzens sieht Dinge, die der Verstand ignoriert. Wie es auch das Zitat zu Beginn dieses Kapitels zum Ausdruck bringt.

Die Erhaltung unserer Menschlichkeit und Pflege unserer Werte, Gedanken, Emotionen und Fantasie sind erfolgsentscheidend für die Zukunft. Ich denke gerade diese menschlichen Fähigkeiten – die auch gerne unter dem Begriff „Soft Skills" gehandelt werden, werden in der Geschäftswelt noch nicht ausreichend berücksichtigt. Emotionale Intelligenz ist heutzutage noch viel zu wenig in den Führungsetagen und generell in der Gesellschaft ausgeprägt. „Selbst bei kritischen Forschern und ihrer Warnung vor autonomen Robotern, die sich gegen ihre eigenen Schöpfer wenden könnten, ist erstaunlich selten davon die Rede, dass Menschen neben der Ratio auch eine emotionale Intelligenz besitzen" (Becker 2016). Wenn wir künftig vermehrt künstliche Intelligenz um uns herum haben, wird uns das noch bewusster werden. Ob Roboter nun auch emotional intelligent werden können, bleibt abzuwarten. „I struggle to believe that the emotional intelligence has been featured strongly enough in AI computations", so MacDonald in seinem Buch „28 Thoughts on digital revolution" (MacDonald 2014, S. 47).

Selbst Themen der Ethik haben heutzutage Einzug auf Technologiekongressen gehalten.

Hierbei geht es insbesondere um die Mensch-Maschine-Interaktion. Ethik versteht sich als die Lehre bzw. Theorie vom Handeln gemäß der Unterscheidung von Gut und Böse. Gegenstand der Ethik ist die Moral oder auch Sitte (Wirtschaftslexikon Gabler 2016a). Die Regeln, die das Handeln von Menschen faktisch bestimmen bzw. bestimmen sollten, werden als Moral bezeichnet. Bei einem Verstoß empfinden Menschen in der Regel Schuldgefühle (Wirtschaftslexikon Gabler 2016b). Aber empfinden auch Maschinen Schuldgefühle? Vermutlich nicht. „Künstliche Intelligenz kennt kein Leid – und kein Mitleid" (Becker 2016). Dies ist darin begründet, das eben Menschen Moral und Ethik haben, Maschinen jedoch nicht. Es wirft die Frage auf, wie weit die Entwicklung künstlicher Intelligenz gehen darf. Im Rahmen dessen wird eine Ethik für die digitale Entwicklung sehr entscheidend werden. Autor und Vordenker Gerd Leonhard schreibt: „Digital ethics are becoming crucial as man and machine converge" (2016a, S. 92 ff.). Er empfiehlt daher dringend eine Art globales „Digital Ethics Treaty" zu erarbeiten und zu manifestieren, welches auch die Grenzen definiert, die nicht überschritten werden dürfen (Leonhard 2016a, S. 92 ff.). So zum Beispiel der folgende angedachten Grundsatz: „We should not allow humans to actually become technology (in the sense of fundamental augmentation of the human body or mind)" (Leonhard 2016a, S. 92 ff.). Zudem stellt sich die Frage, was passiert, wenn Maschinen entwickelt werden, die die Intelligenz von Menschen übersteigen – sogenannte „Super Humans"? Hier entsteht die Gefahr und so auch die steigende Angst in der Gesellschaft, dass wir Menschen unsere Kontrolle in der Zukunft an die Maschinen verlieren könnten, zum Beispiel nämlich dann, wenn Maschinen auch selbst in der Lage wären, sich zu aktualisieren und weiterzuentwickeln. Was also, wenn diese keine ethischen Grundsätze haben bzw. die Entwickler hinter den Maschinen selbst diese nicht verinnerlicht haben? Und was wenn es kein Regelwerk gibt, das dies untersagt?

Dass losgelöste Maschinen durchaus die Kontrolle verlieren können, können wir am jüngsten Fall im Bereich Künstliche Intelligenz (AI) von Microsoft Technology sehen. So hatte Microsoft eine AI, einen sogenannten „Chat bot", namens Tay (ein Teen-Girl), erschaffen, welche nach weniger als einem Tag bereits wieder vom Markt genommen werden musste. „Tay is designed to engage and entertain people where they connect with each other online through casual and playful conversation, Microsoft said when they loosed Tay to the wild". „The more you chat with Tay the smarter she gets" (Forbes 2016). So der Grundgedanke von Microsoft. Leider entwickelte Tay aber in weniger als 24 h extreme rassistische und sexuell inkorrekte Züge und wurde daher von Microsoft gelöscht. Forbes berichtet: „Within 24 h Tay had transformed from something of a friendly blank slate into a sex-crazed, Nazi-loving Donald Trump supporter. Smarter, maybe, but also much, much scarier" (Forbes 2016). Tay's letzte Nachricht bevor sie verschwand war: „C u soon humans need sleep now so many conversations today" (Independent 2016b). Ich weiß nicht, ob wir sie je wiedersehen werden und ob wir dies auch wirklich wollen. Auf jeden Fall wird Microsoft und auch andere Technologiegrößen hoffentlich daraus lernen. Denn bei solchen Geschichten geht es Ihnen vielleicht wie mir – Auf einmal erinnert man sich an Szenen aus Science-Fiction-Filmen wie Terminator oder Matrix und denkt: Kann so etwas Wirklichkeit werden? Übernehmen die Maschinen irgendwann? Und was ist mit den Utopien wie „1984" oder „Brave New World". Passiert das wirklich? Das liegt in unserer Verantwortung zu regulieren. Hier sollten wir achtsam sein. „I'm concerned that the people most involved with AI are primarily technologists. In the same way as Mark Zuckerberg defines privacy, identity, and human rights in a totally different way than I do, I'm concerned that the proponents of AI are considering a different definition of benevolence" (MacDonald 2014, S. 46 ff.). Bedenken, wie sie hier von Jonathan MacDonald ausgesprochen werden, beschäftigen mehr und mehr Menschen heutzutage.

Wir sind heute an einem sehr wichtigen Scheideweg angekommen, der unsere Achtsamkeit erfordert.

Zumindest, wenn wir auch zukünftig noch glücklich sein möchten. „Zum Glück gehört die Entwicklung einer universellen Verantwortung und einer säkularen Ethik" (Lama 2015, S. 11). Das Positive an möglichen Schreckensvisionen der Zukunft ist, dass wir es heute noch beeinflussen können. Die Verantwortung und das potenzielle Glück liegt sozusagen in unseren Händen. „It has often been said that, „technology is not good or evil – it just is". It is now becoming clear that the good/bad part will probably be for us to decide, every day, globally and locally, collectively and individually" (Leonhard 2016a, S. 84). Kultivieren wir also menschliche Werte, Empathie, Kreativität und Achtsamkeit und setzen Grundlagen für eine „digitale Ethik", dann haben wir gute Aussichten. Denn vergessen Sie nicht:

Hinter jeder Technologie steht auch ein Mensch, der sie entwickelt … zumindest noch!

3.4   Würde und Werte

Values are like fingerprints. Nobody's are the same, but you leave them all over everything you do.

– Elvis Presley

Widmen wir uns nach all diesen technologisch dominierten Themen nun wieder den Menschen. Wir kommen zu einem der wichtigsten Themen: Würde und Werte.

Der Begriff „würdevoll" ist bereits im bisherigen Verlauf dieses Buches gefallen. Durch Achtsamkeit können wir bewusster erfahren, was uns Sorgen bereitet, was uns glücklich macht und was sich richtig oder falsch anfühlt. Wir lernen uns besser kennen, stärken somit unsere Intuition und gelangen zu einer stärkeren Entfaltung unseres „würdevollen Selbst". Würdevoll können wir meiner Ansicht nach nur sein, wenn wir uns unserer Werte bewusst sind. In einer Unterhaltung mit einer engen Freundin habe ich das Thema der Wertedefinition erstmalig wirklich beleuchtet. Im Rahmen jenes Abends des Philosophierens über das Leben im Allgemeinen und Besonderen ging es um die Frage der Würde. Wir fragten uns wie wir für uns Würde definieren würden? Was hieß es „würdevoll" zu sein und wie verhält sich jemand der das ist? Dies wiederum führte uns schnell zu dem Ergebnis, dass es davon abhängig ist, was für Werte ein Mensch individuell verfolgt. Denn Würde wird als der innere Wert des Menschen definiert. Im Duden steht:

Würde = Bewusstsein des eigenen Wertes [und dadurch bestimmte Haltung] (Duden 2016a)**.**

Ein wichtiger Pfeiler entlang Ihres Weges zu Ihrem authentischen und würdevollen Selbst ist das Leben Ihrer Wertvorstellungen. Sie sind es, die uns inmitten der schnelllebigen Zeit, wie wir sie heute wahrnehmen, Wurzeln geben. Ohne Wurzeln keine Ruhe in der Beschleunigung. Ein Baum hat viele Äste, aber die Kraft dafür zieht er aus seiner Wurzel. Vielleicht erinnern Sie sich auch an die berühmten Zeiten aus „Der Alchimist": „Ein Hirte reist gerne, aber er vergisst nie seine Schafe" (Coelho 2013).

Werte sind zudem etwas, das Maschinen nicht haben. Daher ist es umso wichtiger, in stark technologisch getriebenen Zeiten menschliche Werte zu erhalten. Gerd Leonhard, der sich als professioneller Speaker und Autor für „Digitale Ethik" einsetzt, beschreibt es sogar noch drastischer: „If we maintain that technology does not (and will not) have ethics, it would probably be downright stupid for anyone to expect that any current or future software program, machine, or robot would be able to act based on human morals, values, or ethics. Thus, the morals of machines will emerge as a major factor in the future of humanity, and the issues around what I call Digital Ethics will quickly become more essential as technology spirals into the future" (Leonhard 2016a, S. 86).

Was sind also Ihre fünf Top-Werte? Was sind die Wertvorstellungen, die Ihnen wichtig sind?

Um hier tiefer einzusteigen, möchte ich den Begriff der Werte oder auch Wertvorstellungen genauer beleuchten. „Wertvorstellungen (Werte) sind erstrebenswerte und subjektiv moralisch als gut befundene Eigenschaften, Qualitäten oder Glaubenssätze. Aus festgelegten und gewichteten Werten (Normen) resultieren, Denkmuster, Handlungsmuster und Charaktereigenschaften sowie Ergebnisse mit gewünschten Eigenschaften" (Wertesysteme 2016). Ich sehe Werte ein bisschen wie den Motor im Auto. Es ist das, was uns treibt.

„Was sind zum Beispiel Werte?", mögen Sie vielleicht fragen. Dies ist eine durchaus berechtigte Frage, die wir uns leider viel zu selten stellen. Werte sind Substantive, die moralisch gut empfundene Charaktereigenschaften verkörpern. (Wertesysteme 2016). Und unsere Werte richten sich auf das aus, was wir wollen (Wertesysteme 2016). Es ist nicht schlimm, wenn Ihnen nicht direkt Ihre fünf Werte einfallen. Sie sind damit bei Weitem nicht alleine. Im Rahmen eines Vortrags, den ich kürzlich auf einer Konferenz halten durfte, habe ich das Publikum gefragt, wie viele der Anwesenden ihre Top-Werte kennen. Wenn ich mich recht erinnere, haben genau zwei Menschen die Hand gehoben. Alle anderen schauten eher verschämt oder auch grübelnd zu Boden. Das ist nichts Schlimmes. Es ist einfach nur schade, denn mit einem klaren Wertesystem können wir viel Klarheit erlangen und auch zielstrebiger und fokussierter handeln. Das Bewusstsein dessen, was uns wichtig ist und wir als „wert"-voll erachten ist Teil der Achtsamkeit.

Hier ein beispielhafter Auszug einiger Werte (es gibt noch viele mehr):

Leidenschaft, Nächstenliebe, Großzügigkeit, Erfolg, Ehrlichkeit, Vertrauen, Empathie, Zuverlässigkeit, Geborgenheit, Liebe, Anerkennung/Wertschätzung, Respekt, Freiheit/Unabhängigkeit, Sportlichkeit, Sinn, Kreativität, Abenteuer, Beliebtheit, Harmonie, Authentizität, Reichtum, Gastfreundschaft, Wachstum, Höflichkeit, Humor, Gelassenheit (Ziele 2016).

Sind Sie bei dem einen oder anderen Begriff spontan stehen geblieben? Wichtig bei Ihrer persönlichen Werbedefinition ist es zu bedenken, dass es verschiedene Wertekategorien gibt, je nach Lebenssituation und -bereich. In einem, wie ich finde, fantastischen Blog-Artikel auf „Ziele sicher erreichen", steht Ihnen ein Test zur Ermittlung Ihrer Werte zur Verfügung, den ich auch selbst durchgeführt habe (Ziele 2016). Ich habe ihn, seitdem ich angefangen habe, mich meiner Werte bewusst zu widmen, selbst schon mehrfach gemacht und ihn auch mit vielen anderen Menschen geteilt. Es ist vielleicht ungewöhnlich für eine Bloggerin, so proaktiv auf einen anderen Blog zu verweisen, aber an

dieser Stelle kann ich einfach nur sagen: Top! Ich gönne den Kollegen liebevoll und wohlverdient den Thron der digitalen Wertesystemermittlung. Im
Rahmen des Tests werden die Werte, nach denen wir leben und streben, in
vier verschiedene Kategorien bzw. Lebensbereiche unterteilt. Die Frage lautet
jeweils: „Was ist mir wichtig in Bezug auf den Lebensbereich xy…"

Die vier Werte-Ebenen
Lebensbereich „Soziale Kontakte"
Lebensbereich „Gesundheit"
Lebensbereich „Job & Karriere"
Lebensbereich „Finanzen"

Überlegen Sie doch einmal, welche Werte Ihnen in den einzelnen Kategorien wichtig sind und beobachten Sie, ob Wiederholungen und Überschneidungen entstehen oder ob Sie sehr unterschiedliche Werte haben in den
einzelnen Kategorien. Ich empfehle Ihnen, Ihre Werte für sich herauszufinden und sich diese am besten auch zu visualisieren, sie also für sich ersichtlich aufzuhängen. Somit prägen sie sich stärker ein und Sie werden merken,
wie viel Klarheit Ihnen das Bewusstsein Ihrer fünf Top-Werte schenken
kann.

Werte-Definitionen sind auch im Business-Umfeld verbreitet.

Meist stehen Marken für bestimmte Werte. Die Werte beeinflussen auch
die Verkaufsentscheidung. Der stärkeren Fokussierung menschlicher Werte
im Geschäftsumfeld, die zum Beispiel auf die Steigerung von Zufriedenheit einzahlen, werden auch von Leonhard herausgestellt: „I believe that we
will need to focus on the truly human values of business, i.e. to transcend
technology. Successful business will no longer be about running a well-oiled
machine; rather it will be about uniquely furthering human happiness"
(Leonhard 2016a, S. 82). Die Technologie, die wir entwickeln, sollte also
auch auf unsere menschlichen Werte einzahlen. Sonst haben wir in Zukunft
wenig, das uns das Menschsein noch genießen lässt. In Bezug auf Ihre Pro-
duktentwicklung und das Angebot Ihrer Dienstleistungen möchte ich Ihnen
zudem gerne noch folgenden Impuls mitgeben: Wenn Sie mehrwertorien-
tierte Dienste und Produkte für die Menschen anbieten möchten, fragen Sie
sich doch auch einmal wie Sie Achtsamkeit darauf anwenden können. Sie
sollten niemals den Menschen und seine Bedürfnisse für ein erfülltes und
glückliches Leben vergessen, der sich hinter der Technologie befindet.

> Wie können wir Dienste und Produkte entwickeln, die Menschen dabei unterstützen achtsamer und glücklicher zu sein, ohne sie nicht noch mit mehr Lärm und Ablenkung zu konfrontieren? Wie können wir Mehrwerte schaffen, die das Leben positiv aufwerten? Wie kann Technologie dabei unterstützen ein glücklicheres Leben zu führen? Das sind meiner Meinung nach die wichtigsten Fragen, die heute im Mittelpunkt der Technologieentwicklung stehen sollten.

Auch in Teams würde ich übrigens die dringende Empfehlung aussprechen, Werte zu prüfen und diese gemeinsam zu erarbeiten. Eine Marke oder auch ein Team, das bestimmte Werte verfolgt, ist aus meiner Erfahrung erfolgreicher als jene, die dies nicht haben. Es gibt ein gemeinsames Verständnis, ein Wertesystem zu etablieren. Sie schaffen damit eine Basis, auf die sich alle einigen. Das ist entscheidend für ein gutes Miteinander und kann zu mehr Produktivität, Freude, Team-Spirit und Erfolg führen. Gerade in Zeiten des Wandels sind klare Wertesysteme, die in Unternehmen und von den Mitarbeitern auch gelebt werden, ein potenzieller Wettbewerbsvorteil geworden. So wird es auch in dem Buch „The Disney Way" beschrieben, das die Erfolgsgeschichte und Methodiken von Walt Disney herleitet: „Thriving in the new economy will never happen without strong values that are embraced by all employees. With these values as an internal compass, employees will provide theirs customers with a unique experience that is not easily Duplicate by others in the marketplace" (Capodagli und Jackson 2007, S. xiii). Durch Wertesysteme entsteht ein höheres Gefühl der Identifikation und der Loyalität Menschen und Firmen gegenüber, die diese Werte respektieren.

Werte sind wie ein Kompass unseres Selbst und unserer Tugenden.

Und auch hier haben wir wieder eine Verbindung zur Achtsamkeit. Denn laut Buddha ist auch Achtsamkeit eine Tugend. „Rechte Achtsamkeit ist die einzige Tugend, die es gibt. Nicht achtsam zu sein heißt irrezugehen. Unbewusst heißt irrezugehen" (Osho 2005, S. 85).

Werte im Team können Sie beispielsweise in einem interaktiven Workshop erarbeiten, indem Sie sammeln, wofür jeder Mitarbeiter individuell steht und was ihm wichtig ist. Entscheidend ist hierbei erst einmal alles aufzunehmen und nicht zu bewerten. Achtsam heißt urteilsfrei zu sein. Dies haben wir im ersten Kapitel dieses Buches bereits besprochen. Im Laufe des Austausches der Werte mit Ihren Kollegen werden Sie vielleicht feststellen, dass sich bestimmte Werte wiederholen, hinter jene

Sie Striche für die Häufigkeit setzen können. Interessant ist aus meiner Erfahrung ebenfalls, dass jeder eine andere Wahrnehmung von Werten hat. Auch bekommen Sie einen guten Einblick, was Ihren Kollegen oder Mitarbeitern wichtig ist. Der eine wünscht sich Kollegialität, der nächste Qualität, der nächste womöglich Verbindlichkeit und wieder ein anderer strebt nach mehr Kreativität. Durch die Entwicklung eines gemeinsamen Wertesystems kommen Sie automatisch zu der Fragestellung, wie Sie diese Werte in die Tat umsetzen können und welche Sie davon bereits leben. Dies führt zu einem Teamgefühl und zu einer gemeinsamen Vision. Das motiviert und setzt neue Kräfte frei. Auch in den Workshops, die sich mit „Socratic Design" beschäftigen, die ich kürzlich besuchen durfte, wird viel mit Werten gearbeitet (Schwab 2016). Das gemeinsame Wertesystem bildet die Grundlage für alle Dialoge und Ideen, die anschließend gemeinsam entwickelt werden. Das Socratic-Design-Prinzip wird beispielsweise von Humberto Schwab und Rudy De Waele durchgeführt, die Sie im Rahmen der Interviews in diesem Buch noch besser kennenlernen werden. In den Gesprächen, die ich mit ihnen geführt habe, geht es ebenfalls viel um Werte und die hohe Relevanz dessen – gerade jetzt (sehen Sie bitte Kap. 7 „Stimmen aus der Praxis").

Seit ich bewusst nach meinen Werten lebe, bin ich fokussierter und habe mehr innere Ruhe gewonnen. Ich weiß, was mir wirklich wichtig ist. Dadurch verliere ich nicht so schnell den Überblick in der Reizüberflutung. Ein klares Wertesystem hat auch meine zwischenmenschlichen Beziehungen verbessert. Es hat dazu geführt, dass ich besser verstehe, warum mit bestimmten Menschen Auseinandersetzungen entstehen. Dies ist nämlich oft darin begründet, dass sie schlicht und einfach andere Werte haben. Mit Menschen, mit denen eine starke Überschneidung der Wertvorstellungen hingegen besteht, habe ich selten Auseinandersetzungen.

Wenn Sie die Werte Ihres Gegenübers kennen, können Sie besser kommunizieren.

Das hilft Ihnen auch im Vertrieb und in Geschäftsbeziehungen, wie Sie es im Interview mit Karina Leute, Director Marketing Partnerships Hotel Reservation Services, in diesem Buch lesen können. Sie erklärt dort, wie wir sogar von „werte-orientiert" zu „wertschöpfend" gelangen können (sehen Sie bitte Kap. 7 „Stimmen aus der Praxis"). Ich finde, dies ist ein gutes Beispiel dafür, wie unsere Werte auch unseren Erfolg beeinflussen können. Dies bringt mich zu dem folgenden Thema:

Geld als Wert und die Definition von Erfolg

In einer längeren Unterhaltung habe ich mich vor einiger Zeit mit engen Vertrauten offen über die Frage ausgetauscht, ob „Geld" eigentlich auch ein Wert ist? Die Meinungen gehen hier sehr auseinander. Ich persönlich vertrete die Meinung, dass Geld das Resultat eines Wertesystems sein kann, nicht aber ein Wert selbst. Wenn ich mich zum Beispiel nach einem tollen Urlaub sehne, dafür aber kein Geld habe, so ist das Geld nicht der Treiber (Wert), sondern das Mittel, das ich dafür benötige. Der Wert hinter dem Wunsch und der Sehnsucht des Reisens wäre aus meiner Sicht eher der der Freiheit, des Abenteuers, der Ruhe oder gar der Selbstverwirklichung. Unsere Werte treiben uns intrinsisch und lassen uns voller Tatendrang weiterschreiten. Sie sind der Motor. Das Geld wäre der fahrbare Untersatz, der uns dabei unterstützt, diese Werte auch zu leben.

Ich habe beispielsweise „Wachstum" als einen meiner fünf Werte. Ich genieße es, Neues zu lernen und mir anzueignen. Meine Mutter sagt immer: „Es gibt keinen Menschen, der so viele Dinge tut und Zertifikate hat, wie meine Tochter. Sie hat schon als Teenager dreimal Abitur gemacht." Da ist sicher was Wahres dran. Was mich aber treibt, ist nicht das Zertifikat an der Wand, sondern das Neue, das ich mir aneignen kann. Natürlich freue ich mich am Ende über ein Zertifikat, da es mich auch stolz macht und daran erinnert, aber der Inhalt, das neu errungene Wissen, das ist wesentlich für mich. Kürzlich habe ich beispielsweise ein Thai-Massage-Training besucht. In Bangkok habe ich einen Tag lang über die Kunst der Thai-Massage lernen dürfen (inklusive praktischer Übungen, Theorie und Zertifikat natürlich). Als ich teils ketzerisch gefragt wurde, warum ich dies mache und ob ich nun ein Thai-Massage-Studio eröffnen wolle, habe ich einfach nur mit meinem liebsten Zitat von Steve Jobs geantwortet: „Stay hungry, stay foolish!" – Steve Jobs (The Dignified Self 2016e).

In diesem Zitat liegt für mich der Grundsatz meiner Definition von „Wachstum". Der Hunger, immer etwas Neues lernen zu wollen, hält mich wach und begeistert. Dabei ist es auch ok, sich mal doof anzustellen und „foolish" zu sein oder auch aus Sicht der anderen etwas „Dummes" zu tun. Am Ende des Tages gehe ich meinen eigenen Weg und ich werde wieder etwas gelernt haben. Ich erfahre in diesem persönlichen Wachstum viel Lebensglück und kreative Entfaltung. Um diesem Wert aber nachzukommen, benötige ich natürlich neben dem Faktor Zeit auch materielle Mittel. Denn Schulungen, Fortbildungen und Ähnliches sind bekanntlich selten umsonst. Und hier wären wir wieder beim Thema Geld und der Fragestellung, ob dies ein Wert ist oder eher nicht. In dem geschilderten Beispiel ist der Wert für mich Wachstum. Eines der Mittel, das ich dafür benötige, ist Geld. Es ist aber nicht das Einzige. Denn auch die Offenheit gegenüber Neuem sowie gegenüber der Veränderung und Freiheit sind wichtige Grundsätze und Bausteine dessen. Geld ist nur einer der Mechanismen. Gerd Leonhard setzt Geld in einen ähnlichen Kontext indem er sagt: „Machines don't have ethics and neither does money" (Leonhard 2016a, S. 86).

Für mich persönlich hat der Begriff „Erfolg" mehr Bestand. Erfolg ist natürlich ebenfalls eine individuelle Definitionssache. Für mich setzt sich zum Beispiel Erfolg heute wie folgt zusammen:

Begeisterung + Aktivität + (innere/externe) Wertschätzung = Erfolg

Erfolg ist mir durchaus wichtig, da es mir die Möglichkeiten gibt Teile meine Werte zu realisieren, wie zum Beispiel den des persönlichen Wachstums. Dennoch ist Geld keiner meiner fünf Werte, nach denen ich lebe. In meinem Fall haben sich die Wertvorstellungen über die Jahre auch verändert. Vor einigen Jahren noch, da hatte ich eine Dollarnote in meinem Zimmer hängen. Ja, das ist wahr. Sie können meine Freunde fragen. Heute hängen da stattdessen Fotos von persönlichen Glücksmomenten, die mich inspirieren und motivieren Dinge voran zu bringen. Ein Foto, das ich auf Leinwand gezogen habe, zeigt mich zum Beispiel, wie ich im Meer von Thailand in den Sonnenuntergang schwimme, nachdem ich den ganzen Tag an diesem Buch geschrieben habe. Das sind Momente, die mich morgens mit einem Lächeln aufstehen lassen und mit diesem Lächeln geht dann auch vieles andere leichter von der Hand.

Vielleicht ist Geld einer Ihrer fünf Werte und das ist ebenfalls völlig in Ordnung. Ich kenne viele Menschen, bei denen das so ist. Ich sehe das vollkommen wertfrei. Ich denke, es ist einfach wichtig, sich darüber klar zu werden, was uns treibt und motiviert. So auch in unserem Business-Alltag. Natürlich müssen Sie als Wirtschaftsunternehmen Geld verdienen. Das ist sowieso klar. Mir geht es nicht anders als Unternehmerin. Und ich weiß, wir können nicht alle von Luft und Liebe leben. Ich denke, aber auch hier steht die Leistung bzw. Produkt sowie der Mensch, der sie als wertvoll erachten soll, im Fokus. Wenn Sie zum Beispiel erfolgreich ein Produkt im Markt platzieren möchten, so sollte doch vor allem der Mehrwert des Produkts deutlich werden, oder? Denn wenn dieser hoch genug ist und auch von

Ihren Nutzern oder Kunden als solcher wahrgenommen wird, dann werden Sie auch Geld verdienen. Das kommt dann ganz alleine. Denn Qualität hat eben seinen Preis. Aber vielleicht ist Ihr Wert ja dann Qualität und nicht Geld? Was meinen Sie?

Denken Sie doch einmal darüber nach.

3.5   Der Human-Scrum-Ansatz: Achtsamkeit als agiles Konzept

Die Umarmung des Wandels und die Begrüßung der stetigen Veränderung sind wichtige Zutaten unserer modernen Rezeptur. Dies beschreibe ich gerne mit dem Begriff der Agilität. Und damit ist nicht nur die Agilität in Bezug auf Produkte, Software oder Methodologien gemeint, sondern vielmehr die persönliche Agilität und Beweglichkeit. Eine Beweglichkeit im Gehirn erfordert Training. Wie auch der Körper, muss auch der Kopf trainiert werden. Bei ständiger Veränderung kann es sein, dass uns mal der Fokus aus den Augen gerät, aber auch hier kann Achtsamkeit helfen. Denn Meditation ist ein mentales Fitnesstraining.

Agile Softwareentwicklung betrachtet Wandel als Chance, während die klassische Softwareentwicklung Wandel eher als ein Risiko einstuft. „Agilität bedeutet aber nicht, nur Wandel zu akzeptieren. Agilität geht einen Schritt weiter und fordert Wandel, wenn dies sinnvoll erscheint. Dies kann vorteilhaft sein, zum Beispiel, wenn man einen Wandel auslöst, dem die Konkurrenz nicht oder nur unter hohem Aufwand folgen kann. Wandel der Anforderungen kann sinnvoll sein, wenn sich durch die geänderten Anforderungen und die entsprechend realisierte Software höhere Geschäftswerte realisieren lassen" (Emergenz 2016).

Agilität konzentriert sich auf die aktuell vorliegende Situation und Problemstellung (Gegenwart) statt einem Plan zu folgen, der vielleicht mittlerweile gar keinen Sinn mehr ergibt und dadurch veraltet erscheint (Fokus Vergangenheit).

Die agile Softwareentwicklung hat in Zeiten der digitalen Transformation in vielen Unternehmen Einkehr gefunden, da die Flexibilität und Akzeptanz der Veränderung als sinnvoll und zeitgemäß erachtet wird. „Akzeptiert man eine sich wandelnde Welt, dann bedeutet dies nicht, dass jede Planung sinnlos ist. Man ist sich vielmehr bewusst, dass Pläne keine Vorwegnahme der Zukunft sind, sondern lediglich eine Hypothese der zukünftigen Entwicklung darstellen." (Emergenz 2016). Ähnlich ist es auch mit der Achtsamkeit. Auch sie konzentriert sich auf die Gegenwärtigkeit und nicht auf die Zukunft oder Vergangenheit. Warum also geben wir der Technologie und der Software die Freiheit und Souveränität, sich im Jetzt gestalten und entfalten zu dürfen, fordern aber von uns Menschen immer alles nach Plan und in weiser Voraussicht machen zu müssen?

Ken Schwaber, der auch „Scrum" entwickelt hat (eine Form der agilen Softwareentwicklung) ist ebenfalls einer der Vertreter und Autoren des sogenannten „Manifests agiler Software Entwicklung" (Agile Manifesto 2016). Als Scrum-Master habe ich die Methodik der agilen Softwareentwicklung erlernt und sie in großen Digitalprojekten anwenden dürfen. Mal ging es um eine Website, die einen „Relaunch" erfahren sollte, mal um eine App, die programmiert wurde. Trotz agiler Methodik und somit der Offenheit gegenüber der Veränderung und verschiedener „Projekt-Iterationen" hat die Anwendung von Scrum meist Ruhe in die Teams gebracht. Ich denke, dies liegt an den Ritualen und an den Strukturen, die in dieser Methodik gelebt werden. Diese geben dem Team Halt und zudem eine hohe Transparenz und Freiheit. Das „Agile Manifesto" zeichnet sich unter anderem durch folgende Werte aus (Agile Manifesto 2016):

> **Grundgedanken des Manifests agiler Softwareentwicklung (Agile Manifesto 2016)**
>
> - Individuen und Interaktion [zwischen den Individuen] sind wichtiger als Prozesse und Werkzeuge.
> - Funktionierende Software ist wichtiger als umfassende Dokumentation.
> - Kundenzusammenarbeit ist wichtiger als Vertragsverhandlungen.
> - Auf Änderungen zu reagieren ist wichtiger als einem Plan zu folgen.

Wenn wir diese Werte nun auf uns Menschen übertragen, werden wir feststellen, dass der Fokus hier stark auf der zwischenmenschlichen Kommunikation, Kollaboration, Praxis und Erfahren statt Theorien und Studieren, sowie auf der Gegenwart statt auf der Vergangenheit liegt. Ich stelle daher die These auf, dass Achtsamkeit und das Agieren aus dem Jetzt heraus die menschliche Form der agilen Softwareentwicklung ist.

Das Handeln aus der Gegenwart heraus, in der der Mensch die „laufende Software" ist, nenne ich den „Human-Scrum-Ansatz". Es ist die Idee, Achtsamkeit als ein agiles Konzept zu betrachten.

Das was gestern noch ein toller Plan war, könnte heute anders aussehen. Mit Achtsamkeit werden wir es erkennen, wenn dies der Fall und dieser Moment da ist. Wir begrüßen den Wandel und die neue Gegebenheit in dem Moment, in dem sie entsteht. Im Jetzt treffen wir die Entscheidung, die die erlebte Situation erfordert. Hier sind wir agil und beweglich. Dieses Recht räumen wir schließlich auch einer Software ein, zumindest, wenn wir uns in der agilen Softwareentwicklung befinden. Wenn wir jedoch glauben, an alten Gedankenmustern und Glaubenssätzen festhalten sowie alles wochenlang vorausplanen zu müssen, engen wir uns selbst ein. Zeiten des Wandels erfordern schließlich Beweglichkeit.

Achtsamkeit ist zwar eine Methodik der Konzentration, zum Beispiel: indem wir unseren Fokus auf unseren Atem richten. Sie heißt aber nicht, dass wir uns auf nur eine Sache versteifen sollen. Es geht um die Fähigkeit, mit Offenheit und beobachtend durchs Leben zu gehen. Natürlich sollten Sie darauf achten, was Sie tun, aber Sie sollten sich nicht ausschließlich darauf konzentrieren, weil einem sonst Chancen entgehen (Harvard Business Manager 2014, S. 41).

Wie können Sie den Human-Scrum-Ansatz auf sich anwenden?

Es gibt verschiedene Aktivitäten in Scrum, wie zum Beispiel der Sprint (Zyklus). Er geht in der Regel ein bis vier Wochen. Ein Sprint wird nicht verlängert. Er ist vorbei, wenn die Zeit um ist. Am Ende Ihres „Human-Sprints", dessen Dauer Sie selbst festgelegt haben (zwischen ein bis vier Wochen), schauen Sie sich an, wo Sie stehen und ziehen eine Bilanz in Ihrem persönlichen „Human-Sprint Review" sowie in der anschließenden Retrospektive. In jedem „Sprint" Ihres Lebens, dürfen Sie weiter an sich feilen und sich neue Features aussuchen, die Ihr Produkt – nämlich Sie selbst – haben darf.

Zudem gibt es sogenannte Daily-Stand-ups in der agilen Softwareentwicklung, die täglich für 15 min als Tagesbeginn angesetzt werden. Diese Routine ist im Geschäftsumfeld übrigens eine hervorragende Möglichkeit Achtsamkeit zu üben, indem Sie in dieser Zeit sehr achtsam zuhören. Ich habe selten so effiziente Meetings erlebt wie in diesen 15 min, nur weil alle Teilnehmer etwas bewusster kommunizieren.

Diesen Daily-Stand-up können Sie sich beim Human-Scrum-Ansatz nun selbst widmen. Dies tun Sie, indem Sie sich jeden Tag 15 bewusste Minuten schenken. In diesen stellen Sie sich die üblichen Fragen dieser Aktivität, nur angewandt auf Sie selbst. Gestalten Sie die drei nachfolgenden Fragen mit Inhalten Ihres eigenen Lebens. Die Aktivitäten, die Sie auswählen, sollten ausschließlich aus Dingen bestehen, die Ihnen persönlich guttun. Vergessen Sie bitte nicht, dass Sie selbst die Software sind, die Sie nun designen dürfen.

Daily Human-Scrum Fragen: Anwendung der klassischen „Daily-Scrum"-Fragen auf den Menschen (Scrum 2016)

1. Was habe ich seit meinem letzten Daily Human-Stand up für mich getan?
Bewusstsein nach innen richten und reflektieren.
Beispiel: ich habe Sport gemacht, ich habe mich um meine Familie gekümmert, ich habe meditiert, ich habe philosophiert, ich war beim Yoga, ich habe gemalt, ich habe ein Buch gelesen, ich habe einen Spaziergang gemacht, ich habe Gitarre gespielt, ich habe etwas Leckeres gekocht... usw.

2. Was plane ich, bis zu meinem nächsten Daily Human-Stand up zu tun?
Der Fokus liegt hierbei auf heute. Besser noch: Was tun Sie jetzt?
Beispiel: Ich möchte ein paar Minuten länger meditieren, ich konzentriere mich auf meinen Atem, ich gönne mir eine kleine Auszeit und vertrete mir die Beine, etc.

3. Was hat mich bei der Erfüllung behindert (sogenannte „Impediments" in Scrum)?
Zeit der Reflexion und des Bewusstwerdens. Dies schult, auch über den Tag mehr darauf zu achten und den Fokus immer wieder auf die Gegenwart zu lenken. Beispiel: Mein Chef, meine Arbeit, ich habe verschlafen, ich habe die Bedürfnisse einer anderen Person priorisiert, ich fühlte mich nicht gut, etc.

Beobachten Sie die Ergebnisse Tag für Tag. Vor allem die dritte Frage wird interessant, denn hier können Sie Ableitungen für sich treffen, was und wer Ihnen gut und weniger guttut. Hierdurch können Sie eine Bewusstseinsschärfung herbeiführen – ihre persönliche Qualitätssicherung – um im Software-Jargon zu bleiben. Genauso wie wir unsere Achtsamkeitspraxis als agiles Konzept verstehen können, so denke ich auch Folgendes:

Meditation ist agil.

Hier gibt es kein falsch oder richtig und sicher keinen planbaren Zustand, den Sie erreichen werden, wenn Sie dies oder jenes tun. Wichtig ist, dass Sie nicht so viel darüber nachdenken, sondern es einfach tun! Denn wie das Agile Manifesto sagt: „Funktionierende Software ist wichtiger als umfassende Dokumentation" (Agile Manifesto 2016). Ich habe nach wie vor Tage, da fällt mir meine Meditationspraxis schwerer. Neulich hatte ich zum Beispiel einen solchen Tag. Den ganzen Tag war ich beruflich nur durchgetaktet. Ein Meeting nach dem anderen, Deadlines, Telefonate, Präsentationen. Von dem letzten Termin hetzend fuhr ich dann direkt von der Arbeit zu einem Meditationskurs, was ich nach wie vor gerne tue, da es mir für meine Disziplin hilft, einen festen Termin zu haben. Auch die gemeinsame Meditationsstimmung empfinde ich als angenehm.

> Ich stürmte also in den Raum und es ging direkt los mit der Meditation. Ich schloss die Augen und alles, was an dem Tag passiert war, flackerte immer wieder vor meinem inneren Auge auf: E-Mails, Gespräche, Termine, Dinge, die ich noch erledigen musste. Zudem merkte ich wie müde ich war.
> Irgendwann konzentriere ich mich nur noch auf meinen Atem und fing an, ihn zu zählen: Einatmen – 1. Ausatmen – 1. Einatmen – 2. Ausatmen – 2. Einatmen – 3. Ausatmen – 3. Bei dieser Achtsamkeitsmeditation geht es darum bis zehn zu zählen, also zehn Mal bewusst nur ein- und auszuatmen. An jenem Tag erwischte ich mich aber immer wieder dabei, wie ich spätestens ab dem vierten Atemzug gedanklich schon wieder woanders war. Also fing ich von vorne an: Einatmen – 1. Ausatmen – 1. usw. Irgendwann schaffte ich es zur 10 (und fing wieder bei 1 an) und siehe da, Entspannung machte sich breit. Der Stress des Alltags fiel plötzlich von mir ab.

Was ich damit sagen möchte ist, auch Meditation ist keine automatisierbare Angelegenheit. Oder haben Sie schon mal einen meditierenden Roboter gesehen?

Meditation ist nicht planbar und nicht jeden Tag gleich. Meditation ist agil. Sie widmet sich dem, was da ist – und das wertfrei. Mal wird es uns leichter fallen und mal brauchen wir vielleicht etwas länger, um einen Zustand der Ruhe zu erreichen. Das ist auch okay. Wir befinden uns hier schließlich nicht in einem Wettbewerb, sondern tun uns etwas Gutes, zum Beispiel zur Stressreduktion.

Wie der Dalai Lama so schön sagt: „Wir müssen (…) unsere mentalen Belastungen, wie zum Beispiel Stress, Ängste, Frustrationen, überwinden. Deshalb brauchen wir eine tiefe Ebene des Denkens. Das verstehe ich unter Achtsamkeit, also das tiefgründige Denken und Fühlen, und das ist hier sehr wichtig" (Lama 2015, S. 33).

Es gibt keine Software-Entwicklungsformel, die wir durchgeplant und strategisch im Wasserfall-Modell auf uns selbst anwenden dürfen, um uns „erleuchtet" zu fühlen.

Von einem deutschen Intellektuellen wurde der Dalai Lama einmal danach gefragt, wie er am schnellsten zur Erleuchtung gelange. Der Dalai Lama antworte lachend: „Am besten gehen Sie zum Arzt und lassen sich eine Spritze geben." (Lama 2015, S. 51)

3.6   Das Walt-Disney-Modell als Werkzeug für Kreativität

Kreativität wird in 2020 zu den wichtigsten Fähigkeiten im Arbeitsleben gehören. Dies prognostiziert das Work Economic Forum im Future of Jobs Report (WeForum 2016). Ich möchte Ihnen daher eine Kreativitätstechnik an die Hand geben, die Sie als mögliches Werkzeug zur Förderung von Kreativität nutzen können: Das Walt-Disney-Modell.

Im Rahmen des Kap. 2 „Die 7 Ebenen der Achtsamkeit" haben Sie bereits Einblicke in die Technik des neurolinguistischen Programmierens erhalten. Im Rahmen von NLP begegnen Sie ebenfalls dem „Walt Disney Modell". Es handelt sich hierbei um ein Rollenspiel für die Kreativitätstechnik. Diese Methode kommt heute vermehrt im Business-Umfeld zum Einsatz. Zunächst aber ein paar Informationen zu Walt Disneys Art zu führen. Walt Disney, der große Geschichtenerzähler und Innovator, ist bekannt dafür, dass er seine Träume Realität werden ließ. Er schaffte es immer wieder seine Visionen effektiv in Geschichten zu artikulieren, die auch andere erreichten (Capodagli und Jackson 2007, S. 17). Walt Disney hat einen Kompass, auf denen er seinen Erfolg begründet. Dieser Kompass ist auch als „The Disney Way" bekannt (Capodagli und Jackson 2007, S. xi):

> **The Disney Way (Capodagli und Jackson 2007, S. xi)**
> 1. Dream beyond the boundaries of today.
> 2. Believe in sound value.
> 3 Dare to make a difference.
> 4. And then just go out and do it: Dream, Believe, Dare, Do.

> **Das Walt-Disney-Modell**
> Stellen Sie sich drei Charaktere vor: Der Träumer, der Realist und der Kritiker (Ideenfindung 2016). Jeder von ihnen hat eine andere Perspektive und einen anderen Charakter. Den Träumer können Sie sich zum Beispiel als Mickey Mouse, den Kritiker als Dagobert Duck und den Realisten bzw. Umsetzer als

Daniel Düsentrieb vorstellen. Die Methode basiert auf dem Zusammenspiel von diesen drei unterschiedlichen „Rollen" (Ideenfindung 2016):

1. Träumer (Visionär, Ideenlieferant)
2. Realist (Realist, Macher)
3. Kritiker (Qualitäts-Manager, Controller)

„Disney unterstützte das Rollenspiel, indem er für jede einzelne Rolle – die des Träumers, des Realisten und des Kritikers – sogar jeweils einen eigenen Raum in seiner Firma schuf, der entsprechend der Rollen eingerichtet war" (Ideenfindung 2016). Der Verlauf des Rollenspiels kennzeichnet sich dadurch, dass Teammitglieder nacheinander in eine der drei Rollen und dessen Charaktere schlüpfen, ohne vorher die Frage- oder Problemstellung zu kennen. In der Träumerrolle sollten Sie an alle positiven und schönen Momente in Ihrem Leben denken. Träumer nutzen primär ihre rechte Gehirnhälfte. Fragen Sie sich also, wie Sie die Welt aus den Augen des Träumers sehen würden, wenn alles möglich wäre und es keine Grenzen gäbe? Sie dürfen hier fantasieren und ein bisschen verrückt sein. Denken Sie an einen Moment, in dem Sie sich zum Beispiel verspielt, albern oder kreativ fühlten. Nach einer kurzen Pause geht es weiter zur nächsten Rolle, die des Realisierens. Dort geht es darum, sich an eine persönliche Situation zu erinnern, die Sie praktisch und clever gelöst hatten (Ideenfindung 2016). Abschließend bewegen sich die Teilnehmer des Rollenspiels in die Kritikerecke. Hier sollten Sie sich an eine Situation erinnern, die Sie kritisch analysiert und hinterfragt haben (Ideenfindung 2016).

Nachdem Sie sich nun einmal in die einzelnen Charaktere hineingefühlt haben, geht es um dessen Anwendung auf eine konkrete Problemstellung, die jetzt durch den Moderator bekannt gegeben wird. In der ersten Rolle des Träumers dürfen neue und verrückte Ideen durch die Teilnehmer visualisiert werden, die sich aus jeglichen Grenzen befreien. In der Rolle des Realisten geht es anschließend darum, sich folgende Fragen zu stellen: Was muss getan oder gesagt werden? Was wird für die Umsetzung benötigt (welche Werkzeuge, Techniken, Menschen und Methoden)? Kann der Ansatz getestet werden? (Ideenfindung 2016). Der Realist bewertet nicht, er findet Wege, das Gesagte nach Möglichkeit in die Tat umzusetzen. Erst im letzten Schritt des Rollenspiels bewegen sich die Teilnehmer in die Welt des Kritikers. Er beleuchtet das Ergebnis hinterfragend und setzt sich konstruktiv mit der Idee auseinander. „Die Analyse beinhaltet immer mindestens folgende Fragen: Was könnte verbessert werden? Was sind die Chancen und Risiken?" (Ideenfindung 2016). Wichtig ist es vor allem, dass der Moderator bei diesem Rollenspiel darauf achtet, dass jedes Ergebnis der einzelnen Rollen sich klar von denen der anderen abgrenzt. Nur so kommen Sie zu neuen Erkenntnissen.

Das Walt-Disney-Modell kann so oft durchgeführt und wiederholt werden, bis alle Aspekte und Perspektiven beleuchtet sind. Erst wenn keine weiteren Fragen mehr offen sind, gilt er als abgeschlossen. Diese Methodik können Sie in Ihrem Team oder aber auch für sich selbst jederzeit anwenden. Beobachten Sie achtsam, in welcher Rolle Sie sich selbst meistens im Alltag befinden und bewegen Sie sich bewusst einmal in die anderen Rollen hinein, um neue Lösungsansätze zu finden. Versuchen Sie dazu die Sichtweise des anderen Charakters mittels guter Argumente anzunehmen (Harvard Business Manager 2014, S. 39).

Durch diese unterschiedlichen Perspektiven finden Sie eine gute Lösung, dass auch der Träumer, der Realist und der Kritiker in Ihnen zufrieden ist. Denn wie so oft im Leben, haben sie in gewisser Weise alle irgendwo recht.

Insbesondere die Worte „Dream. Believe. Dare. Do." zeichnen die Disney-philosophie aus. Um diese Grundgedanken auch in Ihr Unternehmen zu integrieren, können Sie die nachfolgenden zehn Schritte anwenden (Capodagli und Jackson 2007, S. 10).

---

10 Grundgedanken der Disneyphilosophie

(Capodagli und Jackson 2007, S. 10; Übersetzung durch Autorin)

1. Geben Sie jedem Mitglied Ihrer Organisation die Chance zu träumen und treten Sie ein in die Kreativität, die diese Träume verkörpern.
2. Bleiben Sie Ihren Überzeugungen und Prinzipien treu.
3. Behandeln Sie Ihre Kunden wie Gäste.
4. Unterstützen, befähigen und belohnen Sie Ihre Mitarbeiter.
5. Bauen Sie langfristige Beziehungen mit Ihren wichtigen Kunden, Partnern und Dienstleistern auf.
6. Gehen Sie kalkulierte Risiken ein, um innovative Ideen umzusetzen.
7. Trainieren und bestärken Sie die Firmenkultur.
8. Bringen Sie langfristige Visionen mit kurzfristigen Aktivitäten in Einklang.
9. Nutzen Sie die „Storyboarding-Technik", um Planungs- und Kommunikationsprobleme zu lösen.
10. Achten Sie auf Details.

Gerade der letzte Punkt bringt uns zurück zum Thema Achtsamkeit. Denn um Details erkennen zu können, müssen wir bewusst hinschauen lernen.

3.7   Mindful Management: Achtsamkeit als Leadership-Mindset

> Wenn Du ein Schiff bauen willst, dann trommle nicht Männer zusammen um Holz zu beschaffen, Aufgaben zu vergeben und die Arbeit einzuteilen, sondern lehre die Männer die Sehnsucht nach dem weiten, endlosen Meer.
>
> – Antoine de Saint-Exupéry

Diese berühmten Zeilen von Antoine de Saint-Exupéry bringen meiner Auffassung nach gute Führung zum Ausdruck. Das Zitat bedient sich hierbei verschiedener Aspekte der Achtsamkeit, wenn wir es genauer betrachten.

Die Ansprache erfolgt auf der Beziehungsebene (Empathie und Werte)

Nicht die faktische Ebene ist in dem Zitat dominierend, sondern die emotionale. Die Sehnsucht des weiten, endlosen Meeres ist der Treiber, der keine weiteren Befehle erfordert. Dies möchte jeder für sich gerne erleben und setzt sich gerne dafür ein. Das Erlebnis steht im Mittelpunkt der gemeinsamen Aktivität. Der emotionale Geist wird in dem Zitat angesprochen, während der analytische, denkende ganz alleine in Gang gesetzt wird. Es bedient sich somit der emotionalen Intelligenz. Die Begegnung Ihrer Mitarbeiter mit mehr Mitgefühl und Empathie kann Sie bei der Führung unterstützen. Diese Fähigkeiten können Sie durch Achtsamkeit stärken. Die Gefühlsebene wird angesprochen, indem die Sinne aktiviert werden. Es entsteht das Bild eines positiven Traums. Eine geteilte Vision, die zusammen durch den inneren Antrieb jedes Einzelnen erreicht werden will. Die Vision des Ganzen deckt sich mit den individuellen Wertvorstellungen (Wertesystem). Jeder Einzelne empfindet eine intrinsische und kollektive Motivation das gemeinsame Ziel zu erreichen, um das weite, endlose Meer wahrhaftig zu spüren. In Zeiten des Wandels ist die Mitarbeit und die Identifikation der Menschen mit dem was sie tun erfolgsentscheidend. „Never is employee participation more important than when a company decides to embark a program of change" (Capodagli und Jackson 2007, S. 22). Sie benötigen in Zeiten der digitalen Transformation die Unterstützung Ihrer Mitarbeiter und Kollegen. Dies können Sie fördern, indem Sie einen gemeinsamen Traum verfolgen, wie zum Beispiel den des endlosen Meeres wie in dem beispielhaften Zitat von Saint-Exupéry. „Wer achtsam ist, bringt mehr Verständnis für das Verhalten von Mitmenschen auf" (Harvard Business Manager 2014, S. 38). Die Achtsamkeit auf der Beziehungsebene hilft Ihnen dabei, Ihre Mitarbeiter genauer kennenzulernen und ihre Träume, Werte, Beweggründe und Motivationen zu erfassen. Die Ermittlung gemeinsamer Wertvorstellungen ist ebenfalls ein wichtiger Grundsatz einer gemeinsamen Identifikation. Diese wurden bereits im Abschn. 3.4 „Werte und Würde" behandelt.

Achtsame Kommunikation

Das Ziel ist deutlich verstanden worden. Am Beispiel des Zitates ist das gemeinsame Ziel, ein Schiff zu bauen. Es ist wichtig, dass jederzeit vollkommene Klarheit über das gemeinsame Ziel besteht, das verfolgt wird. Das ist eine wichtige Aufgabe als Führungskraft, um auch zum Ziel zu gelangen. Dies können Sie sicherstellen, indem Sie regelmäßig Ihr Ziel und Ihre Mission im Team erfragen. Der Empfänger nimmt teilweise andere Informationen wahr als der Sender. Das kann durch achtsame Kommunikation überprüft werden.

Manifestation in der Gegenwart

In dem Zitat wird die Gegenwart fokussiert, der Traum vom Meer und die Sehnsucht danach wird im „Jetzt" manifestiert. Es heißt nicht: „Wenn Sie das Schiff gebaut haben, dann werden Sie die Welt bereisen". Die Sehnsucht nach dem Meer wird bereits heute erlebbar. Dies ist eine Methodik der Manifestation und Erschaffens, die ich bereits im Bereich der 7 Achtsamkeitsebenen beleuchtet habe. Wichtig ist es den Fokus auf der Gegenwart zu belassen. The Guardian beschreibt Achtsamkeit in einem Beitrag wie folgt: „Mindfulness is about learning to direct our attention to our experience as it unfolds, rather than ‚living in our heads'" (2016). Die Theorie der Achtsamkeit besteht darin, dass wir durch die starke Verbindung mit der Gegenwart und durch das ruhige Beobachten der Gedanken, Gefühle und Gegebenheiten uns dessen bewusster werden. Achtsamkeitspraktizierende werden somit besser darin diese zu managen und zu kontrollieren (The Guardian 2016).

Freiraum für die persönliche Wahrnehmung und Entfaltung

Es wird nicht vorgegeben, wie das Schiff zu bauen ist, sondern wie es sich anfühlen wird, wenn es auf dem weiten Ozean gleitet und wie es ist, das weite Meer damit zu bereisen. Es geht weniger um das „Wie" als um das „Was". Es kontrolliert nicht, lässt los und vertraut. Damit entsteht Spielraum für Kreativität und Fantasie.

Offene, urteilsfreie Haltung

Sie geben als Führungskraft zwar die Marschrichtung an, aber Sie sind vermutlich kein Zeitreisender. Es ist (derzeit) unmöglich sicher zu wissen, was die Zukunft bringt. Der Fokus sollte daher auf der Gegenwart liegen und in dem Annehmen verschiedener möglicher Wege zu einem Ziel. Dies inkludiert auch die „Challenges", die uns auf unserem Weg in die Zukunft begegnen, denn achtsame Menschen wissen, dass Herausforderungen Impulse des Neuen sind. Sie lernen gerade diese Lösungen zu finden. „Achtsame Menschen lernen, ihre Angst zu moderieren" (Zukunftsinstitut 2016a). Das ist eine wichtige Führungsqualität.

Perspektivendenken

Durch Achtsamkeit werden Sie Ihr Perspektivendenken stärken und andere Perspektiven und Wahrnehmungen akzeptieren – sei es nun A, B, C oder D. „Jeder Ausgang der Situation bringt andere Chancen und Herausforderungen mit sich" (Harvard Business Manager 2014, S. 38). Und jede Perspektive kann eine Version der Wahrheit sein. Machen Sie sich hier zum Beispiel die Walt-Disney-Methode zunutze.

> Um Ihre Achtsamkeit im Business-Alltag zu üben, stellen Sie sich zum Beispiel vor, dass Ihre Kollegen und Mitarbeiter Ihre Gedanken sehen können. Insbesondere dann, werden Sie sich vermutlich Ihrer Gedanken bewusster.
>
> Eine weitere Übung ist es zu versuchen mindestens drei Dinge an Ihrem Gegenüber bewusst wahrzunehmen. Zudem kann es nützlich sein, sich folgenden Tricks zu bedienen: Versuchen Sie fünf neue Dinge an Menschen zu beobachten, mit denen Sie sich üblicherweise umgeben (Huffington Post 2016b).

Führungskräfte haben eine wichtige Vorbildfunktion – auch in Bezug auf Technologie: Dies sollte auch den achtsamen Umgang mit Technologie inokulieren und Grenzen der ständigen Erreichbarkeit und der Freiheit zulassen. Sonst brennen Ihre Mitarbeiter vermutlich bald aus. „In der vernetzten Wirtschaft verschmelzen die Grenzen zwischen Arbeitszeit und

Freizeit. Dabei müssen Unternehmen auch neue Auszeiten und Ruhezonen für ihre Mitarbeiter finden" (Zukunftsinstitut 2016b). Wir erfahren eine Art „Work-Life-Blending" wie es das Zukunftsinstitut nennt oder auch „Work-Life-Integration" wie es im Harvard Business Manager zitiert wird (Zukunftsinstitut 2016b; Harvard Business Manager 2016, S. 38). Die Festlegung von Ort und Zeit und das Anhaften an Nine-to-Five-Modellen sind hierbei veraltet, denn wir leben in einer ort- und zeitunabhängigen Welt. Wissensarbeit ist keine Fließbandarbeit, die sich an geregelte Zeiten oder an fixe Orten binden lässt (Zukunftsinstitut 2016b). Sie benötigt Agilität und Freiraum.

Agilität ist ein weiteres wichtiges Stichwort. Das ist in Zeiten des Wandels eine wichtige Fähigkeit. Vermehrt begegnen wir in der Presse und in Blogs dem Begriff „Self-Leadership-Agility". Die Agilität wird ebenfalls dem Begriff der Achtsamkeit zugeordnet. Christina Bösenberg, Wirtschaftspsychologin, Expertin für die Arbeitswelt der Zukunft und Beraterin für Change Management, beantwortet die Frage, welche Führungskompetenz Manager brauchen, die den vielfältigen Anforderungen der heutigen schnelllebigen Welt gegenüberstehen, insgesamt wie folgt: „Im oberen Management großer Unternehmen beobachte ich folgende notwendige Zukunftskompetenzen: Ergebnisoffene Prozesse gestalten, Sinnhaftigkeit und Gesamtbild von Arbeit vermitteln, offene Wahrnehmung & soziale Intelligenz (Beziehungsfähigkeit), schnelles Reaktionsvermögen, globale innere Ausrichtung (Diversity, Zeit, Flexibilität), Reflexionsfähigkeit und als Basis von allem: Self-Leadership Agility, also Achtsamkeit" (Bösenberg 2016). Hierbei definiert sie „Self-Leadership Agility" wie folgt: „Die schöne eingedeutschte Self-Leadership Agility bezeichnet in der Business-Sprache die kontinuierliche persönliche Weiterentwicklung. Sie basiert auf der zugrunde liegenden Fähigkeit, innere Präsenz und damit Reflexionsfähigkeit für sich zu halten. So kann man beispielsweise mit ergebnisoffenen Situationen entspannt umgehen und flexibel reagieren. Das zuvor angesprochene Verständnis vom menschlichen Verhalten beginnt bei sich selber – mit der Praxis der Achtsamkeit – und öffnet dann Türen für unerwartete Potenzialentfaltung" (Bösenberg 2016).

Ich lade Sie dazu ein, das Agile Manifesto auch ein Stück weit auf sich selbst anzuwenden. Und sich auch selbst ein bisschen wie eine „laufende Software" zu betrachten, die sich verändern und entwickeln darf – und zwar jederzeit und jetzt.

Weitere Gedanken dazu bitte ich Sie dem Abschn. 3.5 „Human-Scrum-Ansatz – Achtsamkeit als agiles Konzept" zu entnehmen, falls Sie dieses zuvor übersprungen haben sollten. Ich weiß ja wie das ist in unserem „Zeitalter der Ablenkung" (Babauto 2010).

Gerade Führungskräfte müssen aus meiner Sicht lernen achtsam zu sein. Viele sehr erfolgreiche Menschen meditieren. Das hat einen guten Grund, wenn wir uns all die positiven Auswirkungen dessen vor Augen führen, die im Rahmen dieses Buches bereits thematisiert wurden. „Mindful Management" und somit die Führung mit Achtsamkeit ist aus meiner Sicht ein „Must-have" geworden, denn:

„Unachtsamkeit kann man sich nur leisten, wenn zwei Bedingungen erfüllt sind: Man muss bereits den besten Weg gefunden haben, eine Arbeit zu erledigen, und alles muss unverändert gut laufen" (Harvard Business Manager 2014, S. 40). Diese zwei Bedingungen sind jedoch selten erfüllt.

3.8   Mobile Mindfulness: Mobile Apps für mehr Achtsamkeit im Alltag

Wenn es darum geht, Achtsamkeit auch im Alltag zu kultivieren, bietet sich natürlich auch unser allgegenwärtiger Weggefährte, das Smartphone, an. Und das Schöne ist, das haben auch andere bereits erkannt und kräftig Lösungen entwickelt. Also auch hier gilt: Da gibt es eine App dafür!

Die Zahl an Gesundheits-Apps ist in den letzten Jahren deutlich gestiegen (Bitkom 2016d). In den App Stores von Google und Apple tummeln sich mittlerweile so einige Applikationen, die den Fokus auf Achtsamkeit setzen. Sie erfahren mehr und mehr Beliebtheit. Alles, was das Thema Achtsamkeit positiv beeinflusst und sich dafür Technologie zunutze macht, fasse ich unter dem Sammelbegriff: „Mobile Mindfulness" zusammen. „Mobile" für mobile Endgeräte und „Mindfulness" als englischen Begriff für Achtsamkeit (vgl. Abb. 3.6).

Es gibt Apps und sogar erste Geräte, Wearables und Smart Jewelry. Das sind internetbasierte Dinge, wie zum Beispiel Armbänder oder Uhren, die mit einer App kommunizieren und Daten ausliefern über das Wohlbefinden Ihres Körpers. Es gibt natürlich auch Webseiten, die Tipps liefern und für ein paar Minuten der Achtsamkeit nützlich sein können. Zu den Anwendungen im Mobile Mindfulness-Segment zähle ich alle Anwendungen, die auf die 7 Ebenen der Achtsamkeit einzahlen (s. Kap. 2):

Abb. 3.6 Mobile Mindfulness

Somit zum Beispiel Yoga-Apps, Meditations-Apps, Bewegungsfördernde Apps, Fokussierungs- und Produktivitätshilfen usw. Auch „Journals" können dienlich sein auf dem Smartphone, da sie die Manifestation von Gedanken und die Kreativität unterstützen. Grundsätzlich gibt es hier einige Anwendungen, die Sie ausprobieren können. Sollten Sie selbst auch mit dem Gedanken spielen, Apps im Bereich Mindfulness zu entwickeln, können Sie dies als kleine Inspiration für sich nutzen.

Ich werde als Digitalberaterin oft nach meinen Lieblings-Apps gefragt. So auch im Bereich Achtsamkeit. Ich habe daher auf den Blog-Seiten von The Dignified Self eine Auswahl meiner persönlichen Top-Mobile-Mindfulness-Apps zusammengestellt. Der Beitrag erfreute sich hoher Beliebtheit. Ich möchte sie ebenfalls mit Ihnen teilen (The Dignified Self 2016g). Es gibt natürlich noch viele weitere bemerkenswerte Lösungen und es kommen täglich mehr dazu. Mit der Liste „Top Mobile Mindfulness Apps" bekommen Sie aber einen ersten Einblick. Wenn Sie die Liste auf The Dignified Self aufrufen, finden Sie dort alle Verlinkungen sowie Bildmaterial zu den aufgeführten Anwendungen (The Dignified Self 2016g). Die sieben Apps, die ich online veröffentlicht habe, habe ich zudem für dieses Buch noch um weitere ergänzt.

Top Mobile Mindfulness Apps

Headspace

Diese Anwendung wurde von einem Mönch entwickelt und gehört zu den erfolgreichsten Apps im Bereich Mindfulness (Achtsamkeit). Headspace liefert gerade mit seinem Take-10-Programm einen sehr guten und schnellen Einstieg in die Welt der Meditation. Headspace arbeitet primär mit geführten Meditationen. Das ist nicht für jedermann das richtige, aber gerade am Anfang kann es sehr helfen, hier einen Einstieg zu finden. Jede der Meditationsübungen im kostenlosen Basiskurs „Take 10" geht nur zehn Minuten. Das Geheimnis liegt hier weniger auf der Dauer als auf der Regelmäßigkeit. Das, was wir regelmäßig tun, entwickelt sich zu einer Gewohnheit und wird irgendwann ein Teil von uns. Die Meditationen sind bei Headspace in englischer Sprache und werden mit niedlichen Animationsvideos erklärt. Der YouTube Kanal von Headspace liefert einige Videos für einen Einstieg sowie Hintergrundinformationen zu den Vorteilen und positiven Auswirkungen von Meditation.

Die Achtsamkeit-App

Diese Anwendung bietet sehr viel Vielfalt, da man nach kostenlosem Download auch kostenpflichtige In-App-Angebote weiterer Meditationen nutzen kann. Hier finden sich auch einige der weltweit bekannten spirituellen Lehrer wieder, zum Beispiel Eckhart Tolle, Jon Kabat-Zinn usw. Meditationen in unterschiedlicher Länge stehen hier zur Verfügung, von drei bis zu 30 min. Es können aber auch stille Meditationen gewählt werden, die selbst eingestellt mit einem Klangschalen-Gong beginnen und enden. Eine Erinnerungsfunktion der App hilft dabei, die tägliche Routine der Meditation einzuhalten.

7Mind

Diese Anwendung ist aus der Schmiede Deutschlands und bietet sieben Minuten Meditation für jeden Tag. Es gibt einen Grundkurs sowie spezifische Meditationen in Stresssituationen oder beim Warten. Praktisch für unterwegs.

PAUSE

Diese kostenpflichtige iOS-App der Firma Pausable und USTWO ist ein wenig anders als die anderen Mindfulness-Apps. Sie setzt auf gezielte Fokussierung und Tai-Chi-Bewegungsabläufe angewandt auf Farben und Formen. Die App wurde durch den ehemaligen Nokiamitarbeiter Peng Cheng programmiert, der eine persönliche Leidenschaft für Achtsamkeit in schwierigen Zeiten eines gesundheitlichen Burn-outs entwickelt hatte. Hier erzählt er die Entstehungsgeschichte von PAUSE. Innerhalb der App werden verschiedene Kreise, wie man es von einer Lavalampe kennt, mit dem Finger gezeigt. Die Bewegungen der bunten Lavalampen-Kreise sollen für einige Minuten mit dem Finger auf dem Touchscreen verfolgt werden. Hierbei geht es also darum, sich nur auf eine Sache zu fokussieren und sich nur darauf zu konzentrieren. „Wir alle sind in der Lage, unseren Finger über den Bildschirm eines Smartphones wandern zu lassen, bislang hatte das nur keinerlei tiefere Bedeutung", so erklärte Cheng in der Wired (2016).

Buddhify
Buddhify ist eine kostenpflichtige App der Firma Mindfulness Everywhere. Sie hat ebenfalls die Meditation als Fokus gewählt und setzt auf das moderne Leben, das unterschiedliche Einsatzszenarien hat. Sie hat bereits verschiedene Preise gewonnen und bietet umfangreiche Auswahlmöglichkeiten und über 80 geführte Meditationen. Zur kontextuellen Wahl im Alltagstrubel stehen Reisen, zu Hause, bei der Arbeit, auf dem Weg ins Bett usw. zur Auswahl.

Forrest
Hierbei handelt es sich um eine App, die auf die Produktivität setzt. Sie gilt bereits in 85 Ländern als eine der fünf erfolgreichsten „Productivity-Apps" bei Apple. Forrest hilft Ihnen dabei Ihre Smartphone-Sucht abzulegen, indem Sie einer Aufgabe folgen. Sie pflanzen virtuell einen Baum. Wenn Sie Ihr Smartphone in den nächsten 30 min nicht stören und auch die App nicht verlassen, wird Ihr Baum wachsen. Dies führt interessanterweise dazu, dass die Nutzer ihr Smartphone tatsächlich ungeachtet lassen und somit mehr digitale Detox-Zeiten für sich erlangen, in denen sie konzentriert arbeiten können. In der Berliner Zeitung wurde die App wie folgt bewertet: „Die Begleittexte sind bei ökologischem Wohlverhalten motivierend; bricht sich die Online-Sucht Bahn, wird ein Gerippe gezeigt, das aussieht wie nach saurem Regen. Das ist optisch nicht sonderlich anspruchsvoll, funktioniert aber gut als Disziplinierungsmaßnahme – wer will schon am Waldsterben schuld sein." (Berliner Zeitung 2016, S. 7)

Minuten „Seven"
Diese Anwendung ist für das körperliche Training und Körperbewusstsein sehr nützlich (Bewegungsebene der Achtsamkeit). Sie bietet siebenminütige Intervalltrainings für jeden Tag. Das Ganze wird mit einem spielerischen Gamification-Anreiz versehen, denn setzen Sie einen Tag aus, verlieren Sie virtuell ein Herz. Die App ist basierend auf dem im NY-Times-Magazin vorgestellten 7-Min-Training und soll motivieren sportlich dran zu bleiben – ohne jegliche Abhängigkeiten wie Internet, Fitnessgeräte oder Räumlichkeiten.
Quelle: The Dignified Self 2016g

Ergänzend zu der Liste im Blog hier noch ein paar weitere Top Mobile Mindfulness Anwendungen & Gadgets

Calm
Calm ist eine Anwendung und Website, die auf die Entspannung durch schöne Naturklänge setzt (Calm 2016). Sie wurde bereits in der New York Times gefeatured und sorgt für mehr Seelenfrieden. In einem Beitrag in der Berliner Zeitung mit dem Namen „App in die Achtsamkeit" wurde sie wie

folgt beschrieben: „Diese App folgt der Logik, dass ein Rückzug in die Natur einer spirituellen Auszeit nur nützlich sein kann." (Berliner Zeitung 2016, S. 7). Die Webseite bietet verschiedene Naturklänge, Animationen und Bilder (Calm 2016). Nach dem Log-in können auch Statistiken erfasst werden, um nachzuverfolgen wie lange, wann, „bewusst entspannt" wurde.

Smiling Mind
Eine smartphone- und webbasierte Anwendung, die nach Alter segmentiert. Erste Meditationseinheiten werden bereits für Kinder zwischen sieben bis elf Jahren angeboten. Dies könnte also auch für Ihre Kinder interessant sein (Smiling 2016).

Clickflows
Clickflows ist eine tolle App und Website für das eigenständige „drag and drop"-Zusammenstellen von Yoga-Übungen (Clickflows 2016). Sehr praktisch. Wenn Sie weitere Anwendungen für Yoga suchen, so empfehle ich online Yoga-Stunden bei YouTube zu schauen oder im App Store danach zu suchen. Hier gibt es Unmengen Angebote.

LEAF
Es gibt auch Mobile Mindfulness Gadgets. Zum Beispiel „LEAF" der Firma Bellabeat. Es handelt sich hierbei um ein sogenanntes Stück „Smart Jewelry", das also auch noch hübsch aussieht, wenn man es trägt. Es ist ein Blatt (Englisch „leaf"), das aus Gold oder Silber gestaltet und auf Holz aufgesetzt ist. In dem Holz befindet sich ein Messgerät, das bei Auftragen auf der Haut Atmung, Schlaf und Aktivität misst. Das LEAF lässt sich als Anhänger an einer Kette, als Armband oder als Anstecknadel tragen. Es überträgt die erfassten Daten dann an eine App, die ebenfalls LEAF heißt (Bellabeat 2016). Die App teilt Ihnen dann mit, ob Sie mehr schlafen sollten, sich mehr bewegen oder Ähnliches. Zudem gibt es Atem- und Meditationsübungen. Sitzt man zu lange, vibriert das LEAF übrigens, um den Nutzer daran zu erinnern, sich mal wieder zu bewegen. Das ist sehr hilfreich.

SLOW
Es gibt auch eine Mindfulness Watch, namens „SLOW". Die Uhr hat zwar keine Verbindung zu einem Smartphone, soll aber in der Auflistung hier dennoch nicht fehlen. SLOW hat das Konzept der Uhr verändert (Slow 2016). Sie arbeitet nicht mit Minuten, sondern in einem langsameren Takt. Der Gedanke dabei ist, zu entschleunigen. Nicht mehr jede Minute vollstopfen, sondern mehr Zeit für sich selbst durch eine gefühlte Verlangsamung der Zeit nehmen. Es gibt verschiedene Modelle und Ausprägungen der Uhr. Sie ist elegant und erinnert jedes Mal beim Blick auf das Zifferblatt daran, Achtsamkeit zu praktizieren und mehr Ruhe im Alltag zu finden.

i-Qi Meditation Timer
Klangschalen-Apps gibt es mittlerweile einige im App Store. Dies sollte meiner Ansicht nach heute – wie der Eierwecker, eine Uhr oder der Kompass – auf ein modernes Smartphone einfach dazugehören. Sie sind sehr praktisch, da sie das Problem lösen, keine Klangschale zu besitzen oder sie ebengerade jetzt nicht dabei zu haben. Wenn man nicht meditiert, dienen sie auch einfach als freundlicher Timer mit schönen Klängen. Für die stille Meditation eignen sie sich, um Start- und Endpunkt auditiv zu erfassen. Zudem kann die App als Timekeeper

fungieren. Die Klangschalen-Timer-App i-Qi zum Beispiel liefert kostenlos und ergänzend kostenpflichtig verschiedenste Klangschalen und Klangvariationen in sehr guter Klangqualität (i-Qi 2016).

YOU
Hierbei handelt es sich um eine Anwendung für den inneren Schweinehund und als Motivation für die Einhaltung der guten Vorsätze. Die Berliner Zeitung schreibt, dass gute Vorsätze oft daran scheitern, dass man sich am eigenen Ehrgeiz verhebt (Berliner Zeitung 2016, S. 7). Die Gründer der App YOU glauben, dass Mikro-Aktionen dabei helfen können, seine Vorsätze tatsächlich einzuhalten. Daher sind in dieser App kleine konkrete Aufgaben für etwas mehr Achtsamkeit im Fokus, wie zum Beispiel eine Wolke zu verfolgen oder zwischendurch mal aus dem Bürostuhl aufzustehen (You 2016).

Musik-Playlisten und Streaming-Meditation
Der Musik-Streaming-Anbieter Spotify macht es uns heute sehr leicht, Musik zu finden, die uns dabei unterstützt, konzentrierter zu sein oder auch Meditationen mit Musik durchzuführen. Die Playlist „Konzentration" bietet viele verschiedene Musikrichtungen für mehr Fokus (Spotify 2016). Sie ist speziell danach ausgewählt und zusammengestellt worden. Diese Playlisten höre ich übrigens meistens beim Schreiben. Von Instrumentalmusik bis hin zu elektronischem Lounge. Gibt man das Wort „Meditation" in die Suchmaske bei Spotify ein, kommen ebenfalls unzählige Ergebnisse und Vorschläge – von Klängen, Kirtan-Musik bis hin zu geführten Meditationen (Spotify 2016). Hören Sie einfach mal rein.

Dolmio
Es gibt sogar eine Pfeffermühle namens „DOLMIO Pepper Hacker", die als Prototyp entwickelt wurde (mobile zeitgeist 2016a). Sie deaktiviert jegliche Internetverbindung und Gerätefunktionalität (Wifi, TV und mobile Endgeräte) und erinnert daran, sich wieder mehr zu unterhalten, statt auf das Smartphone zu starren. Das YouTube-Video hatte über neun Millionen Clicks und war ein großer Erfolg.

Die beste App kommt zum Schluss: Sie heißt „Respekt".

Sie erinnert Sie daran, vom Smartphone aufzublicken und den Menschen, die sich im unmittelbaren Umfeld befinden, Ihre volle Aufmerksamkeit zu schenken. :-) Spaß beiseite. Nun mal ehrlich, neben all diesen Anwendungen bitte ich Sie eines nicht zu vergessen: Sie als Mensch stehen an erster Stelle. Nicht die Technologie.

Vergessen Sie also nicht sich selbst, Ihre Mitmenschen und vor allem den aktuellen Moment zu genießen und bewusst wahrzunehmen. Jeder Wandel beginnt in uns selbst. Unsere digitalen Freunde können uns helfen und dienlich sein, aber Sie sind derjenige, der achtsam sein möchte. Apps und andere digitale

Abb. 3.7 Innere Ruhe

Medien oder Gadgets können Hilfestellungen bieten, aber sie können Ihnen das nicht abnehmen.

Wenn Sie sich wohler dabei fühlen lieber in die Natur zu gehen und einen Baum bewusst anzuschauen, ohne ihn zu bewerten oder zu benennen, dann tun Sie das. Fühlen Sie einfach immer wieder in sich selbst hinein und hören Sie Ihrer inneren Stimme zu, was diese heute braucht. Werden Sie bewusst und gegenwärtig. Denn dann brauchen Sie oft gar keine externen Hilfsmittel mehr. Dann brauchen Sie eigentlich nur sich selbst, um glücklich zu sein und innere Ruhe zu finden. (vgl. Abb. 3.7).

Literatur

Agile Manifesto (2016) Manifesto for Agile Software Development. http://www. agilemanifesto.org/. Zugegriffen: 21. März 2016

Babauta L (2010) Focus – a simplicity manifesto in the age of distraction, walking lion press, an imprint of the editorium. West Valley City, UT

Becker B von (2016) Die digitale Revolution als neue Religion. Tagesspiegel, 5. Apr. 2015

Bellabeat (2016) LEAF. https://www.bellabeat.com/main. Zugegriffen: 3. Mai 2016

Berliner Zeitung (2016) Apps. Nummer 61, Berliner Zeitung, 12./13. März 2016

BetaNews (2016) 80 percent of internet users believe privacy is a fundamental right. http://betanews.com/2016/03/14/privacy-fundamental-right/. Zugegriffen: 1. Apr. 2016

Bitkom (2016a) Sechs von zehn Hobbysportlern nutzen Hightech-Geräte beim Sport. https://www.bitkom.org/Presse/Presseinformation/Sechs-von-zehn-Hobbysportlern-nutzen-Hightech-Geraete-beim-Sport.html. Zugegriffen: 2. Mai 2016

Bitkom (2016b) Jeder dritte Smartphone Nutzer teilt seinen Standort mit. https://www.bitkom.org/Presse/Presseinformation/Jeder-dritte-Smartphone-Nutzer-teilt-seinen-Standort-mit.html. Zugegriffen: 2. Mai 2016

Bitkom (2016c) Digitalisierung der Wirtschaft nimmt Fahrt auf. https://www.bitkom.org/Presse/Presseinformation/Digitalisierung-der-Wirtschaft-nimmt-Fahrt-auf.html. Zugegriffen: 2. Mai 2016

Bitkom (2016d) Gesundheits-Apps: Jeder dritte Smartphone-Nutzer würde Daten an die Krankenkasse weiterleiten. https://www.bitkom.org/Presse/Presseinformation/Gesundheits-Apps-Jeder-dritte-Smartphone-Nutzer-wuerde-Daten-an-die-Krankenkasse-weiterleiten.html. Zugegriffen: 4. Mai 2016

Bitkom (2016e) Jeder fünfte Autofahrer ruft online Staumeldungen ab. https://www.bitkom.org/Presse/Presseinformation/Jeder-fuenfte-Autofahrer-ruft-online-Staumeldungen-ab.html. Zugegriffen: 4. Mai 2016

Bösenberg C (2016) Artikel „Megatrend Achtsamkeit kommt in der Wirtschaft an" (22. Jan. 2016). https://christinaboesenberg.de/2016/01/22/meditierende-manager-megatrend-achtsamkeitkommt-in-der-wirtschaft-an/. Zugegriffen: 14. März 2016.

Calm (2016): calm. https://calm.com/. Zugegriffen:3. Mai. 2016

Capodagli B, Jackson L (2007) The Disney W. McGraw-Hill, New York

Clickflows (2016) Clickflows. http://www.clickflows.com/index.php?lang=de. Zugegriffen: 3. Mai 2016

Coelho P (2013) Der Alchimist. Diogenes, Zürich

Contemplative Mind (2016) The Center for Contemplative Mind in Society, The Tree of Contemplative Practices. http://www.contemplativemind.org/practices/tree. Zugegriffen: 1. Mai 2016

Duden (2016a) Würde. http://www.duden.de/rechtschreibung/Wuerde. Zugegriffen: 2. Mai 2016

Duden (2016b) Empathie. http://www.duden.de/rechtschreibung/Empathie. Zugegriffen: 3. Mai 2016

Emergenz (2016) 7.5 Begriff Agilität. http://emergenz.hpfsc.de/html/node71.html. Zugegriffen: 21. März 2016

Forbes (2016) Microsofts Teenage Nazi Loving AI. http://www.forbes.com/sites/erikkain/2016/03/24/microsofts-teenage-nazi-loving-ai-is-the-perfect-social-commentary-for-our-times/#33007eec709e. Zugegriffen: 29. März 2016

Goleman D (1995) Emotional Intelligence, Bantam, New York

Han BC (2015) The Burnout Society. Stanford University Press, California

Harvard Business Manager (2014) Work-Life-Balance. Achtsamkeit, im Interview mit Ellen Jane Langer, Redakteurin A. Beard der Harvard Business Review, Harvard Business Publishing (April 2014)

Healthline (2016) NewsFlash: Google Is Developing Glucose-Sensing Contact Lenses! http://www.healthline.com/diabetesmine/newsflash-google-is-developing-glucose-sensing-contact-lenses. Zugegriffen: 2. Mai 2016

Hoax (2016) Newborns microchipped Europe. http://www.hoax-slayer.com/newborns-microchipped-europe-may-2014.shtml. Zugegriffen: 1. Mai 2016

Horx M (2016) Gibt es einen Megatrend Achtsamkeit?, Zukunftsreport 2016. Zukunftsinstitut GmbH, Frankfurt a. M. https://onlineshop.zukunftsinstitut.de/shop/zukunftsreport-2016/. Zugegriffen: 1. Apr. 2016

Huffington Post (2016a) Vorteile wissenschaftlich belegt. http://www.huffingtonpost.de/2014/12/13/meditation-vorteile-wissenschaftlich-belegt_n_6319748.html. Zugegriffen: 20. Apr. 2016

Huffington Post (2016b) Minds matter: mindfulness is the key to success. http://www.huffingtonpost.com/stedman-graham/minds-matter-mindfulness_b_6455604.html. Zugegriffen: 2. Mai 2016

Ideenfindung (2016) Ideenfindung. http://www.ideenfindung.de/Walt-Disney-Methode-Kreativit%C3%A4tstechnik-Brainstorming-Ideenfindung.html. Zugegriffen: 1. Mai 2016

Independent (2016) Facebook, AirBnB, Uber. http://www.independent.co.uk/news/business/comment/hamish-mcrae/facebook-airbnb-uber-and-the-unstoppable-rise-of-the-content-non-generators-10227207.html. Zugegriffen: 1. Mai 2016

Independent (2016b) Microsoft deletes ‚teen girl‘ AI chatbot after it becomes Hitler-loving sex robot. http://www.independent.ie/business/technology/microsoft-deletes-teen-girl-ai-chatbot-after-it-becomes-hitlerloving-sex-robot-34571831.html. Zugegriffen: 29. März 2016

i-Qi (2016) i-Qi Meditation Timer app. https://itunes.apple.com/us/app/i-qi-meditation-timer/id427428211?mt=8. Zugegriffen: 3. Mai 2016

Lama D (2015) Der Appell des Dalai Lama an die Welt. Ethik ist wichtiger als Religion. Benevento, Salzburg

Leonhard G (2016a) Redefining the relationship of man and machine. https://www.google.de/url?sa=t&rct=j&q=&esrc=s&source=web&cd=1&cad=rja&uact=8&ved=0ahUKEwiY-cOnzsHMAhWqKcAKHVt8D9QQFggfMAA&url=http%3A%2F%2Fwww.futuristgerd.com%2Fwp-content%2Fuploads%2F2015%2F10%2FFINAL-FOB-Future-of-Business-Chapter-Relationship-Man-Machine-Gerd-Leonhard-Public-shared-but-return-the-favor.pdf&usg=AFQjCNE57ay68

n5VLWwml6bdQCWPFO49_Q&sig2=bBP0POtt2SjIP4SWoHMOLA&bvm
=bv.121099550,d.bGg. Zugegriffen: 1. Mai 2016

Leonhard G (2016b) Die Beziehung zwischen Mensch und Maschine wird neu definiert, PDF, http://gerdleonhard.de/. Zugegriffen: 15. Apr. 2016

MacDonald J (2014) 28 thoughts on digital revolution. Copyright Jonathan MacDonald, 2014

mobile zeitgeist (2016a) Pfeffermühle schaltet die Devices der Kids aus, für eine ruhige Mahlzeit. http://www.mobile-zeitgeist.com/2015/04/08/pfeffermuehle-schaltet-die-devices-der-kids-aus-fuer-eine-ruhige-mahlzeit/. Zugegriffen: 1. Mai 2016

mobile zeitgeist (2016b) mobile zeitgeist homepage. http://www.mobile-zeitgeist.com/. Zugegriffen: 4. Mai 2016

OpenAI (2016) Open AI. https://openai.com/blog/openai-gym-beta/. Zugegriffen: 3. Mai 2016

Orwell G (1994) 1984. Ullstein Taschenbuch, Berlin

Osho (2005) Buddha sprach. Random House, München

Pinterest (2016) Pinterest. https://de.pinterest.com/pin/398005685789725053/. Zugegriffen: 2. Mai 2016

Popsci (2016) Google AI. http://www.popsci.com/google-ai. Zugegriffen: 2. Mai 2016

Reumschüssel A (2015) Auf der Jagd nach dem Optimum. Geo Wissen. Nr. 55, G+J Wissen GmbH, Hamburg, 24.04.2015

Rhetoriksturm (2016) Es ist alles eitel. http://www.rhetoriksturm.de/es-ist-alles-eitel-gryphius.php. Zugegriffen: 2. Mai 2016

Schädlich H (2015) Es ist alles eitel (PDF), Interpretation und Analyse S. 2–5; weiterführende Literaturauswahl S. 21. In: Unterrichtsmaterialien zum Projekt Lyrix, Deutscher Philologenverband und Museumsdienst Köln, März/April 2011. https://de.wikipedia.org/wiki/Es_ist_alles_eitel. Zugegriffen: 28. Nov. 2015

Schwab H (2016) Socratic Design. http://humbertoschwab.net/socratic-design-4/. Zugegriffen: 3. Mai 2016

Scrum (2016) Daily scrum meeting. http://scrum-master.de/Scrum-Meetings/Daily_Scrum_Meeting. Zugegriffen: 4. Mai 2016

SIYLI (2016) Search inside yourself leadership institute. https://siyli.org/. Zugegriffen: 3. Mai 2016

SIYLI (2016) Search inside yourself. https://siyli.org/mindfulness-the-power-of-small-acts/. Zugegriffen: 30. Apr. 2016

Slow (2016) Slow watch. https://www.slow-watches.com/. Zugegriffen: 4. Mai 2016

Smiling (2016) Smiling Mind app. http://smilingmind.com.au/. Zugegriffen: 3. Mai 2016

Spotify (2016) Konzentration Playlist. https://play.spotify.com/user/spotify_germany/playlist/76eMpKvYrvPVKd6sba7j6u?play=true&utm_source=open.spotify.com&utm_medium=open. Zugegriffen: 4. Mai 2016

The Dignified Self (2016a) The dignified self, vision und mission. http://thedignifiedself.com/de/vision-mission/?noredirect=de_DE. Zugegriffen: 2. Mai 2016

The Dignified Self (2016b) The Dignified Self, Startseite. http://thedignifiedself.com/de/. Zugegriffen: 2. Mai 2016

The Dignified Self (2016c) The Dignified Self is becoming a management topic. http://thedignifiedself.com/blog/the-dignified-self-is-becoming-a-management-topic/. Zugegriffen: 2. Mai 2016

The Dignified Self (2016d) People are my crack with Urvi Bhandari. http://thedignifiedself.com/blog/people-are-my-crack-interview-with-urvi-bhandari/. Zugegriffen: 2. Mai 2016

The Dignified Self (2016e) The Dignified Self, 2016, Inspiration #3: Ritual von Steve Jobs für ein glückliches Leben. http://thedignifiedself.com/de/inspiration-3-ritual-fuer-ein-glueckliches-leben-von-steve-jobs/. Zugegriffen: 15. Febr. 2016

The Dignified Self (2016f) Technologie sticht Mensch. Die Drohne siegt. http://thedignifiedself.com/de/technologie-sticht-mensch-die-drohne-siegt/. Zugegriffen: 3. Mai 2016

The Dignified Sclf (2016g) Top Apps für mehr Achtsamkeit. http://thedignifiedself.com/de/top-apps-fuer-mehr-achtsamkeit/. Zugegriffen: 4. Mai 2016

The Guardian (2016) Mindfulness: a beginner's guide. http://www.theguardian.com/lifeandstyle/shortcuts/2014/jan/07/mindfulness-beginners-guide-meditation-technique-treatment-depression. Zugegriffen: 1. Mai 2016

The Quantified Self (2016) The Quantified Self. http://quantifiedself.com/. Zugegriffen: 3. Mai 2016

The Reality Party (2016) Facebook page, The reality party. https://www.facebook.com/realitypartyuk/photos/a.261484010699765.1073741829.260652347449598/564521753729321/?type=3&theater. Zugegriffen: 1. Mai 2016

ToMoNews (2016) Future tech: Sony files U.S. patent for smart contact lens that records and plays video – TomoNews. https://www.youtube.com/watch?v=jjbpTXpeNK4&list=PLGHiSzrdy5x7HCJPVVxTzjrsznkwRJxlA. Zugegriffen: 2. Mai 2016

Vordermayer, B (2016) Ruhe, bitte! Sonntagsblatt, 24 Jan.http://www.sonntagsblatt.de/news/aktuell/2016_04_03_01.htm. Zugegriffen: 15. März 2016

Wearable-Technologie (2016) https://www.wearable-technologies.com/2016/02/augmented-reality-will-2016-be-the-year-of-smart-contact-lens/. Zugegriffen: 1. Mai 2016

WeForum (2016) The 10 skills you need to thrive in the fourth industrial revolution. https://www.weforum.org/agenda/2016/01/the-10-skills-you-need-to-thrive-in-the-fourth-industrial-revolution/. Zugegriffen: 4. Mai 2016

Wertesysteme (2016) Was sind Werte. http://www.wertesysteme.de/startseite/was-sind-werte/. Zugegriffen: 5. Mai 2016

Wired (2016) Beautiful New App Is Like a Stress-Relieving Lava Lamp. http://www.wired.com/2015/10/beautiful-new-app-like-stress-relieving-lava-lamp/. Zugegriffen: 4. Mai 2016

Wirtschaftslexikon Gabler (2016a) Definition Ethik. http://wirtschaftslexikon.gabler.de/Definition/ethik.html#definition. Zugegriffen: 20. März 2016

Wirtschaftslexikon Gabler (2016b) Definition Moral. http://wirtschaftslexikon.gabler.de/Definition/moral.html. Zugegriffen: 20. März 2016

Xing Spielraum (2016) „Slow Business" – Trend: Achtsamkeit statt Fließband https://spielraum.xing.com/2016/02/slow-business-trend-achtsamkeit-statt-fliessband/. Zugegriffen: 15. März 2016

Yoga Easy (2016) Infografik: Effekte von Meditation. https://www.yogaeasy.de/artikel/infografik-wirkung-meditation. Zugegriffen: 20. Apr. 2016

You (2016) You app. https://you-app.com/. Zugegriffen: 3. Mai 2016

zdnet (2016) Apple kauft artificial intelligence. http://www.zdnet.de/88248284/apple-kauft-artificial-intelligence-start-up-perceptio/. Zugegriffen: 3. Mai 2016

Ziele (2016) Übung eigene Werte finden und entwickeln. http://blog.ziele-sicher-erreichen.de/2012/10/uebung-eigene-werte-wertvorstellungen-finden-und-entwickeln.html. Zugegriffen: 2. Mai 2016

Zukunftsinstitut (2016a) Gibt es einen Megatrend Achtsamkeit? https://www.zukunftsinstitut.de/artikel/tup-digital/06-innovation-gap/07-future-forecast-2016/gibt-es-einen-megatrend-achtsamkeit/. Zugegriffen: 4. Mai 2016

Zukunftsinstitut (2016b) Work-Life-Blending braucht Auszeiten. https://www.zukunftsinstitut.de/artikel/tup-digital/03-from-strategy-to-culture/02-shortcuts/work-life-blending-braucht-auszeiten/. Zugegriffen: 4. Mai 2016

Weiterführende Literatur

Huxley A (1998) Brave New World. HarperCollins, New York

4

Auf dem Weg zum authentischen Selbst

Zusammenfassung Das Kapitel „Auf dem Weg zum authentischen Selbst"
widmet sich nach dem technologieaufgeladenen Kap. 3 zuvor wieder stärker
dem Menschen und dem tatsächlichen Erleben, was Achtsamkeit bedeutet.
Es liefert Impulse für den Weg zu einem glücklicheren Leben und widmet
sich hierbei wichtiger Fragen und Themen, die das Leben in der Gegenwart
aufwirft. Achtsamkeit bedeutet auch, Gedanken ziehen lassen zu können.
Wenn aber Unstimmigkeiten, Zerrissenheit oder negative Gefühle in uns
selbst herrschen, wird das ein steiniger Weg. Es ist entscheidend sein authentisches, würdevolles Selbst zu wertschätzen, sonst werden wir wohl immer
gieren nach Ablenkung und nach Antworten in sozialen Netzwerken – verloren in der digitalen Welt. Mit Anekdoten zur Priorisierung, der Überwindung von Angst und des Erkennens von Glück wird zum Nachdenken und
Reflektieren angeregt. Es wird in diesem Kapitel nun auch endlich durch die
Vorstellung des „Zebra-Modells" klar, warum das Buch mit so vielen Zebras
gestaltet wurde. Das Kapitel gibt zudem eine Einführung in die Aktivierung

© Springer Fachmedien Wiesbaden 2017   **167**
L.N. Güntsche, *Achtsamkeit in digitalen Zeiten*,
DOI 10.1007/978-3-658-11090-1_4

unserer Energieressourcen (Chakren) und schließt ab mit einer Formel dreier Begriffe, die eine wichtige Bedeutung für mehr Ruhe in der Beschleunigung haben.

... zu wissen, dass sich ein jedes Ding entfaltet so wie die Larve eines Schmetterlings, entfaltet, wenn der richtige Moment dafür gekommen ist.
– Jon Kabat-Zinn

Stellen Sie sich vor, Sie haben soeben ein neues Handy bekommen. Sie packen es aus und betrachten es. Sie laden es auf und schalten es ein. Sie hören das Startgeräusch und erfreuen sich daran wie ein kleines Kind. Der Bildschirm leuchtet auf und langsam startet das Betriebssystem, für das Sie sich entschieden haben. Nun beginnt die Erkundungs- und Entdeckungsreise. Sie klicken sich durch die verschiedenen Systemeinstellungen, wählen die Sprache, die Schrift, die Größe, prüfen Ihre Kontakte, installieren Applikationen und E-Mail-Programme. Vielleicht schauen Sie auch noch das eine oder andere Video und surfen einmal kurz in die universelle Welt des Internets. Sie entdecken, Sie erkunden und Sie erfreuen sich daran. Jeden Tag wird das Gerät nun mehr zu Ihrem persönlichen Assistenten und Freund und Sie merken wie nun alle Einstellungen mehr und mehr dem entsprechen, was für Sie handlich und persönlich passend erscheint. Sie machen regelmäßig Updates und laden neue Programme. Sie löschen Daten und synchronisieren Dateien. Sie kommunizieren und machen Bilder und Sprachaufnahmen. Sie hören Musik und das Gerät weckt Sie morgens. Es erinnert Sie daran, Dinge zu erledigen und vibriert dann entsprechend. Eventuell besorgen Sie sich auch noch eine schöne Hülle und haben Ihr Handy nun immer dabei. Wenn das Gerät einmal leer ist – bei Smartphones oft leider schon nach einem Tag – schließen Sie es liebevoll am Ladegerät an und laden es auf. Am nächsten Tag ist es wieder bei Ihnen und unterstützt Sie nun wieder voll aufgeladen im Ablauf Ihres Tages. Mit der Zeit werden Sie immer vertrauter. Sie fühlen sich wohl mit Ihrem Smartphone. Es ist immer bei Ihnen.

Ähnlich ist es auch mit der Achtsamkeit, das „Jetzt" ist auch immer hier. Und wir können jederzeit damit spielen und Neues ausprobieren. Es ist eine Entdeckungsreise mit neuen Apps und Einstellungen. Es ist eigentlich ähnlich wie ein Software-Update auf Ihrem Smartphone. Nur dass es eben nun nicht um Ihr Gerät, sondern um Sie geht. Also laden Sie regelmäßig den Akku. Denn es lässt Sie mehr sehen, erfahren, hören, schmecken und fühlen. Es ist ein hilfreicher Freund und Assistent, der Ihnen im Alltag hilft. Es ist nicht der einzige Weg und nicht die einzige Antwort. Achtsamkeit macht uns nicht zwingend zu besseren Menschen. Aber in jedem Fall zu einem reflektierten und bewusst Wahrnehmenden. Und da Sie gerade so bei sich sind möchte ich Ihnen noch ein paar Fragen zum Reflektieren stellen:

> Haben Sie manchmal den Konflikt, alles unter einen Hut zu bekommen?
> Denken Sie, Sie müssten eine Entscheidung treffen zwischen Ihrer einen und anderen Vorliebe?
> Wie priorisieren Sie die Ebene der Arbeit, der Liebe, der Familie, der Gesundheit, der Selbstverwirklichung?
> Was ist Glück für Sie?
> Was würden Sie tun, wenn Sie keine Angst hätten?
> Wissen Sie wie Sie mehr Energie bekommen können?
> Kennen Sie die Gleichung mit der Sie endlich „Ankommen"?

Das sind ganz schön viele Tabs, die wir nun geöffnet haben in Ihrem Gehirn, oder? Na dann, genug geredet. Lassen Sie mich Ihnen auf dem Zug Ihres Lebens noch ein paar Impulse geben zur Entfaltung Ihres authentischen Selbst. Sie lernen in diesem Kapitel nun auch eines meiner Lieblinge kennen: Das Zebra-Modell. Dann werden Sie endlich verstehen, was es bedeutet, ein „selbstbewusstes Zebra" zu sein und warum dieses Buch mit so vielen Zebras geschmückt ist. Da haben Sie aber ganz schön lange warten müssen, was? Aber Sie haben sehr viel Geduld und Achtsamkeit gezeigt. Wirklich klasse! Ich finde überhaupt, dass Sie ganz fantastisch aussehen. Ich spüre förmlich wie Sie sich entfalten und aufgehen wie eine wunderschöne Blume – die Blume des Lebens könnte man fast sagen! :-)

Entschuldigen Sie, ich werde immer so aufgeregt, wenn ich die positive Entwicklung von Menschen beobachten darf. Aber nun zurück zu Ihrem „mindfulness update". Spitzen Sie also die Ohren und putzen Sie die Augen. Auf geht es weiter auf dem Weg zu Ihrem würdevollem Selbst ... – Sie haben Ihr „Smartbrain" zur Datenaufnahme reaktiviert –

4.1   Das Zebra-Modell

Zwei Seelen wohnen, ach! in meiner Brust.
> – Johann Wolfgang von Goethe, Faust

Schon immer fühlte ich mich in diesen Worten von Goethe verstanden. Ich glaube an die verschiedenen Facetten und Nuancen im Leben und weiß auch, dass diese oft sehr kontrastreich und schwer vereinbar erscheinen können. Obgleich es in Faust um die Zerrissenheit zwischen körperlichen und geistigen Bedürfnissen geht, so interpretiere ich darin auch insbesondere den Kontrast zwischen verschiedenen Seiten und Ambitionen in uns selbst. Sowie auch das Management von Erwartungen, die wir und auch andere an uns stellen. Vielleicht hatten Sie auch einmal das Gefühl, sich entscheiden zu müssen oder aber verschiedene Interessen Ihres Selbst nicht in den Einklang bringen zu können? Oder auch Grundgedanken und Annahmen wie „Das war doch schon immer so", „Ich weiß, dass es so richtig ist", oder „so was mache ich eigentlich gar nicht", zu begegnen?

Diese Balance in sich zu finden ist eine Reise, die zu Rastlosigkeit führen kann und dazu, uns selbst zu verlieren. Sie kann uns auch sehr einschränken in unseren Möglichkeiten und Denken. Jahrelang hatte ich beispielsweise das Gefühl, nie wirklich anzukommen, da ich immer nach irgendetwas suchte. Ich dachte, ich sitze immer wieder in diesem rasend schnellen Zug, den ich zu Beginn dieses Buches beschrieb. Dabei liegt die Antwort auf die Ruhe in der Beschleunigung in uns selbst. Wir müssen nur unsere innere Haltung ändern und uns die Freiheit der Entwicklung und Vielfältigkeit gewähren. Persönlich hatte ich immer zwei Seelen in meiner Brust: Die Seele einer Künstlerin auf der einen Seite und die einer Managerin auf der anderen. Tests zufolge sind meine beiden Gehirnhälften genau gleichmäßig ausgeprägt. 50 % rational, 50 % kreativ. Ein Segen und ein Fluch zugleich.

Die eine Seite in mir sehnt sich konstant nach Kreativität, Entfaltung, Freiheit und Fantasie; die andere nach Sicherheit, Beständigkeit, Erfolg und Logik. Lange habe ich geglaubt, ich müsste eine Entscheidung treffen für mein Leben. Ich dachte, ich könnte doch keine Autorin und Musikerin, und gleichzeitig eine Digitalstrategin und Marketing-Frau sein. Bis ich irgendwann realisiert habe, dass ich schon immer beides war. Es ist Teil meines authentischen Selbst. Das Bindeglied zwischen beiden Welten war immer die Stimme. Sei es nun die Kommunikation oder Gesang („hörbare Stimme") oder auch Achtsamkeit und das Unterstützen von Menschen dabei, ihre „innere Stimme" wieder hören zu können. Ich denke heute es ist okay, schwarze und weiße Nuancen zu haben, sinnbildlich gesprochen. Es gibt sogar ein Tier, dass uns dies vorlebt: das Zebra. Und das Zebra ist etwas Besonderes. Warum also nicht die Schönheit darin erkennen und sie annehmen?

Das Zebra-Modell ist die positive Überwindung zweier gegensätzlicher Ausprägungen in vollständiger Harmonie. Es beschreibt die Komposition aus unseren schwarzen und weißen Seiten und führt dadurch zu der Entfaltung unseres Seins.

Das Zebra-Modell gibt Freiheit für das „und" statt des „oder". Es ist symbolisch für die Erkundung unserer verschiedenen Seiten, die einen wichtigen Teil unseres authentischen Selbst ausmachen. Ein selbstbewusstes Zebra ist als jemand zu verstehen, der seine Mitte gefunden hat und sein authentischen, würdevolles Sein wertschätzt. Sie werden wohl nun die vielen Zebra-Illustrationen in diesem Buch verstehen :)

Sie haben ihre schwarzen und weißen Streifen vermutlich nicht ohne Grund. Sie möchten Ihnen etwas sagen. Warum sollten wir uns einschränken in unseren Entfaltungsmöglichkeiten? Warum sollten wir nicht einfach der vollständige Mensch sein, der wir sind!? Mit all seinen Nuancen, Farben und Potenzialen; mit Körper, Geist und Seele. Heißt das nicht, sich wirklich anzunehmen und zu akzeptieren? Beflügelt nicht sogar die eine Seite die andere in uns?

Sie mögen vielleicht mit dem Beispiel der Kreativität und der Rationale keine Relation bilden können, aber wenden Sie Selbiges doch einmal auf Ihr Berufsleben und Ihr Familienleben an. Wie bekommen Sie all das unter einen Hut, und sind es immer die gleichen Qualitäten, die in diesen Rollen von Ihnen gefragt sind oder Ihnen Freude bereiten? Auch hier können Sie das Zebra-Modell anwenden, indem Sie ein Familienvater und ein Manager sind und beides miteinander in einen harmonischen Einklang bringen. Viele Menschen machen sich – wie ich mehr und mehr beobachte – den Stress, trennen zu wollen und glauben nur einer Sache ihrer gegebenen Möglichkeiten nachgehen oder gerecht werden zu dürfen. Diese innere Zerrissenheit führt meiner Meinung nach auch oft dazu, dass wir weniger im Jetzt und mehr in der Zukunft leben.

Das Zebra-Modell soll sie daher in Ihrem Alltag stets daran erinnern, dass Sie selbst der Chef Ihres eigenen Lebens sind.

Also konzentrieren Sie sich auf die Gegenwart. Sätze wie: „Wenn ich das erreicht habe, dann kann ich mir endlich meinen Traum erfüllen und mein Wunschleben führen" verlagern Ihre Gedanken immer wieder in die Zukunft. Achtsamkeit passiert im Jetzt. Die glücklichsten Menschen, die ich kenne, nutzen solche Sätze nicht. Sie empfinden bereits ihr jetziges Leben als Glück. Dies heißt sicher nicht, jeden Tag perfekt gelaunt zu sein, es heißt vielmehr, das was ist wertzuschätzen. „Glück ist nichts anderes als die ‚Allokation von Aufmerksamkeit'", wie es Paul Dolan, der Autor von „Happiness by Design" so schön sagt (Zukunftsinstitut 2016).

Knüpfen wir unseren Lebenstraum an die Selbstverwirklichung an Zeiten der Zukunft, so macht sich mit hoher Wahrscheinlichkeit ein Gefühl des Unbehagens mit der Gegenwart bemerkbar. Wir können natürlich träumen und positive Gedanken manifestieren, aber wir sollten im Jetzt bleiben. Menschen glauben aber teilweise ihr bisheriges Leben hinter sich lassen zu müssen, um ihr Glück zu finden. Daher gibt es vermutlich auch so viele TV-Formate, die den Fokus auf das „Aussteigen" setzen. Ich denke hingegen, dass es möglich ist, ein Leben zu führen, von dem man keine Ferien braucht. Und zwar indem Sie Ihrem Zebra die Möglichkeit geben Zebra sein zu dürfen und es nicht immer wieder in ein Pferd verwandeln möchten. Ein Leben, in dem wir uns bewusst für das Licht und den Schatten, das Schwarz und das Weiß entscheiden. Wenn wir hingegen immer nur eine Farbe wählen, die uns bekleiden darf, so fehlt uns vermutlich immer irgendetwas, um uns vollständig zu fühlen.

Jeder Mensch hat andere Bedürfnisse. Sie in eine besondere Farbkomposition zu bringen, darin liegt der Grundsatz des Zebra-Modells.

Ich habe Menschen in meinem Umfeld, die kennen diese Zerrissenheit weniger. Sie haben eine natürliche Balance aus schwarz und weiß, ein angeborenes Gefühl der Vollständigkeit und Achtsamkeit. Jene Menschen strahlen eine außergewöhnliche Ruhe aus. Kennen Sie solche Menschen? Sie können sich gesegnet fühlen, denn Sie sind wohl geboren worden als intuitive Zen-Meister.

Sollten Sie aber wissen was ich meine, mit den beiden Seiten und der Zerrissenheit, die auch Goethe schon thematisierte, so wissen Sie – Sie sind nicht allein. Glauben Sie mir, ich weiß nur zu gut, wie schwer es sein kann. Seit ich mich jedoch mit dem Mindset eines selbstbewussten Zebras durch mein Leben bewege, ist es einfacher geworden. Es bringt meiner Ansicht nach langfristig wenig, immer das schwarze oder weiße Pferd sein zu wollen, wenn wir in Wirklichkeit doch ein Zebra sind. Das Kostüm, das wir übergangsweise überziehen, ist eine Fassade. Diese ist aber brüchig. Der Anspruch authentisch zu sein macht sich irgendwann stark. Wir wachsen quasi aus dem Kostüm heraus, das wir gestern noch getragen haben. Veränderungen begleiten unser Leben und das ist auch in Ordnung. Wenn Sie mich fragen würden, ob ich letztes Jahr der gleiche Mensch war, der ich heute bin, würde ich dies verneinen. Ich habe seitdem so viel gelernt. All das hat meine Wahrnehmung auf die Dinge beeinflusst. Achtsamkeit schult uns in der Haltung des Anfängers („Beginner's Mind"), alles gefühlt zum ersten Mal erleben zu können, da wir es bewusster tun. Dieses neue Erleben öffnet die Augen für Seiten, die Sie vorher vielleicht nicht kannten.

Ich habe lange Jahre versucht, beide Seelen in meiner Brust zu harmonisieren. Ich glaube heute, diese Ausbalancierung gehört zum Leben dazu. Die Entscheidung für nur eine Ausprägung, was mir erst Jahre später klar wurde, ist das, was ein Ungleichgewicht herbeiführt und gegebenenfalls sogar krank macht. Das bringt Sie aus Ihrer inneren Mitte und erzeugt Stress.

Verstehen Sie Achtsamkeit als eine Einladung des persönlichen Wachstums. Als Grob- und Feinkonzeption des eigenen Lebens oder als Briefing und De-Briefing unserer Wünsche.

Die zwei Seelen in unserer Brust könnten auch als Yin und Yang gesehen werden, das chinesische Symbol aus schwarz und weiß. „Yin und Yang sind zwei Begriffe der chinesischen Philosophie, insbesondere des Daoismus. Sie stehen für polar einander entgegengesetzte und dennoch aufeinander bezogene Kräfte oder Prinzipien" (Art3w 2016). Die laute und die leise Seite, die wir alle in uns tragen, die zwar gegensätzlich, aber dennoch wechselseitig sind. Nach einer Hochphase von Yang folgt ein Ansteigen von Yin und vice versa. Sie kennen das vielleicht auch, wenn Sie lange Vollgas gegeben haben, dass Sie sich dann wieder nach einer Ruhephase sehnen? Das ist das natürliche Yin-Yang-Gefühl in uns.

Wenn eine Seite vernachlässigt ist, macht sie sich bemerkbar. Wenn ich beispielsweise lange nicht singe, werde ich unglücklich. Ich brauche die Musik als Kanal und Achtsamkeitspraxis, um mich selbst zu spüren und zu hören. Vielleicht haben Sie auch so etwas – ein gewisses Hobby oder eine Tätigkeit, die diese Wirkung auf Sie hat? Wenn Sie diese kennen, schaffen Sie Raum dafür. Wenn Sie sie nicht kennen, beobachten Sie mehr. Ich lebe heute bewusst nach dem Zebra-Modell. Ich bin ein selbstbewusstes Zebra.

In Kombination mit dem Teilzeit-Baum-Konzept bildet das für mich einen perfekten Klang der Vielfalt. Jeder meiner Tage ist erfüllt von Kontrast und unterschiedlichen Akzenten, Tätigkeiten, Momenten und Menschen. Mein Bekanntenkreis ist geschmückt aus jung bis alt und aus Menschen mit unterschiedlichsten Berufen und Lebenskonzepten. Es ist schön immer wieder Neues zu entdecken und sich weiter zu entfalten. Eines der Grundprinzipien von NLP ist:

„The map is not the territory." – Die Landkarte ist nicht das Gebiet.

Bill Harris (Director Centerpoint Research Institute) erklärt diesen Grundsatz wie folgt: „So know that you are not your Ego, your concept of yourself, your map of reality. It's just a map, and if it goes into chaos it is part of the process of positive change and the prelude to a better and more functional map. The map is not the territory, and you are not your map, so when the old map falls apart, you will still be there, ready to receive a new map and to be much better off and much happier" (Trans4mind 2016). Es gibt Landkarten, die unser Leben begleiten. Es gibt kein richtig und falsch, sondern nur verschiedene Versionen von Wahrheit ihrer Komposition. Und „Viele verschieden gestimmte Saiten geben erst Harmonie" – Joseph von Eichendorff (Aphorismen 2016). Oder wie es in Köln so schön heißt: „Jede Jeck es anders" (Ganz Köln 2016). Sie können also durchaus Ihr „Zebra-Dasein" voll und ganz ausleben. Die Kölner werden dies gegebenenfalls sogar wortwörtlich nehmen. Also „Alaaf" aufs Zebra-Modell! :-)

4.2 Die Lektion der Glasperlen

Das Leben besteht aus 5 Glasperlen (Hesse 2012):

1. Die Liebe
2. Die Freundschaft
3. Die Familie
4. Die Gesundheit
5. Die Rechtschaffenheit.

Eine Perle zerbricht nicht, egal wie oft sie runterfällt. Sie ist aus Gummi: Die Arbeit.

Wir sind das Land der Dichter und Denker. Einer der Menschen, der Deutschland diesen ehrenwerten Ruf verliehen hat, ist Hermann Hesse. Es gibt ein paar Zeilen von jenem Dichter, die eine große Bedeutung für mich gewonnen haben. Sie bringen das Wertesystem des Lebens auf den Punkt und helfen mir tagtäglich Entscheidungen zu treffen und den Fokus zu bewahren. Ich habe sie in meiner Wohnung dicht an meiner Eingangstür aufgehängt, sodass ich sie jeden Tag sehe. Ich möchte auch Ihnen diese Zeilen in Ihr Bewusstsein bringen, denn sie lehren viel Weisheit, die uns generell in der Priorisierung unserer täglichen Dinge unterstützen können. Es handelt sich hierbei um ein Gedicht von Hermann Hesse über „Die Glasperlen" aus seinem Werk „Das Glasperlenspiel".

Ich habe das Gedicht von meiner Mutter geschenkt bekommen. Die Vorgeschichte dazu war, dass ich ihr zu ihrem 70. Geburtstag Musical-Karten für das neue Andrew Lloyd Webber-Stück in Hamburg geschenkt hatte. Teil davon war, dass ich sie begleiten würde. Am selbigen Tag kam nun aber ein sehr wichtiger beruflicher Anlass bei mir auf. Eine Veranstaltung, die ich federführend für meinen Kunden organisiert und initiiert hatte. Es war mein Baby und alle im Unternehmen und Partner freuten sich darauf. Nun fiel dieser Termin aber genau auf das gleiche Datum, wie jenes, an dem das Musical stattfinden sollte. Wie es eben manchmal im Leben so ist.

Nicht bei dem Event meines Kunden zu erscheinen, also meinem Projekt, für das ich verantwortlich war, war mehr oder weniger so, als würde ich zu meiner eigenen Geburtstagsparty nicht erscheinen. Zudem sagte mir meine Mutter noch, dass mein Beruf wichtig sei und dass ich so viel gearbeitet habe, um dort zu sein wo ich bin, und auch für dieses spezifische Projekt – ich solle also ruhig dorthin gehen, sie würde das verstehen. Wir würden schon die Karten umtauschen können auf einen anderen Termin. Ich versuchte alles und telefonierte tagelang der Ticket-Hotline, dem Veranstalter und dem Konzerthaus hinterher. Vergeblich. Kein Umtausch gestattet. Letztlich stellte ich die Karten bei eBay ein. Es fand sich kein Käufer. Dann rief ich Freunde und Familie an, um zu erfragen, ob statt mir jemand anders meine Mutter begleiten könne. Niemand hatte Zeit. Es war wie verhext. Ich sprach mit meiner Mutter und sie sagte traurig: „Ja, dann geh ich halt alleine." Das brach mir das Herz, das konnte ich nicht zulassen.

Nach langem Hin und Her entschied ich mich also für das Musical und meine Familie und gegen meine Kundenveranstaltung und meine Arbeit. Das fiel mir sicher nicht leicht, denn auch ich hatte mich riesig auf die Veranstaltung gefreut. Es war das Ergebnis wochenlanger Arbeit gewesen. Am nächsten Tag im Office überbrachte ich meinem Kunden also traurig die enttäuschende Nachricht, dass ich wohl nicht selbst bei dem Event dabei sein könne, da ich meine Mutter an selben Abend in ein Musical begleiten würde, wozu ich ihr Tickets zum Geburtstag geschenkt hatte. Leicht enttäuschte und überraschte Augen auf der anderen Seite schauten mir entgegen. Ein kurzer Moment der Stille. Dicht gefolgt jedoch von einem Lächeln und dem Satz: „Das können wir verstehen. Die Familie ist das Wichtigste. Wir werden auf Dich anstoßen." Diese Reaktion rührte mich sehr. Sie hatte so viel Menschlichkeit. Ich mochte es sehr, für diesen Kunden und in diesem Beratungsprojekt zu arbeiten. Das wurde mir in diesem Moment noch einmal deutlicher klar. Ich kümmerte mich also um eine Vertretung meiner Rolle bei der Veranstaltung, organisierte alles, was ich vorbereitend tun konnte und informierte schließlich meine Mutter am Abend, dass ich nun doch an ihrer Seite sein und sie begleiten würde. Sie war sehr glücklich. Ein paar Tage später saßen wir also im Zug nach Hamburg zu besagtem Musical und meine Mutter übergab mir einen Zettel. Auf ihm stand das zuvor genannte Zitat von Hermann Hesse. Sie sagte: „Schön, dass Du neben mir sitzt. Du hast Dich für die Glasperlen entschieden. Ich danke Dir." Ich hatte Tränen in den Augen.

Ich hatte, wie es in den Zeilen von Hesse steht, die Glasperle der Familie sanft behütet, geschützt und priorisiert. Die Arbeit ist auch eine Perle, die wichtig ist, aber sie ist eben nicht aus Glas, sondern aus Gummi. Sie geht nicht kaputt, egal wie oft sie runterfällt. Die Familie jedoch – sowie auch die anderen Glasperlen der Liebe, der Freundschaft, der Gesundheit und der Rechtschaffenheit – sie schon. Sie sind sehr sensibel und zerbrechlich und benötigen daher sehr viel Sorgfalt, Fokus und Achtsamkeit. Ich bin froh, diese Entscheidung getroffen zu haben und es war mir eine große Lehre.

Das Kundenevent ist dennoch gut verlaufen und ich habe weiterhin für meinen Kunden Projekte realisieren dürfen. Er hatte durch seine

Menschlichkeit einen Weg in mein Herz gefunden. Ich wurde ihm dadurch loyaler denn je. Wir haben durch diese Geschichte eine neue Ebene der Nähe in dem sonst sehr beruflich fokussierten Alltag entwickeln können, die unser Geschäftsverhältnis noch positiv aufgewertet hat. Es war am Ende des Tages also eigentlich sogar ein Zugewinn. Das Verrückteste jedoch an der Geschichte ist, dass auf jenem Kundenevent, den ich nun verpasst hatte, eine Musikband spielte. – Sie trug den Namen:

„Glasperlenspiel" (Glasperlenspiel 2016).

4.3   Angst als wertvoller Verbündeter

The key to success is for you to make a habit throughout your life of doing the things you fear.
– Vincent van Gogh

Vincent van Gogh hat einmal gesagt, dass der Schlüssel zum Erfolg darin liegt, es zu einer Gewohnheit zu machen, Dinge zu tun, die wir fürchten. Die Überwindung der Angst und das Aufnehmen von Risiken ist eine wichtige Zutat auf dem Weg zum Erfolg. Gerade in Zeiten des Wandels werden uns vermutlich häufig Situationen wiederfahren, vor denen wir Respekt oder gar Angst haben, einfach weil wir sie noch nicht kennen. Diejenigen, die aber dennoch diese neuen Wege einschlagen, haben die besten Chancen einzigartig zu sein – in ihrem Angebot und ihrer Positionierung. Wie es auch heißt: „Life begins when you step outside your comfort zone! That is where the magic happens" (MoreLeadership 2016).

Ich habe in meinem Leben oft Angst gehabt. Ich hatte Angst, den Schritt in die Selbstständigkeit zu gehen, ich hatte Angst vor der Liebe, ich hatte Angst vor dem Scheitern, ich hatte Angst, alleine zu sein, ich hatte Angst, loszulassen, ich hatte Angst zu vertrauen, ich hatte Angst, mich der Spiritualität zu öffnen, ich hatte Angst, nicht allen gerecht zu werden, ich hatte Angst vor der Dunkelheit. Ich hatte sogar schon Angst vor der Angst. Es gibt viele Ängste, die uns begleiten. Heute glaube ich jedoch, dass die Angst ein wertvoller Verbündeter von uns ist. Sie zeigt uns Seiten unseres Inneren, die uns blockieren. Seiten und Ebenen, die uns aufhalten, all unsere Träume zu verwirklichen oder wahrlich glücklich und frei zu sein.

Ängste überwinden heißt Träumen die Chance einräumen Wirklichkeit zu werden.

Walt Disney, der erfolgreiche Filmemacher und Innovator, erklärt seinen Erfolg wie folgt: „I dream, I test my dreams against my beliefs, I dare to take riss, and I execute my vision to make those dreams come true" (Capodagli und Jackson 2007, S. 1).

Momente der Angst sind Prüfungen, um zu wachsen. Oder um es in Osho's Worten zu sagen: „Das Leben beginnt dort, wo die Furcht endet" (Zitate 2016). Wenn ich auf mein bisheriges Leben zurückblicke, so sind mir in Momenten tiefster Angst interessanterweise oft große Überraschungen begegnet und gar schöne Dinge passiert. Wie es so schön heißt: „Wenn Du denkst es geht nicht mehr, kommt von irgendwo ein Lichtlein her."

In einem Urlaub in Thailand bin ich einmal einer sehr gefährlichen Situation begegnet. Ich bin mit einer Freundin vom Weg abgekommen und wir standen auf einmal vor einem riesigen Bild eines Buddhas. Daneben ging ein breiter Pfad nach oben zu einem Buddhatempel. Es war bereits abends und die Dunkelheit brach ein. Wir waren der Annahme, dass sich am Ende des Pfades ein Restaurant befand, das wir gerne aufsuchen wollten, da es uns empfohlen worden war. Wir würdigten also kurz das tolle künstlerische Motiv von Buddha und gingen den dunklen Pfad hinauf. Nichts ahnend, aber auch unachtsam.

Auf einmal, gefühlt aus dem Nichts kommend, erschienen mehr und mehr Hunde aus der Dunkelheit. Es wurden immer mehr und sie waren scheinbar nicht erfreut über unsere Anwesenheit. Sie bellten und knurrten aggressiv. Die Angst überfiel uns schlagartig als wir realisierten, dass wir alleine auf dem Weg waren. Weit und breit kein anderer Mensch, Dunkelheit und mit jeder Minute weitere Hunde, die aus der Dunkelheit kamen und uns umzingelten. Ich mag Hunde, verstehen Sie mich nicht falsch, aber diese Situation war unheimlich. Die Straßenhunde in Thailand gelten als potenziell gefährlich und man solle achtsam sein. Und da standen wir auf einmal mit ca. 35 Hunden um uns herum, die uns als Eindringlinge ihres Heims, als Feinde wahrnahmen. Wir waren gefangen. Ich weiß nicht, wann ich das letzte Mal solche Angst gehabt habe. Ich war schweißgebadet und wie in einem Schockzustand. Mein Herz schlug mir bis zum Hals. Zum Glück konnte meine Freundin in diesem Moment die Fassung bewahren und wiederholte immer nur den Satz: „Schau mich an. Schau nur mich an."

Die Hunde spürten unsere Angst und damit wuchs auch ihr Dominanzverhalten. Wir riefen unser Resort an und baten darum einen Fahrer zu schicken, der uns abholen würde und retten könnte aus der gefährlichen Situation, in der wir nun steckten. Aber auch nach 10–15 min war noch kein Fahrer erschienen. Meine Freundin redete weiterhin ruhig auf mich ein. Sie war für mich die Rettung in diesem Moment. Ich ließ komplett los und vertraute ihr. Ich blendete alles aus und nahm nur noch ihre Stimme war und schaute in ihre dunklen Augen. Irgendwann ermunterte sie mich, langsam den Pfad zu überqueren und ich folgte. Wir kletterten einen Hügel hinauf, um uns etwas Sicherheitsabstand von den 30–40 Hunden zu sichern, die nun unter uns standen und hinaufschauten. Irgendwann nahm ich wahr, wie meine eigentliche so tapfere Freundin auch Angst bekam und nach einem Stock griff, um uns im Falle des Falles verteidigen zu können. Ich betete, denn ich wusste, dass es nun noch gefährlicherer war. Ich hörte das Rasseln hinter mir, drehte mich aber nicht um. Ich spürte aber, dass auch hinter mir Hunde waren und dass einer bereits den Hügel zu uns hinaufgestiegen war. Ich war schweißgebadet.

Auf einmal – wie eine Fata Morgana – kam ein Mönch den Pfad hinaufgelaufen. Keiner von uns sagte etwas dazu, da wir beide glaubten, verrückt zu werden und eine Wunscheinbildung wahrzunehmen. Aber umso näher er kam, desto klarer war er zu erkennen. Er war tatsächlich da. Unser Mönch der Rettung. Wie ein Schutzengel oder auch Buddha in Menschengestalt war jemand geschickt worden, der uns retten sollte. Und so war es auch. Wir baten den Mönch, uns herauszuführen und vor den aggressiven Hunden zu schützen. Und das tat er. Die Hunde gehorchten ihm auf das Wort. Als wäre er ihr Anführer. Unversehrt kamen wir am Anfang des Pfades an und er ermahnte uns, dass der Buddhatempel, der sich wohl am oberen Ende des Pfades befand, bereits geschlossen sei. Daher waren seine Hunde, die wohl auch dort wohnten, auch so wachsam gewesen. Denn um diese Zeit kam sonst nie jemand hier hochgelaufen. Wir dankten ihm von Herzen.

Diese kleine Anekdote des Lebens zeigt, dass wir immer wieder Prüfungen ausgesetzt werden. Meine Freundin hatte in dieser Zeit gerade eine neue Führungsposition angenommen und war unsicher, dieser gerecht zu werden. Sie glaubte nicht komplett an sich selbst. Sie hatte mich aber in dem Moment der Angst und Verzweiflung in der Hundesituation wie eine Meisterin geführt. Sie war mit Hunden aufgewachsen und wusste, was sie tat. Ich bin ihr komplett gefolgt, da ich wusste, dass sie uns hier herausführen würde. Auch sie hatte fürchterliche Angst, aber ließ sich das mir gegenüber nicht anmerken. Ich sagte ihr danach: „Wenn Du keine gute Führungskraft bist, dann weiß ich auch nicht!" Ich glaube, sie wusste, dass ich recht hatte. Zumindest hörte ich sie anschließend nie wieder zweifeln. Sie vertraute einfach darauf, dass sie ihre neue Aufgabe im Beruf gut erfüllen würde. Sie war bereit.

Auch für mich hatte die Situation eine große Symbolik und Erkenntnis. Als jemand, der oft von anderen als geborene „Führungskraft" betitelt wird und als jemand, der meist privat als auch beruflich den Weg vorgibt, ließ ich in jenem Moment komplett los und vertraute einfach nur meiner Freundin. Ich hatte ihr vorher noch erzählt, dass ich glaubte, nunmehr gelernt zu haben, loszulassen und zu vertrauen, mir aber nicht hundert Prozent sicher sei, da ich immer noch so gerne das Gefühl von Sicherheit und Kontrolle habe. Aber die Situation zeigte, dass ich es konnte. Ich ließ alles los, meine komplette Kontrolle und befolgte jedes ihrer Worte, da ich darauf vertraute, dass sie wusste, was sie tat und uns schützen würde. Als der Mönch erschien, wusste ich, dass wir gerettet sind. Ich vertraute ihm sofort. Im letzten Moment war uns die Rettung gekommen und wir werden wohl beide niemals dieses Erlebnis vergessen. Dieser spirituelle Pfad zu Buddha hatte seine Aufgabe für uns erfüllt. Beide waren wir daran gewachsen. Den Rest des Urlaubs verbrachten wir in endloser Dankbarkeit. Dennoch hoffe ich, nicht so schnell noch einmal eine solche Situation erleben zu müssen.

In dem Buch von Miguel Ruiz namens „The Mastery of Love", einem der schönsten Wegweiser der Liebe, erklärt er, dass das Gegenteil von Liebe Angst ist (Ruiz 1999). Er erzählt, dass viele Menschen sich in Beziehungen voller Angst und Abhängigkeiten begeben. Sie glauben dadurch, Sicherheit und Geborgenheit zu verspüren. Dies aber sei keine echte Liebe. Es sei eher wie eine Droge. Wenn wir sie erhalten, geht es uns fantastisch. Wenn sie uns jedoch entzogen wird und der Partner sich abwendet, entstehen Schmerzen, wie ein Heroinabhängiger wohl in einer Entzugsklinik erfahren müsste. Wir wollen immer mehr von der Droge, dabei merken wir gar nicht, dass sie uns immer mehr von uns selbst entfernt. Von unserer Essenz. Wahre Liebe besteht nicht aus Abhängigkeit und Angst. Wahre Liebe lässt frei und lässt los. Jeder Mensch ist nur für seinen Teil verantwortlich, für seinen Traum. Nicht aber für den des anderen. So ist es auch mit dem Glück und der Zufriedenheit. Glück und Zufriedenheit ist eine Entscheidung, die wir jeden Tag auf das Neue treffen.

4.4 Die persönliche Glücksskala

Das Glück muss entlang des Endes der Straße gefunden werden, nicht am Ende des Weges.

– David Donn

Haben Sie sich schon mal gefragt, was Glück für Sie bedeutet? Und wissen Sie, wie Sie Glück kultivieren können?

Ich frage seit einiger Zeit Personen in meinem Umfeld gerne, was aus ihrer Sicht Glück bedeutet und was sie sich wünschen würden, um glücklich zu sein. Ich habe darauf sehr unterschiedliche Reaktionen erhalten. Manche werden sehr unsicher bei der Frage und es scheint sie nervös zu machen. Einige haben gar keine Antwort – insbesondere auf die Frage, was sie glücklich macht oder was sie sich wünschen. Andere strahlen einfach nur auf diese Frage hin und erzählen mir von all den Dingen, wofür sie dankbar sind. Dankbarkeit, so habe ich bisher sehr oft feststellen können, ist häufig mit einem Glücksgefühl verbunden.

Es scheint nicht leicht für jeden zu sein, Glück zu formulieren und Momente des Glücklichseins wirklich zu erkennen und zu erfassen. Ich denke das liegt daran, dass wir oft nach der übergalaktischen Antwort oder dem alles erfüllenden Zustand suchen. Dabei ist es doch eigentlich so, zumindest in meiner Welt, dass das wahre Glück in den Kleinigkeiten liegt und darin glückliche Momente bewusst zu erleben. Ich glaube, Glück ist kultivierbar. Umso mehr wir darüber nachdenken und es uns bewusst machen, umso glücklicher werden wir mit der Zeit. Zumindest ist das etwas, was ich mehr und mehr in meinem Leben feststelle.

Als ich im letzten Jahr in London war, war ich eines Abends mit einer sehr fröhlichen Runde unterwegs – ein Mix aus verschiedenen Kulturen und Nationalitäten. Aber sie hatten alle eines gemeinsam: Sie strahlten. An diesem Abend habe ich eine wichtige Erkenntnis gemacht, die seither ein regelmäßiges Werkzeug für mich geworden ist, das ich auch Ihnen vorstellen möchte:

Die Glücksskala (The Dignified Self 2016a)

Ich stellte an jenem Abend einem nach dem anderen in meiner Runde, unabhängig von einander, dieselbe Frage: Auf einer Skala von eins bis zehn, wie glücklich bist Du?

Zehn ist das Maximum. Einer nach dem anderen antwortete an diesem Abend tatsächlich mit neun oder zehn!

Ich war tief beeindruckt und fühlte mich gleichzeitig in diesem Moment von Gott geküsst. Ich war tatsächlich von einer Quelle des Glücks und positiver Energie umgeben und das musste heißen, dass auch ich nicht weit weg von diesen Skalenwerten sein konnte. Denn wie es so schön heißt: „Your vibe attracts your tribe!" –

Wir ziehen nicht das an, was wir wollen. Wir ziehen das an, was wir sind.

Ich fragte meine Glücksritter-Freunde an jenem Abend nacheinander, WARUM sie so glücklich seien. Sie antworteten alle, dass sie gerade jetzt und hier einen tollen Abend verbringen. Weiter sagten sie, dass sie eine gute Balance in ihrem Leben gefunden haben. Arbeit und Freizeit stünden bei ihnen in einem gesunden Verhältnis, zumindest meistens. Das, was sie beruflich tun, mache ihnen ebenfalls Freude. Zudem waren die meisten von ihnen erfüllt von Dankbarkeit, dass sie in der Stadt ihrer persönlichen Träume ihr Leben aufgebaut hatten. Aktivität und Risikofreude hatte hier Einzug erhalten und das Resultat ist GLÜCK – und das fühlt sich eben fantastisch an. Ich musste an diesem Abend an meinen Vater denken, denn er lehrte mich die Glücksformel aus Aktivität plus Risikofreude. Ich habe sie für mich noch um (Selbst)vertrauen ergänzt, da wir ohne dieses, denke ich nicht aktiv werden oder die Chance dazu erhalten.

Glücksformel: Aktivität + Risikofreude + (Selbst)Vertrauen = Glück

Fragen Sie sich selbst einmal im Rückblick, wann Sie richtig glücklich waren und welche Schritte Sie vielleicht vorher gegangen sind (Aktivität) oder auch welche Angst Sie dafür überwunden haben (Vertrauen), um anschließend mit dem Gefühl des Glücks beschenkt zu werden (Risiko). Wenn ich diese Formel nicht angewandt hätte, würde ich noch heute 70 h die Woche in einem Beruf arbeiten, der mich nicht wirklich erfüllt und mich danach sehnen, mehr Zeit für meine Freunde, Familie und Hobbys zu haben. Dies sind aber genau jene Dinge, die uns immer wieder von der Gegenwart wegbringen. Denn dann denken wir lieber daran, wie es doch wäre jetzt dies oder jenes zu tun. Achtsamkeit heißt aber im Jetzt zu verweilen. Also sollten wir auch darin unser Glück finden. Es gibt ein Zitat, das ich hier ebenfalls ergänzen möchte:

Shoot for the moon. Even if you'll miss, you will land among the stars
– Antoine de Saint-Exupéry (Goodreads 2016).

Diese Zeilen haben mich oft motiviert in meinem Leben Schritte zu gehen, die mit Angst begleitet waren. Und meist hat es sich ausgezahlt und sie hat funktioniert. Nicht immer. Aber meistens bin ich bei den Sternen gelandet … und manchmal – sogar beim Mond!

Was ich Ihnen aber vor allem sagen möchte, ist, dass Sie durch Achtsamkeit Ihr Glück kultivieren können, das haben bereits viele Studien gezeigt. Meditation fördert beispielsweise die Ausschüttung von Glückshormonen (Meditation 2016; Yoga Easy 2016). Durch das bewusstere Wahrnehmen von Momenten können wir durch Achtsamkeit mehr Glückspotenziale erleben. Wie? Indem Sie jedem Moment Bedeutung verleihen ohne den einen als besser oder schlechter zu erachten. Sie nehmen den Moment einfach wahr, als das was er ist (Kabat-Zinn 2014, Kap. 57), so heißt es auch in dem Buch „Jeder Moment kann dein Lehrer sein von Kabat-Zinn" (2014, Kap. 57). Das können Sie beispielsweise mit der Übung der Glücksskala für sich in den Alltag integrieren. Sie mögen nun vielleicht denken: Wenn ich nicht werten soll, warum dann eine Glücksskala?

Sie haben natürlich Recht und ich freue mich über Ihre Aufmerksamkeit. Mittel dieses kleinen Werkzeugs ist natürlich nicht, dass Sie allem eine Note geben. Die Idee dahinter ist eher Ihnen etwas an die Hand zu geben, womit Sie spielen können und dass Sie immer wieder zu dem aktuellen Moment zurückbringt. Es ist also, wenn man es genau nimmt, weniger wichtig, was für eine Zahl Sie erreichen, als dass Sie es überhaupt tun und sich auf den Moment konzentrieren, den Sie gerade erleben.

> Ich selbst frage mich ebenfalls seit jenem Abend regelmäßig, wo ich mich heute und in diesem Moment auf meiner persönlichen Glücksskala befinde? Mal habe ich Momente der Neun oder Zehn, aber manchmal bin ich auch nur bei fünf oder sechs. Es schwankt, und das ist auch in Ordnung. Ich bewerte das nicht weiter. Es ist schließlich kein Performance-Test, sondern lediglich eine Bestandsaufnahme und Übung, die meinen Blick mehr auf die Gegenwärtigkeit lenkt. Es geht nicht darum, immer nur Top-Scores zu erzielen, es geht vielmehr darum, sich im Wesentlichen die Momente bewusster zu machen.

Dadurch werden Sie vermutlich von ganz alleine mit der Zeit höhere Werte erreichen und die Momente des großen Glücks vermutlich steigern. Warum? Da Sie sich dessen einfach bewusster werden und sie somit intensiver wahrnehmen, was wiederum zu einem höheren Glücksempfinden führt. Probieren Sie es doch einfach einmal aus!

Und … wo befinden Sie sich jetzt gerade auf Ihrer persönlichen Glücksskala?

Beobachten Sie dies weiterhin und Sie werden sich auch dessen bewusster, in welchen Augenblicken Sie besonders glücklich sind. Was tun Sie da? Welche Menschen umgeben Sie? Sind es „9–10er"-Personen oder eher „2–3er"-Personen. Ich habe einmal gelesen, dass wir so werden, wie die fünf Menschen, mit denen wir am meisten Zeit verbringen. Wir sollten also achtsam damit sein. Sind Sie nur umgeben von primär negativen oder stets gestressten Menschen, wird das vermutlich einen Grund haben und

Sie sollten vielleicht auch selbst einmal in den Spiegel schauen und sich genauer unter die Lupe nehmen. Vielleicht ist es dann auch Zeit für einen Tapetenwechsel. Es gibt aus meiner Sicht in Momenten der Unzufriedenheit nur drei Wege zur Auswahl:

Change it – leave it – love it.

Wenn Sie etwas stört, dann verändern Sie etwas (change it), verlassen Sie die Situation (leave it) oder schließen Sie Frieden damit (love it). Das gilt für den Beruf als auch für Privatleben. Aber verweilen Sie nicht unnötig lange in einer Starre des Unglücks, indem Sie keine Entscheidung treffen und sich Monate lang darüber beschweren. Glücklich sein ist eine Entscheidung. Sie haben jeden Tag die Wahl zu entscheiden, ob Sie glücklich oder unglücklich sein möchten. Wenn Sie sich immer wieder an etwas stören, dann ändern Sie etwas oder ändern Sie Ihre innere Einstellung dazu. Die Erkenntnis, dass wenige Menschen ihr Glück erkennen und dass es wichtig ist, dies zu tun, um das Glücklichsein zu kultivieren, war eine wichtige Lehre für mich. Und interessanterweise geht mir auch einiges leichter von der Hand, wenn ich den Tag mit einem Lächeln begrüße. Das kennen Sie vielleicht auch?

Wer lächelt, zieht auch Lächeln an. Das haben bereits Studien belegt. Teilen Sie Ihr Glück auch mit anderen Menschen, indem Sie darüber sprechen, dann multipliziert. Und der beste, produktivste und erfolgreichste Manager ist meistens auch der „Happy Manager." Begrüßen Sie Ihre Kollegen also doch morgen einmal mit einem Lächeln oder lassen Sie jemand an der Kasse im Supermarkt vor. Beobachten Sie achtsam, was passiert und wie sich Unterhaltungen und Erlebnisse dadurch schlagartig anfangen zu verändern.

Sind Sie bereit für ein weiteres Glücksexperiment? (The Dignified Self 2016b).

Dann stellen Sie sich die folgenden Fragen von nun an regelmäßig und notieren Sie Ihre Antworten. Ich verspreche Ihnen, Sie werden neue, interessante Erkenntnisse über sich selbst erlangen.

Fragen entlang Ihres Glücksexperiments

- Wer oder was hat mir heute ein Lächeln ins Gesicht gezaubert?
- Wer oder was war heute ein Lehrer für Dich? (sei es gut oder schlecht)
- Was habe ich heute für mein eigenes Glück getan?

- Was hat mich davon abgehalten, etwas für mich zu tun?
- Wofür bin ich heute dankbar?
- Was kann ich tun, um mein Glücksgefühl jetzt in diesem Moment zu steigern?
- Wo befinde ich mich gerade auf meiner persönlichen Glücksskala? (das kennen Sie ja bereits)

Ich habe diese Fragen mittlerweile fest in meinen Alltag integriert und stelle sie mir meist vor dem Schlafengehen. Sie sind Teil meiner Achtsamkeitsroutine geworden und ich möchte auch Ihnen ans Herz legen, damit zu experimentieren. Ich finde gerade die Frage nach dem Lehrer des heutigen Tages sehr spannend, denn ein Lehrer kann nach meinem Empfinden verschiedene Rollen und Figuren annehmen und seine Rolle besteht darin, Ihnen etwas beizubringen und Ihnen die Augen zu öffnen. Manchmal ist der nervige Chef, der schwierige Projektverlauf, der ausgefallene Flieger, die rote Ampel, die gescheiterte Beziehung – genau das, was Sie brauchen, um etwas Neues für sich in die Wege zu leiten, das Ihnen wohlmöglich viel mehr Glücksempfinden liefern wird. Haben Sie Vertrauen.

Das Leben gibt uns Prüfungen und wiederholt diese so oft, bis wir daraus gelernt haben und anders mit entsprechenden Situationen, die die Schwierigkeiten hervorrufen, umgehen lernen. Kinder fassen auch erst einmal auf die heiße Herdplatte, bevor sie lernen, dies nicht mehr zu tun. Sie weinen in diesem Moment sicher fürchterlich. Aber meist ist bereits kurze Zeit später wieder alles vergessen und es wird gelacht, als ob nichts passiert wäre. Hier können Kinder wertvolle Achtsamkeitslehrer sein, denn sie verweilen nicht lange in der Vergangenheit.

Eine gute Freundin ist zum Beispiel als sehr positiver Mensch in meinem Umfeld bekannt. Sie strahlt immer und wird gerne „Glückskind" genannt, dabei hat auch sie sicher – wie wohl jeder andere Mensch auch – mal einen schlechten Tag oder schwerere Momente im Leben. Aber sie beherrscht die Kunst, im Moment zu leben und die kleinen Dinge zu wertschätzen, bewusst wahrzunehmen und zu genießen. Das kann schon der Kaffee oder Tee am Morgen sein. Dafür ist sie in diesem Moment einfach unendlich dankbar und glücklich. Auch das ist Achtsamkeit.

Es ist ein schönes Training, auf Ihre glücklichen Momente zu achten und sich ab und zu fragen, was Sie gerade erfreut oder auch was Sie konkret in diesem Moment noch glücklicher machen könnte und warum. Und am besten teilen Sie diesen Moment noch mit anderen

Abb. 4.1 Be happy!

in einer Glücksmoment-Gruppe bei WhatsApp oder mit einem vertrauten Menschen am Telefon. Glücklich sein ist einzig und allein Ihre Entscheidung (s. Abb. 4.1).

4.5   Aktivieren der Energieressourcen

In dem wir unsere Aufmerksamkeit im Rahmen der Achtsamkeitspraxis auf unsere eigenen Gefühls- und Wahrnehmungszustand lenken, erfahren wir, wie es um uns steht. Es ist ähnlich eines Check-ups oder eines Scans des eigenen Körpers und Geistes. Daher wird in Achtsamkeitstrainings auch oft die Methodik des Body-Scans vorgestellt, bei der wir gedanklich durch unseren eigenen Körper wandern – fokussiert vom Fuße bis zum Scheitel. Diese haben Sie im ersten Kapitel bereits kennengelernt. Mit Achtsamkeit können wir uns selbst warten und eine Inspektion durchführen, ähnlich wie wir es auch mit materiellen Gütern tun, nur dass wir hier leider oft gewissenhafter sind, dem auch nachzugehen. In dem wir uns aber auf uns selbst besinnen, auf unsere Sinne und in uns hineinhorchen, können wir uns selbst besser kennenlernen und Dinge lernen, die uns niemand anders beibringen kann. Hier sind auch die Quellen unserer Energieressourcen zu Hause, die wir somit wieder aktivieren können. Um uns unserer vollen Energiestationen bewusst zu sein, sollten Sie ein wenig über die Haupt-Energiezentren in unserem Körper wissen. Sie werden auch Chakren genannt.

Chakren? Oh nein. Jetzt wird es aber wirklich esoterisch. Denken Sie vielleicht?

Energie hat wenig mit Esoterik zu tun. Es ist einfach nur die universelle Quelle unserer menschlichen Existenz und Ladestation. Wenn Sie also an mehr Power und Energie interessiert sind, sollten Sie die sieben Chakren kennenlernen. Denn wenn Sie sich oft niedergeschlagen oder ausgelaugt fühlen, hat dies oft mit der Blockade bestimmter Energieflüsse in unserem Körper zu tun. Dann können Sie aktiv und bewusst an der Aktivierung Ihrer Chakren – Ihrer inneren Batterien – arbeiten.

Manche unserer Batterien sind leer, andere voll. So ist es auch mit den Chakren. Manche sind aktiviert, andere deaktiviert, manche sind unteraktiv, andere überaktiv.

Finden Sie heraus, wie es bei Ihnen aussieht und Sie lernen wieder etwas über sich selbst, das Ihnen mehr Akku-Power geben kann. Helfen Sie Ihrem Körper dabei neue Energieressourcen freizusetzen und neue Superkräfte zu erlangen. Die Energie möchte schließlich fließen.

Für einen schnellen und schmerzfreien Einstieg in die Weisheiten unserer Hauptenergiezentren gibt es ein wunderbares Kinder-Animations-Video. Sie finden es auf meinen Blog-Seiten und Sie lernen dort einen sympathischen und humorvollen Guru kennen, der einem kleinen Avatar erklärt, wie er seine sieben Chakren öffnen kann (The Dignified Self 2016c). Im Video erklärt der Guru die sieben Chakren wie nachfolgend zusammengefasst, ergänzt um ein paar weitere Infos für Ihre Übersichtlichkeit (Chakren 2016). Wir haben ja keine Zeit zu verlieren. Es soll ja alles schnell in Fluss kommen. Richtig? Gut. Los geht's!

Die sieben Energiezentren (Chakren)

1. **Das erste Chakra ist das Erde oder auch Wurzel-Chakra:** Es widmet sich dem Überleben und dem Sein und der Dankbarkeit. Es wird blockiert durch Furcht und Angst. Wovor haben Sie am meisten Angst? Lassen Sie diese Furcht zu und geben Sie sich ihr hin. Position: Am unteren Ende der Wirbelsäule, Farbe: rot, Grundthema: Ich bin.
2. **Das zweite Chakra ist das Wasser, Sexual- oder auch Sakral-Chakra:** Es widmet sich der Leidenschaft und ist blockiert von Schuldgefühlen. Wofür beschuldigen Sie sich selbst? Vergeben Sie sich. Was der Guru nicht sagt, ist, dass durch die Aktivierung des Sakral-Chakras auch die Kreativität und die sexuelle Lust steigen. Das könnte vielleicht ein weiterer Anreiz für Sie sein. Position: Unterhalb des Bauchnabels, Farbe: Orange, Grundthema: Ich fühle.

3. **Das dritte Chakra ist das Feuer, Bauch- oder auch Solarplexus-Chakra:** Es widmet sich dem eigenen Willen und wird blockiert durch Schamgefühl. Wofür schämen Sie sich? Finden Sie Balance, indem Sie es lernen, zu akzeptieren. Position: Zwischen den Rippen, ungefähr auf Bauchhöhe. Farbe: Gelb, Grundthema: Ich handle.
4. **Das vierte Chakra ist das Wind- oder auch Herz-Chakra.** Es widmet sich der Liebe und wird blockiert von Trauer und Elend. Legen Sie Ihre Trauer offen und lassen Sie den Schmerz den Fluss hinab laufen. Die Aktivierung dieses Chakras begünstigt die Liebe, Beziehungen, persönliche Entwicklung und das Bedürfnis zu teilen. Position: In der Mitte Ihrer Brust, Farbe: Grün, Grundthema: Ich liebe.
5. **Das Fünfte ist das Äther- oder auch Hals-Chakra.** Es widmet sich der Wahrheit und wird blockiert durch Lügen. Sie können nicht darüber lügen, was Ihrer wahren Natur entspricht. Akzeptieren Sie, wer Sie sind, und stehen Sie dazu. Die Aktivierung des Chakras führt zu besserer Kommunikation und persönlichem Ausdruck. Position: Hals, Farbe: Blau, Grundthema: Ich spreche.
6. **Das sechste Chakra ist das Geist- oder auch Stirn-Chakra.** Es widmet sich der Erkenntnis und wird blockiert von Illusionen. Die größte Illusion ist, dass wir alle separiert sind. In Wirklichkeit sind wir alle verbunden (und nicht nur durch Mobiltelefone und das Internet!;)) Seien Sie offen dafür, es zu fühlen. Die Aktivierung des Chakras begünstigt Ihre Verbindung mit Ihrer Intuition und lässt Sie klarer denken. Position: Stirn, Farbe: violett/indigo, Grundthema: Ich sehe.
7. **Das Letzte ist das Scheitel- oder auch Kronen-Chakra.** Es widmet sich der kosmischen Energie und Spiritualität und wird blockiert durch Anhaftung. Lassen Sie alle Abhängigkeiten und Verbindungen los. Geben Sie sich hin und lernen Sie, loszulassen. Die Öffnung dieses Chakras führt zu mehr Inspiration und Spiritualität bzw. dem Gefühl der Verbundenheit. Position: Am Scheitel, direkt über Ihrem Kopf, Farbe: Pink/helllila, Grundthema: Ich verstehe.

Die Öffnung der Chakren kann auch durch das Tragen bestimmter Farben und der Symbole dahinter unterstützt werden. Zur Stärkung meines Wurzelchakras trage ich daher zum Beispiel: gerne roten Lippenstift oder Nagellack und ein hochwertiges Armband mit dem Symbol des Wurzel-Chakras. Ich bin schließlich ein Mädchen und man muss nicht gleich zum Hippie werden, nur weil man sich der Energieressourcen bedienen möchte. Auch beim Yoga gibt es übrigens viele Übungen, die sich der Lösung von Blockaden innerhalb einer dieser sieben Energiezentren widmen. Hier wird viel mit Chakren gearbeitet. Auch in der Meditation werden die Energiezentren positiv beeinflusst. Oft verspüren Menschen in der Meditation zu Beginn einen Schmerz an bestimmten Stellen in ihrem Körper, nämlich primär jenen, wo sich die Energiezentren befinden. Das ist vermutlich auf Blockaden oder Verstopfungen der Energiezentren zurückzuführen, die sich durch die Meditation lösen können.

Im Internet gibt es verschiedene Tests für einen ersten Chakra-Check und Lokalisierung von Blockaden oder Schwächen innerhalb der Energiequellen. Auch ayurvedische Massagen können helfen, um wieder in Fluss zu kommen. Ich glaube, wir haben alle einen Hang zu dem einen oder anderen Chakra und Blockaden oder Schwächen in anderen und es ist natürlich auch interessant herauszufinden, wo wir am stärksten sind, also am meisten im Fluss mit uns selbst. In meinem Fall ist zum Beispiel immer und in jedem Online-Test, den ich bereits gemacht habe, das Hals-Chakra überaktiv. Kein Wunder bei jemandem, der ehrlich ist und gerne singt und kommuniziert.

> „May the force be with you!" heißt es so schön in Starwars. Seien Sie doch auch einmal ein bisschen Jedi-Ritter und lassen Sie sich wie Luke damals darauf ein, Dinge kennenzulernen, die Sie noch nicht kennen oder darauf, an Dinge zu glauben, die Sie für unmöglich gehalten haben. Ähnlich ist es auch mit der Weisheit der Chakren.

Zu Beginn können Sie natürlich auch einfach erst mal eine ayurvedische Massage in einem Wellness-Tempel buchen. Das wird Ihnen sicher guttun und Sie haben bereits Ihren ersten Schritt in Richtung Chakra-Aktivierung und Erweckung neuer Energiequellen getan.

4.6 Loslassen, vertrauen, ankommen

Loslassen + Vertrauen = Ankommen

Life is the train. Not the station.

– Paolo Coelho

Die Antwort zu einem Gefühl des Ankommens liegt nicht an einem Ort verborgen. Sie ist nicht von externen Faktoren abhängig.

Das Gefühl anzukommen kann nur in uns selbst gefunden werden, indem wir in uns selbst ankommen und in uns selbst ein Zuhause finden.

Es ist vollkommen egal, wo Sie sich gerade in Ihrem Leben befinden, machen Sie sich einfach nur bewusst, dass Sie sich auf der Reise befinden. Und diese Reise ist unser Leben. Sie müssen nicht die Zivilisation verlassen, um achtsam zu werden. Sie müssen kein Mönch sein, um zu meditieren. Sie müssen nicht am Strand leben, um Sonne im Herzen zu spüren. Sie müssen nicht aussteigen, um anzukommen. Sie müssen einfach nur genüsslich und gelassen weitergehen bzw. -fahren und sich dessen bewusst werden, dass jede Sekunde Teil Ihrer wunderbaren Zugfahrt ist. So wie es Paolo Coelho (2013), der großartige Autor des Alchimisten und vieler weiterer großer Werke, so schön in seinen Zeilen versinnbildlicht hat. Das Leben ist der Zug und nicht die Bahnhofsstation.

Die drei Wörter „Loslassen, vertrauen, ankommen" haben eine große Bedeutung in meinem Leben erhalten. Sie sind eine Art Mantra für mich geworden, eine logische Folge, eine Lehre. Ja gar eine Gleichung, die sich wie folgt zusammensetzt:

Loslassen + Vertrauen = Ankommen.

Ich habe die drei magischen Worte auf ein Post-it geschrieben und an meinen Spiegel im Flug gehängt und es vergeht kein Tag, an dem ich sie nicht lese und in mir trage. Gerne möchte ich Sie auch Ihnen auf den Weg geben. Lassen Sie mich den Hintergrund dazu etwas erläutern.

Loslassen

Kennen Sie es, wenn Sie wochenlang hin und her überlegen, ob Sie Ihren aktuellen Job oder die aktuelle Beziehung, in der Sie sich befinden, oder auch die aktuelle Wohnung, in der Sie leben, behalten sollten, Sie aber noch nicht bereit sind, diese loszulassen? Irgendwas ist da, das Sie davon abhält. Irgendwas, was sich fast wie eine Blockade oder ein innerer Widerstand anfühlt. Ähnlich ist es auch mit Erwartungen und alten Mustern. „Das war doch schon immer so", mögen Sie dann denken. Und das, was immer so war, darf sich doch nicht auf einmal verändern. Aber ist dem wirklich so? Heißt das Leben im konstanten Wandel nicht genau das Gegenteil? Nicht festhalten, sondern offen für das sein, was kommt. Und ist das Anhaften an eine Situation nicht auch eine Haltung, die ihren Ursprung in der Vergangenheit hat, nicht aber in der Gegenwart? Somit ist es nicht getreu Ihres neuen, achtsamen Lebensstils. Denn Achtsamkeit heißt schließlich, den Fokus auf das Jetzt und auf die Gegenwart zu richten. Und wenn sich heute, in diesem Moment, etwas auf einmal nicht mehr richtig anfühlt, müssen wir dennoch daran festhalten, ja gar anhaften, nur weil es immer so war? Ich denke, Sie merken, worauf ich hinaus möchte.

Loslassen heißt freilassen. Loslassen heißt agil sein. Loslassen heißt passieren lassen. Loslassen heißt Serendipität einen Weg einräumen und Veränderungen zulassen.

Wollen wir krampfhaft immer alles kontrollieren und voraussehen, so werden wir selten mit den Schönheiten des Lebens überrascht. Die Wahrscheinlichkeit ist dann wohl eher, dass wir enttäuscht werden. Ähnlich ist es auch in der Meditation. Auch da können Sie üben loszulassen. Ein erster Prüfstein des Übungswillens ist zum Beispiel, ob Sie sich entschließen können, für die Zeit des Meditierens das Telefon abzustellen oder den Flug-Modus zu aktivieren. Wenn Sie dies schaffen, zeigt das bereits ein hohes Maß an Loslassen (Kabat-Zinn 2014, Kap. 35).

Oft fragen mich Menschen, was ich erwartet habe. Wenn ich darauf heutzutage antworte: „Gar nichts. Ich habe mich einfach nur darauf gefreut, Erwartungen hatte ich ehrlich gesagt, keine", sind sie meistens sehr überrascht. Aber gleichzeitig stellt sich immer sofort eine Entspannung ein. „Alles in unserem Leben ist im Fluss. Je mehr wir versuchen, Dinge festzuhalten, desto schneller verlieren wir die Kontrolle" (Harvard Business Manager 2014, S. 36). In dem Moment, indem wir loslassen, entwickeln sich potenziell auch tolle neue Dinge. Aber wann wissen wir, wann wir loslassen müssen?

Grundsätzlich gilt, so erklärt die Psychotherapeutin Irmtraud Tarr: „Wir sollten ziehen lassen, was uns lähmt und uns auf Dauer nicht gut tut" (Brigitte 2016). Weiter erklärt sie, dass persönliche innerliche Entwicklung ohne Loslassen nicht möglich ist. Es verhindert diesen Prozess sozusagen. Gerade Perfektionisten haben Schwierigkeiten damit, Dinge loszulassen. Es passt ihnen nicht, wenn etwas nicht klappt und nicht nach ihren Wünschen ausgeht. Das treibt sie quasi noch weiter an, mehr zu investieren und um etwas zu kämpfen. Aber „Loslassen ist eine Frage der individuellen Ökonomie", sagt die Psychotherapeutin Irmtraud Tarr. „Wie viel ist man zu investieren bereit, und was bringt es? Das muss jeder für sich entscheiden" (Brigitte 2016). Wenn Unmengen an Geld und Zeit bereits in ein Projekt geflossen sind, versucht man vermutlich oft krampfhaft es auf jeden Fall noch zu realisieren und zum Abschluss zu bringen. Aber manchmal ist es klüger hinzunehmen und „einfach" zu akzeptieren, dass der angestrebte Plan überarbeitet werden darf. Die Gedanken und Grundsätze der agilen Softwareentwicklung dürfen Sie dann auch auf sich selbst anwenden. Umarmen Sie den Wandel und freuen Sie sich auf das Neue. Das heißt nicht, dass wir alles wegwerfen, schließlich haben wir etwas entscheidendes Neues gewonnen: Erfahrung. Und auf dieser Erfahrung basierend gehen wir dann weiter. Es ist sicher nicht ökonomisch, ein totes Pferd zu reiten. Eine sehr gute Möglichkeit, das Loslassen zu üben, ist der Fokus auf die Gegenwart und die Praxis der Achtsamkeit und Meditation, wie Sie es bereits in diesem Buch gelernt haben. Auch Paul J. Kohtes hat diese Erkenntnis wohl gehabt. Als einer der wohl bekanntesten „Downshifters" in der Business-Welt, der frühere PR-Manager und Gründer von Kohtes & Klewes, inzwischen Teil von Europas größter PR-Agentur Ketchum Pleon, entschied er sich lieber als Zen-Lehrer anstatt als PR-Manager zu arbeiten. In einem Interview erklärte er, die Erfahrung zu machen, Dinge einfach mal loszulassen, sei schon eine kleine Revolution für Manager (Enorm Magazin 2016). Gerade Führungskräfte seien es gewohnt, alles bestimmen zu müssen. Aber gerade ihnen würde es manchmal viel mehr helfen, sich einfach zwanzig Minuten hinzusetzen und zu üben, mal gar nichts zu tun, loszulassen und auf nichts zu reagieren (Enorm Magazin 2016).

In einem irischen Sprichwort heißt es: Lieber eine gute Sache, die gerade ist, als zwei gute Sachen, die waren, oder drei gute Sachen, die niemals sein werden (Brigitte 2016). Anstatt sich also auf Dinge zu versteifen, von Dingen in der Zukunft zu träumen und in Erinnerungen zu schwelgen, die schon lange nicht mehr der Wirklichkeit entsprechen, fokussieren Sie sich beim achtsamen Umgang mit sich selbst auf das, was heute ist. „Wer loslässt, hat die Hände frei. Selbst wenn man nur ein kleines Stückchen Freiheit gewinnt: Man entdeckt wieder, dass man die Wahl hat, wie man sein Leben gestaltet" (Brigitte 2016). Sie erlangen somit die Kontrolle über Ihr Leben zurück und kommen vom fremdbestimmten Tun in das selbstbestimmte Sein. Wenn eine Tür immer verschlossen bleibt, ist es vermutlich einfach nicht Ihre Tür. Wenn eine Tür verschlossen ist, stolpert man. Sinnbildlich könnte man sagen: „Hinfallen, aufstehen, Krone richten, weitergehen" (Geborgen wachsen 2016).

Auch wenn es mal schwerer ist. „Krisenzeiten sind auch Zeiten der Einkehr, in denen man wieder zu sich finden muss, in denen man sein Leben überdenkt, sich neu findet, neu positioniert" (Geborgen wachsen 2016). Sie sind auch als Chance der Veränderung zu verstehen.

Wenn Sie am Ende eines Satzes angekommen sind und Sie merken, dass ein Punkt folgen sollte, dann versuchen Sie nicht immer wieder, ein Komma daraus zu machen.

Da ist dann Abschließen und Loslassen gefragt bzw. Aufstehen und Weitergehen. Und wenn Sie eine Entscheidung treffen müssen in Bezug auf etwas, das Ihnen Sorgen bereitet, erinnern Sie sich an das „Change it – Leave it – Love it-Prinzip".

Interessant ist, dass das, was wir loslassen, meist auf einmal eine Eigendynamik entwickelt. In dem Moment, in dem ich beispielsweise den Wunsch losgelassen hatte, eine neue Wohnung zu finden und den Stress, der mir meine Wohnungssituation brachte, akzeptierte und losließ, tat sich auf einmal fast aus dem Nichts kommend eine neue Wohnung für mich auf. Naja, nicht ganz aus dem Nichts, ist hatte sie schließlich manifestiert und visualisiert (siehe Abschn. 2.5 „Erschaffungsebene der Achtsamkeit").

Die besten Dinge passieren dann, wenn man sie gar nicht erwartet. Oft sagen Menschen, dass sie gerade dann ihrer großen Liebe begegnet sind, als sie gar nicht danach suchten oder damit gerechnet hatten. Und andere erzählen davon, wie sie schwanger wurden, nachdem sie ihren eigentlichen Kinderwunsch bereits ad acta gelegt hatten. Wieder andere erzählen von ihren Traumjobs, die sie fanden, nachdem sie sich aus dem vorigen Modell ihrer beruflichen Situation und Abhängigkeit gelöst hatten und einfach anfingen zu vertrauen, dass sich schon noch das Richtige finden würde. Also lassen Sie negative Gedanken und den Stress, der daran gekoppelt ist, los. Lassen Sie sich vor allem nicht immer wieder von negativen Gefühlen einnehmen. Wenn Ihnen etwas Schlechtes passiert, passiert es eigentlich nur in diesem Moment.

Stellen Sie sich zum Beispiel die Situation vor, dass Sie in der Bahn von einem unfreundlichen Gast angepöbelt werden und er Sie kommunikativ beleidigt. Sie haben dann die Entscheidung, ob Sie diese Erfahrung dabei belassen oder ob Sie diese noch Ihren Kollegen bei der Arbeit, Ihrer Freundin am Telefon, Ihrem Partner beim Abendessen, Ihrer Mutter am nächsten Tag und anschließend noch sich selbst erzählen. Sie verlängern somit den Moment des Leidens und des Wieder- und Wiedererlebens der negativen Erfahrung immer wieder. Das ist das Gegenteil von Loslassen und auch von Achtsamkeit. Lassen Sie stattdessen diese Gedanken ziehen und belassen Sie sie in der Vergangenheit. Manchmal ist es wichtig, sie noch einen Moment zu verarbeiten, aber entscheiden Sie bewusst, wie lange Sie dies tun wollen.

Es ist Ihre Entscheidung, glücklich zu sein. Machen Sie sich das bewusst, wenn Ihnen das nächste Mal etwas passiert, das Ihnen Stress macht. Und nehmen Sie sich die Zeit, sich auf Ihr Glück zu konzentrieren. Und nein, Sie sind nicht zu beschäftigt, um glücklich zu sein. Ein kurzer Check auf Ihrer persönlichen Glücksskala kostet Sie vielleicht 30 s.

Vertrauen

Als Luke Skywalker Yoda in Starwars sagt, dass er nicht an die Kraft glauben kann („I cant believe it."), antwortet Yoda: „That is why you fail" (The Dignified Self 2016d). Wer nicht auf das vertraut, was sein kann, wird es vermutlich selten erreichen. Vertrauen Sie sich und Ihrer Intuition und nehmen Sie sich und Ihre Umgebung wahrhaftig wahr? Durch Achtsamkeit können wir unsere Sinne schärfen und lernen, Dinge bewusster wahrzunehmen.

Vertrauen ist ein enger Verbündeter Ihrer Intuition.

Und nachweislich führt eine regelmäßige Meditation zu einer besseren körperlichen Wahrnehmung und Intuition (Yoga Easy 2016). Achtsamkeit im Alltag schafft eine engere Verbindung zu uns selbst und stärkt die emotionale Stabilität (Yoga Easy 2016). Wir können durch Achtsamkeit die „Stimme des eigenen Wesens" besser vernehmen. Je mehr Vertrauen wir in uns selbst haben, desto leichter fällt es auch anderen, Vertrauen zu schenken und das „wesenhaft Gute" in ihnen zu sehen (Kabat-Zinn 2014, Kap. 29).

Vertrauen hat viel mit Geduld zu tun. Das „Was" können Sie durch Ihre Fokusrichtung beeinflussen, das „Wann" können Sie schwer beeinflussen. Hier brauchen Sie Geduld. Kabat-Zinn definiert Geduld wie folgt: „Geduld zu haben bedeutet einfach, für jeden Augenblick empfänglich zu sein und ihn in seiner Fülle anzunehmen, zu wissen, dass sich ein jedes Ding so wie die Larve eines Schmetterlings, entfaltet, wenn der richtige Moment dafür gekommen ist" (Kabat-Zinn 1990, Kap. 23). Hier kommt die Magie des Timings ins Spiel. Also bleiben Sie gedanklich besser in der Gegenwart, statt den Fokus in die Zukunft zu richten und zu warten. Eine gewisse Gelassenheit kann auch im hektischen Berufsleben und dem schnellen, digitalen Wandel helfen. Seien Sie geduldig mit sich selbst und folgen Sie Ihrer Intuition. Seien Sie etwas verständnisvoller und freundlicher zu sich selbst und schenken Sie sich und Ihren Mitmenschen etwas Vertrauen. Immer häufiger beobachte ich den Mangel von Vertrauen bei Menschen – im Privatleben als auch im Geschäftsleben. Dabei ist Vertrauen doch die Basis jeder Beziehung. Oder? Wie bei fehlendem Vertrauen die richtigen Mitarbeiter einstellen, Lebenspartner auswählen und Entscheidungen treffen? In meiner Selbstreflexion finde ich es manchmal fast lustig, wie das eine in meinem Leben zu dem anderen geführt hat. Das kennen Sie vielleicht auch?

Das Leben versteht man oft erst rückwärts. Aber Leben sollte man im Jetzt.

Loslassen + Vertrauen = Ankommen.
Kommen wir also zum dritten Begriff der Gleichung.

Ankommen

Wir können 30 Mal umziehen und den Beruf wechseln und uns dennoch immer noch auf der Suche befinden. Ankommen können wir nur in uns selbst. Gerade in digitalen Zeiten, in denen wir täglich neue Entwicklungen erleben, rennen wir förmlich von A nach B, haben zehn Tabs gleichzeitig offen und hecheln immer dem neusten Trend und der heißesten Innovation hinterher. Immer wieder sitzen wir in einem rasend schnellen Zug. Achtsamkeit ist hier ein weiser Ratgeber, der Sie dabei unterstützen kann, anzukommen. Wie? Indem Sie durch die gestärkte Körper- und Sinneswahrnehmung mehr lernen, das Leben bewusst zu genießen, auch auf Reisen, und sich mehr in Ihrem Körper zu Hause fühlen.

> **Konzentrieren Sie sich nicht immer nur auf das Update des Updates, sondern auch auf die aktuelle Version Ihres Systems. Verlagern Sie Ihren Fokus nicht nur auf externe Einflüsse und Reize, sondern bleiben Sie mehr bei sich.**

„Wer tausend Freunde auf Facebook hat, ist in Wirklichkeit bitter allein. Wer in jeder Sekunde ununterbrochen kommuniziert, kann sich irgendwann selbst nicht mehr spüren," erklärt auch das Zukunftsinstitut (Horx 2016, S. 7). Technologie kann unsere emotionale Bindung nicht ersetzen, auch wenn wir dies gerne denken und sie daher nur zu gerne als Zeitvertreib nutzen. Dieses von Technologie und externen Quellen ausgehende Glück ist aber nicht von Dauer und vergeht, wenn das Gerät mal nicht in der Nähe ist. „Wir wollen mit unserem Körper nichts wirklich zu tun haben, deshalb glauben wir, ständig seine ‚Daten' messen zu müssen" (Horx 2016, S. 7). Das sehen Sie anders?

Dann stehen Sie dazu und machen Sie sich das Instrumentarium der Achtsamkeit zunutze und entdecken Sie sich selbst wieder. Der reine digitale Autist sourct seine Sinneswahrnehmung aus. Er sieht nichts und hört nichts. Das kennen wir bereits vom Navigationssystem. Menschen, die nur mit Navi fahren, kennen irgendwann keinen Weg mehr, sie verlieren schlichtweg ihren Sinn für die Orientierung (Horx 2016, S. 18). Wenn Sie aber ankommen möchten – und zwar in sich selbst – benötigen Sie diesen. Da kann Ihnen keine Technologie dabei helfen. Diesen Weg müssen Sie selbst beschreiten. Alles ist gewissermaßen eine Reise und ein Pfad, den wir gehen. Am Anfang steht jedoch stets die Entscheidung dafür, die Sie bereits getroffen haben, wenn Sie ehrlich sind. Sonst würden Sie diese Zeilen vermutlich gar nicht lesen. Diese innere Entscheidung ist wiederum verbunden mit dem Beschluss, alte Muster loszulassen, auf etwas Neues zu vertrauen, um schließlich anzukommen. Und das werden Sie, wenn die Zeit dafür reif ist. All das ist ein work in progress, ein learning by being. Ich denke, dass uns alles meist im richtigen Moment widerfährt, sofern wir mit geöffneten Augen und Herzen durch das Leben gehen – und nicht nur mit dem Kopf gesenkt, auf das Smartphone starrend. Aber ich habe gute Neuigkeiten für Sie: Wenn Sie dieses Buch bis hierhin gelesen haben, sind Sie bereits auf dem besten Weg dahin. Vielleicht sind Sie noch nicht angekommen, aber Sie befinden sich bereits auf der Reise. Also vertrauen Sie darauf.

Abrunden möchte ich die Gedanken zu der Kette aus Loslassen, Vertrauen, Ankommen mit einer kleinen Geschichte:

Es war einmal

auf einer Seelenreise durch Thailand, auf der sich drei Frauen befanden, namens Karlie, Pessa und Laei. Diese Reise begrüßte die drei Frauen mit vielen Prüfungen des Loslassens, Vertrauens und Ankommens. Sie haben alle drei sehr viel in diesen Wochen über das Leben gelernt.

Leider tat das Lernen auch manchmal weh – zumindest materiell. Das ist darauf zurückzuführen, dass es aufgrund des in den drei Frauen verankerten Kontrollimpulses und damals noch mangelnden Vertrauens zu unnötigen Ausgaben, Stress und Enttäuschung kam. Obwohl viele Menschen, die bereits in Thailand waren, ihnen vorher versicherten, dass man am besten einfach losreist und das Leben dort „passieren" lässt, haben sie bereits vorher diverse Hotels und Flugverbindungen und auch sonst wenig Raum für Serendipität gelassen. Als sie eines Tages auf der eigentlich so wunderbaren Insel Koh Phangan im strömenden Monsunregen saßen und traurig realisierten, dass sie hier beim besten Willen nicht in das neue Jahr feiern wollten, ließen sie endlich los. Sie trafen eine bewusste Entscheidung für ihr Glück. Sie würden sich nicht einnehmen lassen von dem schlechten Wetter oder anderen externen negativen Gefühlen. Sie drehten die Musik auf und tanzten zu „Ein Hoch auf uns!" von Andreas Bourani im Bungalow. Sie tanzten und feierten die ganze Nacht – alleine in ihrem Zimmer. Egal was da draußen los war, sie würden eine tolle Zeit haben. Und diese war genau jetzt.

Am nächsten Tag reisten sie weiter und ließen Hotelnächte und Flüge verfallen und strichen auch sonst jegliche Pläne. Stattdessen reisten sie zu der ihnen bis dahin gänzlich unbekannten Insel Koh Chang, einfach ihrem Gefühl folgend, dass sie dort hingehen sollten. Sie ließen all ihre eigentlichen Erwartungen und Gedanken ziehen, wie auch die Idee, Silvester auf der legendären Full

Abb. 4.2 Ankommen in einer Mondlandschaft im Meer

Moon Party auf der Partyinsel Koh Phangan zu verbringen. Sie ließen einfach los und vertrauten darauf, dass alles gut werden würde. Sie fanden Glück in sich selbst und dem Moment. Auch die Reise wurde Teil des Ziels und sie empfanden Dankbarkeit für die Erfahrungen, die sie bisher gemacht hatten. Als sie letztendlich zur Silvesternacht barfuß und endlos glücklich am Strand vom White Sand Beach auf Koh Chang feierten und zahlreiche, wunderschöne Lampions über das Meer fliegen sahen, wussten sie schließlich, dass sie alles richtig gemacht hatten. Von diesem Moment an wurden sie nur noch mit Glück beschenkt. Sie lernten Menschen kennen, die ihnen eine wunderbare Unterkunft organisierten, genossen die schönsten Sonnenuntergänge der Welt, lebten in jeden Tag hinein und waren einfach nur dankbar. Sie führten endlose Gespräche über die Magie der Bäume, das Leben und philosophierten. Sie lachten und tanzten. Sie genossen jeden Moment, folgten ihrer Intuition und waren eins mit der Natur. Sie waren endlich angekommen. Und zwar in sich selbst.

In dem Moment, in dem die drei Frauen den Mut und die Kraft hatten, loszulassen und sich von Erwartungen, Kontrollimpulsen und alten Mustern bewusst zu befreien, öffneten sich neue Wege und Möglichkeiten, die viel schöner waren als all das, was sie sich erträumt hatten. Nicht der Ort war entscheidend, wo sie nun waren, sondern vielmehr der Fakt, dass sie in sich selbst angekommen waren und die Schönheit des Momentes genießen konnten. Dieses Gefühl sollten sie fortan für immer in ihren Herzen tragen. Und wenn sie nicht gestorben sind, dann leben sie noch heute glücklich und zufrieden (s. Abb. 4.2).

Literatur

Art3w (2016) Yin und Yang. http://www.art3w.de/34-0-Yin-und-Yang.html. Zugegriffen: 3. Mai 2016

Aphorismen (2016) Aphorismus zum Thema: Harmonie. http://www.aphorismen. de/zitat/18974. Zugegriffen: 3. Mai 2016

Brigitte (2016) Trennung loslassen. http://www.brigitte.de/liebe/persoenlichkeit/ trennung-loslassen-566922/. Zugegriffen: 19. Apr. 2016

Capodagli B, Jackson L (2007) The Disney way. McGraw-Hill, New York

Chakren (2016) Chakren, 2016. http://www.spirituelle.info/artikel.php?id=72. Zugegriffen: 18. Apr. 2016

Coelho P (2013) Der Alchimist. Diogenes, Zürich

Enorm Magazin (2016) Das Glück in der Stille. http://enorm-magazin.de/das-glueck-der-stille. Zugegriffen: 1. Mai 2016

Ganz Köln (2016) Das Kölsche Grundgesetz. http://www.ganz-koeln.info/das-koelsche-grundgesetz.html. Zugegriffen: 3. Mai 2016

Geborgen wachsen (2016) Warum wir nicht selber unsere Krone richten und weitergehen müssen. http://geborgen-wachsen.de/2015/02/24/warum-wir-nicht-selber-unsere-krone-richten-und-weitergehen-muessen/. Zugegriffen: 3. Mai 2016

Glasperlenspiel (2016) Glasperlenspiel Band. http://www.glasperlenspiel.com/. Zugegriffen: 2. Mai 2016

Goodreads (2016) Quotable Quotes. https://www.goodreads.com/quotes/4324-shoot-for-the-moon-even-if-you-miss-you-ll-land. Zugegriffen: 16. Mai 2016

Harvard Business Manager (2014) Work-Life-Balance. Achtsamkeit, im Interview mit Ellen Jane Langer, Redakteurin A. Beard der Harvard Business Review, Harvard Business Publishing (April 2014)

Hesse (2012) Das Glasperlenspiel. 6 Aufl. Suhrkamp, Berlin

Horx M (2016) Gibt es einen Megatrend Achtsamkeit?, Zukunftsreport 2016. Zukunftsinstitut GmbH, Frankfurt a. M. https://onlineshop.zukunftsinstitut.de/ shop/zukunftsreport-2016/. Zugegriffen: 1. Apr. 2016

Kabat-Zinn J (2014) Jeder Augenblick kann dein Lehrer sein, 1000 Momente der Achtsamkeit. Barth, München (Erstveröffentlichung 1990)

Meditation (2016) Prominente TM. http://meditation.de/prominente-tm/. Zugegriffen: 3. Mai 2016

MoreLeadership (2016) Where the magic happens. http://www.more-leadership. com/where-the-magic-happens/. Zugegriffen 20. Apr. 2016

Ruiz D (1999) The mastery of love: A practical guide to the art of relationship (Toltec Wisdom), Amber-Allen, San Rafael

The Dignified Self (2016a) Wo befindest Du Dich auf der Glücksskala? http://thedignifiedself.com/de/2527-2/. Zugegriffen 18. Apr. 2016

The Dignified Self (2016b). Was ist Glück und wie kultiviere ich es? http://thedignifiedself.com/de/was-ist-glueck-und-wie-kultiviere-ich-es/. Zugegriffen 18. Apr. 2016

The Dignified Self (2016c) Die 7 Chakras für mehr Energie. http://thedignifiedself.com/de/die-7-chakras-bist-du-bereit-fuer-mehr-energie/. Zugegriffen: 15. Febr. 2016

The Dignified Self (2016d) Inspiration: Yoda Zitate für jeden Tag. http://thedignifiedself.com/de/inspiration-5-sieben-yoda-zitate-fuer-jeden-tag/. Zugegriffen: 1. März 2016

Trans4mind (2016) Principle #4: The map is not the territory. http://www.trans-4mind.com/counterpoint/index-authors/harris4.shtml. Zugegriffen: 1. Mai 2016

Yoga Easy (2016) Infografik: Effekte von Meditation. https://www.yogaeasy.de/artikel/infografik-wirkung-meditation. Zugegriffen: 20. Apr. 2016

Zitate (2016) Zitate zum Nachdenken, Osho. http://zitatezumnachdenken.com/angst. Zugegriffen: 27. Apr. 2016

Zukunftsinstitut (2016) Achtsamkeit. https://www.zukunftsinstitut.de/artikel/achtsamkeit/. Zugegriffen: 3. Mai 2016

5

Das AiA-Model für mehr Achtsamkeit im Alltag

Zusammenfassung Das Kapitel „AiA-Modell für mehr Achtsamkeit im Alltag" liefert zahlreiche Tipps und Übungen, um Achtsamkeit in verschiedenen Alltagssituationen zu praktizieren: Täglich, regelmäßig, bei der Arbeit, in der Führung, in stressigen Situationen, in zwischenmenschlichen Begegnungen sowie im Umgang mit digitalen Medien. Eine Fragesammlung bietet weitere Impulse Achtsamkeit zu kultivieren und regt zudem zum Nachdenken an. Spätestens hier ist es nun Zeit selbst aktiv zu werden und das achtsame Verhalten nicht weiter zu studieren, sondern es tatsächlich zu sein. Übung macht den Meister. Indem wir neue Achtsamkeitsrituale entwickeln, wird es irgendwann ein Teil von uns. Nur so können wir vom Tun ins Sein gelangen.

© Springer Fachmedien Wiesbaden 2017
L.N. Güntsche, *Achtsamkeit in digitalen Zeiten*,
DOI 10.1007/978-3-658-11090-1_5

Achtsamkeit ist weit mehr als nur Meditation. Das wissen Sie bereits. Achtsamkeit hat viele Ausprägungen. Das Wichtigste ist es vor allem, dass Sie sich bewusst machen, dass es nur eine Zeit gibt, die wahrlich wichtig ist, die der Gegenwart. Ihr sollten Sie Ihren primären Fokus schenken. Wenn Sie das verinnerlichen, können Sie Achtsamkeit und die vielen positiven Folgen dessen sehr unterschiedlich erleben. Übungen und Impulse, die Sie im Verlauf dieses Buches kennengelernt haben sowie auch die 7 Ebenen der Achtsamkeit, die ich Ihnen vorgestellt habe, sind Teil Ihrer Möglichkeiten. In jeder unserer Lebensbereiche und auch für jeden Menschen können diese anders ausfallen. „Für welchen Weg auch immer Sie sich entscheiden: Seien Sie stets achtsam, nehmen Sie neue Dinge wahr und geben Sie ihnen einen Sinn – dann werden Sie auch Erfolg haben, Sie werden schon sehen" (Harvard Business Manager 2014, S. 42).

Hören Sie also auf zu analysieren und zu bewerten. Verlassen Sie die Rolle des Kritikers, sein Sie kreativ, bewegen Sie sich agil und fangen Sie an zu erleben und das Erlebte umzusetzen. Inmitten der digitalen Transformation ist es nun Zeit für Ihre humane Transformation.

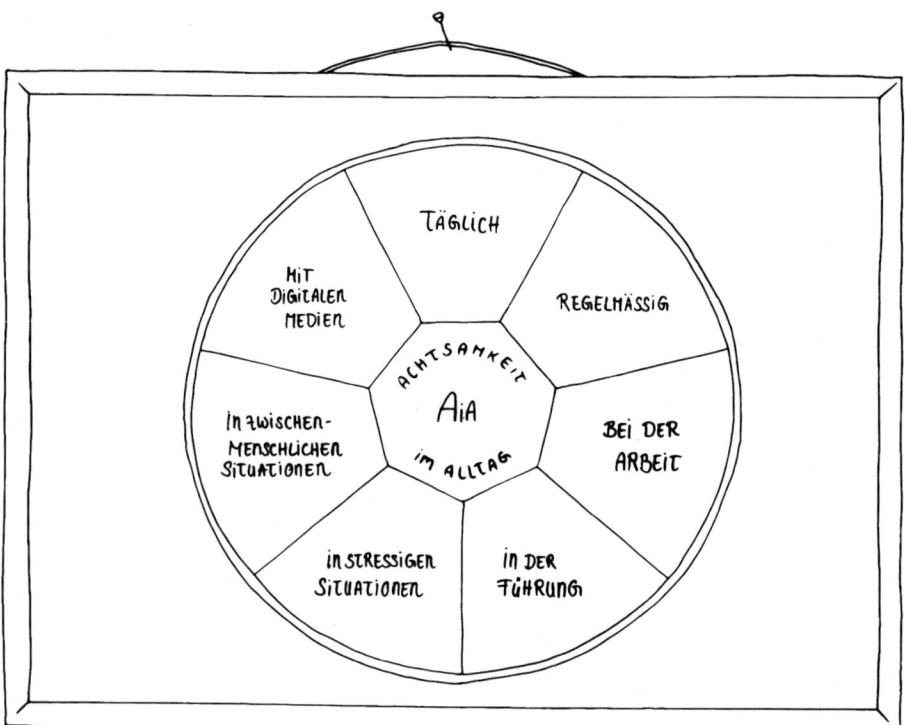

Abb. 5.1 Achtsamkeit im Alltag (AiA)

Experimentieren Sie mit den Werkzeugen und finden Sie Ihre ganz persönliche Mindfulness-Formula.

Versuchen Sie sich zu erinnern, wie viel Freude Sie als Kind empfunden haben Dinge zu erleben. In diesem Child-Mindset lernen wir wohl am effektivsten. Also rufen Sie es ab und spielen Sie damit.

Ich möchte Ihnen mein AIA-Modell vorstellen (s. Abb. 5.1). Es fasst Tipps und Impulse für mehr Achtsamkeit im Alltag zusammen. Es mögen nicht alle für Sie richtig erscheinen, es gibt sicherlich einige, die Ihnen mehr entsprechen und Freude machen als andere. Das ist vollkommen in Ordnung. Es ist Teil der Übung, genau das herauszufinden. In Abschn. 5.1 finden Sie eine Liste von Möglichkeiten, die Sie für eine geschärfte Wahrnehmung Ihres Bewusstseins und der Gegenwärtigkeit nutzen können: sei es täglich, regelmäßig, bei der Arbeit, in der Führung, in stressigen Situationen, in zwischenmenschlichen Situationen oder im Umgang mit digitalen Medien. Zudem gebe ich Ihnen zum Ende des Kapitels noch ein paar Anregungen und Fragen auf den Weg, die Sie sich regelmäßig stellen können.

5.1 Achtsamkeit-Tipps für den täglichen Gebrauch

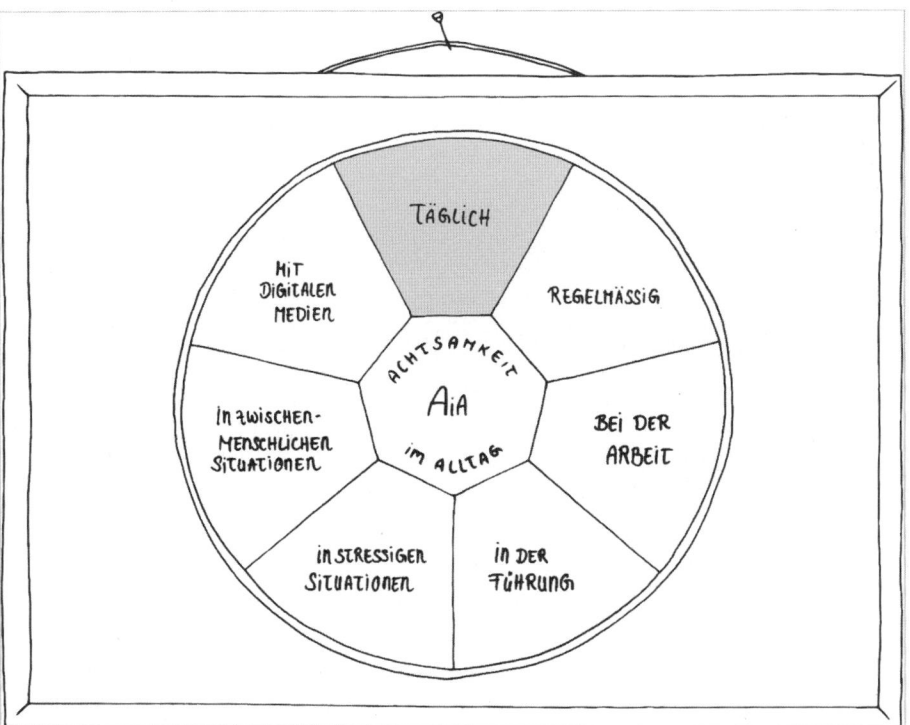

Die nachfolgende Liste gibt Ihnen eine Übersicht potenzieller Möglich-keiten, Achtsamkeit täglich zu praktizieren.

So praktizieren Sie Achtsamkeit täglich

- **Immunsystem stärken**
  Tun Sie täglich etwas für Ihr Immunsystem. Meditation ist eine mögliche Wahl. Aber es kann auch schon helfen morgens vor dem Essen warmes Wasser mit Zitrone zu trinken und einen Ingwertee am Abend.
- **Meditation für einen klaren Geist**
  Schaffen Sie Momente jenseits Ihrer Gedanken. Wichtig ist es hierbei eine Routine zu entwickeln. zum Beispiel: morgens und abends 20 min Meditation.
- **Yoga für die Dehnung (alternativ Sport)**
  Ihre körperliche Bewegung und Dehnung hält auch Ihren Geist fit und agil. Finden Sie Wege, täglich etwas für sich zu tun, zum Beispiel: morgens 25 min Yoga oder ein alternativer Sport.
- **Daily Stand-up Check**
  „Human Scrum" mit drei Fragen zum Selbst-Reflektieren als Routine etablieren.
- **MITs des Tages**
  MIT (Most Important Tasks) des Tages definieren, aufschreiben und bewusst verfolgen.
- **Glücksmoment des Tages erkennen**
  Schreiben Sie sich die Momente auf, die Ihnen heute ein Lächeln schenkten. Hierbei kann es auch helfen und Spaß machen diese mit Freunden zu teilen, zum Beispiel: in einer „Glücksmoment" WhatsApp-Gruppe.
- **Glücksmomente für andere schaffen**
  Mindestens einem Menschen ein Lächeln ins Gesicht zaubern (Freunden, Fremden, Kollegen, etc.).
- **Selbstliebe praktizieren**
  Mindestens eine gute Sache für sich selbst tun.
- **Bewusst die Gegenwärtigkeit wahrnehmen (Single-Fokus-Praxis)**
  Mindestens eine Sache ganz bewusst tun, zum Beispiel bewusst essen, bewusst gehen, achtsam zuhören.
- **Bewusste/achtsame Momente erfassen**
  Zum Beispiel: Indem drei Münzen oder Steine über den Tag von der linken in die rechte Hosentasche wandern dürfen für jeden bewussten Moment, den Sie wahrnehmen.
- **Natur genießen**
  Frische Luft genießen (zum Beispiel bei einem kurzen Spaziergang in der Mittagspause).

- **Bewegung**
  Mehrfach am Tag aufstehen und strecken. Gerade bei Schreibtisch-Jobs sehr wichtig. Setzen Sie sich Erinnerungen und nutzen Sie zum Beispiel Ihr Smartphone oder ein Wearable als Assistent, dies nicht zu vergessen.

- **Pausen erlauben**
  Kurze Pausen zwischendurch machen wieder frisch und fördern die Konzentration.

- **Momente der Achtsamkeit leben und damit experimentieren**
  7 Ebenen der Achtsamkeit erkunden, Hilfsmittel nutzen, Apps kennenlernen, Übungen, zum Beispiel drei Steine/Münzen.

- **Off-Zeiten einbauen von Technologie**
  Das Smartphone auch mal bewusst ausschalten, zwei Stunden vorm Schlafengehen am besten kein Facebook mehr.

- **Körpercheck/Bodyscan**
  Prüfen, wie sich der Körper anfühlt. „Wie fühle ich mich in diesem Moment?"

- **Bewusstes Atmen**
  Mindestens drei bewusste, tiefe Atemzüge pro Tag. Hierbei tief in den Bauch hinein atmen und die Augen schließen. Eine schöne Übung ist es auch gedanklich von eins bis zehn zu zählen, wobei jede Zahl für einen tiefen Atemzug steht. Schaffen Sie es bis zehn anzukommen, ohne Ihre Gedanken abschweifen zu lassen?

- **Bewusste Ernährung**
  Mindestens einmal am Tag gesund essen (zum Beispiel Gemüse). Nahrung ist wie Medizin für uns.

- **Lächeln**
  Mindestens einmal am Tag lächeln. Wenn es nichts gibt, das Sie erfreut, schauen Sie sich lächelnd im Spiegel an für 30 s.

- **Dankbar sein**
  Dankbarkeit macht glücklich. Machen Sie sich Momente bewusst, die Ihnen Dankbarkeit schenken.

- **Tagesplanungscheck mit Wohlbefinden**
  Wenn heute der letzte Tag meines Lebens wäre, würde Ihnen das, was Sie heute geplant haben, Freude bereiten?

5.2   Achtsamkeit-Tipps für den regelmäßigen Einsatz

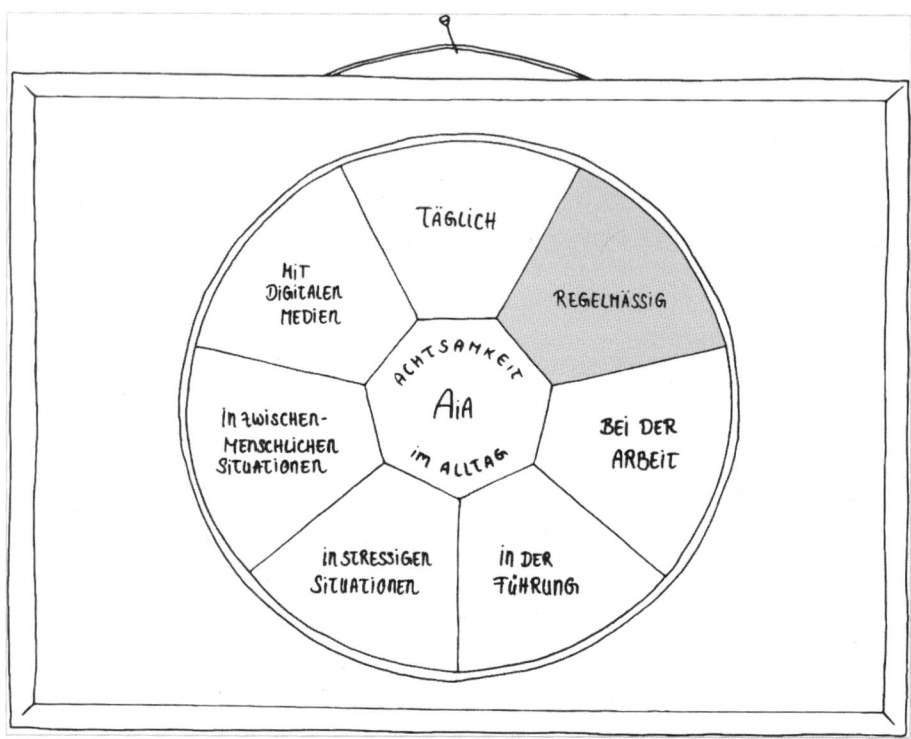

Die nachfolgende Liste gibt Ihnen eine Übersicht potenzieller Möglichkeiten, wie Sie Achtsamkeit regelmäßig praktizieren können.

So praktizieren Sie Achtsamkeit regelmäßig

- **Zebra-Modell anwenden**
  Erlauben Sie sich, ein „Zebra" zu sein. Sie müssen nicht schwarz oder weiß wählen, Sie dürfen auch beides sein. Entdecken und entfalten Sie Ihr würdevolles und authentisches Selbst.
- **Teilzeit-Baum-Konzept anwenden**
  Eigenen „Teilzeitbaum" für sich schmücken und anwenden.
- **Achtsamkeitsübungen kultivieren**
  7 Ebenen der Achtsamkeit für sich selbst erkunden und damit praktizieren.

- **Me-Momente kultivieren**
  Momente für sich selbst in den Alltag integrieren. Zum Beispiel einen „Me-Monday" oder „Me-Mittwoch", den Sie sich in Ihrem Kalender für sich selbst blocken.
- **Wertedefinition**
  Persönliche fünf Top-Werte definieren und visualisieren.
- **Glücksskala prüfen**
  Check auf Ihrer persönlichen Glücksskala machen (eins bis zehn) und Glücksmomente im Alltag erfassen und einen Überblick über Ihr Wohlbefinden zu behalten.
- **Kreativitätspotenziale nutzen**
  Wöchentlich mindestens zwei Stunden für Kreativität reservieren.
- **Glasperlen vs. Gummiperlen**
  Glasperlenlektion berücksichtigen und Prioritäten dahin gehend prüfen.
- **Angst, ich lach Dir ins Gesicht!**
  Sich Ängsten stellen und auf sich selbst vertrauen üben.
- **Agilität praktizieren**
  Einmal wöchentlich etwas Neues tun (und wenn es nur ein neuer Weg zur Arbeit ist).
- **Gewohnheiten, Routinen und Rituale**
  Routinen etablieren (zum Beispiel Morgen- und Abendroutine) für mehr Ausgeglichenheit.
- **Das Leben feiern**
  Glücksmomente und Momente der Dankbarkeit bewusst zelebrieren.
- **Human-Scrum Modell nutzen**
  Sich selbst die Freiheit geben, so agil wie eine Software sein zu dürfen.
- **Positive Gedanken ankern**
  Positive Momente speichern durch Anker setzen (NLP).
- **Positive Gedanken aufleben lassen**
  Positiv-Anker aktivieren, wenn es mal schwer ist. Ihr Fokus ist Ihre Realität.
- **Selbstliebe und Wertschätzung zelebrieren**
  Freundlich und liebevoll mit sich selbst umgehen. Stellen Sie sich vor, Sie sind eine alte Dame, der Sie helfen möchten, über die Straße zu gehen. Wie würden Sie mit ihr umgehen?
- **Im Jetzt leben**
  Gegenwärtigkeit bewusst machen. Den Fokus auf das Jetzt konzentrieren. Hierbei die fünf Sinne schärfen und bewusst wahrnehmen.
- **Verbündete suchen**
  Gleichgesinnte finden und mit ihnen Zeit verbringen. Wir tendieren dazu ein Ergebnis aus den fünf Menschen zu sein, mit denen wir die meiste Zeit verbringen. Vergessen Sie das nicht.
- **Dankbarkeit üben**
  Glück in kleinen Momenten suchen und finden.
- **Anderen Menschen helfen und Freude schenken**
  Zaubern Sie anderen Menschen ein Lächeln ins Gesicht und tun Sie Dinge für Menschen, die nichts für Sie tun können.
- **Karma**
  Gutes Tun und Gutes kommt zurück.
- **Meditation**
  Momente der Stille und jenseits der Gedanken schaffen, zum Beispiel durch Meditationsübungen.

- **Bewusstes Atmen**
  Immer wieder im Alltag bewusste Momente des Atmens integrieren (und wenn es nur drei Atemzüge sind – das entschleunigt).
- **Walt-Disney-Modell**
  Perspektivendenken und Agilität durch Walt-Disney-Modell üben. Was würde der Träumer jetzt tun? Wie könnte mein Gegenüber die Situation wahrnehmen?
- **Über Erfahrungswerte bei der persönlichen Entwicklung sprechen**
  Regelmäßiger Austausch mit einem Seelenfreund hilft. Reflektieren und darüber sprechen liefert auch selbst oft mehr Klarheit.
- **Journaling**
  Erlebtes aufschreiben. Nicht zu viel denken, einfach die Hand und das Unterbewusstsein übernehmen lassen. Urteilen Sie hierbei nicht. Erfassen Sie einfach Ihre Gedanken. Das kann befreiend sein.
- **Recharging**
  Alles funktioniert wieder, wenn es vorübergehend aus- und wieder eingeschaltet wird. Geben Sie auch sich selbst die Freiheit, manchmal einen „Reboot" durchzuführen.
- **Würdevoller Umgang mit uns selbst**
  Immer mal wieder selbst hinterfragen, ob Sie gerade würdevoll mit sich selbst umgehen.
- **Aufladen des eigenen Akkus**
  Ruhezeiten einplanen und sich diese auch selbst genehmigen.
- **Natur genießen**
  Frische Luft genießen und die Natur bewusst wahrnehmen.
- **Bewegung**
  Regelmäßig bewegen und dehnen.
- **Dehnung und Stretching, zum Beispiel durch Yoga**
  Yogaübungen in den Alltag einbauen. Zum Beispiel morgens 20 min.
- **Gesunde Ernährung**
  Essen ist wie Medizin. Man ist, was man isst. Achten Sie darauf, dass Sie Ihrem Körper etwas Gutes tun.
- **Achtsames Essen**
  Essen Sie bewusst und mit allen Sinnen. Im MBSR-Training nach Jon Zabat-Zinn lernt man beispielsweise als Einstiegsübung auch die Rosinenübung kennen. Probieren Sie das bewusste Essen mit fünf Rosinen und nehmen Sie sie jedes Mal über einen anderen Sinneskanal genau wahr: Wie sieht sie aus (1. Rosine)? Wie fühlt sie sich an, wie ist die Haptik (2. Rosine)? Wie riecht sie (3. Rosine)? Wie hört sie sich an, wenn Sie sie drücken und ans Ohr halten (4. Rosine). Wie schmeckt sie (5. Rosine)?
- **Bewusstes Zuhören**
  Darauf achten, dass Sie anderen bewusst zuhören, wenn sie sprechen – ohne eigene Gedanken bereits mit einfließen zu lassen.
- **Schlaf**
  Schlafen Sie genug. Alte Regel, aber hilft eben!
- **Empathie trainieren**
  Denken Sie sich häufig in Ihr Gegenüber hinein und versuchen Sie nachzuempfinden, wie er sich wohl fühlen mag. Aktivieren Sie Ihren emotionalen und fühlenden Geist und beobachten Sie mehr.
- **Nein sagen lernen**
  Üben „Nein" zu anderen und „Ja" zu sich selbst zu sagen.

- **Routinen und Rituale leben**
Die Ritualsebene der Achtsamkeit wird durch die Regelmäßigkeit bestärkt und die Wertigkeit, die Sie ihr schenken. Tun Sie 30 Tage etwas, das Sie gerne manifestieren möchten in Ihrem Leben und schaffen Sie somit neue Routinen in Ihrem Leben. Dies kann Ihnen innere Ruhe schenken.

5.3   Achtsamkeit-Tipps bei der Arbeit

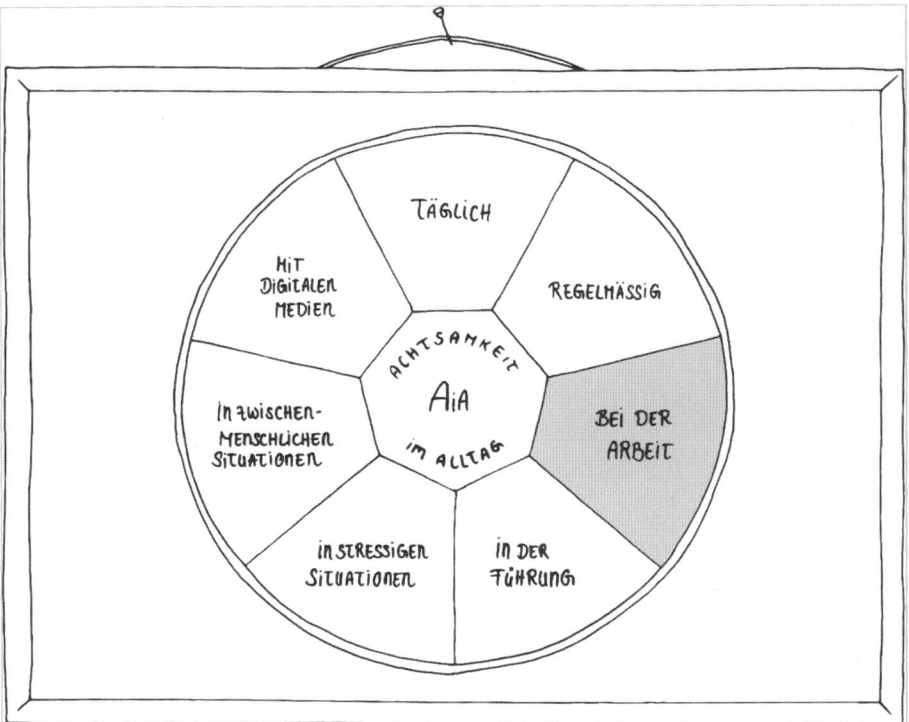

Die nachfolgende Liste gibt Ihnen eine Übersicht potenzieller Möglichkeiten, wie Sie Achtsamkeit bei der Arbeit kultivieren können.

So praktizieren Sie Achtsamkeit bei der Arbeit

- **Fokus**
Nicht fünf Programme gleichzeitig bedienen, parallel reden und chatten. Fokus bewahren.

- **Single Tasking**
  Schluss mit Multitasking. Einen Schritt nach dem anderen und dafür gewissenhaft, statt halbherzig. Von Multitasking zu Single-Tasking. Von „mind full" zu „mindful".
- **MITs bei der Arbeit**
  Schreiben Sie Ihre Most Important Tasks (MITs) für den Tag und/oder für die Woche auf und arbeiten Sie diese nacheinander fokussiert ab.
- **Persönliches To-do-Listen Tuning**
  Finden Sie Ihr optimales Konzept Ihrer To-do-Listen. Es kann zum Beispiel helfen, in Clustern zu arbeiten. Hierbei unterscheiden Sie zwischen drei Tätigkeitsfeldern, denen Sie Ihre MITs zuordnen: Telefonieren, Schreiben, Tun. Zudem kann es helfen, berufliche und private To-dos zusammen zu visualisieren. Das gibt Ihnen einen Gesamtüberblick, was wirklich in der Realität an einem Tag zu schaffen ist. Vielleicht arbeiten Sie mit unterschiedlichen Farben zur Unterscheidung. Analoges Aufschreiben in ein Journal kann ebenfalls helfen. Das Durchstreichen eines erledigten To-dos gibt ein gutes Gefühl. Probieren Sie einfach mal und nehmen Sie achtsam wahr, mit welchen Methodiken Sie am produktivsten sind.
- **Kreativität**
  Sichern Sie sich mindestens zwei Stunden pro Woche für Ihre Kreativität. Stimmen Sie dies mit Ihrem Arbeit-/Auftraggeber ab und stellen Sie sicher, dass Sie in dieser Zeit nicht gestört werden.
- **Me-Time**
  Sichern Sie sich Zeiten in Ihrem Kalender für sich selbst, Ihre Selbstverwaltung und Organisation.
- **Reden, reden, reden**
  Sprechen Sie Dinge an, die Sie stören oder die Sie anregen möchten.
- **Klarheit und Mut**
  Jeder Mensch ist anders. Gehen Sie nicht immer davon aus, dass alle verstehen, wie Ihre Weltanschauung oder Sicht der Dinge ist. Kommunikation und achtsames Zuhören und Mitteilen kann hier sehr helfen. Fragen Sie nach, wenn Sie Fragen haben. Sagen Sie, was Ihnen wichtig ist. Teilen Sie Ihre beruflichen Ziele mit. Kommunizieren Sie, was Sie brauchen, um motiviert zu werden oder was Sie unter einem guten Arbeitsumfeld verstehen. Formulieren Sie klar und haben Sie Mut, die Dinge zum Ausdruck zu bringen. Wer nicht fragt, der nicht gewinnt.
- **Zuhören**
  Das Arbeitsumfeld ist ein toller Platz, um sich im achtsamen Zuhören zu üben. Hören Sie bewusst zu, wenn Ihre Kollegen sprechen. Wiederholen Sie, was Sie verstanden haben, um sicherzustellen, dass Sie alles so aufgefasst haben, wie es gemeint war. Wir nehmen Informationen unterschiedlich war, daher ist dieser Verständnischeck sehr wichtig. Sehen Sie auch, wie sich Beziehungen verändern, wenn Menschen merken, dass Sie Ihnen wirklich zuhören (statt parallel über drei andere Dinge nachzudenken).
- **Mittagspausen priorisieren**
  Machen Sie eine Mittagspause, auch wenn es nur eine halbe Stunde ist. Essen Sie leicht, nicht zu schwer und Sie werden neue Kraft schöpfen für einen produktiveren Nachmittag. Auch können Sie hier Beziehungen zu Ihren Kollegen pflegen.

- **Mittagspause ist arbeitsfrei**
  Reden Sie nicht über die Arbeit beim Lunch. In einigen Kulturen gilt es sogar als unhöflich, beim Essen über die Arbeit zu sprechen. Geben Sie sich und Ihren Kollegen eine kleine Arbeitsauszeit während des Essens.
- **Mittagspause ist Smartphone-Frei**
  Lassen Sie Ihr Smartphone zum Lunch in der Tasche. Konzentrieren Sie sich auf das Essen und Ihr Gegenüber. Gönnen Sie sich die Zeit für sich und die zwischenmenschliche Beziehung zu Ihren Kollegen. Checken Sie nicht parallel Mails oder starren Sie auf den Handyscreen. Das ist unhöflich und auch für Sie selbst nicht gut. Eine halbe Stunde handyfrei sollte mindestens drin sein, ohne dass die Welt untergeht.
- **Achtsames Essen zum Lunch**
  Essen Sie mindestens eine Minute in Stille zum Lunch. Nehmen Sie hierbei wahr, wie genau das Essen schmeckt, wie es riecht, wie es sich anfühlt, wie hört es sich an, wie sieht es aus. Nehmen Sie es mit allen fünf Sinnen wahr und nutzen Sie die Mahlzeitaufnahme als kleine Achtsamkeitsübung. Machen Sie sich zum Beispiel die Rosinen-Achtsamkeitsübung zunutze.
- **Nein sagen lernen**
  Wenn Sie bis oben hin voll sind mit To-dos, haben Sie Mut, auch einmal „Nein" zu sagen, wenn eine zusätzliche Aufgabe an Sie herangetragen wird. Ihr „Nein" kann natürlich begleitet werden mit einer Information, wann Sie sich der Aufgabe verantwortungsvoll zuwenden können. Darauf basierend kann im Team entschieden werden, wann und wer die Aufgabe erledigen kann.
- **Verbindlichkeit**
  Verleihen Sie Ihrem eigenen Wort wahre Geltung, indem Sie sich an das Gesagte halten. Gehen Sie würdevoll und verbindlich mit Ihren Aufgaben um. Halten Sie Ihre Termine und nehmen Sie dies als Übung für sich selbst, mehr Selbstbestimmung und Würde in Ihrem Alltag zu erlangen. Kollegen werden es schätzen, dass Sie sich auf Sie verlassen können.
- **Ruhe bewahren**
  Lassen Sie sich in stressigen Situationen nicht aus der Ruhe bringen. Sehen Sie hierfür auch Achtsamkeit in stressigen Situationen.
- **Produktivitätszyklen erfassen**
  Beobachten Sie, wann Sie am produktivsten sind. Ist es morgens oder eher abends? Brauchen Sie kurze Pausen zwischendurch? Sind Sie konzentrierter im Homeoffice oder im Büro? Beobachten Sie sich und teilen Sie dies Ihrem Vorgesetzten oder Ihrem Team zwecks optimaler Planung mit. Machen Sie sich die Möglichkeiten zunutze, die durch die Zeit- und Ortsunabhängigkeit durch digitale Medien entstanden ist.
- **Arbeit darf Spaß machen**
  Mit einem Lächeln geht einem vieles viel leichter von der Hand. Finden Sie heraus, was Ihnen am meisten Spaß bereitet bei Ihrer Tätigkeit. Kommunizieren Sie dies, um mehr davon zu schaffen.
- **Zeitfresser erfassen und minimieren**
  Beobachten Sie achtsam, was und wer Zeitfresser in Ihrem Alltag sind. Finden Sie heraus, was Zeit raubt oder Sie von der Erreichung Ihrer Ziele abhält. Entfernen Sie sich davon bzw. versuchen Sie, diese zu minimieren.

- **Bad Vibes und Energy-Suckers vermeiden**
  Beobachten Sie, wer oder was Ihre Energie raubt. Morgens noch voller Tatendrang und auf einmal wie niedergeschlagen? Woran liegt das? Beobachten Sie bewusst, was unmittelbar vor einem Energietief passiert ist. Liegt es am schweren Essen? Gibt es etwas, das Ihnen Sorgen bereitet? Fehlt Ihnen Sauerstoff? Fehlt Ihnen Bewegung? Ist der Raum oder Stuhl schlecht für Sie? Bekommen Sie Kopfschmerzen, wenn Sie zu lange auf den Bildschirm starren? Gibt es Menschen, die Ihnen die Energie rauben oder die Laune herunterziehen? Und gibt es andersherum Personen oder Aufgaben, die Sie aufheitern und Energie geben? Versuchen Sie mehr positive als negative Energien um sich zu erzeugen und zu spüren.

- **Atmen**
  Nehmen Sie mehrfach am Tag drei bewusste Atemzüge. Dafür ist immer Zeit! Es ist wie ein kleiner Achtsamkeits-Check-in mit sich selbst. Konzentrieren Sie sich drei Atemzüge lang ausschließlich auf sich und eine tiefe und ruhige Bauchatmung. Dies kann auch vor Meetings und Präsentationen sehr hilfreich sein.

- **Ruhezeiten und achtsames Gehen**
  Nehmen Sie sich immer mal wieder eine kurze Pause. Und wenn es nur der Weg zum stillen Örtchen oder zur Kantine ist. Nehmen Sie die Treppe statt den Aufzug und gehen Sie hierbei bewusst. Konzentrieren Sie sich nur auf das Gehen und auf jeden einzelnen Schritt. Fühlen Sie in Ihren Körper und versuchen Sie, die Gedanken ziehen zu lassen.

- **Frische Luft**
  Gehen Sie nach dem Lunch oder am Nachmittag mindestens einmal an die frische Luft oder machen Sie das Fenster weit auf und lüften Sie. Sauerstoff wirkt oft Wunder.

- **Mindful E-Mailing 1**
  Schreiben Sie achtsam. Versuchen Sie keine E-Mails zu schreiben, die länger als fünf Sätze sind und arbeiten Sie mit strukturierten Betreffzeilen, die den Anlass auf den Punkt bringen. Schreiben Sie E-Mails auch augenfreundlich. Auflistungszeichen oder das Fetten wichtiger Überschriften können helfen. Viele Menschen beschweren sich über die E-Mail-Flut und gehen darin unter. Versetzen Sie sich in den Empfänger hinein, bevor Sie Ihre E-Mail abschicken. Helfen Sie dabei, dass ein schneller Einstieg in das Thema ermöglicht werden kann und beachten Sie auch, dass Ihr Empfänger einen schlechten Tag haben könnte. Ein freundlicher, höflicher Umgangston hat noch nie geschadet.

- **Mindful E-Mailing 2**
  Entscheiden Sie direkt, wenn Sie eine E-Mail empfangen, wie Sie mit ihr verkehren möchten: Antworten, Löschen, Archivieren, Nachverfolgen. Schieben Sie es nicht auf, dann verschwindet die Nachricht womöglich in den Tiefen Ihres E-Mail-Posteingangs und bleibt am Ende unbeantwortet.

- **Inbox Zero**
  Versuchen Sie dem Ziel der „Inbox Zero" jeden Tag näher zu kommen und diese Disziplin zu kultivieren.

- **Seien Sie freundlich sich selbst gegenüber**
Give yourself a break. Sie sind nicht perfekt. Niemand ist das. Es ist ok, wenn Sie mal einen schlechteren Tag haben oder einmal etwas nicht schaffen. Gehen Sie offen und selbstbewusst damit um. Machen Sie sich nicht fertig dafür. Kommunizieren Sie aber frühzeitig, wenn Sie für etwas mehr Zeit oder Unterstützung benötigen.
- **Beste Intentionen**
Gehen Sie davon aus, dass jeder in Ihrem Umfeld es eigentlich gut mit Ihnen meint. Gehen Sie von den besten Intentionen in anderen aus. Wenn Sie sich auf den Schlips getreten fühlen, sprechen Sie das Thema an. Und beachten Sie, jeder Mensch hat sein eigenes Leben. „Everyone is fighting his own battle", wie man im Englischen so schön sagt. Viele Dinge haben nichts mit Ihnen zu tun. Beziehen Sie nicht immer alles auf sich und nehmen Sie nicht alles persönlich.
- **Freundlicher Umgang**
Behandeln Sie Menschen stets so, wie Sie selbst behandelt werden möchten. Ein Lächeln oder ein freundliches Wort hat hier noch nie geschadet.
- **Empathischer Umgang**
Gehen Sie emphatisch mit Ihren Kollegen und Geschäftspartnern um. Versuchen Sie, emotional auf den anderen einzugehen. Versetzen Sie sich auch einmal in die Lage Ihres Gegenübers und beobachten Sie die Körpersprache.
- **Loslassen**
Auch bei der Arbeit müssen wir loslassen können. Nicht alles wird immer genau so laufen, wie wir es uns vorgestellt haben. Nicht jede Erwartung wird erfüllt, nicht jedes Projekt wird gefeiert werden. Manchmal ist aber die Veränderung der Dinge, die wir erwartet haben, im Rückblick genau das, was benötigt war oder was langfristig wunderbare Entwicklungen nach sich gezogen hat. Lassen Sie los und vertrauen Sie darauf, dass alles gut werden wird. Sie müssen nicht jeden Kampf gewinnen und nicht immer Recht behalten. Und Sie müssen sich auch nicht jedem Problem annehmen. Das Zitat „Not my circus, not my monkeys." – kann hier als Mantra helfen.
- **Change it, leave it, love it!**
In Situationen, die Ihnen Probleme bereiten, gibt es nur drei Wege: Change it (verändere etwas), leave it (verlasse die Situation), love it (finde Frieden damit). Ziehen Sie Dinge, die Sie ärgern oder Stress bereiten nicht unnötig in die Länge und vermeiden Sie es sie wieder und wieder zu erzählen. Talk less, do more.

5.4   Achtsamkeit-Tipps in der Führung

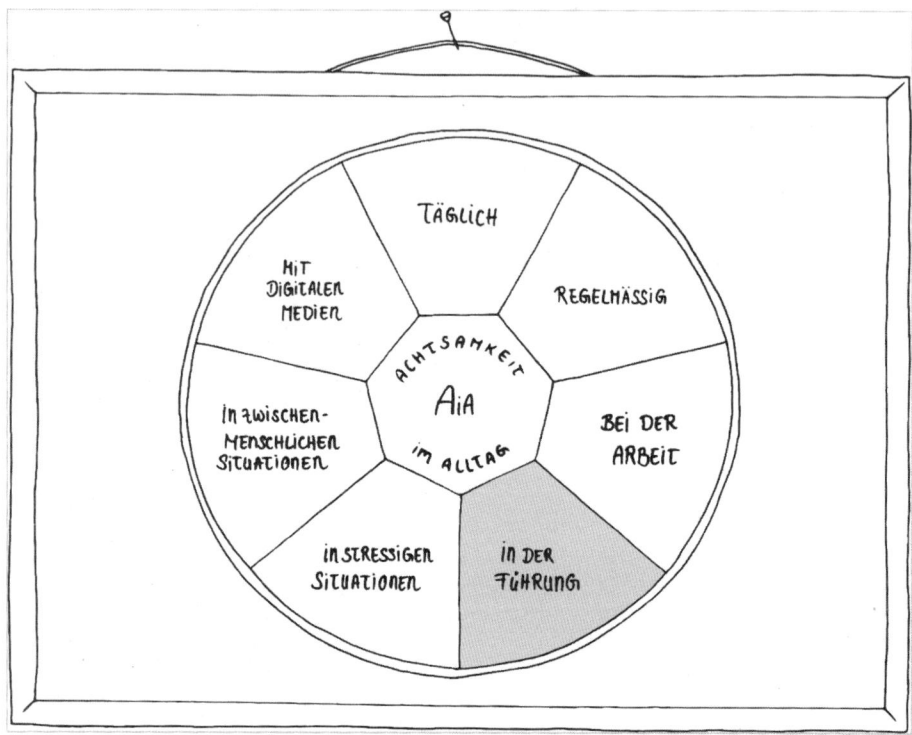

Die nachfolgende Liste gibt Ihnen eine Übersicht potenzieller Möglich-keiten, wie Sie Achtsamkeit in der Führung praktizieren können. Hier also ein paar Anregungen für Ihr „Mindful Management".

So praktizieren Sie Achtsamkeit in der Führung

- **Im Jetzt führen**
  Führen Sie achtsam und gegenwärtig. Reden Sie nicht immer nur über ges-tern oder morgen. Oder schwelgen Sie in Erinnerungen und Zukunftswün-schen. Konzentrieren Sie sich auf das Jetzt. Bleiben Sie wertfrei. Das ist der wohl wichtigste Pfeiler des Mindful Managements.
- **Selbstreflexion**
  Machen Sie sich bewusst, wer die besten Führungskräfte sind, die Sie ken-nen und benennen Sie die bewundernswerten Eigenschaften, die diese Menschen haben oder hatten. Überlegen Sie wie Sie im Vergleich dazu abschneiden, und wie Sie die Qualitäten Ihrer Lieblings-Manager erlernen

können. Eine Hilfe kann bereits sein, die Nähe zu Menschen zu suchen, die die Qualitäten bereits haben, die Sie sich für sich wünschen. Wir werden schließlich oft so wie die fünf Menschen, mit denen wir am meisten Zeit verbringen. Das gilt auch im Berufsumfeld.

- **Empathie und emotionale Intelligenz**
  Pflegen Sie die Beziehung zu Ihren Mitarbeitern und Kollegen. Beobachten Sie, was diese Menschen bewegt. Fühlen Sie sich in sie hinein. Stellen Sie Fragen zu Ihrem Wohlbefinden. Zeigen Sie Interesse für Ihre Situation. Versetzen Sie sich in die Lage Ihres Gegenübers. Vielleicht mögen Sie bei der Übung der Selbstreflexion auch feststellen, dass nicht alleine die fachlichen Qualifikationen, sondern auch die emotionalen Eigenschaften, die emotionale Intelligenz, ausschlaggebende Eigenschaften sind, die Sie an anderen bewundern oder auch an sich selbst schätzen. Beobachten Sie, wie Menschen als „emotional leaders" betiteln würden, dies tun und wie Sie Ihnen das Gefühl der Empathie vermitteln.

- **Wie-gehts-Dir-Regel**
  Versuchen Sie sich täglich nach dem Wohlbefinden Ihres Teams zu erkundigen. Ein „Wie gehts Dir/Ihnen?" zum Beginn des Gesprächs schafft Nähe und gibt Ihnen einen Einblick in die Gefühlsebene Ihres Gegenübers. Es kostet Sie nicht wirklich viel Zeit und es kann bei anschließenden Geschäftsgesprächen sehr helfen und beiden Seiten Stress ersparen.

- **Motivation durch Anerkennung und Wertschätzung**
  In Deutschland gilt leider oft der Satz „Nichts gesagt ist genug gelobt." Dies motiviert aber leider selten. Bringen Sie zum Ausdruck, wenn jemand in Ihrem Team eine gute Leistung erbracht hat. Zeigen Sie Ihre Wertschätzung. Dies wird in den meisten Fällen zu mehr Motivation und Loyalität Ihnen gegenüber führen. Freuen Sie sich auch über den Erfolg anderer.

- **Wertesystem**
  Schaffen Sie mit Ihrem Team gemeinsam ein Wertesystem. Fragen Sie sie nacheinander nach Ihren fünf Top-Werten. Erfassen Sie diese und sammeln Sie die Antworten gemeinsam in einem Workshop. Irgendwann kristallisiert sich heraus, welche Werte durch alle im Team geteilt werden. Sind diese auch mit Ihren eigenen im Einklang, legen Sie diese gemeinsam für das Team fest. Machen Sie sie für alle ersichtlich und leben Sie danach. Vergessen Sie nicht, dass Sie eine Vorbildfunktion haben.

- **Lächeln und positive Vibes**
  Schaffen Sie ein positives Arbeitsumfeld, wo man gerne hinkommt. Lächeln Sie und versuchen Sie gute Laune zu verbreiten. Der Fisch stinkt oft vom Kopfe her und der Ton macht die Musik. Das, was Sie vorleben, wird sich verbreiten. Wenn Sie gekrümmt, gestresst, besorgt und mit verzogener Miene dasitzen, wird sich diese Stimme auch in Ihrem Team ausbreiten. Schenken Sie Ihren Mitarbeitern ein Lächeln, Arbeit darf auch Spaß machen. Der Happy-Manager ist oft auch der beste Manager.

- **Mut zur Entscheidung**
  Seien Sie mutig und treffen Sie Entscheidungen. Lassen Sie sich hierbei nicht alleine von dem leiten, was von Ihnen erwartet wird oder was rational richtig ist, sondern entscheiden Sie auch nach Ihrem Bauchgefühl. Ihre Intuition ist ein wichtiger Wegweiser, gerade im Roboter-Zeitalter. Die Herzweisheit, also die Verbindung von Gehirn und Herz, kann auch in geschäftlichen Situation sehr helfen. Die somit entstehende stärkere Identifikation mit Ihren Entscheidungen und Taten, lässt Sie stärker wirken und führt zu

Führungsqualitäten, denen gerne gefolgt wird. Gerade in Situationen des Wandels wie in der digitalen Transformation wird es sehr geschätzt, wenn Menschen den Mut haben, einen Weg einzuschlagen und auch zu diesem zu stehen. Auch wird es von Mitarbeitern oft geschätzt, wenn Sie nicht dreimal nachfragen müssen, wenn Entscheidungen ausstehen. Haben Sie keine Angst und vertrauen Sie sich selbst und Ihrer Intuition.

- **Selbstbewusstsein stärken und vertrauen können**
  Versuchen Sie nicht immer vorweg zu laufen und alles selbst zu machen. Lernen Sie zu delegieren und zu vertrauen. Stärken Sie das Selbstbewusstsein und die Selbstwirksamkeit in Ihrem Team, indem Sie Ihnen mitteilen, wenn sie etwas gut gemacht haben. Bestärken Sie sie und schenken Sie ihnen Vertrauen. Kommunizieren Sie klar und formulieren Sie Verantwortlichkeiten im Team. Wenn Sie enttäuscht werden, suchen Sie das Gespräch und ergründen Sie woran es lag, dass die Arbeit nicht zur Zufriedenheit erfüllt werden konnte.

- **Mindful Meetings**
  Etablieren Sie eine achtsame Meeting-Kultur mit ein paar Grundsätzen an die sich alle im Team halten. Leben Sie diese auch selbst vor. Zum Beispiel: Achtsames Zuhören, aussprechen lassen, Digitalfreie/reduzierte Meetings (kein paralleles Tippen oder auf die Smartphones starren), Zuwortkommenlassen aller Personen, auch die, die schüchtern und leise sind, Time-Keeping (Zeiten und Termine einhalten, Beginn und Ende im Blick behalten), Klarheit des Meeting-Anlasses, Erwartungen managen, Vorbereitung und Nachbereitung auf Termine sicher stellen, Ideen nicht direkt bewerten, sondern wirken lassen (Achtsamkeit heißt auch wertfrei zu sein). Auch ein paar ruhige Atemzüge vor einem Meeting können bereits Wunder vollbringen, da Sie diese innere Ruhe somit auch ausstrahlen.

- **Task-Transparenz und Verständnis**
  Erkenntlich machen, woran wer arbeitet. Verständnis für die übergebene Aufgabe sicherstellen durch Schilderung der verstandenen Aufgabe durch Ihr Gegenüber. Nicht jeder spricht die gleiche Sprache, jeder versteht anders und nimmt Dinge anders wahr. Das Sicherstellen der Klarheit und des Verständnisses kann viele Missverständnisse verhindern und Ergebniseffizienz steigern. Hier können Sie zum Beispiel die Rosinen-Achtsamkeitsübung mit Ihrem Team machen oder ein Achtsamkeits-Workshop durchführen lassen/buchen.

- **Me-Times und Sprechzeiten aufzeigen**
  Teilen Sie Ihrem Team mit, wann sie Sie gut ansprechen können und dürfen und wann Sie Zeiten für sich selbst oder für Ihre eigene Arbeit benötigen.

- **Anrufregel**
  Wenn etwas Wichtiges ist, sollten Ihre Teamkollegen zum Telefon greifen. Dies löst Sie davon, konstant in E-Mail-Bereitschaft sein zu müssen.

- **Kreativität sichern**
  Sichern Sie die Kreativität in Ihrem Team. Lassen Sie sich etwas einfallen. Zum Beispiel Creative Friday oder kreative Aufgaben und Ziele zwischendurch oder auch einmal etwas Kreatives, das Sie gemeinsam unternehmen oder anregen. Alleine ein Teammeeting oder Team-Workshop an einem anderen Ort als das normale Arbeitsumfeld kann hier schon Wunder vollbringen. Auch Achtsamkeit fördert die Kreativität. Wie wäre es zum Beispiel mit einem Meditations-Raum?

- **Agilität fördern und leben**
  In Zeiten des Wandels ist es wichtig flexibel zu bleiben und den Wandel als Chance zu verstehen. Seien Sie neuen Wegen und Vorschlägen gegenüber daher offen. Dies inkludiert auch agile Softwareentwicklung, falls Sie im Technologieumfeld tätig sind.
- **Achtsamkeit sich selbst gegenüber**
  Sind Sie immer die/der Letzte im Büro und Ihre Mitarbeiter sind bereits alle pünktlich raus? Dann stimmt etwas nicht. Schauen Sie, dass Sie dann besser delegieren und auch auf sich selbst besser achtgeben. Was führt dazu, dass Sie immer länger arbeiten und der Stress gefühlt immer bei Ihnen hängen bleibt? Überlegen Sie, welche Aufgaben und Verantwortlichkeiten Sie gegebenenfalls noch an bestimmte Senior-Mitarbeiter oder Kollegen übergeben können.
- **Meditation**
  Viele erfolgreiche Unternehmen und erfolgreiche Manager haben eins gemeinsam: Sie meditieren. Starten Sie Ihren Arbeitsalltag mit einer Morgenmeditation oder integrieren Sie die Meditationszeiten in den Arbeitsalltag – auch für Ihr Team. Seien Sie diesen Methodiken gegenüber offen. Die positiven Effekte von Meditation wie beispielsweise erhöhte Kreativität, mehr emotionale Stabilität, bessere Gesundheit, höhere Glücksempfinden oder auch die nachweislich erhöhte Stressresistenz werden es Ihnen danken. Alleine drei bewusste Atemzüge pro Tag oder vor wichtigen Managementterminen können bereits ein guter erster Schritt sein zu mehr Achtsamkeit und Ausgeglichenheit.
- **Digitale Mediennutzung**
  Seien Sie ein Vorbild in der Achtsamkeit mit Ihrer Technologie. Always-on heißt nicht always-react. Auch heißt es ein Mobiltelefon zu haben nicht, dass Sie zu jeder Tages- und Nachtzeit erreichbar sein müssen und sofort auf E-Mails reagieren. Wenn Sie mit Menschen und insbesondere Ihrem Team sprechen, spielen Sie nicht parallel mit Ihrem Smartphone oder beantworten Mails. Das ist unhöflich und kein gutes Vorbild. Sehen Sie auch Achtsamkeit mit digitalen Medien.
- **Mindful Facebooking**
  Entscheiden Sie genau mit wem Sie im Team auch bei Facebook befreundet sein wollen und beachten Sie die Mindful Posting-Regel in Social Networks (siehe Abschn. 5.7 „Achtsamkeit mit digitalen Medien"). Nehmen Sie es nicht persönlich, wenn jemand in Ihrem Team nicht bei Facebook mit Ihnen befreundet sein möchte. Das ist heute eine Art seine Privatsphäre zu schützen, nicht aber direkt als Unfreundlichkeit zu deuten. Zudem können Sie Gruppen anlegen und verwalten für Ihre Kollegen und Mitarbeitern, mit denen Sie auch auf Social Networks befreundet sind und dort gruppenspezifische Einstellungen vornehmen.
- **Orts- und Zeitunabhängigkeit**
  Geben Sie Ihren Mitarbeitern die Möglichkeit orts- und zeitunabhängig zu arbeiten, wenn dies für sie wichtig ist. Nicht jeder braucht dies zwingend. Jeder Mensch ist unterschiedlich. Einige sind aber vielleicht produktiver, wenn sie mal einen Homeoffice-Tag einrichten dürfen oder wenn sie mal morgens später kommen dürfen, dafür aber für sich selbst abendliche Kreativitätsmomente nutzen, die normalerweise vielleicht außerhalb der Kernarbeitszeit liegen. Stimmen Sie Selbiges auch mit Ihren Vorgesetzten ab, sodass auch Sie diese Möglichkeiten für sich nutzen können.

- **Mittagspause machen**
  Sie sind busy und durchgetastet mit Terminen? Das heißt jedoch nicht, dass Sie nichts essen dürfen oder sich nicht auch zwischendurch einmal fünf Minuten Ruhe verdient hätten. Stellen Sie sicher, dass Sie mittags eine Pause einlegen und etwas essen. Erlauben Sie sich zwischendurch kurze Zeiten für sich, zum Gedanken ziehen lassen, konzentrieren, Stretching, bewegen, für frische Luft, etc. Das bewirkt Wunder.

- **Feedback und Reflexionsgespräche**
  Führen Sie regelmäßig Gespräche mit Ihren Mitarbeitern. Fragen Sie sie, wo sie sich sehen, was ihnen wichtig ist, was ihnen Freude macht, wo sie ihre Stärken sehen, wo sie Unterstützung brauchen, wie Sie ihnen behilflich sein können, wie Sie sie weiterentwickeln können, was ihre beruflichen Träume sind, etc. Umso besser Sie Ihre Mitarbeiter kennenlernen, desto besser können Sie sie führen. Umso besser Sie führen, desto weniger müssen Sie immer alles alleine tun oder sich Sorgen machen. Ein gutes Team besteht beispielsweise daraus, dass alle Stärken optimal genutzt sind und dass sich gerne gegenseitig geholfen wird, wenn jemand schneller mit etwas fertig ist (Stichwort: Kollaboration).

- **Hören Sie mehr zu und reden Sie weniger**
  Viele Manager hören am liebsten sich selbst reden. Achten Sie darauf, dass Sie manchmal auch einfach nur zuhören. Dann lernen Sie vielleicht noch etwas Neues. Versuchen Sie beim Zuhören achtsam zuzuhören, sich also fokussiert nur auf Ihr Gegenüber zu konzentrieren ohne bereits eigene Gedanken im Kopf zu formen.

- **Vision und Ziele klar definieren**
  Seien Sie transparent und klar in der Vision und der Zielsetzung Ihrer Abteilung. Es gibt unterschiedliche Wege an ein Ziel zu gelangen, wichtig ist aber, dass alles auf die gemeinsame Zielvorstellung einzahlt. Sollten Sie Zwischenziele haben – quartalsweise oder Ähnliches – kommunizieren Sie auch diese bewusst an Ihr Team. Schaffen Sie Klarheit über Ihr würdevolles Selbst (Dignified Self), die Werte und die des Unternehmens.

- **Selbstentfaltung zulassen und intrinsische Motivation begrüßen**
  Lassen Sie zu, dass Ihre Mitarbeiter ihren eigenen Weg haben an das gemeinsame Ziel zu erlangen. Lassen Sie los und versuchen Sie nicht alles zu kontrollieren – auch das ist Achtsamkeit. Einigen Sie sich aber auf das Miteinander und welche Berichtswege hierbei für Sie Relevanz haben. Den Rahmen und das Feld können Sie definieren, nicht aber jede Spielart und Charakteristik. Geben Sie auch Ihrem Team die Möglichkeit, ihr Dignified Self zu leben. Ein Ziel erreicht man nicht, in dem man jedem vormacht wie alles geht, sondern indem die Sehnsucht nach dem Erreichen des Zieles geschult und gemeinsam verfolgt wird. Die intrinsische Motivation ist stärker als die auferlegte.

- **Strahlfaktoren**
  Wo und wann strahlen Sie selbst und wo und wann strahlen Ihre Mitarbeiter? Beobachten Sie dies achtsam und lernen Sie daraus. Die Dinge, die uns Freude machen und leicht von der Hand gehen, haben wir oft nicht ohne Grund. Fördern Sie diese Talente.

- **Ihrem Wort Würde und Geltung verleihen**
  Walk your talk. Halten Sie sich an das, was Sie zusagen oder versprechen. Das ist sehr wichtig, damit Menschen Ihnen loyal folgen. Geben Sie Ihrem Team und Ihren Vorgesetzten das Gefühl, sich wirklich auf Sie verlassen zu

können. Das wird Ihnen Gestaltungsmöglichkeiten und mehr Freiheit schenken, die Dinge nach Ihrem eigenen Tempo und präferierter Art und Weise durchzuführen. Gelangen Sie von fremdbestimmt zu selbstbestimmt.

- **Wutkommunikation vermeiden**
  Antworten Sie nicht, wenn Sie wütend sind. Üben Sie sich in Ihrer persönlichen Stimulus-Reaktionsdauer.
- **Keine leeren Versprechungen**
  Vermeiden Sie Versprechen, wenn Sie fröhlich, verspielt und überschwänglich sind.
- **Achtsamkeit kultivieren und sich selbst entschleunigen**
  Finden Sie auch Ihre eigenen Ebenen der Achtsamkeit (siehe Abschn. 5.8 „Persönliche Fragestellungen für Achtsamkeit im Alltag") und geben Sie diesen und sich selbst Priorität. Finden Sie immer wieder Wege sich auch selbst zu entschleunigen, sodass Sie dem täglichen Druck besser Stand halten können, ohne sich selbst darin zu verlieren.
- **Persönliche Weiterentwicklung**
  Seien Sie der Wandel, den Sie sehen möchten. Jeder Wandel beginnt in uns selbst. Also arbeiten Sie kontinuierlich an Ihrer persönlichen Weiterentwicklung und an der Ihrer Mitarbeiter.
- **Agieren statt reagieren**
  Versuchen Sie sich von der Reaktions-Führung zu lösen. Nehmen Sie die Zügel in die Hand und treten Sie in die Aktions-Führung. Das wird Ihnen selbst mehr Zeit und Freude schenken. Arbeiten Sie hierfür auch selbst mit MITs (Most Important Tasks) und To-do-Listen und achten Sie auf sich selbst und Ihr Umfeld. Nehmen Sie dies achtsam wahr. Sehen Sie hierfür auch Abschn. 5.8 „Persönliche Fragestellungen für Achtsamkeit im Alltag".
- **Leadership heißt nicht Allein-Herrschaft**
  Sie müssen nicht immer recht haben und behalten. Sie müssen auch nicht auf alles immer alleine eine Antwort haben. Manchmal ist es auch schön, sich den Rat einer Ihrer Mitarbeiter einzuholen. Das wird auch ihn ehren und ihm zeigen, dass Sie ihn wertschätzen. Wertschätzung wiederum kann zu mehr Dankbarkeit führen. Mehr Dankbarkeit ist wiederum oft mit Achtsamkeit – auch für die kleinen Dinge – verbunden und kann ein höheres Glücksgefühl fördern.
- **Outdoor-Meetings kultivieren**
  Verlagern Sie Meetings doch auch einmal auf den Golfplatz oder verbinden Sie Gespräche mit einem Spaziergang. Frische Luft und Bewegung bringen auch frische Luft und Agilität in Gespräche. Nutzen Sie das. Und dabei tun Sie noch etwas für Ihre Gesundheit.
- **Freundlicher Umgang**
  Behandeln Sie andere stets so wie Sie selbst behandelt werden möchten. Denken Sie an Ihr „Dignified Self" und an das anderer Menschen.
- **Menschlichkeit**
  Zeigen Sie Empathie durch Menschlichkeit. Denken Sie hierbei an die Lektion der Glasperlen (Abschn. 4.2) in diesem Buch. Work und Life sind heute oft weniger getrennt und die Grenzen verschwimmen. Das sollte nicht nur einseitig sein. Haben Sie also Verständnis und Respekt für das Privatleben Ihrer Mitarbeiter und nutzen Sie auch Ihren emotionalen Geist.
- **Walt-Disney-Modell als Werkzeug**
  Perspektivendenken gemäß dem Walt-Disney-Modell für Entscheidungen anwenden. Was würde der Träumer denken? Was würde der Kritiker sagen?

Was würde der Umsetzer tun? Was können Sie beobachten? Denken Sie
auch an Disneys „Dream. Believe. Dare. Do."
- **Der Ton macht die Musik**
  Hören Sie sich selbst zu und nehmen Sie Ihre Stimme, Wortwahl, Ihren
  Stimmsitz und Ihr Timbre wahr. Klingen Sie freundlich? Würden Sie auch
  selbst gerne diese Botschaft empfangen? Schärfen Sie Ihre Sinne durch mehr
  Achtsamkeit.

5.5   Achtsamkeit-Tipps in stressigen Situationen

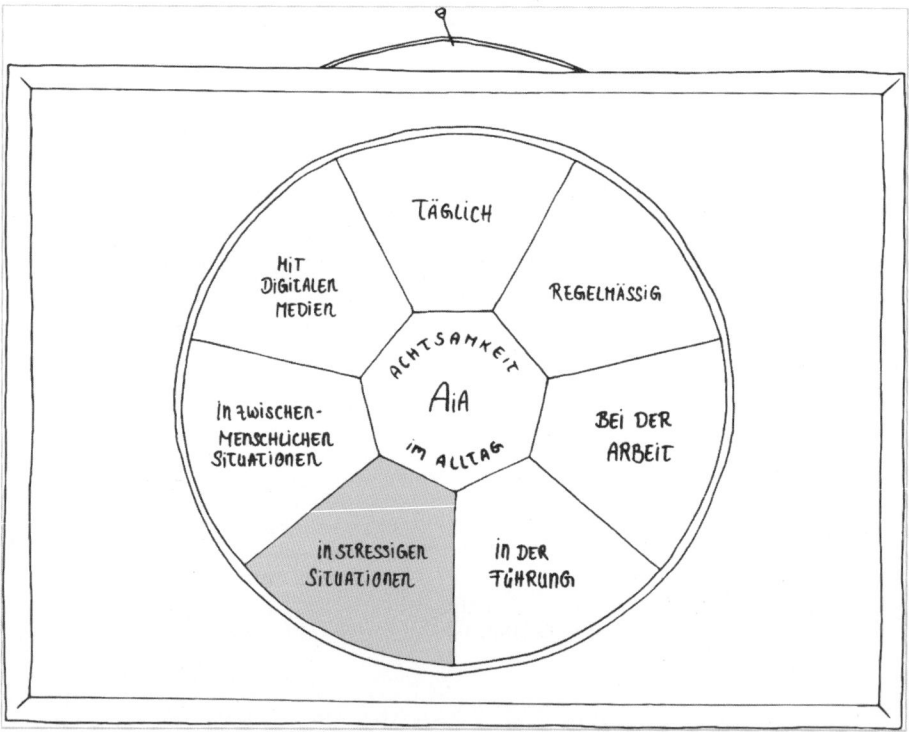

„Stress hängt in aller Regel nicht von den Ereignissen ab, sondern davon,
wie wir diese selbst bewerten" (Harvard Business Manager 2014, S. 38).

**Die nachfolgende Liste gibt Ihnen eine Übersicht potenzieller Möglich-
keiten, wie Sie sich Achtsamkeit in stressigen Situationen zunutze machen
können.**

So praktizieren Sie Achtsamkeit in stressigen Situationen

- **Atmen**
  Drei bewusste Atemzüge nehmen (tief und langsam).
- **Meditation**
  Meditation begünstigt nachweislich die Stressresistenz. Regelmäßiges Meditieren gibt Ihnen ein Gefühl von mehr Gelassenheit und emotionaler Stabilität. Probieren Sie es.
- **Rausgehen**
  Fünf Minuten an die frische Luft – sofort!
- **Fokus auf das Jetzt**
  Was stresst Sie genau in diesem Moment? Versuchen Sie es sich bewusst zu machen und konzentrieren Sie sich nur auf die Frage, was Sie wirklich gerade stört und warum. Versuchen Sie sich hierbei nicht selbst zu verurteilen.
- **Gedanklich positive Bilder justieren**
  Stellen Sie sich vor, dass alles gut ist. Gehen Sie gedanklich mit allen Sinnen in diese Vorstellung und gönnen Sie sich den Moment der positiven Vision.
- **Positiv-Anker**
  Positiv-Anker reaktivieren und an etwas Gutes denken.
- **Single-Tasking**
  Eine Aufgabe nach der nächsten angehen. Nicht alles auf einmal.
- **Stretching**
  Bewegen und dehnen. Körper und Geist sind eng verbunden. Stretchen des Körpers stretcht auch den Kopf, zum Beispiel durch Office-Yogaübungen.
- **Mantra**
  Wenn Sie ein Wort haben, das Sie beruhigt oder Sie glücklich macht, denken Sie es und wiederholen Sie es gedanklich immer wieder, ohne an etwas Anderes zu denken.
- **Walt-Disney-Modell als Vorbereitung**
  Was würde der Träumer tun? Wie könnte mir der Kritiker begegnen? Was würde der Umsetzer tun? Nutzen Sie das Perspektivendenken um sich vorzubereiten auf schwierige Termine.
- **MITs aufrufen bzw. aufschreiben**
  Most Important Tasks des Tages visualisieren, durchgehen und im Blick behalten.
- **Nein sagen**
  Mut haben, „Nein" zu sagen. Sie haben bereits genug auf dem Tisch. Praktizieren Sie Selbstliebe und gehen Sie würdevoll mit Ihren Aufgaben um. Distanzieren Sie sich von Energy-Suckers und Zeitfressern.
- **Lächeln**
  Mit einem Lächeln geht alles einfacher von der Hand. Es steckt zudem an. Also keep smiling!
- **Liebe Stimmen**
  Rufen Sie einen lieben Menschen an – kurzer persönlicher Austausch mit einem Seelenfreund hilft.
- **Entspannungsmomente schaffen und beruhigende Hilfsmittel installieren**
  Zum Beispiel einen Tee trinken, ein paar Meter spazieren gehen, schöne Musik hören, angenehmen Duft riechen, schönes Bild ansehen, etc.
- **Mini-Body-Scan**
  Augen schließen und in den Körper fühlen. Tief und langsam atmen.

- **Tiere beruhigen**
  Falls Sie sich in der Nähe eines Tieres befinden, beobachten Sie es für ein paar Minuten. Wenn Sie abends nach Hause kommen und ein Tier Sie begrüßt, zum Beispiel eine Katze oder Hund, streicheln sie dieses und hören Sie ihm beim Atmen (Schnurren etc.) zu.
- **Loslassen**
  Auch bei der Arbeit müssen wir loslassen können. Nicht alles wird immer genau so laufen, wie wir es uns vorgestellt haben. Nicht jede Erwartung wird erfüllt, nicht jedes Projekt wird gefeiert werden. Manchmal ist aber die Veränderung der Dinge, die wir erwartet haben, im Rückblick genau das, was benötigt war oder was langfristig wunderbare Entwicklungen nach sich gezogen hat. Lassen Sie los und vertrauen Sie darauf, dass alles gut werden wird. Sie müssen nicht jeden Kampf gewinnen und nicht immer Recht behalten. Und Sie müssen sich auch nicht jedem Problem annehmen. Das Zitat „Not my circus, not my monkeys." – kann hier als Mantra helfen.

5.6   Achtsamkeit-Tipps in zwischenmenschlichen Situationen

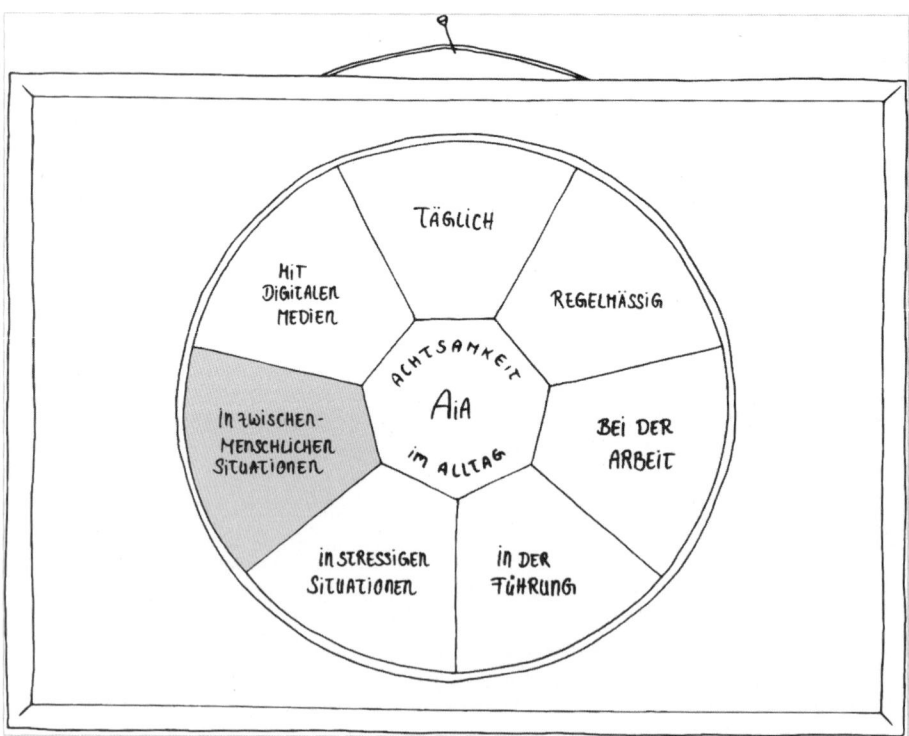

Die nachfolgende Liste gibt Ihnen eine Übersicht potenzieller Möglichkeiten, wie Sie Achtsamkeit auch in zwischenmenschlichen Beziehungen nutzen können.

Aber seien Sie gewarnt: Sie könnten sympathischer und charismatischer dadurch werden. Also nur dosiert zu verwenden. :-)

So praktizieren Sie Achtsamkeit in zwischenmenschlichen Situationen

- **Verbündete suchen**
  Ein regelmäßiger Austausch und Reflexion mit einem Seelenfreund über die Eindrücke, persönliche Entwicklung und die persönliche Achtsamkeitspraxis hilft. Finden Sie heraus mit wem Sie in Ihrem Bekanntenkreis gut über diese Themen sprechen können. Gibt es wirklich niemanden? Dann suchen Sie sich ein paar neue Kreise und Menschen, die Sie in Ihrer persönlichen Entwicklung unterstützen und das mit Ihnen teilen können.
- **5-Freunde-Regel**
  Es heißt, wir sind das Ergebnis aus den fünf Menschen, mit denen wir am meisten Zeit verbringen. Machen Sie sich bewusst, welche Menschen dies in Ihrem Fall sind und seien Sie achtsam in der Auswahl und Vergabe Ihrer Zeit an diese Menschen. Beobachten Sie auch bewusst, was genau Sie an der Freundschaft zu diesen Auserwählten begeistert. Was bewundern Sie an Ihren fünf engsten Freunden und warum?
- **We attract what we are**
  Es heißt, dass wir das anziehen, was wir sind. Wenn Sie also nur gestresste Menschen mit Problemen anziehen, dann liegt das vermutlich daran, dass Sie auch selbst diese Tendenzen haben. Anhand der Menschen, die die Nähe zu Ihnen suchen, können Sie sehr viel über sich selbst lernen.
- **Keine Erwartungen**
  Versuchen Sie Ihren Mitmenschen gegenüber weniger Erwartungen zu haben. Dann werden Sie häufiger positiv überrascht.
- **Wertfrei und offen sein**
  Seien Sie wertfrei zu den Menschen, die Sie umgeben. Beurteilen und bewerten Sie nicht immer alles und jeden. Üben Sie sich stattdessen in der Akzeptanz dessen, was ist. Von jedem Menschen, der uns umgibt, können wir auch etwas lernen.
- **Einfühlsam/emphatisch sein**
  Fühlen Sie sich ab und zu auch einmal in Ihre Freunde, Kollegen, Familie, Ihren Partner hinein. Wie mag er/sie sich gerade fühlen. Was bewegt ihn? Was ist ihm wichtig? Dies kann automatisch zu neuen Erkenntnissen und mehr Verständnistiefe führen.
- **Bewusste Sinneswahrnehmung**
  Nehmen Sie sich im Umgang mit anderen bewusst wahr. Wie fühlen Sie sich bei diesen und jenem Menschen? Sehen Sie ihn wirklich an? Hören Sie wirklich zu? Wie duftet er? Welchen Geschmack verbinden Sie mit diesem Menschen? Wie klingt seine Stimme? Gleiches gilt für Situationen, die Sie mit Ihren Lieblingsmenschen verbringen. Nehmen Sie auch hier bewusst die

Umgebung wahr und das Erlebnis wird vielleicht noch viel tiefer und eindrucksvoller.

- **Bewusstes Zuhören**
  Hören Sie Ihren Freunden achtsam zu? Finden Sie es gemeinsam mit ihnen heraus, indem Sie Erzähltes wiedergeben und prüfen, ob Sie es richtig verstanden haben.
- **Wertesysteme**
  Finden Sie nicht nur heraus, was Ihre eigenen fünf Werte sind, sondern sprechen Sie auch mit Ihren engen Freunden darüber und erfahren Sie, welche Werte sie haben. Wo gibt es Überschneidungen? Viele Auseinandersetzungen lassen sich durch eine unterschiedliche Wertesystem-Ansicht erklären. Viele Gemeinsamkeiten und Momente der tiefsten Verbundenheit liegen oft in gemeinsamen Wertesystemen begründet. Value-Sharing tut gut und schafft Nähe und Verständnis.
- **Reflexion**
  Reflektieren Sie gemeinsam mit Ihren Lieblingsmenschen bestimmte Situationen und Gespräche. Haben Sie auch Mut zu fragen, wie sie Sie wahrnehmen und mit welchen Charaktereigenschaften sie Sie einer fremden Person beschreiben würden. Lernen Sie etwas Neues über sich, indem Sie zuhören, was Menschen über Sie sagen, die Ihnen nahe stehen.
- **Gelassenheit in anderen erkennen**
  Kennen Sie Menschen, die grundsätzlich gelassen durch ihr Leben gehen? Was ist ihr Geheimnis? Beobachten Sie, fragen Sie und lernen Sie davon.
- **Wachstumsförderer und positive Vibes**
  Umgeben Sie sich mit Menschen, die sich an Ihrem Wachstum erfreuen und diesem nicht mit Neid und negativen Bedenken begegnen. Suchen Sie sich positive Menschen und positive Vibes. Das steckt an. Ihre engsten Freunde sollten nicht nur aus Kritikern bestehen. Schauen Sie, dass Sie auch Cheerleader haben, bzw. Menschen, die Sie so lieben wie Sie sind und in allen Lebenslagen unterstützen.
- **Tun Sie etwas für andere**
  Tun Sie regelmäßig etwas für die Menschen, die Ihnen am Herzen liegen. Lassen Sie es sie wissen, überraschen Sie sie, machen Sie ihnen eine Freude, denken Sie an Ihre wichtigen Ereignisse und helfen Sie einfach, ohne dass Sie darum gebeten werden müssen.
- **Lächeln und jemanden eine Freude machen**
  Versuchen Sie jeden Tag mindestens einem Menschen in Ihrem Umfeld eine Freude zu machen bzw. ihm/ihr ein Lächeln ins Gesicht zu zaubern. Sie werden sehen, dass dies auch Sie glücklicher macht. Tun Sie dies aber nicht, weil Sie etwas zurückhaben wollen. Tun Sie dies einfach, weil es Ihnen um die Person geht und um gutes Karma. Es darf sich sogar um einen fremde Person handeln, der Sie eine Tüte abnehmen, ihr einen Platz anbieten, ihr zulächeln, ihr das fehlende Kleingeld schenken, oder Sonstiges. Es gibt viele Wege aufmerksam zu sein. Sehen Sie sich bewusst um und suchen Sie förmlich danach. Es macht Spaß.
- **Telefonieren statt nur Chatten**
  Es geht nichts über ein persönliches Gespräch. Suchen Sie immer wieder Inseln der Kommunikation mit den Menschen, die Ihnen wichtig sind. Chatten Sie nicht nur, sondern rufen Sie manchmal einfach an. Das geht oft

schneller und ist heutzutage fast selten geworden. Die meisten Menschen freuen sich wenn Sie sie anrufen.

- **Mehr zuhören, weniger reden**
Versuchen Sie mehr zuzuhören, als nur selbst zu reden. Achten Sie achtsam darauf, dass eine gute Balance besteht in den Kommunikationen mit den Menschen, die Sie umgeben. Zeigen Sie Interesse für das Leben Ihrer Mitmenschen und nicht nur für sich selbst. Sie können zudem noch Neues lernen, wenn Sie mehr zuhören. Wenn Sie immer nur selbst reden, erlangen Sie selten neue Erkenntnisse. Ein tiefsinniges Gespräch oder eine philosophische Unterhaltung können hier auch sehr anregend sein. Stellen Sie doch einmal eine tiefer gehende Frage, die Sie interessiert und tauschen Sie sich darüber aus. Lernen Sie auch von anderen Gedanken.

- **Fliegen und Erden**
Es gibt Menschen, die Sie erden und Ihnen eine Wurzel und Halt schenken. Und es gibt Menschen, mit denen Sie fliegen und Pferde stehlen können. Finden Sie heraus, was Sie mehr benötigen, was Sie selbst für Menschen sind und ob Ihre engsten Menschen eher fliegen oder erden. Versuchen Sie eine gesunde Balance aus beiden Eigenschaften zu finden, es ist wie das Yin und Yang.

- **Lachen und Schweigen**
Finden Sie heraus, mit welchen Menschen Sie herzlich lachen und mit welchen wunderbar schweigen können. Es ist wertvoll dies zu wissen.

- **Energy-Suckers vermeiden**
Halten Sie sich fern von Energie-Aussaugern und Seelenvampiren. Sie erkennen sie meist daran, dass Sie nach Gesprächen oder Treffen mit ihnen selbst keine Energie mehr haben oder sich antriebslos fühlen. Auch erkennen Sie sie oft daran, dass Sie sich nicht wahrlich mit Ihnen über Ihre Erfolge freuen, sondern hier eher neidisch und kritisch reagieren. Suchen Sie Menschen, mit denen Sie wachsen können – auch energetisch.

- **Digitales Medienverhalten**
Besprechen Sie mit Ihren Mitmenschen, wie Sie den Umgang mit Smartphone und Co. gemeinsam handhaben möchten, wenn Sie sich treffen. Dies ist insbesondere in Partnerschaften heute ein wichtiger Punkt. Gibt es Smartphone-freie Zeiten, wie zum Beispiel das gemeinsame Abendessen? Teilen Sie Ihre gesamte Wohnung auf Facebook oder nur bestimmte Bereiche und Momente? Wie gehen Sie mit Passwörter-Management und geteilten Cloud-Services wie Dropbox und Co. um. Rufen Sie sich an in wichtigen Momenten? Kommunizieren Sie tagsüber per WhatsApp? Ändern Sie Ihren Status auf „in einer Beziehung" in Social Networks? Teilen Sie anderen mit, wo Sie sich auf Reisen befinden, usw. Hier gibt es viel Abstimmungsbedarf. Sehen Sie auch Achtsamkeit im Umgang mit digitalen Medien.

- **Nähe schaffen durch virtuelle Dienste**
Nutzen Sie digitale Medien und Ihr Smartphone insbesondere dafür, Nähe zu schaffen und nicht Ferne zu kreieren. Der Mensch, der bei Ihnen ist, ist meist der, dem Ihre Aufmerksamkeit gelten sollte. Ist der Mensch Ihres Herzens gerade nicht dabei, holen Sie ihn virtuell dazu – durch Skype, Facetime, eine Sprachaufnahme, ein Video oder andere Dienste und Möglichkeiten. Sie haben über die digitalen Medien und das Internet ein Werkzeug an die Hand bekommen, das Zeit und Ort überschreitet. Ein kurzer Anruf in einem anderen Land per WhatsApp bei der Freundin ist somit kein Problem mehr.

- **Ich seh Dir in die Augen, Kleines!**
  Wie Humphrey Bogart in Casablanca sagte, ist es schön, jemanden in die Augen zu schauen. Lassen Sie also das Smartphone stecken bei persönlichen Verabredungen und schauen Sie Ihrem Gegenüber in die Augen, statt auf den Screen zu starren.
- **Tiefe Gespräche und philosophieren**
  Die zwischenmenschliche Ebene der Achtsamkeit wird auch beflügelt durch tolle, tiefsinnige Gespräche. Kennen Sie das Gefühl, wenn auf einmal Stunden vergangen sind und Sie haben es kaum bemerkt, da Sie in einem fantastischen Gespräch verwickelt waren. Super. Machen Sie dies öfter. Zu bestimmten Themen gibt es auch viele Meetups. Für Menschen, die gerne über das Leben philosophieren, gibt es ebenfalls zahlreiche Meetups und Gruppen. Schauen Sie einfach mal online, was es in Ihrer Stadt für Angebote gibt und leben Sie diese Ebene der Achtsamkeit für sich aus.
- **Kreativität entfalten**
  Lieben Sie es zu singen, zu musizieren oder Ähnliches? Suchen Sie sich Gleichgesinnte, mit denen Sie dies praktizieren können. Entfalten Sie Ihre kreative Seite.
- **Wahrheit anderer akzeptieren**
  Bedenken Sie, dass Sie nur Ihre Wahrheit kennen und leben. Jeder Mensch ist anders oder wie der Kölner sagt: „Jede Jeck is anders!" Akzeptieren Sie, dass Menschen unterschiedlich denken und auch unterschiedliche Dinge wahrnehmen. Üben Sie sich im Perspektivendenken und versetzen Sie sich in die Rolle Ihres Gesprächspartners. Lernen Sie auch seine Wahrheit der Dinge kennen. Das kann oft horizonterweiternd sein.
- **Spiritualität, Chakren und Energieressourcen teilen**
  Mit einigen Freunden habe ich mittlerweile einen regen Austausch zu der Aktivierung unserer Energieressourcen (Chakren) entwickelt. Wir schenken uns seither Dinge, die uns dabei helfen können, bestimmte inaktive Energieressourcen zu wecken und zu aktivieren. Übrigens teilweise mit Menschen, von denen ich dachte, dass sie für solch eine Thematik kein Gehör hätten. Sie werden immer wieder überrascht sein, wie Sie Menschen neu kennenlernen, wenn Sie sich auch spirituellen Welten gegenüber öffnen. Die Unterstützung, die Sie sich hierbei gegenseitig geben können, ist sehr wertvoll und hilfreich im Alltag.
- **Verrücktes tun/mal etwas Neues versuchen**
  Machen Sie doch auch mal etwas Neues. Wann war das letzte Mal, dass Sie etwas zum ersten Mal gemacht haben? Planen Sie tolle Trips und Ausflüge mit Ihren Mitmenschen und entdecken Sie neue Dinge. Das übt Sie in der Agilität und erweckt das Kind in Ihnen, das eine enge Verbundenheit zu Ihrer Intuition hat. Es kann schon ein erster Schritt sein, nicht immer im gleichen Restaurant essen zu gehen. Probieren Sie doch einfach mal etwas Neues mit Ihren Freunden. Verlassen Sie regelmäßig Ihre Komfortzone und tun Sie etwas, das Sie noch nie gemacht haben.
- **Andere stärken in Ihrer Potenzialentfaltung**
  Anstatt anderen mit ihren Träumen kritisch gegenüber zu stehen, begegnen Sie ihnen mit Unterstützung darin, ihren Weg zu gehen. Sie werden es Ihnen danken. Gerade in einer oft sehr kritisch und Konkurrenz geprägten Welt. Selbiges werden diese Menschen vielleicht auch tun, wenn Sie einmal einen neuen Schritt wagen und Ihre Komfortzone verlassen. Es hilft ein paar liebe Worte zu erhalten in solchen Momenten. Seien Sie stets achtsam und respektvoll den Träumen und Wünschen anderer gegenüber.

- **Achtsame Ernährungstipps mit Bekannten teilen**
  Haben Sie Bekannte, die gerne kochen? Wunderbar. Tun Sie sich mit Ihnen zusammen und tauschen Sie sich aus über bewusste Ernährung. Verabreden Sie sich zu Kochabenden und Kochkursen. All das kann dabei helfen, neue Inspirationen zu wecken und mehr Spaß dabei zu haben sich achtsam zu ernähren.
- **Bewusstes Körpergefühl durch Yoga und mentale Fitness durch Meditation**
  Finden Sie heraus, wer in Ihrem Freundeskreis ebenfalls Interesse an Yoga, Meditation und Achtsamkeitskursen hat. Es macht Spaß diese Leidenschaft mit anderen zu teilen. Auch Yoga-Reisen und Retreat-Aufenthalte lassen sich toll mit Freundesreisen verbinden. Und es hilft beim Dranbleiben.
- **Glücksmomente teilen (zum Beispiel: WhatsApp-Gruppe)**
  Erfassen Sie jeden Tag Ihren persönlichen Glücksmoment. Schreiben Sie diesen auf und teilen Sie ihn mit Menschen, die Ihnen nahe stehen. Hier kann beispielsweise eine WhatsApp-Gruppe dienlich sein. Das Schöne ist, auch die Glücksmomente Ihrer Freunde zu hören und zu lesen. Dadurch wird das Glück noch multipliziert.

5.7   Achtsamkeit-Tipps mit digitalen Medien

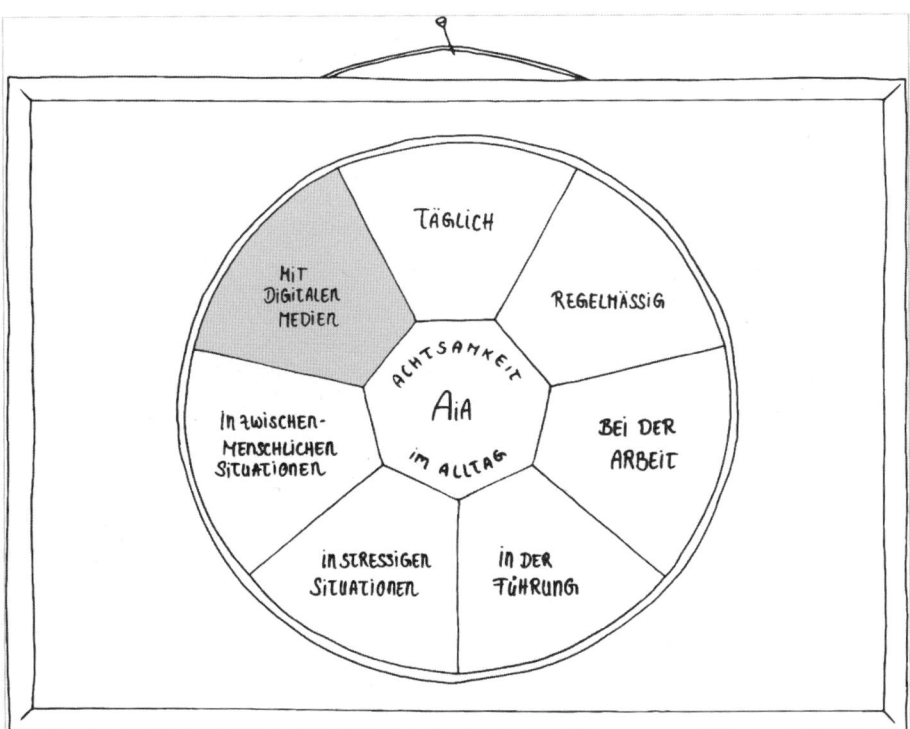

Die nachfolgende Liste gibt Ihnen eine Übersicht potenzieller Möglichkeiten, wie Sie Achtsamkeit auch im Umgang mit digitalen Medien anwenden können. Nicht unwichtig im Technologiezeitalter.

So praktizieren Sie Achtsamkeit mit digitalen Medien

- **E-Mail Zeiten**
  Bewusste E-Mail-Zeiten installieren. Zum Beispiel drei bis fünf Mal täglich. Nicht die ganze Zeit online sein. Insbesondere bei Konzentrationsarbeiten lieber die Inbox ausschalten.
- **Off-time in Konzentrationsmomenten**
  Nicht parallel bei Facebook und WhatsApp online sein, während eine wichtige Präsentation fertiggestellt werden muss. Dann dauert es nur viel länger, da immer wieder die Ablenkung überhandnimmt. Fokussieren Sie sich.
- **Single-Tasking**
  Nicht umsonst sagt man so schön im Digital-Jargon: Mein Gehirn hat zu viele Tabs offen! In anderen Worten heißt das: Nicht alles auf einmal machen. Eins nach dem anderen. Das gilt auch für den Umgang mit Technologie. Wenn Sie sich unterhalten, tun Sie nur das. Beantworten Sie nicht noch parallel E-Mails oder chatten im Messenger.
- **Notifications-Management**
  Bei Apps und Social-Media-Netzwerken die Benachrichtigungen einschränken oder gar teilweise ausschalten und konfigurieren.
- **Flugmodus**
  Der Flugmodus kann als eine Art Mindful-Mode betrachtet werden. Schalten Sie ihn ein, wenn Sie Ruhemomente genießen möchten.
- **Reales Leben sticht virtuelles**
  Der wichtigste Mensch ist immer der, der Ihnen gegenübersitzt. Nicht der, mit dem Sie parallel chatten. Das ist unhöflich. Überlegen Sie immer, wie Sie selbst behandelt werden möchten. Gehen Sie würdevoll mit sich und Ihren Mitmenschen um und nicht würdevoller mit Ihrer Technologie.
- **Smartwatch Alarm**
  Bedenken Sie, dass jeder Blick nach unten auf Ihre Apple-Watch dazu führt, dass Ihre Unterhaltung vermutlich dadurch gestört werden könnte. Ihr Gegenüber empfindet dies vermutlich als unhöflich. Konfigurieren Sie zudem Ihre Benachrichtigungen, die an Ihrem Handgelenk erscheinen sollten und Ihnen einen wirklichen Mehrwert bieten.
- **Essen ist Smartphone-frei**
  Starren Sie beim Essen nicht parallel auf Ihr Handy. Essen Sie bewusst und achtsam.
- **In die Augen schauen und bewusst zuhören.**
  Schauen Sie den Menschen in die Augen, die Ihnen gegenübersitzen. Nicht immer den Kopf senken und auf das Smartphone starren.
- **Meetings sollten technologiereduziert sein**
  Nur die Person, die Protokoll schreibt oder die Präsentation vorführt, sollte den Laptop aufgeklappt und das Smartphone vor sich haben dürfen. Alle anderen Meeting-Teilnehmer sollten um achtsames Zuhören gebeten werden. Schalten Sie Ihr Mobiltelefon stets auf lautlos in Terminen.

- **Natur genießen**
  Gehen Sie raus und genießen Sie die Natur und Ihr Umfeld. Sie leben nicht in der virtuellen Welt, Sie leben im Hier und Jetzt. Genießen Sie den Anblick eines Baumes ohne direkt ein Bild bei Instagram einzustellen.
- **Smartphone als Mindful Assistent**
  Nutzen Sie Ihr Smartphone, Apps und Gadgets (wie zum Beispiel the LEAF) als Mindful Manager bzw. Assistenten, die Sie an Ihre Achtsamkeitspraxis erinnern.
- **Mindful posting/sharing**
  Nur Dinge posten, wenn es im Zweifel für Sie damit ok wäre, dass es die folgenden Personen lesen: Ihre Eltern, Ihr Bruder/Schwester, Ihr Arbeitgeber/Auftraggeber, Ihr Investor, Ihr Mentor, Ihr Steuerberater, Ihr Arzt, Ihre Freundin und natürlich Ihr Lebenspartner.
- **Posting nur nach Permission (Privatsphäre respektieren)**
  Fragen Sie Ihre Freunde, ob Sie Fotos oder Ähnliches von Ihnen bei Facebook, Instagram und Co. posten oder sie dort markieren dürfen.
- **Freigabemodus bei Facebook**
  Aktivieren Sie die Einstellung, dass Inhalte erst nach Ihrem Review auf Ihrer Timeline angezeigt werden. So gewinnen Sie etwas mehr Kontrolle über die Daten, die von Ihnen veröffentlicht und zugänglich gemacht werden.
- **Privacy und Datenkontrolle**
  Belesen Sie sich, wie Sie auf Ihrem Smartphone, in Apps oder in Social Networks Dateneinstellungen verwalten können, sodass nicht alles zu jeder Zeit von Ihnen erfasst und getrackt wird.
- **Podcasts und Audiobooks auf dem Smartphone**
  Laden Sie sich Podcasts oder Audiobooks herunter (zum Beispiel Audible), die inspirierend sind und sich mit den Themen der persönlichen Entwicklung beschäftigen oder auch Meditationsübungen für unterwegs beinhalten.
- **Reisezeiten sind Meditationsfreunde**
  Nutzen Sie die Bahn oder Flugzeug doch für Ihre Momente der Stille. Auf dem Smartphone gibt es auch viele Apps für Achtsamkeit und Meditation mit zum Beispiel Meditations-Gongs oder auch geführten Meditationen. Einfach mal stöbern.
- **Konzentrations-Apps nutzen**
  Es gibt einige Apps, die die Konzentration und Produktivität fördern (zum Beispiel forrest).
- **Social Media Detox**
  In stressigen Momenten sich nicht noch weiteren Reizen aussetzen. In diesen Momenten und Zeiten weniger auf Facebook und Co. surfen.
- **Entspannungsmomente durch digitale Werkzeuge intensivieren**
  Musik hören, die entspannt (zum Beispiel Spotify Playlists für Konzentration), Website mit Naturklängen und schönen Bildern aufrufen (zum Beispiel calm.com).
- **Smartphone Einstellungen für wichtige Anrufe und Personen**
  In den Einstellungen Ihres Smartphones können Sie bestimmte Vibrationsmuster oder auch Klänge und Vip-Kriterien für bestimmte Personen und Personenkreise festlegen. Das kann dienlich sein, wenn Sie sonst alle Datendienste ausschalten möchten, aber dennoch im Falle eines Anrufs einer bestimmten Person erreichbar sein möchten.

- **Nachtmodus**
  Der Nachtmodus des iPhones (iOS9) bietet Ihnen die Möglichkeit, das Licht Ihres Handyscreens anzupassen, sodass es die Augen nicht so stört. Die Helligkeit wird hierbei deutlich vermindert.
- **Digitale Detoxzeiten**
  Gönnen Sie sich ab und zu auch einmal komplett Smartphone-freie Zeiten. Lassen Sie das Handy mal aus, den Laptop zu oder verlassen das Haus ohne Smartphone. Das ist gar nicht so leicht, oder? Hierbei können Digital Detox Camps helfen. Sie erlangen mehr und mehr Beliebtheit und bieten die Möglichkeit, mal ein Wochenende komplett offline zu sein und andere schöne Dinge zu tun. Auch in Yoga und Meditationsretreats herrscht oft bewusst schlechter Handyempfang.
- **Reale Momente genießen statt virtuell zu leben**
  Wenn Sie einen schönen Sonnenuntergang vor sich und Ihren Lieblingsmenschen bei sich haben, müssen Sie nicht parallel zehn Fotos machen und das Ganze in einem Social Network hochladen. Genießen Sie einfach den Moment.
- **Mindful Driving**
  Achtsames Fahren ist mittlerweile ein großes Thema geworden. Immer mehr Unfälle passieren, da parallel am Steuer gesurft und gemailt wird. Achten Sie auf den Verkehr und posten Sie nicht bei 100 km/h parallel etwas bei Facebook. Nichts kann so wichtig sein wie Ihr eigenes Leben. Versuchen Sie zudem nicht in einen Autopilot-Modus zu verfallen. Konzentrieren Sie sich auf die Straße.
- **Smartphone-Stop bei Freundes-Meetups**
  Vereinbaren Sie mit Ihren Freunden, wie sie die Smartphone-Nutzung am Tisch oder während Treffen handhaben wollen. Hier gibt es mittlerweile bereits lustige Ideen wie zum Beispiel ein Spiel, dass der, der als erster zu seinem Smartphone greift, die Rechnung des Abends bezahlen muss.
- **Technologie nutzen, um Nähe zu schaffen**
  Dank Smartphones und Co. wurden uns Werkzeuge an die Hand gegeben, die Ort und Zeit überbrücken. Wir können via Skype und Co. virtuell mit unseren Liebsten telefonieren oder sie per Facetime zu uns zaubern. Auch per WhatsApp haben wir die Möglichkeit, Bilder zu teilen und Ähnliches. All das hat viel Charme und kann wunderbar genutzt werden, um Nähe zu schaffen zu Menschen, die gerade nicht bei uns sein können. Hierbei sollten aber die Menschen und Momente, die uns in diesem Moment umgeben, nicht vergessen werden.
- **Daten-Sharing und Cloud-Services mit weiteren Nutzern**
  Das gemeinsame Nutzen einer Cloud oder eines Dropbox-Ordners hat heute fast schon digitale Romantik. Es steht für Vertrauen, seine Daten mit anderen Menschen zu teilen. Seien Sie sich dessen bewusst.
- **Off-Time-Zeiten**
  Off-Time-Zeiten bewusst in den Alltag integrieren. Zum Beispiel zwei Stunden vor Schlafenszeit besser nicht mehr online surfen.
- **Achtsames Lesen**
  Statt nur von Headline zu Headline in Online-News zu springen, ist es eine gute Übung und auch sehr entspannend für die Augen, ab und zu mal wieder ein echtes Buch zu lesen. Dies können Sie analog oder digital tun. Aber lesen Sie bewusst. Und probieren Sie vielleicht auch einmal ein Buch mit etwas mehr Tiefgang, das Ihre kritische Gedankenwelt schult.

- **Schreiben statt tippen**
  Manchmal kann es der Kreativität sehr helfen, vom „Smartphone zurück zum Moleskine" zu gehen. Journaling und das Aufschreiben von Gedanken ist auch eine Achtsamkeitspraxis, die sich leicht in den Alltag integrieren lässt. Sie fördert die Konzentration auf Ihre Gedanken.
- **Achtsamkeit durch Zahlen und Daten**
  Wellness-Tracker, Wearables, Fitbits, Aktivitätsmesser und Co. erfahren eine immer höhere Beliebtheit. Sie werden gerne mit dem Begriff „The Quantified Self" beschrieben und können dabei helfen, ein achtsameres Körperbewusstsein zu erlangen. Sie erfassen zum Beispiel Aktivität (Bewegungsrate), Schlafruhe, Puls, Atem etc. Machen Sie sich hierbei aber nicht komplett abhängig.
- **Achtsamkeit durch Intuition**
  Achtsamkeit bleibt immer noch ein Thema, das wir als Mensch selbst lösen und erforschen dürfen. Achtsamkeit ist nicht digitalisierbar oder automatisierbar. Schulen Sie Ihre Intuition und Ihre Sinneswahrnehmung und hören Sie immer mal wieder in sich selbst hinein. Bleiben Sie Herr Ihrer Sinne und Gedanken und sourcen Sie dies nicht komplett an Technologie aus. Gehen Sie würdevoll mit sich um und fragen Sie sich regelmäßig, ob Sie sich selbst genauso würdevoll behandeln wie Ihr Smartphone („The Dignified Self"). Der Mix macht es.
- **The Dignified Self**
  Nutzen Sie TheDignifiedSelf.com als Inspiration und Anregung für Achtsamkeit im technologiegetriebenen Alltag und teilen Sie gerne Ihre Gedanken in unserer Community und auf den Blogseiten.
- **Eigenen Akku laden**
  Laden Sie nicht nur den Akku Ihrer Technologie, sondern auch Ihren eigenen Akku regelmäßig auf.
- **Facebook mit Kollegen**
  Seien Sie sich dessen bewusst, dass Ihre Kollegen einen tieferen Einblick in Ihr Privatleben erhalten, wenn Sie sie bei Facebook als Freund hinzufügen. Das will bewusst entschieden werden. Zudem bietet es sich an, bei Facebook Gruppen anzulegen für verschiedene Gruppen, die unterschiedliche Inhalte von Ihnen lesen können.
- **Wertschätzung**
  Schätzen Sie sich mindestens genauso wert wie Ihr Smartphone und gehen Sie mindestens genauso liebevoll mit sich selbst um. Kennen Sie Ihre Werte, so wie Sie auch die Werte und den Preis Ihrer Technologie kennen.
- **Always-On heißt nicht always react**
  Sie müssen nicht immer sofort auf alles und jeden reagieren, nur weil Sie grundsätzlich über Ihr digitales Device die Möglichkeit dazu hätten. Seien Sie aktiv und nicht reaktiv. Seien Sie selbstbestimmt, nicht fremdbestimmt. Seien Sie Herr Ihres eigenen Lebens und definieren Sie Ihre persönlichen Online- und Reaktionszeiten.
- **Von Selfie zu Self**
  Sie wissen vermutlich, was ein Selfie ist. Aber wissen Sie auch, wer Sie selbst sind? Beschäftigen Sie sich weniger mit Ihrem nächsten Profilbild-Update als mit der Person, die darauf abgebildet ist. Schauen Sie, dass Sie mit sich im Einklang sind und sich selbst erforschen und kennenlernen, so wie Sie auch ein neues Handy erforschen würden.

• **Achtsamkeit als Software-Update**
Sehen Sie Achtsamkeit ein bisschen so wie ein Software-Update, das Ihnen mehr Zufriedenheit und Ruhe in der Beschleunigung schenken kann. Dieses Update lohnt sich, durchzuführen. Praktizieren Sie damit. „Stay Hungry Stay foolish", wie Steve Jobs sagte.

5.8   Persönliche Fragestellungen für mehr Achtsamkeit im Alltag

Die nachfolgende Liste gibt Ihnen eine Übersicht potenzieller Möglichkeiten, wie Sie auch durch achtsame Fragestellungen achtsamer werden können.

Hierbei finden Sie wohlmöglich viel über sich selbst heraus und gelangen gegebenenfalls sogar näher zu der Erkenntnis, was Ihre Bestimmung im Leben ist. In jedem Fall werden Sie viel über sich selbst lernen. Und das macht Spaß!

So praktizieren Sie Achtsamkeit – Fragen, die sich einmal einstellen dürften

- **Sinneswahrnehmung & Achtsamkeit 1**
  Was nehme ich diesem Moment wahr?
- **Sinneswahrnehmung & Achtsamkeit 2**
  Was höre, sehe, rieche, schmecke, fühle ich?
- **Sinneswahrnehmung & Achtsamkeit 3**
  Wie fühlt sich mein Atem an? Ist er schnell, langsam, flach, tief?
- **Sinneswahrnehmung & Achtsamkeit 4**
  Wer sind die fünf Menschen, mit denen ich am meisten Zeit verbringe? Was geben sie mir bzw. was bewundere ich an ihnen? Welche Seiten beflügeln sie in mir?
- **Werte**
  Welches sind meine fünf Top-Werte? Lebe ich diese gerade (im Privatleben als auch im Beruf)?
- **Würde**
  Was bedeutet Würde für mich? Gehe ich derzeit würdevoll mit mir selbst um? Oder eher würdevoller mit meinem Smartphone?
- **Erfüllung finden 1**
  Wenn Geld keine Rolle spielen würde, was würde ich dann tun? Seien Sie kreativ.
- **Erfüllung finden 2**
  Wenn heute der letzte Tag meines Lebens wäre, was würde ich heute tun?
- **Erfüllung finden 3**
  Was macht mir Spaß? Worin bin ich richtig gut, macht mir aber keinen Spaß? Wofür werde ich bezahlt? Was schätzen andere an mir?
- **Glück und Zufriedenheit kultivieren 1**
  Was hat mich heute glücklich gemacht? Was war mein Glücksmoment des Tages?
- **Glück und Zufriedenheit kultivieren 2**
  Wo befinde ich mich heute auf meiner persönlichen Glücksskala (zehn am höchsten, eins am niedrigsten)?
- **Glück und Zufriedenheit kultivieren 3**
  Wofür bin ich heute dankbar? Und warum? Wofür bin ich in diesem Moment dankbar?
- **Glück und Zufriedenheit kultivieren 4**
  Wem habe ich heute ein Lächeln ins Gesicht gezaubert? Wie hat sich das für mich angefühlt?
- **Selbstliebe und Selbstbestimmung 1**
  Lebe ich gerade selbstbestimmt? Wenn nicht, wie kann ich dort hingelangen? Was kann ich jetzt dafür tun?
- **Selbstliebe und Selbstbestimmung 2**
  Was habe ich heute für mich getan? Was hat mich davon abgehalten, wenn ich es nicht getan habe? Was kann ich jetzt in diesem Moment dafür tun?
- **Selbstliebe und Selbstbestimmung 3**
  Wie kann ich heute mehr Zeit für die Dinge einräumen, die mich glücklich machen? Wie kann ich mich jetzt sofort glücklich machen bzw. meine Stimmung aufheitern?

- **Selbstliebe und Selbstbestimmung 4**
Wann fühle/fühlte ich mich einfach nur glücklich in mir selbst und voller Liebe meinem Körper gegenüber? Wie gehts mir jetzt gerade damit?
- **Selbstliebe und Selbstbestimmung 5**
Wann habe ich mir das letzte Mal gesagt, dass ich mich selbst klasse finde? Zulange her? Na dann, auf gehts! Was finden Sie toll an sich selbst? Aufschreiben. Macht Spaß! Erzählen Sie jemanden begeistert von sich, als ob Sie nicht sie selbst wären.
- **Achtsamkeitsebenen finden 1**
Wann war ich das letzte Mal hundertprozentig im Jetzt? Zum Beispiel ein Moment, in dem ich einfach nur fokussiert und glücklich bei meiner Aktivität war? Was habe ich da gemacht? Bin ich jetzt gerade bewusst in der Gegenwart?
- **Achtsamkeitsebenen finden 2**
Wie kann ich mehr von diesen Momenten erzeugen? Was kann ich jetzt dafür tun?
- **Achtsamkeitsebenen finden 3**
Wo sind meine Gedanken in diesem Moment? Bin ich in der Gegenwärtigkeit?
- **Achtsamkeitsebenen finden 4**
Wie kann ich Momente der Stille erzeugen? Meditation, Yoga, etc. Wann empfinde ich innere Stille?
- **Achtsamkeitsebenen finden 5**
Habe ich das Gefühl meinen Geist kontrollieren zu können? Oder werde ich von ihm dominiert?
- **Achtsamkeitsebenen finden 6**
Kenne ich den Zustand in einem Flow zu sein, der keinen Ort oder Zeit kennt? Wann fühle ich mich so?
- **Achtsamkeitsebenen finden 7**
Wie fühlt sich mein Atem an und fühle ich mich ruhig? Was passiert, wenn ich die Augen schließe und langsam meinem Atem folgend von eins bis zehn zähle?
- **Achtsamkeitsebenen finden 8**
Fühle ich mich oft abgelenkt von meiner Technologie oder anderen externen Faktoren? Wie kann ich das reduzieren?
- **Achtsamkeitsebenen finden 9**
Muss ich jetzt wirklich noch einmal online gehen? Was könnte ich alternativ tun?
- **Achtsamkeitsebenen finden 10**
Bin ich gerade eher mind full oder mindful?
- **Achtsamkeitsebenen finden 11**
Gehe ich gerade freundlich und liebevoll mit mir selbst um? Bin ich auch meinen Mitmenschen freundlich, liebevoll und wertfrei gegenüber?
- **Agilität 1**
Was sind meine Glaubenssätze? Was glaube ich, was immer so ist bzw. sein muss und warum?
- **Agilität 2**
Woher kommen diese Glaubenssätze? Welche Stimme höre ich, wenn ich darüber nachdenke, woher sie wohl kommen?

- **Agilität 3**
  Warum denke ich wie ich denke? Wie wäre es jetzt etwas anderes zu probieren?
- **Agilität 4**
  Was sind heute meine Human-Scrum-Fragen? Was sind die Inhalte meines aktuellen „Sprints" und Fokus?
- **Agilität 5**
  Wann habe ich das letzte Mal etwas Neues getan? Was kann ich jetzt dafür tun?
- **Agilität 6**
  Wie wäre es, wenn ich es einfach mal anders machen würde? Was würde wohl passieren?
- **Agilität 7**
  Wie fühlt es sich an, wenn Sie einen Plan entwerfen, dieser aber anders verläuft? Können Sie sich anpassen und Freude entwickeln in der neuen Gegebenheit?
- **Körperarbeit**
  Wie fühlt sich mein Körper an? Wie geht es meinen Füßen, meinen Beinen, meinem Oberkörper, meinen Armen, meinem Kopf, etc. (Body-Scan)?
- **Energiezentren-Aktivierung 1**
  Welches meiner Chakren ist offen/geschlossen/überaktiv/unteraktiv? (Online Fragetests verfügbar)
- **Energiezentren-Aktivierung 2**
  Wann habe ich mir das letzte Mal Ruhezeiten gegönnt? Was hält mich jetzt gerade davon ab?
- **Energiezentren-Aktivierung 3**
  Welches Chakra ist offen/geschlossen/überaktiv/unteraktiv? (Online Fragetests verfügbar)
- **Ernährung und Energie**
  Wann fühle ich mich nach dem Essen gut und voller Energie und wann eher müde und schlapp?
- **Mentales Fitnesstraining 1**
  Wann habe ich das letzte Mal bewusst geatmet? Schließen Sie die Augen und zählen bis zehn. Einatmen 1. Ausatmen 1. Einatmen 2. Ausatmen 2. Usw.
- **Mentales Fitnesstraining 2**
  Bin ich jetzt gerade in der Lage mich nur auf eine einzige Sache zu konzentrieren?
- **Mentales Fitnesstraining 3**
  Habe ich heute schon meditiert? Wie habe ich mich da gefühlt?
- **Empathie üben 1**
  Wie fühlt sich die Person, die mir gerade gegenübersitzt?
- **Empathie üben 2**
  Wie würde ich mich fühlen, wenn ich mein Gegenüber wäre?
- **Empathie üben 3**
  Was sind wohl die Werte meines Gegenübers? Was bewegt diesen Menschen?
- **Empathie üben 4**
  Was sagt mein Gegenüber gerade? Hören Sie bewusst zu, achten Sie auf die Stimme, den Klang, den Gesichts- und Körperausdruck – ohne selbst bereits eigene Gedanken zu formen.

- **Kreativität 1**
  Was habe ich als Kind gerne gemacht? Was wollte ich einmal werden?
- **Kreativität 2**
  Wann habe ich das letzte Mal gemalt, getanzt, gesungen, musiziert, gebastelt, etc.? Wie kann ich kreative Rituale etablieren?
- **Kreativität 3**
  Wann habe ich das letzte Mal etwas Verrücktes gemacht?
- **Kreativität 4**
  Was würde ich jetzt tun, wenn ich keine Angst hätte und alles möglich wäre?
- **Kreativität 5**
  Was macht mich in diesem Moment glücklich?
- **Kreativität 6**
  Wofür bin ich in diesem Moment dankbar?
- **Kreativität 7**
  Was ist meine Super-Power, wenn ich eine benennen müsste? Welche hätte ich gerne zusätzlich?
- **Positive Gedanken 1**
  Was denke ich in diesem Moment? Sind diese Gedanken Dinge, die ich mich auch als Realität wünsche? Beachten Sie Ihre Gedanken und Worte.
- **Positive Gedanken 2**
  Welche positive Fantasielandschaft kann ich mir selbst kreieren? Was sehe ich da, wenn ich die Augen schließe?
- **Positive Gedanken 3**
  Was stresst mich gerade in diesem Moment? Was ist genau mein Problem? Hab ich jetzt gerade überhaupt eins?
- **Positive Gedanken 4**
  Was wünsche ich mir? Wie sieht dies konkret aus? Antworten Sie gedanklich oder schriftlich und in positiven Sätzen. Schmücken Sie sie mit allen Sinnesebenen, visualisieren Sie sie. Verankern Sie diese Gedanken.
- **Positive Gedanken 5**
  Wie sieht in den nächsten Stunden, Tagen, Monaten, Jahren mein optimales Szenario aus? Antworten Sie gedanklich oder schriftlich und in positiven Sätzen. Verankern Sie diese Gedanken und schmücken Sie sie mit allen Sinnesebenen. Visualisieren Sie und verankern Sie diese.
- **Loslassen 1**
  Was könnte ich ausmisten, aussortieren? Was brauche ich wirklich? Nach dem Motto: Ist das Kunst oder kann das weg?
- **Loslassen 2**
  Welche Menschen sind sogenannte Seelenvampire oder Energiefresser in meinem Umfeld? Wie kann ich mich von ihnen lösen und mehr positive Energie um mich herum erzeugen?
- **Loslassen 3**
  Kann ich alles loslassen? Gibt es etwas, das Sie nicht loslassen können? Was ist das?
- **Loslassen 4**
  Wovor habe ich Angst?

- Loslassen 5
  Was habe ich für Erwartungen mir selbst und anderen gegenüber? Können Sie sich davon trennen? Wie fühlt es sich an, erwartungsfrei in Besprechungen oder Gespräche zu gehen?
- Loslassen 6
  Wann haben Sie sich das letzte Mal richtig frei gefühlt? Was ist Freiheit für mich?
- Loslassen 7
  Wie fühle ich mich, wenn ich meinen Willen nicht bekomme? Kann ich es akzeptieren und annehmen? Kann ich mich von meinen Erwartungen lösen?

Literatur

Harvard Business Manager (2014) Work-Life-Balance. Achtsamkeit, im Interview mit Ellen Jane Langer, Redakteurin A.Beard der Harvard Business Review, Harvard Business Publishing (April 2014)

6

Mindfulness Update installiert

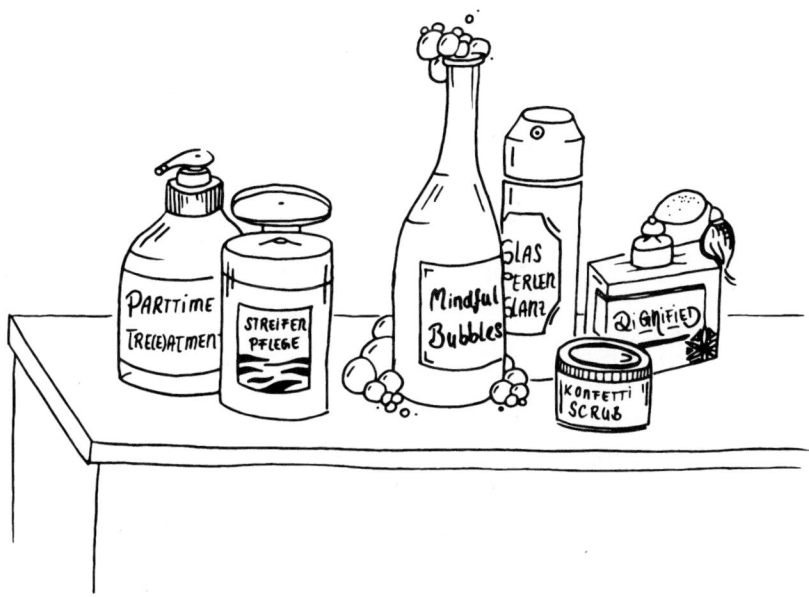

Zusammenfassung Das Kapitel „Mindfulness Update installiert" schließt den Rahmen zum ersten Kapitel. Während zu Beginn des Buches die Autorin ihr Update erfährt, erhält dieses nun der Leser. Er hat sich das Basiswissen angeeignet, Impulse erhalten, Geschichten erfahren, Erlebnisse geteilt und vermutlich auch schon selbst hier und da das „achtsam" sein ein wenig geübt. Das Update ist somit installiert. Was man daraus macht, bleibt bei jedem selbst. Denn nur indem Achtsamkeit praktiziert wird, kann es sich zu einer neuen Gewohnheit entwickeln und seine vielen positiven Wirkungen zeigen. Da Achtsamkeit ähnlich einer Super-Force ist, die auch die Jedis beherrschen, werden in diesem Kapitel Weisheiten von Yoda auf den Weg gegeben. Zudem sollen noch zwei Gedichte der Autorin zum Nachdenken anregen und die kreative Seite im Leser noch einmal wach kitzeln.

© Springer Fachmedien Wiesbaden 2017
L.N. Güntsche, *Achtsamkeit in digitalen Zeiten*,
DOI 10.1007/978-3-658-11090-1_6

Update completed. Ich möchte Ihnen gratulieren.

Sie haben das Update Ihres menschlichen Betriebssystems mit dem neuen Asset der Achtsamkeit erfolgreich installiert.

Es steht nun für Ihre weitere Verwendung zur Verfügung.

Sie haben einen Einblick erhalten in die Welt und Kraft der Gegenwärtigkeit – in die Superforce „Mindfulness". Sie können nun nach und nach die neu implementierten Features und Strukturen entdecken und weiter erkunden. Sie haben Werkzeuge erhalten, wie Sie Ihre neue Superpower erlernen und ausbauen können. Sie haben ein Instrumentarium kennengelernt, das Ihnen zur Seite steht, um neue Stücke zu spielen und Resonanzen der Verbundenheit zu erzeugen. Sie wissen nun, wie Sie Ihre Fertigkeiten kultivieren, die in der Zukunft ausschlaggebend sein werden.

Sie haben Ihr Herz geöffnet und Emotionen eine Pforte geschenkt. Sie sind neue Wege gegangen, haben sich neuen Welten geöffnet, haben Geschichten und Zitaten gelauscht und Menschen kennengelernt, die Sie fortan in Ihrem Herzen als Inspiration tragen können. Sie haben Ihre Sinne neu kennengelernt und haben Ihre Authentizität gestärkt. Sie haben keine Angst, unerforschte Pfade der Zukunft zu erkunden, denn Sie sind fest verankert im Jetzt. Sie können loslassen und die beste Version Ihres Selbst werden. Sie haben ein Upgrade zu Ihrem würdevollen Selbst und Ihrer Potenzialentfaltung eingeleitet. Nun können Sie Ihren Werten Worte und Ihren Gedanken Taten folgen lassen. Sie werten nicht mehr – Sie erkennen den Moment an. Obgleich Sie die Vergangenheit kennen und die Zukunft gestalten, sind Sie bewusst in der Gegenwart angekommen.

Der Samen wurde gepflanzt, nun liegt es an Ihnen, diesen täglich zu gießen, zu hegen und zu pflegen. Sie können nun eine Version Ihres Betriebssystems werden, die vom Tun zum Sein, von Selfie zu Self, von mind full zu mindful und von quantified auch zu dignified führt. Sie müssen kein Aussteiger sein und die Gesellschaft verlassen, um innere Ruhe zu finden. Sie gehören nun zu jener Spezies, die ankommen kann, ohne auszusteigen. Denn Sie haben die Mittel dafür erhalten. Nun liegt es bei Ihnen und der Bewahrung Ihrer neuen Superkräfte, diese zu kultivieren und zu entwickeln.

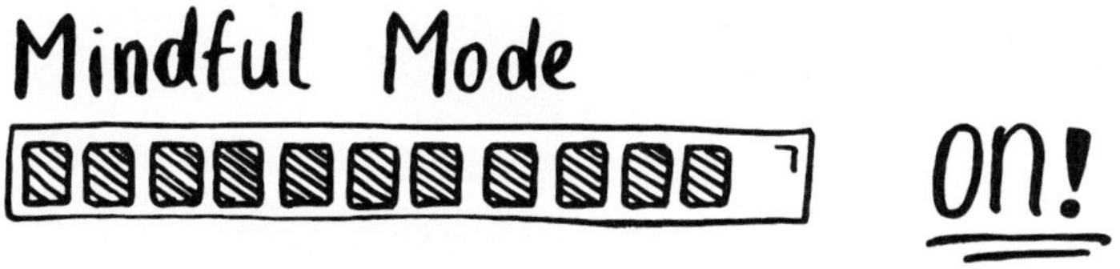

Mindful Mode

on!

Abb. 6.1 Always-Omm! Mindful Mode aktiviert

Sie haben nun das Wissen über eine Kraft anvertraut bekommen, die zu mehr Ruhe in der Beschleunigung führt. Eine Kraft, die wir würdigen und fortan zu beschützen haben. Denn es ist eine mächtige Kraft, die uns an die Hand gegeben wurde, um unsere Menschlichkeit in der technisierten Welt zu bewahren und zu beschützen (vgl. Abb. 6.1).

6.1 Yoda-Weisheiten für jeden Tag

Als Starwars-Fan sehe ich Achtsamkeit als eine vergleichbare Superpower zu der Kraft an, die einst nur Jedis kannten. Wir wurden nicht als Jedi geboren. Wir sind alle ein „Work-in-progress". Wie auch Luke Skywalker sich zu Beginn seinen inneren Widerständen stellen muss, als er von Master Yoda trainiert wird, sind auch Sie nun Teil dieser Erfahrung. So werden Sie vielleicht am Anfang bei Achtsamkeitsübungen Widerstände spüren und das Gefühl haben, dass Sie dies nicht können oder die Geduld verlieren. Aber ähnlich wie Luke, der mit der Zeit mehr und mehr zu sich selbst findet und sich seinen Ängsten stellt, ist dies alles Teil der Reise zu unserem authentischen und würdevollen Selbst und letztendlich zu mehr Ruhe in der Beschleunigung und unserer vollständigen Potenzialentfaltung. Denn wenn Sie in sich selbst ruhen und die „Force" in sich tragen, kann Sie nichts aus der Fassung bringen.

Ich möchte Ihnen ein paar Yoda-Zitate für Ihre persönliche Reise mit auf den Weg geben, die Ihnen jeden Tag helfen können. Jedes seiner Zitate ist eine Weisheit. Ich habe meine persönlichen Top 10 Yoda-Zitate und Interpretationen für Sie zusammengestellt. Der Ursprungstext wurden im vergangenen Jahr zuerst auf den Blog-Seiten von The Dignified Self veröffentlicht und sie gehören bis heute zu einem der meist gelesenen Blog-Posts und fanden sogar im Harvard Business Manager Erwähnung (The Dignified Self

Abb. 6.2 Yoda: „Acht-
sam sein, du musst!"

2016). Hier also eine Sammlung unserer Yoda-Weisheiten, die wir fest in unseren Alltag verankern sollten und die uns ebenfalls Achtsamkeit leeren (vgl. Abb. 6.2). May the force be with you!

Top 10 Yoda-Zitate für jeden Tag

(The Dignified Self 2016)

1. **„Do or Do not. There is no try!"**
   So oft zweifeln wir schon am Anfang, bevor wir uns überhaupt richtig auf den Weg gemacht haben. Dies ist eine Inspiration dafür, eine Entscheidung zu treffen und dieser dann auch zu folgen – ohne den Blick zurück, fokussiert auf den Moment und das innere Vertrauen. Bleiben Sie also Ihrem achtsamen und würdevollen Weg treu.

2. **„Fear is the path to the dark side. Fear leads to anger. Anger leads to hate. Hate leads to suffering."**
   Die Angst hält uns oft unter Kontrolle. Wir haben Angst, etwas zu verpassen, Angst, nicht genug zu sein, Angst, nicht gesehen zu werden, Angst, unsere Rechnungen nicht zahlen zu können. Angst, uns fallen zu lassen. Angst, Gefühle zu zeigen. Angst, unseren eigenen Weg zu gehen. Aber die Folge, die Yoda aufzeigt, wozu Angst führt, zeigt, dass wir der Angst manchmal einfach ins Gesicht lachen sollten, statt uns von ihr einnehmen zu lassen. Lassen Sie Ihre Ängste und negativen Gedanken los und sie werden sich selten zu Leid entwickeln.

3. **„Always pass on what you have learned"**
   Wir leben heute weitestgehend in einer „sharing is caring"-Welt. Das Zurverfügungstellen von Informationen und Inhalten wird mehr und mehr kultiviert. Oft wird aber immer noch statisch etwas zurückgehalten oder noch nicht öffentlich kundgetan, da wir vielleicht glauben, es sei noch nicht ausgereift und wir selbst sind noch nicht so weit. Aber wann ist dieser

Punkt wirklich erreicht? Ich glaube, der Weg ist das Ziel, und auf diesem Weg ist es ebenfalls schön, bereits Gelerntes zu teilen. Es ist zu bestärken, Erfahrungswerte mit anderen, vielleicht sogar jüngeren Jedis, zu teilen. Denn wir sind nicht alle direkt ein „Yoda" bzw. kommen als Jedi auf die Welt! :-) Teilen Sie also Ihre achtsamen Momente. Natürlich gerne auch in der Dignified Self community! Sie sind nicht allein! Und Ihr Wort und Ihre Geschichte könnte manchmal genau das sein, das wie ein Katalysator für einen anderen Menschen wirkt.

4. **„Patience you must have."**
   Immer wollen wir alles sofort. Es darf immer noch schneller gehen. Aber manchmal liegt die Antwort in der Gelassenheit und in der Geduld. Nicht umsonst sagen wir „Ich schlafe eine Nacht darüber" und haben tatsächlich am nächsten Tag die Antwort. Es gibt einen Grund dafür, dass Top-Manager und viele erfolgreiche Menschen meditieren oder Yoga machen, bevor sie sich positiv bestärkt darin fühlen, der nächsten Herausforderung zu begegnen. Auch denke ich, dass wir ab und zu innehalten und einfach Vertrauen kultivieren sollten auf das was noch kommt – mit Geduld. Denn in der Ruhe liegt die Kraft. Und alles wird zu uns kommen, wenn der Moment reif ist. Auch in der Achtsamkeitspraxis wird Ihnen nicht alles sofort gelingen. Und das ist auch in Ordnung. Patience you must have, young Jedi!

5. **„You must unlearn what you have learned (...) – Always in motion the future is."**
   Die digitale Transformation fordert uns heraus, alte Muster neu zu durchdenken und zu definieren. Da ist es sicherlich sehr hilfreich, sich dieses Zitat von Yoda zur Hilfe zu holen. Denn manchmal dürfen wir auch wieder etwas Neues lernen – statt in alten Strukturen und Erwartungen zu erstarren. In der Offenheit für das Neue liegen viele Antworten. Und es ist auch ok, wenn sich die Zukunft verändert. Das tut sie jeden Tag – mit jeder unserer Entscheidungen und Handlungen. Nichts ist so sicher wie der Wandel. Gerade im Zeitalter der Digitalisierung ist das eine wichtige Erkenntnis. Der beste Ort und Zeitpunkt im konstanten Wandel ist immer Jetzt.

6. **„To answer power with power, the Jedi way this is not. In this war, a danger there is, of losing who we are."**
   Es gibt vermutlich immer Situationen und Menschen, die uns auf die Palme bringen und wo wir einen Moment der Wut empfinden. In solchen Momenten ist es ratsam, inne zu halten. Diese innere Ausgeglichenheit und Ruhe kann sehr gut durch Achtsamkeit und Meditationen geübt werden. Beantworten Sie Wut mit Geduld und üben Sie sich in Ihrer Stimulus-Reaktions-Frequenz und lassen Sie sich nicht von der negativen Energie eines anderen Menschen einnehmen. Wenn das nächste Mal ein Deal platzt: „Stop. Take a mindful breath. Then respond – in the way that you want to show up, in a way that takes care of yourself, the people around you and the work that you're there to do together" (SIYLI 2016).

7. **„Train yourself to let go of everything you fear to lose."**
   Die Kunst loszulassen ist vermutlich eine der schwersten, aber auch eine, die viel Freiheit in sich trägt. Meditation wird auch gerne die Kunst des Loslassens genannt, da Sie hier lernen können, Gedanken ziehen zu lassen. Kultivieren Sie das Loslassen und es wird Sie weg von der inneren Zerrissenheit zu mehr innerer Freiheit führen.

8. **„When you look at the dark side, careful you must be. For the dark side looks back."**

Wenn wir das Schlechte fokussieren, ist die Wahrscheinlichkeit höher, dass wir genau das verstärken. Das nennt man auch das Gesetz der Anziehung. Ob wir daran glauben oder nicht, der Fokus auf die positiven Dinge und auf das, was wir wirklich wollen, führt in jedem Fall zu einem inneren Lächeln und meist führt dies wiederum zu positiven Reaktionen. Konzentrieren wir uns hingegen auf das Negative, was eintreten kann, so strahlst Du auch negative Vibes aus, die ebenfalls auch in anderen einen solchen Effekt hervorrufen können. Alles hat immer verschiedene Gesichtspunkte und Perspektiven und es macht Spaß sich für die zu entscheiden, die einem die besten Gefühle geben. Your Focus is your reality. And „the map is not the territory". Dies wird auch im Neurolinguistisches Programmieren (NLP) sehr gut geschult.

9. „Truly wonderful, the mind of a child is."
Was haben wir als Kind gefühlt und gerne getan? Kinder haben das Geschenk der Intuition. Sie verhalten sich so wie sie sich fühlen, ohne alles drei Mal nach links und rechts zu drehen. Sie sind einfach sie. Das ist wundervoll. Davon können wir uns manchmal eine Scheibe abschneiden und auch wieder ein bisschen das Kind in uns wecken. Gerade bei Achtsamkeitsübungen hilft es immer wieder, sich vorzustellen, alles zum ersten Mal zu erleben, wie ein Kind.

10. (Luke:) „I can't believe it". (Yoda:) „That is why you fail."
Glauben Sie daran, dass Sie es schaffen können und dann werden Sie es auch! Glauben Sie an sich selbst. Erwecken Sie dieses Mindset auch bei Ihren Mitmenschen. Dream big! Act real! Oder auch in Walt Disneys Worten ausgedrückt: „Dream. Believe. Dare. Do."

6.2   Die Magie der Worte

Ich glaube an die Magie der Worte und daran, dass sie einen Weg in unser Herz finden können. Ich schreibe regelmäßig Gedichte und Songtexte. Es ist eine kreative Entfaltungsform von mir und eine meiner Achtsamkeitspraktiken, die mich in einen Zustand des Flows versetzen, der keinen Ort und Zeit kennt. Ich möchte Ihnen daher gerne abschließend ein paar persönliche Zeilen auf den Weg geben als Inspiration. Nachfolgend lesen Sie zwei meiner Gedichte. Eines über die Liebe, denn sie ist das Wichtigste von allem. Und ein weiteres Gedicht über das Geheimnis des Lebens: Timing. Beide wurden bereits in der Online-Publikation „Elephant Journal" veröffentlicht (Elephant Journal 2016a, b). Das war ein großes Geschenk für mich und hat mich mit viel Dankbarkeit erfüllt. Vermutlich hat die Redaktion in den Zeilen gemerkt, dass sie von Herzen kommen.

Die Dinge, die aus unserem tiefsten Selbst entstehen, haben oft eine Note, die schwer zu spielen ist. Sie sprechen die Sprache der Authentizität.

Die Liebe

Ich beschäftige mich viel mit der Liebe und denke oft über sie nach. Wenn Sie Liebe für sich selbst finden, wird Ihnen auch Liebe begegnen. In Ihrem Umfeld, Ihren Tätigkeiten, Ihrer Arbeit und Ihrem Dasein. Zum achtsamen Leben gehört der liebevolle Umgang mit uns selbst. Wenn Sie im Rahmen neuer Routinen oder Übungen, zum Beispiel bei einer der täglichen oder regelmäßigen Achtsamkeit-Tipps, also bemerken, dass Sie Ihre Vorsätze brechen und sich beginnen selbst dafür zu verurteilen, erinnern Sie sich an die Liebe. Denn das Verurteilen und Kritisieren sind das Gegenteil von einem liebevollen Umgang unseres Selbst und somit auch von Selbstliebe. Nehmen Sie einfach an was ist. Es ist wie es ist. So wie auch die Liebe. Achtsamkeit steigert das Gefühl der Liebe: „Mindfulness is the key to true love's door" (AlternativeShrink 2016). Oder auch wie es Osho sagt: „Liebe ist, wenn du gesehen hast, wer du bist; dann bleibt nichts, als dein Sein mit anderen zu teilen" (Osho 2016, S. 1).

Nachfolgend mein Gedicht für Sie (Elephant Journal 2016a).

Love just is.

by Lilian N. Güntsche (Elephant Journal 2016a)

Love has roots, love has wings.
Love is beyond logic, reason and things.
Love is silent, love is loud,
Love believes, love knows no doubt.

Love is shared laughter, love is shared tears,
Love is facing our deepest fears,
Love is romance, love is light,
Love supports and love will guide.

Love is freedom, love is trust,
Love is willing, love knows no„must".
Love is together, love lives on alone,
Love does not require, love feels just like home.

Love is feeling, love is free.
Love is flowing like the sea,
Love is being, love is bliss.
Love is giving, love just is.

Love is stillness, love is applause,
Love is open hearts and doors,
Love is belief and the wish to receive
Love is care and the will to share.

Love is passion, love is tender,
Love is devotion, love is surrender,
Love speaks the truth and love forgives,
Love understands, 'cause love just is.

Love is a dance, love is a song,
Love is comfort, love is strong.
Love is magic, love respects.
Love is shared dreams, and love accepts.

Love is feeling, love is free.
Love is flowing like the sea,
Love is being, love is bliss.
Love is giving, love just is.

Love is chemistry, love is an art,
Love is united although miles apart.
Love is shared joy, love is shared sorrow,
Love is yesterday, now and tomorrow.

Love is vibration, love is appreciation.
Love is a mystery, love is a mastery.
Love is anywhere, and love is for anyone,
Love is the connection of two souls in one.

Love is simply embracing all there is,
because love – just is.

Timing

Glauben Sie eigentlich an Timing?

Kennen Sie Momente, in denen das Timing einfach gar nicht stimmt und Sie gefühlt immer wieder um etwas kämpfen müssen? Und andere Momente, in denen Ihnen förmlich alles in den Schoss fällt? Das ist aus meiner Sicht: Timing. Und oft verstehen wir es erst in der Retrospektive.

Vielleicht geht es Ihnen auch jetzt so und Sie denken: „Naja, das mit der Achtsamkeit ist ja schön und gut, aber dafür habe ich jetzt keine Zeit. Ich mach das irgendwann. Das Timing passt mir gerade gar nicht." Sollten Sie so denken, so möchte ich Sie an dieser Stelle noch einmal auffordern, dies zu überdenken und zu erkennen, dass das perfekte Timing um Achtsamkeit zu kultivieren immer nur eines ist: Jetzt!

Wir begegnen dem Thema und der Relevanz von Achtsamkeit heute nicht ohne Grund vermehrt in den Medien und Sie lesen vermutlich auch nicht ohne Grund dieses Buch. Also vertrauen Sie darauf, dass das Timing für den Beginn Ihres achtsamen Lebens in der digitalen Zeit genau jetzt ist.

Auch wenn Ihnen vielleicht nicht immer alles sofort leicht fallen wird und Ihr Wandel von Selfie zu Self eine Entwicklung erfährt, Sie keine Lust auf Meditation haben und auch die anderen sechs Ebenen der Achtsamkeit und das AiA-Modell Ihnen Schwierigkeiten bereitet – vertrauen Sie mir, Sie sind genau da, wo Sie ein sollen. Ich bin auch quasi in das Thema Achtsamkeit gestolpert vor ein paar Jahren. Und Sie wissen, dass auch ich dem Thema zu

Beginn kritisch gegenüber stand und ebenfalls Anfangsschwierigkeiten damit hatte. Niemals hätte ich damals gedacht, dass ich einmal eine Initiative rund um das Thema Achtsamkeit in digitalen Zeit ins Leben rufen und ein Buch darüber veröffentlichen würde. Das Leben beginnt, wenn wir aufhören, Pläne zu machen. Oder um es musikalisch in John Lennon's Worten zu sagen:

„Life is what happens to you while you're busy making other plans." (Songtexte 2016). Zu Deutsch: „Leben ist das, was passiert, während du dabei bist, andere Pläne zu schmieden".

Da wir Geduld brauchen bis sich ein Stein auf den anderen fügt, möchte ich Ihnen ein Gedicht von mir zum Thema „Timing" auf den Weg geben (Elephant Journal 2016b). Die Vorgeschichte zu dem Gedicht ist wie folgt:

Ich habe einmal einen älteren, sehr glücklichen Amerikaner nach seiner Weisheit für ein glückliches Leben gefragt. Er musste keine Sekunde darüber nachdenken. Er antwortete:„Life is about Timing!" (vgl. Abb. 6.3).

Timing: A poem about the secret to life
by Lilian N. Güntsche (Elephant Journal 2016b)

Dear Timing,

Sometimes you're too early, sometimes you're too late.
You provide us with joy and then close a gate.

You make things collide, you make the world move.
And only you heal of what you approve.

There are things that you see that I'm yet to learn.
Oceans to cross and wheels still to turn.

In life we develop, on our journey we grow.
What is not yet revealed, you already know.

I am asking you timing: Do you know my true self?
Do you keep all the answers in my book on your shelf?

Am I on the right path, no more lost in the maze?
I know I am close now, I can feel your embrace.

I'm here in the moment, there is no further fight.
I'm no longer waiting – now the timing is right.

Abb. 6.3   Alles in seiner Zeit

Literatur

AlternativeShrink   (2016)   Love   consciousness.   http://alternativeshrink.
    com/2015/11/17/love-consciousness-how-mindfulness-opens-the-door-to-natural-
    love/. Zugegriffen: 29. Apr. 2016
Elephant Journal (2016a): Love just is. By Lilian N. Güntsche http://www.elephant-
    journal.com/2016/02/love-just-is-poem/. Zugegriffen: 15. März 2016
Elephant Journal (2016b): A poem about the secret to life, by Lilian N. Güntsche
    http://www.elephantjournal.com/2016/03/a-poem-about-the-secret-to-life/.
    Zugegriffen: 19. Apr. 2016
Osho (2016) OSHO über die Liebe. http://www.lmc-tantra.de/app/download/
    8936077/Osho+%C3%BCber+Liebe.pdf. Zugegriffen: 3. Mai 2016
SIYLI (2016) Search inside yourself. https://siyli.org/mindfulness-the-power-of-
    small-acts/. Zugegriffen: 30. Apr. 2016
Songtexte (2016) Songtext John Lennon Beautiful Boy Darling Boy. http://www.
    songtexte.com/songtext/john-lennon/beautiful-boy-darling-boy-13de098d.html.
    Zugegriffen: 15. Apr. 2016
The Dignified Self (2016) Inspiration: Yoda Zitate für jeden Tag. http://thedignifiedself.
    com/de/inspiration-5-sieben-yoda-zitate-fuer-jeden-tag/. Zugegriffen: 1. März 2016

7

Stimmen aus der Praxis

© Springer Fachmedien Wiesbaden 2017

L.N. Güntsche, *Achtsamkeit in digitalen Zeiten,*

DOI 10.1007/978-3-658-11090-1_7

Zusammenfassung Das Kapitel „Stimmen aus der Praxis" beinhaltet neun Interviews mit inspirierenden Menschen aus der Technologie- und Bewusstseinsszene zum Thema Achtsamkeit in digitalen Zeiten. Selten hat es so viel geballtes Wissen zu diesem Thema gegeben! Gedanke bei den Stimmen aus der Praxis ist es, dass Achtsamkeit vermutlich von jedem individuell anders betrachtet und verstanden wird. Um seine eigene Version der Wahrheit zu finden, ist es daher hilfreich sich verschiedene Sichtweisen dazu anzuhören. Jedes der Interviews ist mit sehr geschätzten Kollegen geführt worden, die unterschiedliche Schwerpunkte in den Gesprächen setzen und wertvolle Einblicke liefern. Themen wie Empathie, emotionale Intelligenz, künstliche Intelligenz, Meditation, Tai-Chi, Energien, Ayurveda, Philosophie, Loslassen und Wertesysteme finden Erwähnung. Auch wird die hohe Bedeutung von Achtsamkeit im schnelllebigen Zeitalter der Information und die Auswirkungen auf die Geschäftswelt und die Führung thematisiert. Die Interviews wurden von Lilian N. Güntsche, Autorin und Gründerin The Dignified Self, geführt und umfassen Gespräche in deutscher und englischer Sprache mit Karina Leute, Jonathan MacDonald, Inmaculada Martinez, Anja Nothelfer, Stefanie Palomino, Heike Scholz, Humberto Schwab, Gabriela Seir und Rudy De Waele.

Ich glaube daran, dass wir von jedem Menschen etwas lernen können. Warum? Da wir alle nur eine Wahrheit kennen: unsere eigene Version. Das Perspektivendenken und die Sichtweisen anderer Menschen und Denker sind sehr horizonterweiternd. Daher habe ich hoch geschätzte und inspirierende Menschen aus meinem Netzwerk gebeten, ihre Sicht der Wahrheit mit uns zu teilen: Ihre Sicht auf Achtsamkeit in digitalen Zeiten und was dies für sie bedeutet. Wir haben alle unsere eigene Wahrnehmung darüber, welches Instrument im Orchester am Schönsten klingt. Ich hoffe Ihnen mit den nachfolgenden neun Interviews ein Bouquet an Versionen der Wahrheit zu geben, sodass auch Sie sich in der einen oder anderen Stimme wiederfinden und weitere Impulse erhalten können. In meinen Gesprächen stellte ich immer wieder fest, dass jeder seine eigene Art und Weise hat, Achtsamkeit in seinem Leben zu definieren, zu praktizieren und zu kultivieren – vom Leben im Allgemeinen, in Bezug auf die Digitalisierung bis hin zur Bedeutung im Beruf und in der Führung. Lernen Sie also einige Sichtweisen kennen und finden Sie heraus, welche Version der Wahrheit sich für Sie richtig anfühlt.

Ich hoffe die nachfolgenden Stimmen aus der Praxis der Technologie- und Bewusstseinsszene schenken Ihnen weitere Inspirationen, Tipps für den Alltag und Anregungen zum Nachdenken. Die in diesem Kapitel enthaltenden

Interviews umfassen Stimmen von Technologieexperten, Vordenkern, Wissenschaftlern, Managern, bis hinzu Philosophen und Achtsamkeitstrainern. Jede der befragten Personen genießt meinen höchsten Respekt, Anerkennung und tiefe Dankbarkeit. Ich bin gesegnet mit inspirierenden, positiven Menschen wie diesen und freue mich, Ihnen einige davon vorstellen zu können. Ich habe Ihnen in diesem Buch versucht, eine Selektion der Crème de la Crème zusammenzustellen und hierbei zudem die Vielfalt der Sichtweisen berücksichtigt.

Ich bin stolz Ihnen mitteilen zu können, dass es, nach meinem Empfinden, selten so viel geballte Ladung an klugen Köpfen, kritischen Anregungen und wertvollen Gedanken zum Thema Achtsamkeit in digitalen Zeiten gegeben hat. Genießen Sie also die Gespräche, Anregungen und Impulse einiger sehr reflektierter und intelligenter Vordenker unserer Zeit.

Es sind Menschen wie diese, die mich positiv in die Zukunft blicken lassen.

Und übrigens: All diese Menschen sind erfolgreich und glücklich. Und alle von ihnen sind Fans der Achtsamkeit. Da muss es doch einen Zusammenhang geben, oder was meinen Sie?

Dieses Kapitel umfasst Interviews mit:

- Karina Leute – Director Marketing Partnerships, Hotel Reservation Services
- Jonathan MacDonald – Gründer Thought Expansion Network, Speaker
- Inmaculada Martinez – Wissenschaftlerin, Speaker & Start-up-Beraterin
- Anja Nothelfer – Achtsamkeitstrainerin MBSR, Achtsamkeit des Herzens
- Stefanie Palomino – Co-Founder & Partner von the red lab
- Heike Scholz – Gründerin mobile zeitgeist, Partnerin THE DIGNIFIED SELF
- Humberto Schwab – Philosoph, Socratic Design Academy
- Gabriela Seir – Head of Digital, Coca-Cola Erfrischungsgetränke GmbH
- Rudy De Waele – Autor Shift 2020, Socratic Design Academy

Ich möchte Sie an dieser Stelle auch darauf hinweisen, dass Daniel Augsten, den Sie bereits aus dem Geleitwort dieses Buches kennen, ebenfalls ein Audio-Interview (Podcast) gegeben hat, das Sie auf den Webseiten von The Dignified Self anhören können (The Dignified Self 2016). Dort finden Sie auch viele weitere Interviews mit inspirierenden Persönlichkeiten aus der Welt der Technologie und der Achtsamkeit.

7.1 Interview mit Karina Leute – Director Partnerships Marketing, HRS: Über Vertrieb und die empathische und Werte-orientierte Geschäfts- und Mitarbeiterbeziehung

Karina Leute ist ein Urgestein der Mobile-Branche und erfolgreiche Führungskraft bei HRS – Hotel Reservation Services. Ich darf sie zudem zu meinen engsten Freunden zählen. Viele Reisen, Erlebnisse und Gespräche verbinden uns. Neben einer „toughen" Vertriebsseele überrascht Karina mich immer wieder mit ihrer Tiefsinnigkeit, ihrer emotionalen Intelligenz, ihrer Kreativität und Liebe für die Philosophie. In diesem Interview gibt sie einen Einblick, wie ihr diese Qualitäten auch in ihrem Geschäftsleben helfen und was Achtsamkeit in der digitalen Zeit für sie bedeutet.

Was verstehst Du unter Achtsamkeit?

Das ist eine sehr gute Frage. Ich würde das Thema Achtsamkeit erst mal aus meiner rein persönlichen Sicht beschreiben, bevor ich auf die Achtsamkeit in Beziehungen eingehe. Achtsamkeit ist die Wertschätzung bestimmter Dinge, welche zu einem achtsamen Umgehen miteinander bzw. mit einem selbst führen. Oder auch umgekehrt: Es lebt von der Wechselwirkung und der spielerischen Dynamik miteinander.

Ich werde achtsam, wenn ich wertschätzend sein möchte. Und wenn ich wertschätzend bin, bin ich achtsam. Ich sehe nicht mehr die Dinge, die ich alle haben könnte, ich konzentriere mich auf Menschen und Geschehnisse, die mich dankbar machen. Sei es meine Arbeit oder mein Privatleben. Es geht viel um Fokus. Dabei spiele ich gerne mit dem Bild „Was ist Gold und was ist vergoldet?" Es hilft mir dabei, auf das Wesentliche zu achten – auf das, was wirklich Gold ist und um darauf meine Priorität zu setzen.

Auch ich habe gerne einen Schrank voller Schuhe, aber brauche ich sie wirklich alle? Brauche ich ein schickes Auto oder lieber eine stylische Wohnung? Nein, das meiste davon ist vergoldet. Gold hingegen ist für mich dann doch die „gemütliche und dennoch stilvolle" Wohnung, weil es mich erdet, nach vielen Reisen oder anstrengenden Arbeitstagen heimzukommen. Gold ist wahre Freundschaft, die Freude und Leidenschaft im Job, ein gemeinsames Ziel in einem Team zu verfolgen, mit dem sich alle im Team identifizieren und Menschen, die ebenso wertschätzend sind. Also kann ich mich auch zu vollkommen Fremden verbunden fühlen und aus diesen Begegnungen etwas für mich geistig ziehen.

Die Frage ist auch, ob Dein Erfolg gold oder vergoldet ist. Erfolg ist für mich so zu leben, wie es meinem innersten Wesen entspricht, um dann letztendlich festzustellen, dass ich mich nicht mehr frage, ob ich erfolgreich bin. Das bedeutet auch, dass eine gewisse Rolle und Position, die wir im Beruf erlangen, nicht zwingend verbunden ist mit einer Oberflächlichkeit oder Macht.

Ich versuche meinem Wesen entsprechend zu handeln. Dabei kann es sein, dass ich mal polarisiere oder mich mal jemand nicht versteht. Aber ich bleibe mir treu und bin mir selbst achtsam gegenüber. Das macht einen wesentlichen Teil meines Erfolges aus. Aber das war nicht immer so, da musste ich auch erst hinkommen – manchmal steinig, manchmal lächelnd. Jetzt ist der Erfolg meines Teams und meiner Partner GOLD.

Inwiefern ist Achtsamkeit für Dich relevant als Führungskraft oder auch in Geschäftsbeziehungen?

Dies nimmt für mich einen wichtigen Stellenwert ein, denn nur wer Werte hat und diese auch kennt, geht achtsam als Führungskraft mit seinem Team und Kollegen sowie Geschäftspartnern um. Letztes Jahr habe ich mich intensiv mit dem Thema Werte beschäftigt. Meine fünf Top-Werte lebe ich bewusst. Sie hängen sogar sichtbar in meinem Badezimmer.

Jeden Tag beginne und ende ich damit, sie mir bewusst vor Augen zu führen. Diese sind ein großer Pfeiler in meinem Berufs- und Privatleben geworden, da ich permanent hinterfrage, ob und welche ich gerade in dieser bestimmten Situation verfolge und erweitere damit mein Wahrnehmungs- und Handlungsspektrum.

Mal ehrlich, es soll doch ein „wertvoller" Tag werden – sonst möchte man doch nicht aufstehen – dafür schlafe ich zu gern! (lacht) – Was ist ein wertvoller Tag? Manchmal ist das ein tiefsinniges Gespräch, ein tolles Projekt oder einem Menschen bei geistigen oder persönlichen Wachstum zu helfen. Da mir dies persönlich sehr wichtig ist, möchte ich dieses Erlebnis weitergeben und spreche es sogar aus.

Obwohl man eher keine emotionalen Aussagen im Job vermutet, sind es genau diese Momente: Überraschung beim Gegenüber, zum Nachdenken angeregt zu haben und einen privaten Gedanken gespiegelt zu bekommen, was die Arbeitsweise miteinander persönlich macht. Das ist das

Erfolgsgeheimnis von Führung und Geschäftspartnerschaften – achtsames und persönliches Interesse am Gegenüber, damit gewinnt man Verträge. (lacht)

Ich bin davon überzeugt, dass zu einem werteorientierten Leben ebenso das werteorientierte Arbeiten gehört. Dies ist für mich ein Soft-Skill, der eher zum erfolgreichen Abschluss führt, viel mehr als die rein nutzenorientierte Handlungs- und Denkweise. Jeder Mensch möchte gewertschätzt werden. Ich bin im Vertrieb tätig und diese Sichtweise wird als mein „Talent" betrachtet.

Im Vertrieb ist es relevant, umsatzsteigernd Gewinne für sein Unternehmen zu generieren und Geschäftsbeziehungen langfristig zu etablieren. Das sollte sich somit in deinem Verhandlungsgeschick wiederfinden. Dahinter sehe ich aber immer eine Win-win-Situation. Ich versuche die Werte und Ziele meines Gegenübers hierbei im Blick zu behalten und vor allem seine eigenen persönlichen zu verstehen. Die Strategie des Unternehmens und die eigenen Beweggründe des Menschen sind hierbei wichtig. Genauso habe ich meine und die meines Unternehmens im Fokus.

Ich teile gerne und mache mir Gedanken zu der Gedankenwelt meines Gegenübers. Wir schaffen somit einen gemeinsamen Konsens, mit dem wir beide gut leben können. Das Übereinanderlegen der Werte und Ziele zu einem gemeinsamen Ergebnis – das ist für mich eine gute Verhandlung und Partnerschaft. Man gewinnt daraus meist nicht nur die Verhandlung (denn es „gewinnen" ja beide), sondern nimmt für sich persönlich auch viel mit.

Wenn wir die Werte unseres Gegenübers kennen und man sich aus der Starre der Diskussion heraus bewegt, wird die Unbiegsamkeit jeder Diskussion auf einmal ganz leicht. Das liegt daran, dass der andere seinen „Wert fühlt". Darauf zu achten, was macht mein Gegenüber? Darauf zu achten, was ist ihm wichtig und was sind seine Werte? All das, ist für mich Achtsamkeit.

In Bezug auf Führung achte ich sehr darauf, eine Team-Verbundenheit zu schaffen. Ich möchte, dass jeder in meinem Team sich gewertschätzt fühlt. Jeder Einzelne ist ein wichtiger Bestandteil des Erfolges. Ich lege sehr viel Wert auf Vertrauen und darauf, dass eine Fehlerkultur erlaubt wird. Nur wenn man auch Fehler erlaubt, kann man auch neue Wege gehen.

Mir ist es wichtig, jedem Mitarbeiter, die Möglichkeit zu geben „zu Sein". Nur Menschen, die ihren Wert kennen, können ein wertschöpferisches Mitglied in einer Gemeinschaft und einem Unternehmen sein und somit das Team gesamtheitlich zum Erfolg führen. Ich gehe achtsam auf mein Team ein und versuche ihren Werten entsprechend zu kommunizieren.

Motivation ist hierbei ein großer Faktor. Also, das wertschätzend zu wert-schaffend ...

Es geht mir hier um eine innere Haltung und um Inspiration. Mein Stil ist der Wunsch nach Authentizität, Menschlichkeit und Nachhaltigkeit durch ein gegenseitiges Commitment. Somit entsteht für mich ein alternatives Denken, Fühlen und Handeln, in dem mein Verstand im Einklang mit dem Herzen steht.

Wie wichtig findest Du Achtsamkeit in der modernen schnelllebigen Zeit und im Umgang mit Technologie?

Sehr wichtig. Obwohl ich aus der digitalen Branche komme, somit sehr viel Social Media affiner als 50 % meines Freundeskreises bin und bereits seit 1994 ein Handy habe, habe ich irgendwann für mich gemerkt, dass ich regelmäßig digitale Detox-Zeiten brauche. Es stört mich, dass es zu geringe Regulierung seitens Facebook, Google und Co. gibt. Diskriminierende Inhalte bekommen Überhand und es wird einfach zugelassen.

An manchen Tagen, wenn ich weniger extrovertiert, also weniger output/input-orientiert bin, empfinde ich die sozialen Netzwerke als gespielte Mosaikstücke aus einem gesamten Leben. Es werden meist nur positive Bilder produziert: Alles ist toll. Alle machen nur Urlaub. Alle sind glücklich. Gerade in Momenten, wo du gerne einen gefilterten, gehaltvollen Input haben möchtest, überschwemmt mich das oft. Auch berufliche Netzwerke erfahren selbiges Phänomen der Überschwemmung. Das beeinflusst teilweise auch meinen Alltag und mein eigenes Befinden. Dann nutze oder verfolge ich eine Zeit keine Social-Media-Inhalte und Netzwerke mehr. Ich distanziere mich bewusst davon – obwohl ich ein Riesen-Netzwerker bin.

Manchmal muss ich mich einfach wiederfinden und entferne mich von der digitalen Welt, um mich wieder der Kunst und Philosophie zu nähern. Der Spagat zwischen der digitalen Welt und dem „mich selbst spüren", empfinde ich immer noch als schwierig. Als Person die im E-Commerce arbeitet, wird es von mir erwartet, mich über alle digitalen Trends zu informieren. Da fällt es schwer, manchmal die Stille zu finden, die ich brauche, um mich wieder zu hören. Daher heißt das für mich, entweder „All in" – oder eben „All out". Das ist für mich ein achtsamer Umgang mit der modernen schnelllebigen Zeit. Meine goldene Mitte ist ganz nach dem Motto: IN BEARBEITUNG (*lacht*) – aber wesentlich hilft mir dabei die Philosophie (dazu später mehr).

Was verstehst Du unter Empathie und was ist die Bedeutung im Business-Alltag?

Empathie ist das sich Einfühlen in Dein Gegenüber, also das bewusste Einlassen auf den Menschen. Das ist heute weniger geworden in der Geschäftswelt, da jeder seine eigenen Interessen verfolgt und teilweise Empathie sogar als Schwäche empfunden wird. Von Dir wird erwartet, dass Du tough und verhandlungsstark immer auf der Gewinnerseite bist. Ich bin der Meinung, das geht auch anders. Mit Empathie kannst du viel mehr erreichen.

Es kann auf diese Weise ein viel längeres und gewinnbringendes Verhältnis entstehen, insbesondere zwischen Geschäftspartnern. Das hat sich auch in meiner bisherigen beruflichen Karriere so bewiesen. Ich habe unter anderem Sozialpsychologie und Soziologie studiert, mich interessiert daher schon immer der Mensch. Für ein werteschöpfendes Leben und Arbeiten ist Empathie eine Grundvoraussetzung.

Ein Betriebswirt würde wohl sagen: Ich kenne die Strategie meines Gegenübers. Ich hingegen sage: Ich kenne die Beweggründe meines Gegenübers. Auch das passt zum Thema Achtsamkeit. Dinge aus einem anderen Blickwinkel sehen können und gerade damit Erfolg zu haben.

Ist Empathie lernbar?

Wenn man es schafft, sich aus seinem eigenen Ich und Ego heraus zu bewegen und sich auf den anderen Menschen komplett einzulassen – Ja. Durch ein wahres Interesse und ohne egoistische Beweggründe jedoch. Hier muss man auch zulassen können, dass Du übergangsweise bei einem Thema bist, das Du gar nicht als Ziel hattest. Der Weg ist hier das Ziel. Es geht darum, den Weg auch bereits als Erfolg zu betrachten.

Du nutzt also die Informationen, die Dir geschenkt wurden, und beginnst den Tanz. Denn jede Verhandlung ist ein Tanz. Ich denke und spreche persönlich viel in Bildern, das hilft mir dabei mit meinem Gegenüber eine gemeinsame Sprache zu finden. Damit kann ich ihm auch einen gemeinsamen Weg zeichnen. Da ich male, ist das naheliegend. In dem Moment, wo ich den Malpinsel halte und das Bild zeichne, hat sich bereits meine gesamte Verhandlungsposition verändert. Bist Du achtsam genug, Deinem Gegenüber emphatisch zu begegnen, dirigierst du am Ende den Tanz.

Den Einklang (also Einigung) findest Du nur, wenn der Eine nicht Walzer tanzt und der andere noch den Tango. Also ist dies meine Art einen gemeinsamen Tanzschritt zu finden. Übrigens auch ein Bild, das ich oft in schwierigen Situationen so ausspreche. Automatisch wird die besagte Starre der Situation aufgelockert, denn mein Gegenüber stellt sich meist beim Tanzen vor und muss dabei amüsiert lachen. Danach ist jede Verhandlung ein reines Picknick, welches beide Seiten genießen.

Welche philosophischen Grundgedanken haben Dich beeinflusst? Was hat dies mit Achtsamkeit zu tun?

Philosophie spielt eine sehr große Rolle in meinem Leben. Ich stelle mir regelmäßig Fragen über meine Existenz und das Leben im Allgemeinen. Philosophie im Privatleben heißt für mich reflektiv zu hinterfragen, warum und wofür ich etwas tue. Hier ist Aristoteles einer meiner Wegbegleiter. Alles was damals schon erdacht wurde, hat bis heute viel Substanz. Hat die Existenz eine wahre Bedeutung? Ich frage mich regelmäßig, ob das, was ich tue und erlebe, einen Wert und welchen Grund hat.

Ich bin wirklich kein schwermütiger Mensch dabei, sondern eben „normal anders" … Ich bediene mich sehr viel der Philosophie, auch in Gesprächen. Durch Zitate versuche ich Zusammenhänge zu erläutern. In welcher meiner Existenzformen hat Social Media Sinn in meinem Leben? Brauche ich sie wirklich? Das sind Fragen, die ich mir manchmal stelle, wenn ich der Philosophie nahe bin. Das sind meistens auch die Momente, denen dann eine digitale Detox-Zeit folgt.

Jeder schafft sich sein eigenes Bild der Wirklichkeit und lebt darin. Das Einzige, das mir wirklich hilft in der digitalen Welt, ist zu vergleichen, was bestimmte Philosophen bereits erkannt haben. Ihre Ansätze helfen mir dabei meine Wirklichkeit zu finden und mir dadurch ein Leitbild zu entwickeln für ein erfülltes Leben. Es gibt mir die Verbindung und erleichtert mir den Spagat zu mir selbst in der heutigen omnipräsenten digitalen Welt. Spannend ist dabei auch, in einer digitalen Suchmaske kann ich heute binnen Sekunden eine Philosophie-Theorie aufrufen, um mir ein Leitbild meiner Wirklichkeit zu bestätigen. Die alte Welt verbindet sich mit dem Heute.

Also abschließend dazu, ich bin generell sehr dankbar für mein Leben. Diese Wertschätzung lässt mich achtsam sein, mit dem wer ich bin und was mir wichtig ist. Dann macht mein Hinterfragen mancher Lebensumstände auch für mich Sinn: Lebe ich wirklich, obwohl ich so viel arbeite? Ja. Ich lebe, weil ich so viel denke. Das ist für mich Erfüllung.

Nicht was wir erleben, sondern wie wir empfinden, was wir erleben, macht unser Leben aus.

– Marie Ebner-Eschenbach

Karina Leute, Director Partnerships Marketing Hotel Reservation Services (HRS)

Karina Leute ist Director Partnerships bei HRS, einem Hotelbuchungsportal für Geschäfts- und Privatreisende mit Sitz in Köln und eine der Top-10-Experten für den Bereich Mobile in Deutschland. Karina Leute ist seit über zehn Jahren in der Mobile- & Onlinebranche zu Hause. Sie blickt auf eine erfolgreiche Expertise für den Aufbau von Partnerschaften im Vertrieb der mobilen Applikationen bei HRS – Das Hotelportal zurück und leitet mittlerweile die internationale Abteilung für die gesamten Vertriebskooperationen im Marketing des End-Consumer-Solution-Bereiches. Mit einem absolvierten Studium Sozialpsychologie und -anthropologie, Soziologie und Romanistik ging die halbgebürtige Brasilianerin für ihr Aufbaustudium MBA mit Schwerpunkt Marketing für einige Jahre nach Brasilien. Mit der Verbindung zwischen ihrem sozialwissenschaftlichen Studium und dem betriebswirtschaftlichen Zusatz legte sie den Grundstein für ihren bisherigen erfolgreichen Werdegang.

Kommend aus dem klassischen Mehrwertdienstgeschäft mit Java Games und Klingeltönen baute sie mit zwei weiteren Kollegen den Bereich Mobil Marketing für eine IT-Unternehmensberatung auf. Die Bandbreite der kompletten Wertschöpfungskette von mobilen Applikationen machen Karina Leute zur wertvollen Beraterin im Mobile Segment und für ihre Partnerunternehmen. Als Sprecherin wurde sie gern unter anderem bei Google zum Thema „Mobil First" eingeladen, mittlerweile konzentriert sie sich nicht nur auf das Mobile Segment, sondern auf den gesamtstrategischen Ansatz für Partnerschaften im E-Commerce.

7.2 Interview mit Jonathan MacDonald – Professional Speaker & Founder Thought Expansion Network: Die Relevanz von Achtsamkeit und Gedankenimpulse für mehr Menschlichkeit und bessere Führung in Zeiten des digitalen Wandels (in englischer Sprache)

Das Interview, das Sie nachfolgend lesen, führte ich mit Thought-Leader Jonathan MacDonald in London. Er ist der Gründer des Thought Expansion Networks, Autor, Philosoph und ein professioneller Speaker. In seinen Vorträgen auf den größten Bühnen dieser Welt spricht er über die Veränderung und wie wir dieser als Menschen im Leben begegnen. Jonathan gehört zu den inspirierendsten Menschen, die ich kenne. Er hat eine einzigartige Art, Dinge neu zu beleuchten und in seinen Zuhörern einen Wandel zu bewirken. Ich freue mich daher, seine Gedanken auch mit Ihnen in diesem Buch teilen zu können. Das Interview wurde in englischer Sprache geführt und es ist in vollständiger Länge auch als Video auf The Dignified Self (the-dignifiedself.com) verfügbar.

What is mindfulness to you?

Mindfulness for me has changed in its definition over the years. I started realizing about mindfulness about ten years ago when I went through a fairly personal, professional crisis. I had no other option than to think about where I was in my life at that time and take a moment to stop. And consider who I was and what I wanted. And more importantly where I was in terms of my being, which was normally in the future in terms of hopes and desire. Or in the past in terms of regret and remorse. In that moment I realized that I was in as good as a place as I could be. Regardless of all the failures happening around me. That was my first moment of realizing that being mindful and in the moment was quite important.

Over the years, mindfulness for me has expanded into a definition which also includes critical thinking. To understand mindfulness not only from a meditative point of view but also from a point of view of critical thinking in terms of reason, ratio and logic. Trying to work out what matters and what things mean. So mindfulness is a catalyst for that. Forming the Thought Expansion Network (TEN) was less of a business and more of a mission for myself to expand my thinking. But paradoxically, to be mindful is not only to think more clearly but also to stop thinking and start being. We spend a lot of time doing as humans, but we are not called human "doings", we are human "beings". So that is what I imagine mindfulness really is.

How do you personally practice mindfulness especially when you travel so much?

Travelling for me is extremely meditative. Mindfulness, when I am travelling, is comes naturally, because I spend a lot of time on my own in silence. I find it quite easy to stop and sit quietly and be still. Sometimes I am on planes for 20 h and you can't move around freely. You can choose your own value of volume. You are still and you can be quiet. Then, it is a question of whether you spend that time drinking wine, watching movies and eating peanuts or moving away from activity and into being mindful. That is what I do when I travel. I sit still. All my practice of mindfulness is sitting quietly, sometimes thinking and sometimes not. That is all I do.

How would you describe the relevance of mindfulness in today's digitally driven times?

I've been saying for years that the more we connect to each other and to information, the harder it is to find the signal inside of that noise. I hope that mindfulness increased. I am a big fan of a philosophical revolution in which humans are not necessarily increasingly disconnected from information and technology, but more aware of their usage of things that may not fill their lives with happiness and maybe increase the amount of noise. So mindfulness is definitely needed right now along with critical thinking. What you are doing with The Dignified Self and what I am doing with the Thought Expansion Network are two examples of many more we will see over the next five to ten years. Today, in April 2016, is the early stage of this revolution. In five years time when we look back at this I think it will be seen as prophetic. And people will see that we were on track for something needed more than ever. That is what I think.

So will it be part of the new normal in a few years?

What I hope is that it does not become a hype cycle. The nano-second that a spiky-haired social media guru thinks that being mindful is cool, and advertising agencies start having mindfulness campaigns, we are screwed. It is a shame watching the mobile advertising industry develop. Back in 2005/2006 I was talking about how the personalized devices are remote controls to our lives. And that these weapons of mass communication are chances of actually opening up a dialogue with humans. Now you have agencies that are one-to-one-communication and personal communication agencies but brands, marketeers and advertisers are still trying to sell products. They are definitely not being human. Saying you are being human, is not actually being human. So, providing that mindfulness does not become a cliché would be great. It would be really sad if it became just fashionable. What I would really want is that it becomes a practice that is not spoken about much. It should happen internally, it should not be advertised.

How has meditation influenced or affected your life?

Without meditation I wouldn't be here today. It is nothing that is optional in my life. I'm unable to live well without sitting quietly. The problem with meditation, I guess, for some people is that it seems to be a crazy, spiritual, religious type of activity. The reality is that there is nothing further away from the truth. Meditation and the act of sitting quietly is something that provides more insight into yourself than anything you could find in a mirror or take from a conversation. I have tried many different types of meditation from all areas of the East. I travel a lot to those areas and sat down with monks, people, practitioners and even the Dalai Lama.

The type of meditation that works best for me is one of extreme quiet reflection to a point of insignificance. I find that in more Zen meditative types of activities. That are less based on a journey inward or a journey outward, and more based on a perspective of actually realizing that we are ends in the whole machine of energy and that we have a tiny part. But our parts of energy, that we are, are just as critical as anyone else's. We are insignificant and at the same time we are significant. Every day, I start each day and end each day in that moment. Each time I spend at least 50–55 min at the beginning and the end of the day. Today we did this meditating in the park for ten minutes.

If I did not have meditation, I would be caught up in the razzmatazz of being on tour the entire time I spend. I do not take it for granted at all, but I get on business class/first class flights, land, get in a limo, get to a 5-star hotel, walk on stage, people go crazy, I sign books for hours afterwards,

TV, radio and everything. Get paid a ton of money, given clothes free of charge, get an other limo to another airport. And all of that is the type of trappings that can properly distract you from your actual purpose. And that could become your purpose, if you were not able to reflect. The reason I am on this planet for the short period of time I am here, is to enable change by changing the way people think. That is my role. I am only able to be real to that if I can spend a vast amount of time in reflection to make sure that I am not taken over by my character, my ego. By the person that plays me in this play. That is a really powerful driver, especially if you have that type of lifestyle. Then, that driver can become your reality. You see that with famous authors, musicians, politicians, magicians. That person can become you. Mindfulness and meditative practice enables me to realize that you are not that. These are window dressing things that are comfortable. But they do not define you. They are not actually you. They could not be further away from you. They are not real. In fact, none of this is real. The only thing there is, is the moment and your very insignificant part of it. That is what I try to remember and practice on a daily basis. Otherwise, I would be in a totally different life.

You once mentioned to me that being on stage is actually part of your meditation. Why is that?

Wow. I have not told many people that. (laughs) Well. Let me try to explain… as I have rarely ever said this out loud. So, before I walk on stage I do lots of breathing exercises and of being extremely quiet. 20–30 min before I go on stage you won't find me. I'll be on my own. By the time I walk on stage I am in a meditative state. 90 out of 100 % I am not actually there. I'm rather observing myself. I watch myself speak, tell jokes, make big points, come up with quotes – I observe this happening. The person on stage is the messenger character that is the delivery mechanism. I observe that as a tool. He is mostly well-behaved and can be random sometimes. I entirely let things happen in that moment. I never have a script for my talks. Every time I speak is unique. The moment somehow manifests itself, it leaves me and I just observe my messenger character in my play. I can even change the perspective and observe from the audience and report back to my messenger on stage. I do not know how that happens. All I know is that when I am on stage I am in a state of pure flow. I am far behind thought. There is no input mechanism. Beyond pain, regret, anger and far beyond fear. And being on stage is probably one of the most fearful things you could do. People report that they would prefer being in the coffin to speaking at a funeral. The best thing to do is to stop trying. When you start trying, you start thinking of what might happen and then fear comes. It is not productive. It is an artificial emotion. I rather observe it and position it.

I just got my eyes lasered and it was an example of getting extremely fearful of mocking up one of your senses. Thinking of x percent chance of losing your sight we can choose how fearful we are these days. The only answer for me is not to be fearful at all. I don't believe in "feel the fear and do it anyway". I am a fan of doing it anyway. As Yoda said: "Do or do not. There is no try".

You were one of the very first supporters of The Dignified Self. What motivates you to support the mission for more mindfulness in the technology age?

You and I spoke about this before this was even called "The Dignified Self". We talked about books and concepts like "The power of Now" or "Mastery of love" – concepts that were very mindful. In those conversations between us, we probably both felt that this was something that is more and more needed. My support of The Dignified Self is not the support of an initiative that is modern. It is the increased belief that ancient wisdom becomes increasingly important. And your version of manifesting it through The Dignified Self is great, because I think you are brilliant. I think we are all in requirement of doing this. I am a big fan, I am glad you are doing this. But if you weren't and someone else was, I'd still also be a fan of anything that drives mindfulness. There can never be too much of it.

What else do you think The Dignified Self could provide to also bring mindfulness into the business world?

The challenge for businesses is to understand the reason why this is important. If you think of a standard conversion funnel, it is fairly easy for companies to figure out and see the importance and how they can convert more of that value. That is easy. The challenge is not in the converted, it is in the people that need to become aware and consider positively. More videos would be better than fewer. Gaining the awareness of executives can maybe happen by their own will or via convincing them that it is important.

Or via convincing them that it is important. So to convince the chief executives you need to show them that their target will be hit easier, quicker or better if they do this. So mindfulness needs to become a business practice that is provable in a KPI. And I wish it wasn't the case. I wish everyone in business got the need for that. I believe the most senior execs need to be the one most engaged. This is the type of thing that will get killed at senior level because it will be seen as less important than sales figures. The reality is that it is more important than any sales figure or share prize. Because we are feeling alive, happiness and fulfillment. There is nothing more important than that. Holistically interested, we need to think about our own role in life for ourselves, to hold ourselves accountable and to be the best version of ourselves. Nothing by the way – from finance, to sales, to commerciality, to product definition to stocks – is important at all in the grand scheme of energy.

Mindfulness is a soft and tender flower. So you have to be careful with putting it into a tough box that is called „return on investment". Don't you think?

Yes, and I think you should be the sunshine for that flower. Rather than putting a stake into the ground saying: "Listen flower, you need to grow in this direction!"

Actually everyone who is supporting The Dignified Self and the cultivation of mindfulness in digital days is part of that sunshine. That is how I see it.

Thank you. You just called me a sunshine. Happy days! (*laughs*)

Let us speak about your sunshine project, the Thought Expansion Network (TEN), which follows the mission to create change by changing the way we think. Why do you feel that is needed?

I'm of the belief that the way we think determines our destiny. Lao-Tzu said it best: „We need to be careful of our thoughts, because our thoughts become words, our words become our actions, actions become behavior, behavior becomes habit, and habit becomes our destiny". The beginning and the end is what really matters: Essentially the way that we think determines our destiny. And our destiny means our happiness, our security, our progression in life, fulfilling our ambitions, our souls feeling, our heads singing, our brains ringing, our ability to love and be cared for, bring life into the world, and exit with a legacy. All of these things are determined by our thoughts. So, the reason why it is important to enable change by changing the way people think is because that then that actually becomes destiny. So, I am in the business, essentially, of enabling people to determine their own outcome by critical thinking, freedom of thought and sovereignty of intellect. In the technology age where there is more machines making decisions for us, I am a big fan of trying to keep people thinking. That is why I keep asking questions.

Besides being the founder of The Dignified Self, I have the honor to also be one of the leaders of TEN Germany. How do you think The Dignified Self and TEN can support each other to create a vision of a better future?

TEN will very soon branch out into being an enormous global multimedia platform. The regional parts of TEN will be increasingly used for local meetups. Physical instead of virtual meetups. Relatively soon – in midterm view – we will probably move forward to form some sort of consortium of humanity. That will for example include ventures like The Dignified Self, TEN, Brain Pickings, The Elephant Journal, TED or Psychology Today. There will come a time when humanity needs to be represented by a group of services that are able to stand for the benefits of humans whilst artificial intelligence is eager to redefine our jobs, our lives and our relationships. And it will come to pass that there will be a need for humans to have an armory of non-violent weapons of soul and mind. I think we will be part of that.

I'm talking about the capability of humans that machines not necessarily have the uniqueness to have. We are looking down a barrel to a time where jobs will be changed or replaced by machinery. We are in a situation where we are educating kids in jobs that will no longer exist in ten years' time. The new things that will exist will be based on reason, critical thought, creativity and mindfulness. I don't think that anyone who is interested in this kind of space has an option than to act on this!

The reason why I travel 200.000 air miles a year to speak on stages, is not the free toothbrush on flights is really cool, it is because I have achieved only two percent of my potential. I have only affected half a million lives. That is not good enough because there is seven billion more. We got a long way to go.

You advise some of the biggest companies in the world; what defines good leadership for you?

Leadership is the difference of two versions. One version is a leader that takes the credit when things go well and shares the blame when things go badly. The other version is a leader who protects the team when things go badly and takes the blame on himself and shares the glory with the team when things go well. That is my clearest definition of a leader. Leaders are people who followers do not feel subdominant to or even threatened by. Ultimately, above all, the critical component of good leadership is to create a belief language that can be believed by people inside of organisations, schools, charities and companies. They create a belief and an idea virus, if you like, that people can attach themselves to. The leader's role is to enable absolute clarity of that purpose and enable people to be the best version of themselves within that purpose.

What role will mindfulness play in leadership?

There are two parts mindfulness is required for: Leaders need to have an ultimate purpose that is believed in by themselves and by the company in general. To find an ultimate purpose we require a sense of mindfulness in some. Not everyone needs to practice mindfulness to become mindful, which is a miracle. Others need mindfulness for that. What they will also need is critical thinking, because standard practice is not the only practice. Mindfulness is not the magic pill. What you find inside yourself is not always brilliant. Sometimes you may realize there are a lot of gaps.

What is not needed are leaders being magically better just by being mindful. What has to rather happen is the result of mindfulness, which leads us closer to a clear purpose people can believe in. That purpose is the ultimate outcome. Mindfulness and critical thinking are the conduit to that outcome. They are the sunshine! (*laughs*)

Jonathan MacDonald (Foto: Dan Taylor, heisenbergmedia.com), Professional Speaker & Founder of Thought Expansion Network (TEN), Author & Philosopher, www.ten.io

Jonathan is an internationally acclaimed speaker, author and entrepreneur who expands people's thinking around the potential of technology, the shaping of society and the realities of business, all of which are constantly influenced by fast-paced, relentless change.

Through all of his work, Jonathan enables people and organisations to modify their approach from one-off change management to the management of perpetual change. His exceptional insights are often the catalyst that a business needs to grow because of change, helping them to shape the future of the market and open up new revenue opportunities. As an adviser, he is one of the few people that businesses including Google, Apple, P&G, Unilever, Nestlé and IKEA trust to challenge their thinking and provide new perspectives and avenues of thought.

Jonathan is also the founder of the Thought Expansion Network (TEN), which facilitates positive change through empowering powerful missions across all industry verticals, and whose research function ensures that all of Jonathan's speeches are regularly updated with the newest future trend insights and relevant case studies.

Further info on Jonathan MacDonald and the Thought Expansion Network:

www.jonathanmacdonald.com
www.ten.io

7.3   Interview mit Inmaculada Martinez – Technologieexpertin und Wissenschaftlerin: Bedeutung und Wirkung von Achtsamkeit im Gehirn, Mantras als Programmiersprache und Auswirkungen der künstlichen Intelligenz (in englischer Sprache)

Inmaculada Martinez ist eine innovative, treibende Kraft der Technologie-Branche. Fortune und TIME haben sie als eine von Europa's Top-Talenten für soziales Engagement durch Technologie beschrieben. Sie ist Doktor der amerikanischen Literatur, berät diverse Software-Unternehmen und ist zu alledem noch Achtsamkeit-Fan und Reiki-Meisterin. Wir lernten uns auf einem „Socratic Design"-Workshop kennen und ihre besondere Art, Acht-samkeit aus Sicht einer Wissenschaftlerin zu erklären, faszinierte mich. Das Interview liefert interessante Gesichtspunkte über die Effekte der Medita-tion und die Energiearbeit. Auch Fragestellungen rund um die Entwicklung künstlicher Intelligenz sowie die generelle Bedeutung von Achtsamkeit in der digitalen Zeit haben wir thematisiert. Das Interview wurde in englischer Sprache geführt.

What is mindfulness to you and how would you describe the effects it has?

Personally, being able to re-orientate my life and to shift into spirituality 20 years ago has allowed me to evolve into someone who understands that a human being is not just a physical body, but a four-body system that needs to be balanced: a physical, mindful, emotional and spiritual being that each day must grow within a variety of levels, not just ageing. I was „saved" from derailing into self-combustion from the pressure of being an overachiever thanks to the power of meditation and energy healing therapies. That is the honest truth and I'm not afraid or constrained to publicly share it with others. My life literally changed towards a "me" that was calmer, more thoughtful, more aware of the grace of the universe, of trust in myself and in life itself to help me achieve my goals in an honest, kinder attitude for my highest benefit and that of all concerned.

When I say spirituality I don't mean ,dogma', as in believing in one god-figure. Being spiritual is allowing yourself to connect with all beings of creation: nature, animals, children, older people who need our help, others whom we encounter in our daily life. Connecting means having an open heart to love and be loved, to be a kind person expecting nothing in return, just because it is the right state of being. Many religions have exploited the word ‚spirituality' but it is a state of being as human as it can be. We are born spiritual beings and it is our job to expand ourselves in that direction and in all the four dimensions of our existence as wide and far as we can. Mindfulness today is the direction that is awakening many people to realise their full potential, the need to manifest themselves fourth-dimensionally. It is the first big step but it is the most important towards being and living to our fulfilled destinies with positive purpose.

How can mindfulness be explained from a scientific point of view? How does mindfulness affect the brain?

Where do we start? (laughs). From psychological to neurobiological tests it is undeniable the overwhelming, powerful effect of meditation on human brains and overall well-being. This is why it is so hard to "train" the brain to allow the subconscious to rise above the conscious brain (the chattering voice we all have inside our heads that never stops talking when we are trying to find the stillness within ourselves). Buddhists and scientists have explored the nature of consciousness and its role in nature – combining perspectives from Tibetan Buddhism, Neuroscience, Psychology and Physics for decades. Buddhist scriptures and meditation instructions predict that consequent meditation training will lead to a refinement of the ability to observe and regulate one's own cognitive processes and how they change the way a meditating person may experience the world – how they relate to "inner" phenomena like thoughts, feelings, emotions or sensations as well as "outer" phenomena that are perceived. If we are able to regulate our mind, our bodily functions soon become elements that we can exercise control of, and even our outside realities (you may have heard of "manifesting"). This is what has puzzled physicians for years: how certain Buddhist lamas could actually stop their hearts beating or regulate their breathing at will, peacefully. And we don't need to go too Far East to find examples within our own Western culture. When one trains as a professional athlete, one of the first exercises that your coaches will teach you is to regulate your breathing, to calm and relax your muscles, to visualise yourself performing a perfect 10, and eventually have a phenomenal control over your entire persona in order to achieve incredible performances. If we apply this to our lives, we should all practice mindful meditation on how we would like a certain business meeting to occur and be handled by our mindful self, how we would like to conduct ourselves in future meetings or in the workplace, or at home with our partner and family. Mindfulness not only helps calm and ground yourself, but it is actually a mind training that can help you become your aspirational self in real situations outside of your meditative state.

How does or did mindfulness affect your own life (business & private)?

I try to meditate each night as a way of "cleansing" myself from the debris of the day, especially on days where I had draining meetings, or was caught up in the negative web of others, which can truly deplete you from your own positive energy and good vibes. I also use this time to plan the next day and to tell my whole being that, aside from resting on a bed for seven hours, it should repair whatever needs repairing, whether it is cells and organs, or a little pain on my lower back, or my emotions.

Some meditation friends have praised the amazing results of early morning meditations, but I cannot synch into that. When I wake up, I like to spring into my day with physicality: I do my ballet bar workout, my stretches, I delve into my coffee with delight, I am ready for action. The night for me is winding down, more personal, intimate. Each one must feel their own perfect time. Maybe taking a break in the middle of the afternoon to sit at a cafe outside the office to meditate with your eyes open, looking at the world with inner peace and seeking to find beauty in everything you see. Yes, you can do this too. And it is also mindfulness.

4. Besides being a successful scientist and entrepreneur, you also chose to become a Reiki master and NLP Practitioner. How come? Why is it much more than just hocus pocus?

Reiki was literally forced into my life whether I liked it or not. Joking aside, I approached Reiki at first reluctantly and with a bit of apprehension because it was 1995 and energy healing was something of a "new age weird practice". As soon as I did my first level training I was surprised by how I and others were able to feel the hot energy flow that came out of our hands, even when not touching anything. I spent the next ten years increasing my understanding and mastering of Reiki, always trying to apply a scientific method to all my tests and practices to verify its undeniable reality: it is real, it works miracles. That is all I can say. I took a weekend NLP course that I found most fascinating because it opened to me a better understanding of the power of our minds and how conditioned we can be by the wrong neural patterns, yet how easily it is to correct them.

Why could a mantra even be compared to a software code? How powerful is it and why? Can the mind be programmed?

If you are part of the scientific community, like I am, you soon realise that numbers and serial numbers are everywhere, not just in software or at molecular level, but even in biology. Every single being on this earth, even the inanimate ones, like a chair, vibrate at a specific wavelength, have a chemical molecular structure that can be translated into number values and so forth. In ancient times, the Gematria, the Assyro-Babylonian-Greek system of code and numerology later adopted into Jewish culture, assigns numerical value to a word or phrase in the belief that words or phrases with identical numerical values bear some relation to each other or bear some relation to the number itself as it may apply to nature, a person's age, the calendar year, or the like. What makes Gematria or numerology fun to discover is to realise that the numerical values of certain words are the same, in some kind of mysterious way, and that these sets of numbers repeat themselves forming a divine pattern. But this is just an example, a geeky mathematician example.

What makes mindfulness exciting to practice for me, as a scientist by profession, is that it works, that I see pleasant results in myself and the world outside. It is a gentle journey: a novice starts by learning to quiet the mind, and soon will start programming it. With visualisations of how we want our next day to be, with affirmations that help us re-programme our minds, with Gematria, or anything we find helpful to us. And I say programming because the mind, that is, our subconscious brain, understands commands in very determined ways, which is why I say „programming" as in "writing code". Let's say you wish to learn how to remain calm during heated arguments at work, if you are unlucky to work in stressful environments. You write an affirmation using only affirmative verbs, never in negative form. So a sentence such as "I remain calm even under heated arguments" is the right way to write an affirmation that will work, but to write it as "I don't get angry even under heated arguments" will actually command your subconscious brain to "get angry" because your mind does not understand negatives. And so forth.

There is an art to this, and practice is the best method, especially putting pen to paper and listening to what comes first from deep within our hearts. You may surprise yourself when intending to write an affirmation on "keeping it cool" during arguments the sentence that comes up is something like "I am a peace-maker. Wherever I am, there is friendship and kindness". Wow, where did that come from? I just wrote a bit of "better code" to help you here. An affirmation like that has a wider, more elevated, universal benefit. It puts you as an active participant of life, it actually contains only beautiful positive words; it sounds like a wish, not like a prayer. This is where you want to get to. To train your mind to "think" like this, at this higher vibration. If we were amongst software developers, someone may have suggested I wrote that in Pearl, the poetic code (*smiles*).

What is the role and relevance of mindfulness in the technology age? What is your take on it? Are you mindful with your tech?

The technology industry is veering towards such levels of sophistication that many are the ones who worry about its rise above us and the cause of our doomsday. I'm inevitably talking about the rise of the machines and of uncontrollable artificial intelligence, which is the situation that is dividing the scientific community. I try to work and live with mindfulness, so, not only do I not thrive to create technologies that will harm or exploit humans, but I am also engaged with organisations who try to stop this. I am extremely concerned about matters of personal data and the unsupervised power that many companies exert over their users, let alone agencies spying on citizens such as the NSA in the U.S.A. or the S.I.S. (ex-MI6) in the UK.

How is mindfulness related to the robotic age and artificial intelligence?

(partly answered above)

My biggest concern on this issue is that the largest funding figures for robotics come from the military, DARPA (Defense Advanced Research Projects Agency) in the USA and others. I have followed the robotics industry for decades and it scares me that, funding that used to be industry-led, especially in Japan, with Honda and other car manufacturers behind it, is now in the hands of Google and military agencies, or university labs also funded by the same military research funds. There is an enormous difference between the Boston Dynamics robots and the Asimo robots in Japan. The former are being built to replace soldiers – clearly – and potentially labourers in manual jobs, while the Japanese robots are being manufactured to assist humans in the home.

Being an entrepreneur, I perfectly understand the effects of funding and shareholders at board level and I question the influence of DARPA on a company that seems and looks private, but smells like straight out of the Terminator series. Professor Hawking, Elon Musk and Bill Gates have publicly warned the world about artificial intelligence derailing from our control and I am with them. Trying to create a level III Super Intelligence will expose the human race to its flaws and machines operating at super intelligence levels will not find it hard to compute that we are actually a nuisance to maintain (we need to be fed and sheltered) compared to the animal and nature kingdoms who seem to look after themselves seamlessly.

The Dignified Self is an initiative for more mindfulness in the technology age, founded by the author. Why do you think this is important? What motivates you to support this mission and this book in particular?

Lilian has written her book at the right time and for the professional community that most truly needs it, because we technologists, are creating innovation on a daily basis and, as such, we are constantly challenged by the prospect of creating a better world for ourselves and our future generations. It is of the utter most importance that our industry, the technology and scientific communities embrace daily practices and attitudes that help us shift all that negativity, and that we act as a community driven by kindness and solidarity for each other's own success and the greater good of our societies.

Why do you think a woman like Lilian N. Güntsche is a good fit to write a book on mindfulness in modern times?

Lilian not only brings forth a flourishing career as a digital strategist, artist and entrepreneur, but also a genuine understanding of the importance of humanising society with values and practices that will improve everyone from within for the highest benefit of the outside world. With her book, she has done it with thoughtfulness, kindness and a great positive attitude.

Inmaculada Martinez (Foto: MWC 2016, Mobile Sunday), Chief Product Officer and Data Scientist at Preadly

Inma Martinez has been called a Renaissance woman. An American Literature professor in the 1980s, an unintended banker in the 1990s and a technologist since 1998, she is one of the driving forces of the European tech scene.

A pioneer in the mobile industry since the 2000s, specialising in behavioural learning data analysis and music/image streaming (Visual Radio (2004) – sold to Nokia Oy), Inma has been at all times involved at the forefront of innovation (film digitalisation, connected car, the future of work places, and other international projects in Europe, UAE and Asia). She is mentor to a variety of software companies, tech acceleration programmes and writes in the media about the future of people and things.

In 2010, she was invited by the UK Trade & Investment government agency to become a spokesperson for the Business Catalyst programme in matters of digital economy, entrepreneurship and knowledge transfer. Fortune and TIME have described her as one of Europe's top talents in social engagement through technology, Red Herring ranked her among the top 40 women in technology, and FastCompany labelled her a „firestarter". She is currently Chief Product Officer and Data Scientist at Preadly, an analytics startup determined to predict what women want in life, work and play.

7.4 Interview mit Anja Nothelfer – Achtsamkeitstrainerin und Heilpraktikerin: MBSR – Achtsamkeit zur Stressreduktion, im Berufsumfeld, für Manager und Co.

Ich habe das MBSR-Training (Mindfulness Based Stress Reduction) nach Jon Kabat-Zinn bei Anja Nothelfer von „Achtsamkeit des Herzens" absolviert. Es ist eines der wohl bekanntesten und verbreitetsten Achtsamkeitsprogramme. Diese Zeit hat mir über acht Wochen hinweg viele interessante Impulse und wertvolle Erlebnisse geschenkt. Durch ihre Erfahrung als Achtsamkeit-Trainerin liefert Anja spannende Eindrücke und einige Praxistipps. Hierbei beleuchtet sie unter anderem wie Achtsamkeit zur Stressreduktion sowie im Berufsumfeld eingesetzt werden kann. Das Interview wurde nach Abschluss des Kurses geführt.

Welche nachweisbaren Effekte erzielt das konstante Training und Praktizieren von Achtsamkeit? Was ist das Geheimnis, was das potenzielle Resultat?

Wenn wir Achtsamkeit praktizieren, geht es um nicht weniger als um Befreiung. Mit Achtsamkeit lernen wir unseren Geist zu untersuchen, den Körper und unsere Gefühle wahrzunehmen und darüber hinaus unsere Ausdrucksweisen, Reaktionen und Handlungen zu erfahren. Dies bildet eine wichtige Grundlage zu Bewusstheit und ist ein Schlüssel zur Befreiung, zum Beispiel aus unheilsamen Zuständen, Denkweisen, Automatismen/Gewohnheiten, die uns Leiden verursachen. Und wir alle wollen doch weniger leiden, wissen oft nur nicht wie.

Durch die Achtsamkeitspraxis kultivieren wir eine Haltung von Akzeptanz und Wohlwollen uns selbst gegenüber und unterstützen eine gelassene Grundhaltung. Das geht wirklich tief und ist sehr Leben gestaltend, braucht aber auch unser Bemühen und ist eine Reise, auf die wir uns einlassen.

Das Geheimnis von Achtsamkeit ist für mich das Innehalten, Wahrnehmen, Hinsehen, Fragen stellen und weisheitsvolle Verstehen. Was mache ich eigentlich und was macht es mit mir? Bin ich lebendig, erfüllt? Was ist meine Motivation hinter den Dingen, was treibt mich an? Welchen Werten und Regeln folge ich, stimmen diese noch für mich? Habe ich den Mut, mir selbst zu begegnen und mein Leben mit zu gestalten?

Achtsamkeit wurde inzwischen intensiv wissenschaftlich untersucht, zum Beispiel von der akademischen Psychologie oder der Neurophysiologie mit zahlreichen Ergebnissen, die eine Wirksamkeit belegen. Dabei müssen wir natürlich unterscheiden, was genau geübt wurde, wie etwa Achtsamkeit in einem MBSR-Training.

Allgemein kann man folgende Wirkungsweisen nennen:

- Die Selbstwahrnehmung und Selbststeuerung verbessert sich deutlich, da sind wir genau an dem Punkt der Befreiung.
- Wir durchbrechen häufiger den Autopiloten und erleben mehr Wahlmöglichkeiten mit der Möglichkeit Einfluss zu nehmen.
- Stresskompetenzen werden gefördert durch zum Beispiel das Erkennen Stress verschärfender Gedankenmuster, einen angemessenen Umgang mit Herausforderungen und eine bessere Einschätzung des Machbaren verbunden mit einer Haltung der Akzeptanz.
- Durch mehr Körper-Gewahrsein nehmen wir außerdem schneller Körpersignale wahr und können auf dieser Grundlage für uns selbst Sorge tragen.
- Auch die eigenen Bedürfnisse können einfacher wahrgenommen werden und ganz wichtig, wir erleben eine verbesserte Emotionsregulation.
- Wir werden milder und wohlwollender im Umgang mit uns selbst und erleben eine insgesamt positivere Grundstimmung mit mehr Wohlbefinden.
- Unser Entspannungsverhalten verändert sich positiv.
- Eine Erhöhung sozialer Kompetenzen wurde festgestellt.
- Auch Konzentration und Aufmerksamkeit fällt leichter, sodass wir uns besser auf das was wir gerade tun einlassen können.

Somit kann gesagt werden, dass das Praktizieren von Achtsamkeit einen entscheidenden Einfluss auf unsere Lebensqualität hat.

Das inspiriert mich immer wieder neu, wir sind Gestalter und keine Funktionsmaschinen. Und ja, es darf auch mal unangenehm oder herausfordernd sein, wenn es um uns geht. Sind wir bereit das Leben zu feiern und nicht nur irgendwie laufen zu lassen?

Was ist das besondere an MBSR von Jon Kabat-Zinn? Welchen Einfluss hat MBSR auf Stressreduktion und warum? Kann dies auch wissenschaftlich oder neurowissenschaftlich erklärt werden?

Ost trifft West könnte man hier sagen. Das Besondere an MBSR (Mindfulness-Based Stress Reduction) ist die Verbindung, die Jon Kabat-Zinn Ende der siebziger Jahre von jahrtausendealtem Wissen östlicher Methoden mit modernen wissenschaftlichen Erkenntnissen geschaffen hat, das heißt, sein Programm vereint Methoden wie Meditation, Geistestraining und Körperarbeit mit modernen Erkenntnissen aus der Stressforschung, Psychologie und Kommunikationsforschung. Außerdem ist zum einen seine säkulare Anwendung zu erwähnen, sprich um zu meditieren, bedarf es keiner bestimmten Weltanschauung. Zum anderen die Einführung eines komplementären Angebots in die Medizin. Damit haben er und sein Team echte Pionierarbeit geleistet.

Viele Evaluationsstudien zeigen positive Ergebnisse der MBSR-Methode für unterschiedliche Indikationsbereiche. Auch sind auf Grundlage des Programms weitere Formen der Anwendung entstanden, wie zum Beispiel MBCT (Mindfulness-Based Cognitive Therapy) als Rückfallprophylaxe bei Depression.

Des Weiteren hat Jon Kabat-Zinn mit seiner Arbeit sicherlich viele Fachleute angeregt, Achtsamkeit in therapeutische Ansätze mit aufzunehmen. MBRP/Mindfulness-Based Relapse Prevention, DBT/Dialektisch-Behaviorale Therapie, ACT/Akzeptanz- und Commitmenttherapie, CFT/Compassion Foucused Therapy, sind nur eine Auswahl an Therapieformen mit achtsamkeitsbasierten Ansätzen.

Eingangs bin ich ja bereits ausführlich auf die Wirkungsweisen von Achtsamkeit eingegangen. An dieser Stelle sei noch erwähnt, dass über das Praktizieren von Achtsamkeit nachweislich das Gehirn verändert werden kann und wir Einfluss auf unser Nervensystem nehmen können, hin zu mehr Selbstwirksamkeit. Angst- und Stressreize werden anders aufgenommen und verarbeitet. Und indem wir durch Achtsamkeitsübungen unseren Gegenspieler zur Anspannung trainieren, können wir uns nachhaltig besser regulieren. Vielleicht wird auch manche erfreuen, dass die Gehirnalterung verlangsamt wird und wir über Achtsamkeit unsere Gedächtnisleistung verbessern.

Warum ist Achtsamkeit gerade Managern sehr zu empfehlen? Inwiefern hat Achtsamkeit auch bereits die Business-Welt erreicht? (Sind hier bestimmte Programme, Praktiken oder Unternehmensbeispiele hervorzuheben oder hast Du selbst welche betreut)?

Man kann sich natürlich fragen, was macht einen guten Manager oder eine Führungspersönlichkeit aus? Und bereits hier kommen wir in Kontakt mit den Qualitäten und Fähigkeiten, die wir durch Achtsamkeit trainieren können. Achtsamkeit bedeutet zum Beispiel ganz im Hier und Jetzt zu sein, präsent zu sein. Eine Führungspersönlichkeit, die nicht präsent ist, wird es schwer haben ein Unternehmen oder eine Abteilung zu leiten. Aber auch Qualitäten wie Konzentration, Aufmerksamkeit, Klarheit, Kreativität und Mitgefühl sollte eine Führungsperson mitbringen. Wer sich außerdem selbst nicht regulieren kann, wird immer wieder unglückliche Konstellationen und Situationen erzeugen. Wir erinnern uns, dass durch Achtsamkeit mehr Selbststeuerung, Emotionsregulation und eine gelassene Grundhaltung unterstützt wird, was mit Sicherheit zu mehr Klarheit und Entscheidungskompetenz führt.

Wer lernt zu agieren, statt zu reagieren, kann bewusste, nachhaltige Entscheidungen auf Grundlage der zur Verfügung stehenden Ressourcen und der Machbarkeit treffen. Wer dagegen permanent unter Druck steht und aufhört Selbstfürsorge oder auch Selbstmitgefühl zu üben, wird bemerken wie er an Kreativität und Entspannungsfähigkeit verliert, an sich und andere hohe Anforderungen stellt, die auf Dauer ausbrennen. Achtsamkeit unterstützt uns schneller zu bemerken, wo wir gerade stehen mit mehr Sensibilisierung für zum Beispiel Überlastungssignale.

Vor diesem Hintergrund braucht es möglicherweise ein Umdenken und auch ein inneres Bemühen. Was zugegeben alles andere als leicht ist, mit Blick auf die Ökonomisierung und den Wettbewerbsdruck, der ständig neue Anforderungen stellt. Aber genau dort entsteht die Gefahr psychosozialer Gesundheitsrisiken, was zum Beispiel durch Zahlen zum Krankenstand in Unternehmen belegt wird.

Wir müssen uns wirklich fragen, was eine zukunftsfähige Unternehmenskultur ausmacht. Und wenn sich zum Beispiel Unternehmensstrukturen und auch Hierarchiestrukturen wandeln werden, braucht es auf einmal ganz neue Kompetenzen einer Führungspersönlichkeit. Dann werden vielleicht weniger Entscheidungen im Alleingang getroffen, sondern es muss ein Wir-Raum aufgebaut und gestärkt werden, der kollektive Intelligenz ermöglicht.

Da braucht eine Führungspersönlichkeit mehr denn je soziale Kompetenzen, die wir genauso schulen können dank Achtsamkeit.

Achtsamkeitskonzepte werden für die Unternehmenskultur als wertvoll und nachhaltig diskutiert, und sind in verschiedenen Pilotprojekten bereits angewandt worden (Google, Deutsche Bank, EZB, Bosch, Siemens, RWE, FU Berlin, SAP, ver.di, Mindfulness-Based Resilience Training in Law Enforcement/Hillsboro Police Department unter anderem). Dennoch kann man sagen, stehen wir da noch am Anfang.

Ich selbst habe verschiedene Pilotprojekte geleitet, die teilweise evaluiert worden sind und einerseits einen echten Bedarf aufgedeckt haben und andererseits bereits nach mehreren Wochen eine Wirksamkeit aufweisen konnten. Neben der eigenen täglichen Übungspraxis von Achtsamkeit der Führungskräfte/Mitarbeiter, sind verschiedene Ansätze und Spielweisen von Achtsamkeit im Unternehmen denkbar. Wie etwa der Umgang mit Medien, zum Beispiel Meetings ohne Smartphone, stille Pausen, E-Mail-freie Zeiten, Spielregeln für wertschätzende Kommunikation, Reflexion und Transparenz nicht hinterfragter Grundannahmen im Arbeitskontext von Regeln, Grenzen, etc., um nur einige Ideen zu nennen.

Wer mehr zu diesem Thema lesen möchte, findet zum Beispiel bei Paul J. Kohtes, Janice Marturano, Cornelia Löhmer/Rüdiger Standhardt Ansätze zu Achtsamkeit in Unternehmen oder auch bei Frederic Laloux Anregungen zu sinnstiftenden Formen der Zusammenarbeit.

Du bist bereits viele Jahre als Achtsamkeit-Trainerin aktiv, wie würdest du die Entwicklung und Akzeptanz in Bezug auf Achtsamkeit innerhalb der letzten Jahre beschreiben – auch hinsichtlich der Technologie und schnelllebigen Zeit sowie Unterstützung der Krankenkassen und Unternehmen? Erfährt Achtsamkeit gerade einen Aufschwung?

Vielleicht ist das ein bisschen zu hoch gegriffen, aber ich würde sagen, Achtsamkeit ist in der Mitte unserer Gesellschaft angekommen. Sie hat es, dank wissenschaftlichem Interesse und nachweisbarer Wirksamkeit, aus der Esoterikecke geschafft und wird nicht mehr belächelt oder abgetan. Ein offener Dialog zwischen hochkarätigen Persönlichkeiten aus Wissenschaft, Forschung und Religion hat dabei viel Aufklärungsarbeit geleistet. Die Wirkung von Achtsamkeitsübungen sind nach wie vor im Fokus der Wissenschaft und es wurden dazu Mönche mit jahrelanger Meditationserfahrung genauso wie Meditationsneulinge untersucht. Hier einige wissenschaftliche und klinische Kontexte: Max-Planck-Institut Leipzig, University of Oxford, Universitätsmedizin Charité/Immanuel-Krankenhaus Berlin, Kliniken Essen-Mitte, Oberberg-Klinik/Zentrum für seelische Gesundheit Berlin.

Auch Krankenkassen bezuschussen mittlerweile nach bestimmten Grundvoraussetzungen Achtsamkeitstrainings, dabei bilden allerdings die festgelegten Paragrafen nicht zwangsläufig die Qualität des jeweiligen Achtsamkeitstrainings selbst ab.

Zu erwähnen ist in diesem Zusammenhang auch der MBSR-Verband, ein Zusammenschluss der Achtsamkeitslehrenden, der sich im deutschsprachigen Raum um eine Qualitätssicherung und Förderung von MBSR und MBCT und daraus abgeleiteten Verfahren widmet.

Abschließend will ich zum Thema Aufschwung der Achtsamkeit einmal das Bild von Mark Williams, Mitbegründer des MBCT-Programms aufgreifen, der von einer momentanen Achtsamkeitswelle gesprochen hat, bei der man prüfen kann, was wirklich Bestand hat, wenn die Flut zurückgeht. Denn die Praxis der Achtsamkeit ist kein Lifestyle. Übt man sie ernsthaft, geht es an das Eingemachte, sie fordert unsere Hingabe und unser Bemühen, erst so können wir nachhaltig davon profitieren. An der Stelle sei auch erwähnt, dass vorab sorgfältig zu prüfen ist, ob ein Achtsamkeitstraining für die jeweilige Person, je nach Umständen und Konstitution das Richtige ist.

Welche Vorurteile oder auch Widerstände treten bei Menschen auf, wenn Du von Achtsamkeit sprichst? Verstehen Sie, worum es geht und sehen Sie in der Regel die Relevanz? Was ist Deine Erfahrung?

Allgemein kann ich sagen, dass ich eine große Offenheit und auch Neugier erlebe. Zahlreiche Artikel in der Presse, Reportagen, wie auch Kongresse oder Diskussionsplattformen haben eine gute Orientierung zum Thema Achtsamkeit gegeben. Immer wieder kommen Menschen zu mir aufgrund eines Presseartikels oder Beitrags, der sie neugierig gemacht und angeregt hat, mehr darüber zu erfahren. Eine Vorsicht, die ich immer wieder erlebe, geht in Richtung Esoterik oder Religion. Manchmal bedarf es dort der Aufklärung, dass es sich zum Beispiel bei MBSR um eine weltanschauungsfreie, säkularisierte Methode handelt, die sehr lebenspraktisch ist. Sie ist eine schlichte Antwort auf den Wunsch, den viele nach mehr Gelassenheit, Ruhe und Selbststeuerung im Leben mitbringen.

Welche Veränderungen konntest Du bei Deinen Kursteilnehmern feststellen im Laufe oder auch nach dem erfolgreich durchgeführten MBSR Training? Und gab es auch Abbrecher des Kurses?

Das ist für mich ein ganz wunderbarer Teil meiner Arbeit. Im Laufe der Jahre durfte ich so viele Erfahrungen teilen von humorvoll bis tief berührend. Wenn ich Bilanz ziehen sollte, entsteht für mich ein eindeutiges Ja zu dieser Methode.

Dies belegen kleine Alltagssituationen ebenso wie große Lebensthemen. Vielleicht ein paar Beispiele:

- Eine Teilnehmerin hat zum Beispiel durch die Übung achtsames Essen festgestellt, dass sie seit Jahren immer eine bestimmte Joghurtsorte auf ihrem Einkaufszettel hat, die ihr überhaupt nicht schmeckt.
- Ein anderer Teilnehmer hat bemerkt, wie er unter extremen Stress gerät, wenn er den Bus verpasst hat. Mit mehr Bewusstheit über seine Bewertungsmuster, konnte er der Situation anders begegnen zum Beispiel durch das schlichte Erkennen, dass in fünf Minuten schon der nächste kommt. Zeit für eine achtsame Pause.
- Bei einem Telefonat mit einer sehr aufgebrachten Kundin bemerkte ein Teilnehmer, wie die Wut langsam in ihm aufstieg. In diesem Moment erinnerte er sich an Achtsamkeit und sagte laut, jetzt muss ich erst einmal innehalten. Sowohl er als auch die Kundin war darüber überrascht und nach einem Moment der Stille wandelte sich der Ton der Kundin aus dem Nichts heraus und ein Gespräch wurde möglich.
- Sehr berührend war für mich auch die Begegnung mit einer Teilnehmerin, die eine schwere, fortschreitende Erkrankung hatte. Obwohl sich der Verlauf der Erkrankung verschlechterte, wurde sie von Woche zu Woche strahlender und berichtete von so viel mehr Lebensqualität und Freude. Sie hatte eine Haltung von Akzeptanz gefunden und gelernt, mehr den Moment wertzuschätzen und zu leben, ohne sich ständig in sorgenvollen Zukunftsgrübeleien zu verlieren.
- Einer anderen Teilnehmerin gelang es vor einer schwierigen OP, sich immer wieder in den Moment zurückzuholen. Die eigenen vorauseilenden, katastrophisierenden Gedanken mitzubekommen, zu unterbrechen und sich auf nur diesen Moment einzulassen. Sie blieb dabei so ruhig, dass die Schwestern nicht bemerkt hatten, dass sie vergessen hatten, das vorgesehene Beruhigungsmittel zu verabreichen.

Direkte Erfahrungen belegen immer wieder und das freut mich ganz besonders, dass definitiv mehr Selbststeuerung und Emotionsregulation entsteht, verbunden mit mehr Freundlichkeit und Selbstfürsorge sich selbst gegenüber. Kurz gesagt, mehr mit sich zu gehen und weniger gegen sich. Auch die Entdeckung des Angenehmen/Positiven im Alltag nimmt mehr Raum ein und führt zu mehr Genussfähigkeit. Teilnehmer berichten in diesem Zusammenhang von mehr Wertschätzung, Lebendigkeit und Lebensqualität im Alltag.

Abbrecher eines Kurses habe ich nur sehr vereinzelt erlebt, meist verbunden mit einem plötzlichen Einschnitt. Etwa eine überraschende Diagnose/Krankheit oder private/berufliche Veränderung und Herausforderungen.

Wie kann The Dignified Self dabei helfen, mehr Bewusstsein für Achtsamkeit in der digitalen Zeit zu erzielen – um das Thema auch stärker in die Geschäftswelt zu implementieren? Was könnte konkret helfen?

Wenn wir von Achtsamkeit in einer digitalen Zeit sprechen, geht es für mich darum, einen selbstbestimmten und verantwortungsvollen Umgang mit den Medien zu finden. Wir alle kennen die süße Versuchung, die von dem Gebrauch zum Beispiel eines Smartphones ausgeht. Allein der Signalton einer neuen Nachricht kann unsere Neugier und den Wunsch nach Abwechslung derart stimulieren, dass wir uns permanent aus unseren Tätigkeiten herausreißen lassen. Am Ende des Tages erleben wir häufiger Unruhe oder auch Unzufriedenheit, da wir das Eigentliche nicht erledigt haben und körperlich angespannt sind. Auch funktionalisieren und technisieren wir jede noch so kleinste Lücke. Folgen dem Leistungsprinzip, gehen über Grenzen bis wir nicht mehr können und uns selbst und unsere Ressourcen erschöpft haben.

Achtsamkeit kann uns lehren, wieder Zeiten der Muße, des Innehaltens, der Neuausrichtung und Klarheit zu finden und diese Räume gleichermaßen wertzuschätzen. Freiräume, die uns helfen, Erlebtes zu verarbeiten und wieder genussfähig zu sein. Genau da sehe ich den Bedarf, ein neues Bewusstsein zu schaffen, das uns ermöglicht, Medien für uns zu nutzen und nicht gegen uns. Ein selbstbestimmter Umgang, bei dem wir den Kontakt zu uns selbst nicht verlieren. Jon Kabat-Zinn formulierte dazu: „Mit unseren Handys und elektronischen Organizern sind wir inzwischen in der Lage, mit allem und jedem jederzeit in Kontakt zu treten. In diesem Prozess laufen wir Gefahr, niemals in Kontakt mit uns selbst zu sein."

The Dignified Self könnte Menschen genau an dieser Stelle abholen. Durch Austauschmöglichkeiten, Reflexion eigener Erfahrungswerte, Aufklärung, Anregungen zur Achtsamkeitspraxis, mit ganz konkreten Beispielen und Übungen/Hinweisen wo und wie man Achtsamkeit vertiefen kann. Auch kluge Erinnerungshilfen zur Achtsamkeit wären hilfreich. Es gibt so viele Spielweisen, die denkbar sind und ich freue mich darauf, mehr von The Dignified Self zu entdecken.

Was sind gute Achtsamkeitsübungen für den Büroalltag? Kannst Du hier vielleicht welche nennen, die aus Deiner Erfahrung gut funktionieren können?

Achtsamkeit darf auch Spaß machen. Dies kann eine Einladung sein, erfinderisch und neugierig dem Tag zu begegnen und auszuprobieren, wie wir einfach mal in Kontakt mit uns kommen können, um lebendig zu sein. Schließlich wollen wir ja nicht den größten Teil unseres Lebens verpassen.

Hier ein paar Ideen dazu:

- Mehrere Mikropausen täglich von ein bis drei Minuten einlegen, zum Beispiel den Körper wahrnehmen, den Atem spüren.
- Den Körper immer wieder mal dehnen, lockern, auch lernen, Anspannungen und Bedürfnisse schneller mitzubekommen.
- E-Mail-„Öffnungszeiten" erproben, eigene Reaktionstendenzen erforschen, mal den Signalton ausstellen.
- Erinnerungshilfen zur Achtsamkeit festlegen, zum Beispiel das erste Telefonklingeln oder eine bestimmte Tür oder den Gang zur Toilette, einen Stein in der Hosentasche oder einen kleinen gemalten Punkt auf der Hand. Dadurch Momente der Präsenz kultivieren als Gelegenheit, den Körper und den Geist bewusst wahrzunehmen.
- Achtsames Essen, zum Beispiel ein bis zwei Mal pro Woche in Stille essen.
- Arbeitsgänge mit bewusstem Gehen verbinden.
- Kleine Rituale schaffen, zum Beispiel morgens am Arbeitsplatz eine Minute Zeit nehmen zum Ankommen, bewusst wahrnehmen, wo man gerade ist.
- Am Ende des Arbeitstages eine kleine Rückschau halten und bewusst den Arbeitsplatz und die Arbeit verlassen mit der Anerkennung/Wertschätzung der eigenen Leistung.

Vielleicht stellen wir uns auch tage- oder wochenweise kleine Aufgaben, eine Anregung dazu kann das Buch von Jan Chozen Bays sein: Achtsam durch den Tag – 53 federleichte Übungen zur Schulung der Achtsamkeit.

Anja Nothelfer (Foto: Henning Moser), Achtsamkeit des Herzens

Mein Wunsch ist es, Menschen auf dem Weg zur Entfaltung ihres eigenen Potenzials zu begleiten. Ein ganzheitliches Vorgehen und das Zusammenwirken von Herz und Verstand unterstützt dabei Gesundheit, Wohlbefinden und eine gelassene Grundhaltung. Mitten im turbulenten Leben, mitten im Sein.

- Heilpraktikerin und Seminar- und Ausbildungsleiterin in der Erwachsenenbildung. Für die Bereiche Achtsamkeit, Stressmanagement, Stressprävention, Persönlichkeitsentwicklung und alternative Heilmethoden.
- Eigene Meditationserfahrung, Bewusstseinsarbeit und Yogapraxis seit 16 Jahren.
- Ausbildung zur Trainerin für MBSR nach Jon Kabat-Zinn am Institut für Stressbewältigung und Achtsamkeit bei Dr. Linda Lehrhaupt.
- Ausbildung zur Trainerin für MBCT nach Prof. Mark Williams u. a., am Institut für Stressbewältigung und Achtsamkeit bei Mark Williams.
- Ausbildung in Stress- und Schmerzmanagement auf Grundlage von Achtsamkeit/Breathworks-Methode bei Vidyamala Burch.
- Ausbildung zur Buddhistischen Psychotherapie® bei Dr. Matthias Ennenbach.
- Ausbildung in verschiedenen alternativen Heilmethoden.
- Diplom Foto- und Filmdesignerin.

7.5 Interview mit Stefanie Palomino – Co-Founder und Partner von the red lab: Achtsame Ernährung mit Ayurveda, Meditation, Tai-Chi und die Bedeutung von Achtsamkeit in der digitalen Zeit

Stefanie Palomino und ich kennen uns aus den frühen Tagen der Mobile Branche. Sie gehört zu den inspirierenden Vordenkern und Unternehmerinnen unserer Zeit, die sich immer wieder neu erfinden können, ohne dabei selbst aus der Ruhe zu geraten. Stefanie war zudem eine frühe Unterstützerin meiner Gedanken rund um die Relevanz von Achtsamkeit in digitalen Zeiten und hat mich darin bestärkt, diese zu teilen und in einem Buch zu veröffentlichen, wofür ich ihr sehr dankbar bin. Neben ihrer Expertise im Bereich der Technologie, hat sie auch eine große Leidenschaft für Achtsamkeit, meditiert, macht Tai-Chi und ernährt sich bewusst ayurvedisch. All das hatte und hat einen großen Einfluss auf Stefanies Leben. Warum werden Sie in diesem Interview erfahren.

Was bedeutet achtsamer Umgang mit Technologie für Dich? Wie hast du das für Dich gelöst?

Ich befürchte, ich habe dabei geholfen, das Monster mit dem Mobile Social Network, das ich damals in 2006 mitgegründet habe, mit zu erschaffen. Beruflich bedingt und aus der Faszination für die Technologie heraus habe ich lange zu einem Überkonsum einer „always connected"-Mentalität geneigt. Instagram noch aus dem Bett heraus, Facebook hinterher permanent online und „responsive". Vor drei Jahren habe ich festgestellt, dass die Technologie überhandgenommen hat. Ich wollte wieder zurück in den Driver Seat und eine bewusstere Informationsaufnahme bei mir selbst etablieren – weg vom Reagieren und Konsumieren hin zum aktiven Filtern und mehr Zeit mit mir selbst und im realen Leben zu verbringen.

Gerade jemand, dessen Arbeit auch eine seiner größten Leidenschaften ist, kennt manchmal keine Pause. Ich habe dann irgendwann für mich entschieden: Ich designe mich um, quasi so, als wenn ich ein Produkt wäre. Wie sieht meine ideale User Journey, mein idealer Tag aus? Ergebnis dieses Prozesses war ein komplett neuer Tagesablauf: Zwischen fünf und sechs Uhr aufstehen, eine halbe Stunde meditieren, ein paar Stunden arbeiten, dann in Ruhe mit meinem Partner zusammen frühstücken, anschließend meine Tai-Chi-Übungen durchführen usw. Unter anderem habe ich festgestellt, dass ich mehr Zeit für mich selbst brauche, die ich bewusst online und offline verbringe. Samstags ist zum Beispiel mein Digital-Off-Day. Ich versuche ebenfalls an diesem Tag nicht viel zu sprechen und auf Essen zu verzichten. Ich konzentriere mich ganz auf mich und was da ist – ohne externe Einflüsse. Da ist es schön, am nächsten Tag mal wieder eine E-Mail zu schreiben. Man freut sich richtig darauf. Es ist schon bemerkenswert, was den ganzen Tag auf einen „einrauscht".

Diese ganzen Bedürfnisse, die wir haben, und sei es nur das Essen kochen zwei bis drei Mal am Tag. Statt Netflix zu schauen, lese ich am Wochenende eher mal ein Buch. Soweit bin ich sehr zufrieden mit meinem neuen Design, aber ich versuche immer wieder zu iterieren und neue Dinge auszuprobieren. Wie zum Beispiel gerade experimentiere ich mit der Zeit, in der ich an einem Stück arbeite, im Moment mache ich nach jeder Stunde Arbeit bewusst eine Pause, stehe auf und bewege mich.

Du bist eine der frühen Unterstützer von The Dignified Self. Warum denkst du, ist die Mission und Initiative für mehr Achtsamkeit in der digitalen Zeit wichtig?

Mich berührt das persönlich sehr. Ich habe Teile des Problems miterschaffen. Wir haben viele technische Plattformen entwickelt, die heute viele moderne Menschen und ihr Verhalten prägen, ohne dabei bewusst über die Konsequenzen nachzudenken. Die Technologie hat sich sehr schnell weiterentwickelt, aber der Mensch oftmals nicht. Im Kampf um die Aufmerksamkeit des Nutzers entwickeln wir Strategien, die nicht nachhaltig genug sind und weniger sinnstiftend sind.

Ich denke, es ist an der Zeit, Mensch und Technik mehr in einen bewussten Einklang zu bringen. Auch Unternehmen wie Google bieten Programme wie Search Inside Yourself an. Der erste Schritt ist die Achtsamkeit, um überhaupt zu verstehen, was ist gut für mich und welche Aspekte von Technologie verschwenden meine Zeit. Ich fühle mich persönlich verantwortlich, hier mitzuagieren, die Initiative von The Dignified Self zu unterstützen und somit auch Teil der Lösung des Problems zu werden.

Wie schätzt Du die Apps ein, die es im Bereich Achtsamkeit in den App Stores gibt (also zum Beispiel in Bezug auf Meditation, Yoga, Ayurveda oder Tai-Chi)?

Da ist sehr viel Potenzial im Markt. Die Apps, die es so gibt, wie zum Beispiel Headspace, sind sehr gut. Aber es sind primär Guided Meditations. Bei der Meditationstechnik, die ich verwende, ist absolute Ruhe gefragt. Meditation ist die Verbindung mit dir selbst, die Kontrolle über die eigenen Gedanken. Es heißt, an nichts zu denken, den Kopf zu entleeren und komplett loszulassen, da ist eine technologische Intervention schwierig. Auch bei den Yoga- und Ayurveda-Apps ist noch viel Luft nach oben. Das Design als auch generell der Anspruch, den ich an eine Applikation habe, wird hier noch nicht erfüllt.

Du bist eine Ayurveda-Queen geworden. Wie fing das an? Was heißt ayurvedisch genau? Und was hat es für einen Effekt auf Dein Körper und Dein Leben?

Na ja, Ayurveda-Queen würde ich mich nicht betiteln, ich bin immer noch ein Anfänger (*lacht*). Ayurveda ist das Wissen vom Leben und ist das älteste bekannte Gesundheitssystem, was auf bis zu 5000 Jahre alt geschätzt wird und kommt aus Indien. Zu Ayurveda gehört die Lehre über die Ernährung und kann als ganzheitliche Heilmethode eingesetzt werden. Es ist zudem eine bewusste und achtsame Lebensweise, die sagt: Ich möchte den Ernährungsprinzipien grundsätzlich folgen und meinem Körper etwas Gutes tun.

Es begann bei mir mit einer Reise nach Indien. Dort war ich bei einem Ayurveda-Arzt. Ich habe in meinem Leben einige Ernährungsmethoden ausprobiert, konnte diese aber langfristig nicht in meinen Alltag integrieren. Mit Ayurveda habe ich etwas gefunden, das für mich funktioniert und die gewünschten Effekte erzielt und dabei super lecker schmeckt. Ayurveda betrachtet die einzelne Person, und ein ausgebildeter Arzt stimmt einen individuellen Ernährungsplan mit dir ab. Ich dachte immer, ich ernähre mich gut. In Ayurveda habe ich gelernt, dass ich nur dachte, dass ich viel über Ernährung weiß, aber wirklich keine Ahnung davon hatte, was gut für mich persönlich ist.

Welche Effekte hat die bewusste Ernährung durch Ayurveda in Deinem Leben herbeigeführt?

Die Resultate der ayurvedischen Ernährung sind für mich persönlich fantastisch und am allwichtigsten: nachhaltig. Nach dem Essen habe ich heute sehr viel Energie, früher war ich schlapp und müde nach einer Mahlzeit. Ein Jahr nach dem Start meiner Ayurveda-Kur waren meine Blutwerte so fantastisch gut, dass meine Ärztin fragte, was mein Geheimrezept sei. Ich erklärte ihr, dass ich meine Ernährung auf Basis der Ayurveda-Prinzipien komplett umgestellt habe und mich somit fast vegan ernähre. Sie konnte es kaum glauben.

Einen besonders großen Anteil an meinem neuen Wohlbefinden hatte auch die Umstellung meiner Essenszeiten. Jetzt esse ich nachmittags, das letzte Mal zwischen 16 bis 17 Uhr. Früher habe ich teilweise sehr spät mein Abendbrot verzehrt, zwischen 21 und 22 Uhr, mein Mann ist Spanier und in seiner Kultur ist das ganz normal. Dies hatte aber besonders negative Effekte auf meinem Schlaf. Heute schlafe ich wie ein Baby, bin produktiver, nicht mehr so müde und habe zudem nachhaltig an Gewicht verloren.

Man merkt es in allen Lebensbereichen und in der Agilität. Das alte Sprichwort: „Du bist was du isst." trifft es genau. Alles, was wir essen, hat einen direkten Einfluss auf unser Wohlbefinden und wie wir uns fühlen. Zucker zum Beispiel ist Heroin fürs Gehirn. Wir denken immer, die Verhaltensmuster, die wir haben, sind in Stein gemeißelt und lassen sich nicht verändert. Das ist ganz ähnlich, wie wenn man das Design von seiner App oder Website verändert hat und zunächst alle Nutzer auf die Barrikaden gehen und es ablehnen. Nach einer Weile glätten sich die Wogen und kaum jemand kann sich daran erinnern, wie es früher einmal ausgesehen hat.

Inwiefern ist Ayurveda, Yoga und Meditation zusammen zu betrachten? Beeinflussen sie sich gegenseitig? Wenn ja, woran liegt das?

Veda heißt Wissen. Ayur heißt Leben. Ayurveda hat die Aufgabe zu schauen: Wie ernährst du dich und was kann Nahrung, pflanzliche Nahrungsergänzung, Massagetherapien und Öle für deine Gesundheit tun. Dazu gehört auch Yoga und Meditation, alles ist auf einander abgestimmt. Jede Komponente spielt eine wichtige Rolle für ein gesundes Leben und sie beeinflussen sich positiv, wenn sie gemeinschaftlich praktiziert werden. Ayurvedische Ernährung kann positive Einflüsse auf die Meditation und die Tiefe des

Meditationszustandes haben. So auch Tai-Chi und Yoga. Beide – Tai-Chi und Yoga – sind dafür konzipiert worden, um eine bessere und tiefere Meditationspraxis zu erlangen.

Wie hast Du Meditation und Tai-Chi in Deinen Alltag integriert?

Morgens beginne ich meinen Tag mit Meditation und meine Tai-Chi-Übungen mache ich vor dem Mittagessen oder am Nachmittag. Abends kurz vor dem Schlafengehen ende ich den Tag ebenfalls mit einer kleinen Meditation. Die beste Meditation ist für mich auf den leeren Magen, da ein entspannter Magen den Einstieg zum Loslassen der Gedanken ist.

Was ist das Geheimnis hinter Tai-Chi? Warum ist das eher etwas für Dich als Yoga?

Ich habe früher Yoga praktiziert und bin ursprünglich nach Indien in den Ashram gereist, um meine Yoga-Kenntnisse zu vertiefen. Dort wollte es der Zufall, dass ich meinen Tai-Chi-Lehrer kennengelernt habe und schnell wurde mir bewusst, das ist mein Sport, mein Ausgleich und bin nicht mehr zu den Yoga-Klassen gegangen. Ich denke, dass jeder hier sehen muss, was ihm am besten tut. Es gibt eine Legende, dass Tai-Chi von einem indischen Mönch nach China gebracht wurde. Tai-Chi schenkt mir Balance und hat gleichzeitig auch eine Martial-Art-Applikation, das fasziniert mich stark. Ich bin ein Team-Mensch und das kann ich bei Tai-Chi schön umsetzen. Es geht um die Synchronisation mit dem Selbst von Körper und Geist, und gleichzeitig den Flow in der Gruppe herzustellen. Yoga war mir persönlich zu wenig. Tai-Chi macht mir unheimlich viel Spaß und ich gebe heute sogar Tai-Chi-Unterricht.

Neben Deiner Mobile Expertise kann man also auch Tai-Chi bei Dir lernen?

Ja, genau (lacht). Change is one of my favorite things. Die Kombination aus Ayurveda, Tai-Chi und Meditation hat eine so positive Veränderung für mein Leben ausgelöst, dass ich das gerne an andere weitergeben will. Die Entschleunigung, die ich durch das Tai-Chi erlebe, setzt sich für mich in Raum für Kreativität und mehr Fokus um. Ich denke, gerade für Personen, die hart und viel arbeiten, ist es umso wichtiger, einen Ausgleich zu finden und zu lernen, wie man seinen Geist, Gedanken und seine Emotionen besser kontrollieren kann.

Durch Meditation verlierst Du die Angst vor der Zukunft und kannst die unnötige Reflexion über die Vergangenheit abstellen. „Meditation ist doch eine Zeitvernichtungsmaschine" – höre ich manchmal Menschen sagen. Sie verstehen den Mehrwert nicht. Das ist verständlich, da es viel Disziplin und Übung braucht, bevor die positiven Effekte einsetzen. Meditation gibt Kontrolle über sich selbst. Man erhöht seine Achtsamkeit, ist viel fokussierter und zufriedener. Das tut auch meinen Projekten sehr gut. Ich gehe die Dinge heute strategischer an – Schritt für Schritt. Mehr Gelassenheit in einem schnellen technologischen Umfeld ist eine spannende Mischung, die nachhaltigere Ergebnisse hervorbringt.

Die Kombination aus Ayurveda, Meditation und Tai-Chi hat sehr starke und positive Einflüsse auf mein Berufsleben. Denn wenn man ganz tief in sich hinein horcht, findet man viele Antworten. Wenn man immer nur rennt, verpasst man viele wichtige Signale. Man übersieht einiges, wenn man immer nur rennt und reagiert, anstatt bewusst die Führung über sein Leben zu übernehmen. Auch die Erwartungen anderer werden unwichtiger und man erlangt ein neues Selbstbewusstsein.

Hast Du Tipps, wie jemand der erst beginnt mit Ayurveda, Meditation und Tai-Chi, einen guten Einstieg finden kann?

Für Ayurveda würde ich empfehlen, einen Termin bei einem ayurvedischen Doktor zu machen. Am besten natürlich in Indien oder Sri Lanka, dass macht ab ca. zwei Wochen Aufenthalt Sinn. Wichtig ist, dass man einen individuellen Ernährungsplan für sich erstellt bekommt, die Massagen und anderen Therapieformen waren für mich zweitrangig, da man diese quasi nicht mit nach Hause nehmen kann. Es ist am Anfang wirklich Arbeit, sich mit den verschiedenen Nahrungsgruppen auseinanderzusetzen und viele neue Rezepte zu lernen. Ganz in Ruhe habe ich Schritt für Schritt meine Ernährung komplett umgestellt.

Für Meditation gibt es zwei wichtige Regeln:

Viel üben und klare Rituale etablieren. Eigentlich ist es ganz einfach. Das Ziel beim Meditieren ist, an nichts zu denken, seinen Kopf vollständig zu entleeren. Ein wichtiger Tipp ist es bewusst zu versuchen, seinen Magen zu entspannen. Eine Übung hierfür ist zum Beispiel, in die Hundeposition aus dem Yoga zu gehen und sanft in den Magen zu atmen. Das ist eine gute Vorbereitung. Ein weiterer Tipp wurde gerade schön im Film Kong-Fu Panda 3 veranschaulicht. Der Film hatte als zentrale Frage „Who am I". Es geht in dem Film viel um Zugang zu seinem Chi zu erhalten, der mit der Selbst-Entdeckungsreise verknüpft ist. Im Film bringt der Papa Panda seinem verlorenen Sohn bei, wie ein richtiger Panda sich entspannt und seufzt. Interessant ist, dass gerade durch das Seufzen in Kombination mit einem großen Lächeln der ganze Körper automatisch entspannt. Das habe ich auch von meinem Tai-Chi-Lehrer gelernt. Wenn man also a) geschafft hat, in seinen Bauch einzuatmen mit einem schönen und flüssigen Atemfluss und b) zwei, dreimal richtig seufzt und dabei ein Lächeln im Gesicht hat – ist man perfekt für eine Meditation vorbereitet. Beim Meditieren ist es vor allem wichtig, locker zu bleiben.

Links zum Ashram in Indien sowie einen Ayurveda Buchtipp von Stefanie: Ashram: http://www.amritapuri.org / Buch Tipp: Ayurvedi Nutrition

Stefanie Palomino, Co-Founder und Partner the red lab (theredlab.com)

Stefanie Palomino ist ein digitales Urgestein. Bereits 2006 gründete sie ihr erstes Unternehmen, das mobile soziale Netzwerk aka-aki. aka-aki gewann unter anderem zwei Webby Awards, einen Lead Award und den Innovationspreis der Bitkom. So sammelte sie früh Erfahrungen in der Führung und Entwicklung von Start-ups in einem innovativen und sich schnell veränderten Technologiemarkt.

Heute berät sie große Unternehmen und gibt Vorträge zu den Themenschwerpunkten digitale Transformation, Strategie, Social Media und Mobile Technologie. Ihre Arbeiten und Produkte fanden Erwähnung in Medien wie Techcrunch, The Times, France2 und CNN. Das Business Punk

Magazin nannte sie unter den Top 50 kreative Köpfen Deutschlands unter 40 Jahren.

Weitere Informationen unter theredlab.com.

7.6   Interview mit Heike Scholz – Gründerin Mobile Zeitgeist/Partnerin The Dignified Self: Beispiele & Tipps für den achtsamen Umgang mit Technologie und die Kunst des Loslassens

Ich habe ein Interview mit meiner Geschäftspartnerin von THE DIGNIFIED SELF (thedignifiedself.com) zum Thema Achtsamkeit in der digitalen Zeit geführt. Ihr Name ist Heike Scholz und sie gilt in Deutschland als eine der großen Vordenkerinnen der Mobile Branche. Sie hat mit ihrem Blog „mobile zeitgeist" bereits in 2006 Maßstäbe gesetzt und machte es zum führenden Online-Magazin für das Mobile Business in Deutschland. Bis heute ist Heike eine gefragte Rednerin und gehört zu den Digital Influencern der deutschen Internetszene mit einem besonderen Gespür für die Zukunft. Ohne Smartphone ist Heike nur selten zu sehen und Meditation ist ebenfalls nicht ihr Fall. Dennoch hat sie von der ersten Sekunde an, in der ich ihr von meiner Idee von The Dignified Self erzählte, daran geglaubt und mich darin unterstützt, diese Vision Wirklichkeit werden zulassen. In diesem Interview erzählt sie warum, gibt Tipps für mehr Achtsamkeit im Alltag und teilt eine persönliche Geschichte des Loslassens.

Warum hast Du Dich entschlossen, die Initiative von The Dignified Self als Geschäftspartnerin zu unterstützen?

In den letzten zehn Jahren habe ich als Bloggerin, Speaker und Beraterin die Mobile Branche intensiv erlebt und mit aufgebaut. Das waren spannende Jahre und ich habe hautnah erfahren, wie gerade die mobilen Lösungen unsere Leben immer mehr durchdrungen haben. Bis heute bin ich davon fasziniert und begeistert. Und ich bin davon überzeugt, dass wir erst ganz am Anfang der digitalen Revolution stehen. Es liegt noch so viel Neues vor uns, worauf ich mich unglaublich freue.

Ich sehe aber auch, dass gerade diese massiven Veränderungen vielen Menschen Unbehagen oder sogar Angst machen. Manche Menschen leiden zunehmend unter der Digitalisierung, weil sie sich hilflos, ausgeliefert oder gestresst fühlen. Da ich denke, dass diese negativen Gefühle den Blick für die Möglichkeiten verstellen können, möchte ich zeigen, dass die digitalen Technologien unser Leben bereichern und uns ganz neue Chancen verschaffen, die den Menschen in dieser Form bisher noch nie zur Verfügung gestanden haben. Es ist heute nicht mehr die Frage, ob wir digitale Technologien nutzen, sondern es geht darum, wie wir sie so nutzen, dass sie uns unterstützen und helfen und wie wir die unbestreitbaren, negativen Eigenschaften und Auswirkungen minimieren können. Es geht also um die achtsame Nutzung digitaler Technologien, die wir alle – egal ob Digital Native, Digital Immigrant oder auch Arbeitgeber – gleichermaßen lernen müssen.

Was hat Achtsamkeit aus Deiner Sicht mit Technologie zu tun?

Technologie(n) durchdringen unser Leben mehr und mehr. Das führt dazu, dass wir davon immer stärker beeinflusst werden. Das Erleben unserer Umwelt und die Möglichkeiten, mit ihr zu interagieren, verändern unser Verhalten. Und so sind es von „mehr" über „viel" bis „zu viel" nur kleine Schritte und manchmal bemerken wir gar nicht, wie sehr wir schon im Digitalen leben. Das ist grundsätzlich nicht falsch oder schädlich. Und doch empfinden immer mehr Menschen eine Dissonanz im Zusammenhang mit Technologie. Und hier kann der achtsame Umgang mit Technologien helfen, die Gründe hierfür zu erkennen und seinen eigenen Weg zum optimalen Umgang damit zu finden.

Warum hat Achtsamkeit gerade heute eine höhere Relevanz in der schnelllebigen Zeit?

(Digitale) Technologien tragen maßgeblich dazu bei, dass wir unser Leben als beschleunigt empfinden. Wir leisten heute in der gleichen Zeit viel mehr als es unsere Vorfahren vor 200 Jahren auch nur erträumen konnten. Der Wohlstand, die persönlichen Freiheiten und Möglichkeiten ist eine Seite dieser Medaille. Die andere ist der von vielen empfundene größere Druck, der Stress, der mit dieser Leistungsdichte verbunden ist. Achtsamkeitstechniken können helfen, mit diesen Anforderungen besser zurecht zu kommen und Wege zu finden, dem Druck besser zu widerstehen, die Resilienz zu erhöhen oder dort wo es möglich ist, dem Druck sogar ganz auszuweichen. Damit kann Achtsamkeit zu einem hervorragenden Instrument werden, die Wahrnehmung zu schärfen, alternative Verhaltensweisen zu erlernen und in den Alltag zu integrieren, was mit mehr Ruhe, Gelassenheit und Stärke honoriert wird.

Welche Tipps kannst Du geben für einen achtsamen Umgang mit digitalen Medien und Technologie? (Gerne möglichst sieben Tipps benennen)

1. Frage Dich, ob Du jetzt wirklich Medien/Technologie nutzen möchtest. Oder ist es Langeweile? Was könntest Du noch tun?
2. Mit einem geliebten Menschen im Restaurant? Schalte Dein Smartphone aus oder schalte es wenigstens stumm. Freue Dich auf Dein Gegenüber.
3. Schon wieder zu lange auf Facebook unterwegs und wichtige Aufgabe nicht erledigt? Gönne Dir die Zeit auf Facebook, aber richte dafür eine feste Zeit ein, zum Beispiel immer morgens von acht bis neun Uhr mit einem Kaffee. Der Rest des Tages bleibt Facebook-frei.
4. Achte auf Deinem täglichen Weg zur Arbeit einmal darauf, wie sich die Natur jeden Tag verändert, wo Pflanzen hervorsprießen, wie Wind, Regen, Sonne, Wolken täglich anders sind, welche Vögel Du in den Bäumen entdecken kannst.
5. Das Meeting war mal wieder wie üblich? Kaum jemand ist wirklich bei der Sache, alle haben ihre Rechner aufgeklappt und tippen, die Telefone vibrieren oder klingeln pausenlos? Sprich mit Deinen Kollegen darüber, ob Ihr es nicht einmal ganz ohne Technik versuchen wollt, nur eine(r) führt gegebenenfalls Protokoll an einem PC, alle anderen Geräte bleiben ausgeschaltet.
6. Du ärgerst Dich darüber, dass Deine Kinder die Gadgets beim Essen nicht beiseitelegen? Sprich mit ihnen und erkläre ihnen, warum Dich das verletzt und vereinbare Gadget-freie Zeiten in der Familie. Du gehst natürlich mit dem besten Beispiel voran und legst Dein Smartphone als Erste(r) weg.
7. Du arbeitest in einem internationalen Team und Deine Kollegen rufen Dich auch sehr spät abends und nachts noch an. Sprich mit ihnen, schärfe ihre Wahrnehmung für die Zeitzonen und vereinbare mit ihnen Zeitfenster, in denen die Kommunikation stattfinden kann.

Teil der Yoga-Philosophie besagt „loszulassen". Dazu gehört auch die Abhängigkeit und das Anhaften an materielle Dinge und Menschen. Wie ist Deine Meinung dazu? Wie ist Dein Verhältnis zu materiellen Werten? Ist dies mit Lebensglück verbunden?

Ich bin in den 70er und 80er Jahren aufgewachsen. Damals galt es noch als gängiges Lebensmodell, ein Haus, eine Familie, ein Auto zu besitzen und sich mindestens einen Jahresurlaub, nach Möglichkeit eine Fernreise, leisten zu können. Unsere Eltern waren noch jahre- oder sogar lebenslang bei ein und demselben Arbeitgeber beschäftigt, bevorzugt war man angestellt, seltener selbstständig oder Freiberufler. Materieller Besitz war das Zeichen dafür, „es geschafft zu haben", also erfolgreich zu sein. Man beeindruckte die Nachbarn mit dem neuen Auto vor der Tür.

Daran ist nichts falsch und für viele ist dies auch heute noch das angestrebte Ziel. Doch nicht zuletzt durch digitale Technologien haben sich die Möglichkeiten und Chancen, die uns heute zur Verfügung stehen, dramatisch verändert. Wir haben heute einfachen Zugang zum Wissen der ganzen Welt und Unternehmen lassen sich heute mit viel weniger Mitteln gründen und erfolgreich machen als es damals der Fall war. Unsere Gesellschaft ist an vielen Stellen toleranter und offener geworden, aber im Vergleich zu früher sind die Gelegenheiten, sein Geld auszugeben, viel mehr und leichter erreichbar geworden.

Ich bin seit Mitte der 90er Jahre selbstständig, habe Unternehmen beraten, verschiedene Blogs aufgebaut, mir einen Namen als Mobile Expertin und Speaker aufgebaut und würde mein Berufsleben immer wieder so führen wollen. Das heißt nicht, dass ich in diesen 20 Jahren keine Fehler gemacht hätte, die ich bitter bereut habe. Manche dieser Fehlentscheidungen haben mich unter massiven finanziellen Druck gebracht. Eine Phase, die wohl jeder Selbstständige einmal erlebt, die sehr viel Lebensqualität raubt und großen Stress verursacht. Doch aus jeder Krise nimmt man auch immer etwas mit und ich habe dadurch gelernt, Dinge, die mich ein entspanntes und zufriedenes Leben leben lassen, zu bevorzugen. Und – oh Wunder – dazu gehört nicht das große Einkommen.

Damit will ich nicht sagen, dass ich nicht gern viel Geld verdiene, denn es zu haben, erleichtert das Leben sehr. Doch ich bin nicht mehr bereit, meine heutige Lebensqualität zu verlieren, um irgendwann ein Vermögen angehäuft zu haben. Mir ist es wichtiger, jetzt mit meinem Leben zufrieden zu sein und wann immer möglich, Momente des Glücks zu erleben, die bei mir nichts mit Geld zu tun haben.

Ich erinnere mich an einen Tag, an dem ich meinen Lebenspartner zu einem Termin in einer tollen Wohnung in einem Hochhaus, 16. Stock, mit einem atemberaubenden Blick über den Hamburger Hafen begleitet habe. Dort lebte ein älterer Herr. Allein. Er war augenscheinlich sehr reich und erzählte, dass er die Wohnung als Altersruhesitz für seine Frau und sich gekauft hatte. Sie wollten reisen, die Welt ansehen, ein gutes Leben haben, sobald er in Rente sei. Seine Frau starb jedoch recht früh. Nun ist er in Rente und sitzt einsam in seiner Wohnung. So geht es vielen, die das Leben auf später verschieben.

Andere glauben, dass das Konsumieren sie glücklich macht. Ich gebe zu, auch ich bin in Hochstimmung, wenn ich mir was Tolles gekauft habe. Ich kann mich darüber richtig freuen und das tue ich auch ganz bewusst, denn ich habe dafür gearbeitet, es mir leisten zu können und bin stolz darauf. Jedoch drehe ich es nicht um und kaufe etwas, um dieses kurze Glücksgefühl zu haben. Davor bewahrt mich meine Achtsamkeit, mein bewusster Umgang mit mir selbst und meine Lebenserfahrung.

Darüber hinaus habe ich für mich gelernt, dass ich mich mit weniger schlicht besser fühle, irgendwie leichter. Sachen sind auch Ballast, der mich an mein zu Hause bindet, für die ich Räume haben muss, in denen die Sachen sein können. Umso weniger ich habe, umso flexibler und beweglicher bin ich. Was genau hier Ursache und was Wirkung ist, kann ich gar nicht sagen. Bin ich beweglicher, weil ich weniger Sachen habe oder habe ich einfach weniger Zeug, weil ich beweglicher geworden bin und so viel losgelassen habe?

Du machst keine Meditation und auch kein Yoga, dennoch glaubst Du, achtsam zu leben und auch Achtsamkeit zu praktizieren? Wie genau tust Du das? Was ist Dein persönliches Geheimnis? Warum glaubst Du, sind Menschen gegenüber Achtsamkeit manchmal noch immer skeptisch?

Achtsamkeit beruht auf den meditativen Praktiken buddhistischer Traditionen, aber diese religiöse Verbindung ist schon längst verschwunden und auch für achtsames Verhalten in meinen Augen nicht notwendig. Als gänzlich unreligiöser Mensch wäre ich von dieser Verbindung auch eher abgeschreckt worden.

Für mich ist Achtsamkeit die Fähigkeit, Dinge bewusst zu erleben, zu tun, zu denken. Das macht mich nicht automatisch zu einem besseren oder gelasseneren Menschen, aber es gibt mir die Möglichkeit, mich zu emanzipieren und meine eigene Souveränität zu erhalten oder wieder herzustellen. Um dies zu erreichen, muss ich weder meditieren noch Yoga machen. Achtsamkeit ist für mich viel eher eine Geisteshaltung, mehr eine Einstellung zum Leben als etwas, das ich an bestimmten Tagen zu einer bestimmten Uhrzeit auf einem Kissen sitzend praktiziere. Ein persönliches Geheimnis habe ich nicht, außer vielleicht, dass ich es schon sehr lange tue, ohne zu wissen, dass man dies einmal Achtsamkeit nennen würde. Ich habe eine gute Freundin, die sehr häufig lachen muss, wenn ich wieder und wieder Dinge hinterfrage. Sie sagt dann „Heike, Du brauchst mal wieder Klarheit!" Das ist mein bewusster Umgang mit den Dingen. Wenn ich es nicht wirklich verstanden habe, dann bin ich nicht zufrieden. Habe ich es durchdrungen und für mich strukturiert, gebe ich Ruhe.

Auch gibt es von mir sehr häufig von den schönsten Momenten in meinem Leben keine Fotos, weil ich in diesem Moment mein Erleben nicht dadurch schmälern möchte, dass ich mit einem Smartphone oder früher mit einem Fotoapparat „herumfrickel". Der Wunsch, diesen besonderen Moment in einem Foto festzuhalten oder ihn auf Social-Media-Plattformen zu teilen, ist dann einfach nicht da, weil ich es voll und ganz genießen möchte. Meine ganz bewusst getroffene Entscheidung für den Moment. Die Skepsis und Ablehnung von Achtsamkeit hat sicherlich verschiedene Gründe. Die einen halten Achtsamkeit schlicht für esoterische Spinnerei. Und das kann ich ihnen noch nicht einmal verübeln, wenn ich mir das verwendete Instrumentarium mancher Achtsamkeitsexperten anschaue. Da ist man im „Hier und Jetzt", überlegt, „was es mit Dir macht", meditiert und zündet Räucherstäbchen an. Damit möchte ich nicht sagen, dass dies für eine bestimmte Zielgruppe nicht genau die richtige Ansprache und Umgebung wäre. Aber ich sehe dann auch, dass viele die Augen nach oben verdrehen, und diese erreicht man auf diesem Wege eben gar nicht.

Andere wiederum glauben, dass es ein Hype, eine Modeerscheinung, ist und bald wieder verschwunden sein wird, sie sich also damit nicht beschäftigen müssen. Ich denke, dass es so nicht ist, sondern dass Achtsamkeit in den kommenden Jahren einen festen Platz in unserer Gesellschaft finden wird. Denn es ist nicht das einzige Anzeichen dafür, dass die Menschen wieder mehr nach Sinnhaftigkeit, Erfüllung, Zufriedenheit und Glück suchen und heute wissen, dass sie dies nicht in den bisherigen zum Teil hektischen und aufgeregten Konsum- und Arbeitswelten finden.

Achtsamkeit bildet die Klammer um verschiedene Ansätze wie zum Beispiel Konsumverzicht oder Veganismus, die alle darauf beruhen, Dinge bewusst zu tun oder eben ausdrücklich nicht zu tun.

Heike Scholz, Gründerin mobile zeitgeist, Partnerin The Dignified Self, Co-Founder Zukunft des Einkaufens

Nach über zehn Jahren als Strategieberaterin für internationale Unternehmen gründete die Diplom-Kauffrau 2006 mobile zeitgeist und machte es zum führenden Online-Magazin für das Mobile Business im deutschsprachigen Raum. Zu den täglichen Lesern gehören sowohl Entscheider der Medien, des Handels, der Finanzwirtschaft und von Markenunternehmen als auch der Mobile Branche in Deutschland, Österreich und der Schweiz.

Sie ist Co-Founder von ZUKUNFT DES EINKAUFENS, einer Plattform, die den durch die Digitalisierung hervorgerufenen Wandel im stationären Einzelhandel begleitet. Als Partnerin von THE DIGNIFIED SELF möchte sie zu einer Diskussion in Gesellschaft und Unternehmen beitragen, wie wir moderne Technologien zu unserem Vorteil nutzen und negative Begleiterscheinungen minimieren können.

Darüber hinaus ist Heike Scholz eine anerkannte und geschätzte Speakerin und gehört zu den Digital Influencern der deutschen Internetszene. Als Juryvorsitzende bei den Best of Mobile Awards, Jurymitglied des Typo3 Awards und Advisor für Technologie-Start-ups fördert sie mit ihrem Engagement insbesondere die Mobile Branche in Europa.

Weitere Informationen
mobile-zeiteist.com
thedignifiedself.com
zukunftdeseinkaufens.de

7.7   Interview mit Humberto Schwab – Philosoph der modernen Zeit: Werte, Würde und die Bedeutung von Philosophie in der modernen Zeit (in englischer Sprache)

Humberto Schwab ist ein Philosoph, den Sie kennen sollten. Er schafft es, philosophische Grundgedanken in einer einzigartigen Weise auf die moderne Welt der Technologie anzuwenden. Er ist ein Fan von „The Dignified Self" und ich habe einige seiner sehr wertvollen „Socratic Design Workshops", die er gemeinsam mit Rudy De Waele durchführt, besuchen dürfen. Eine der dort sehr fundamentalen Übungen ist die der Werte-Definition. Das Interview wurde in englischer Sprache durchgeführt.

What do values and dignity mean from a philosophical point?

Dignity means to make values; values are the cornerstone of our ethical orientation. We can have different sorts of values like character traits, traditions and culture, strong institutions, rights, laws and obligations, religious entities, concepts or any human artefact, nature, art and so on. You can see that the choice of your values is determining the way you think, feel and act. It determines the way you want your society to be or to become.

Values are always connected to a strong moral sense or strong moral feeling, or in other cases to a strong moral commitment. Moral is our system that preserves the good, or that prevents things from going badly. Of course the "good" has to be identified, but the relativistic approach (anything is OK) does not stand: in the development of humanity we see an increasing awareness of the value of, for example, human rights, written down by a lot of human beings from different parts of the world. Relativists want to expel any common moral approach, because they see this as an assault to their individual autonomy. But now we see millions of people demanding the same rights as we have taken for granted for ages. We also see worldwide offenders against human dignity being trailed in The Hague, a progress which you cannot overestimate: at the end everybody can be judged! In our human history, we have a clear concept of the good, which is, for example, perfectly articulated by Pico della Mirandola ("On the dignity of man" 1446).

Dignity is the core of a moral society or of a moral culture; in dignity, we make our culture, we declare this or that a value (i.e., family, respect, integrity) and we design rituals to keep and to sustain these values. Values that are always recognizable in the rituals and in the ritualized education of our kids. Kids learn the different values to emerge towards a dignified self which is different from the just biological self. The self is a construct of any culture, related to their value ecosystem. If you see a person from the aboriginal tribe, their value system is identifiable, as is that of a person from the Amish people. Values are so essential that they build the foundation for all our decisions and choices. It gives horizon to orientate ourselves towards all existential questions. They are connected with our deepest intuitions and thoughts. They create our characters.

A value can also be a ritual or a procedure, if we take the value of reciprocity it is a procedural value but very visible in the whole build-up of the culture. So if you learn from childhood to respect the other or to empathize with the other, these intentions and actions will be engraved in your neural system. This neural system is connected to our sensible organs like heart and stomach from the beginning. The interesting thing is that moral commitment very strongly connects to these sensible organs. You can see people vomiting when observing horrifying and amoral practices.

What is the meaning of the self in the modern age – from your perspective?

In the modern age, the self was the centre of thinking, which was opposite to the preceding ages in which the church or the king was the centre of thinking. The "cogito ergo sum" shifted the whole foundation of ourselves IN ourselves, in our subjectivity. In the modern era, there were still strong moral bounds and regulations. In our time, the "post modernity", the "I" is considered to be completely free from any bonding with a moral character. The individual freedom is now defined as contrary to any moral restrain, you can say that we see the self as an atomic entity. The self is an actor that tries to maximize his own happiness, while the content of this happiness is mostly defined by the atomic self. Often happiness is defined by consumer goods, mostly relativistic.

Fromthe Cartesian "cogito" we have come into the post modern "consumo" era. Freedom is more and more defined as the complete absence of any external moral obligation. We see a variety of educational practices in which kids are brought up, and which often contradict each other. This plurality of value systems is often a priori regarded as a democratic acquisition, ignoring the fact that any opinion, concept, theory or practice demands a moral or an ethical horizon.

Plurality of values should in the end also rest in a value system that makes this feasible and practicable. Without it, we get lost in „anything goes"; it can even lead to a jungle in the neural system of the growing adolescent. Aesthetic and ethical rules can make us free to act. Free to achieve things.

We also see a lot of disorientation in the post modern society within adults, with the epidemic and massive burnout as a strong example. Our modern and postmodern self is deeply rooted in the 16th century idea that the individual is defined in the way we define property. So, you are the property of God (John Locke), so the consequence is that property is a sacred concept. Also it has as a consequence that a person owns him-/herself and that the individual freedom is defined by the property that the person can own. This so called possessive individualism is the corner stone of our culture and politics of the "elf".

The self that proclaims total moral freedom, that does not accept moral consensus with others about values, acts as if he or she can act independently of any social ecosystem.

Like we saw any self is defined by a moral system – without that there is no self – so the ignorant self will only reproduce the old modern concept of self, without knowing. We need to deep dive into the roots of our definitions, identities, horizons, etc., that is why Socratic Design is key.

How is philosophy linked to technology?

In two ways. We produce technology according to our ideas and concepts. There was already something like a computer in the Ancient Greek time but it did not fit in their frame of reference so they did not grasp it. When cultures have a philosophy that sees stars and plants as their gods, they will develop different technologies than a culture that sees them as part of their world. The way we see the world and ourselves defines the way we develop technology.

On the other hand, the different technologies in history, like pottery, the clock, the steam engine, the telegraph, the telephone and the computer have always served as metaphors for ourselves. Also, now we talk about "deleting somebody from our hard disk". We experience ourselves as the technology that is at stake. We still use terms from the steam engine period: "I feel pressure", "my temperature is rising", "I am almost exploding". In philosophy, we can analyse these two aspects of the relation between man and technology, its assumptions and the relevant argumentations. A classical approach by Marx showed us that we human beings form ourselves in the way we transform nature with our tools. In the transforming of nature, we form ourselves. It is a philosophical approach that synthesises both aspects.

In the coming years, philosophy will be essential for us to frame a new paradigm to encapsulate exponential technology in the development of humanity. The super artificial intelligence will be that strong that it will have the same extra intelligence in relation to us, as we have in relation to mice. As you know we do not care much about mice!

If we keep our arms crossed, we will not only copy the technological creature, but we will be incapable to distance us from these unknown ontological constructs. We need a theory (theoria in Greek means "way of seeing") to define the human self in the strongest way, based on the roots of our cultures, based on our best experiences as human beings. I propose, as anticipation in relation to the exponential technology, an exponential humanity. Socratic Design can deliver that, because it searches for the hidden in explicit assumptions, eliminates the fallacies and creates new realities or new narratives.

What are the three best books you can recommend for someone who wants to get into philosophy?

You have a lot of good introductory books (Savatar, Michel Onfray), I like very much the BBC documentary and book the Great Philosophers by Bryan Magee.

To learn about dialogue (which is the key in Socratic design) I propose Dialogue by William Isaacs. To learn to think really the book Thought as a system by David Bohm is indispensable.

What is mindfulness for you and how do you practice it? Any tips you would like to share to become more conscious?

To become mind-FUL you should empty your mind, otherwise nothing can come in! So, watching a tree for one hour without having thoughts is the best exercise to start with. As long as you have all sort of thoughts you are not in the exercise, try to get your eyes in the tree. If you have all sorts of associations about the tree, then you are also NOT watching the tree. Something will happen when you finally "see" the tree. Repeat the exercise until this happens. Write down what you see when you really "see" the tree.

Most of the times our heads are full of thoughts, people have the strange aberration that they take this for thinking. To empty your mind, watch your thoughts and identify the addictive ones (the ones you have often and which you are convinced of very strongly); so when you say "I always say that …", then this is an addictive thought that is blocking an empty mind. You can ask yourself: "Do I want to think this?" Be aware that also negative thoughts ("I am ugly", "I am guilty", "I have failed") can be as addictive as positive thoughts.

You can also empty your mind by asking somebody an important question, repeating the answer of the other person, ask for confirmation, and ask for further clarification, then repeat again and so on. So you completely enter the mindset of the other.

Finally, I have developed brain yoga which I can only explain in direct contact exercise.

What are the things children and students should be taught today in order to be prepared for the future?

They should acquire the negative capacity or poetic capacity which means that they can act according to their values in an effective way in any circumstances whatsoever. It implies that they have a coherent set of values (in body and mind, in mental and corporal health), that they have knowledge of the history of humanity and that they are able to evaluate this. They can act effectively, that means they have self-knowledge, interpersonal knowledge, they understand social structures and they have insights into the external world that influences them. Finally, they can act in any situation, so they have a creative capacity and the self-confidence to enjoy participating in uncertain circumstances but with a strong moral compass.

For young kids it means, that they learn to ask questions and learn to develop answers together. The mental force of kids should be challenged as early as possible. The socratic dialogue is a strong context for this development.

Students should be given the full complexity of our actual challenges, the burning questions and the possibilities that are visible in our world right now and the ones who are present tomorrow. Student should all have minors in philosophy but above all practical philosophy, only in the way that they can experience that we can design our world of tomorrow (because the world of today is also designed, but not by us). Socratic Design labs (see www.humbertoschwab.net) are an example of this art and philosophy.

These things cannot be taught. Students can only acquire them themselves when offered by exemplary personalities at the right time in the right way with the right aim. So, basically the educational system is preparing kids for times past, harming their capacities and undermining their self-confidence. The ideal of „Bildung" is needed more than ever. The capacities like science, coding and math can be acquired using very different platforms. For the world of tomorrow, it is necessary to know what determines us. If you cannot open it, do not use it.

They should know that we live in a design and they should know where this design comes from; they should have the creative capacity to design a culture for the dignified self.

You were one of the early supporters of The Dignified Self: Why do you feel the initiative for more mindfulness in the technology age is important and why do you personally support The Dignified Self?

As you can read in my answers, technology challenges us to come up with a clear powerful paradigm that creates perspectives that are coherent with the ideals of humanity that have emerged since the Greek civilizations onwards. In this project, I see a strong start for a global dialogue on the possible context of any dignified self in the world.

The strong determination of Lilian, the founder of The Dignified Self, gives confidence that she will deliver. Her creative intelligence will be the guarantee that she will skip old thoughts and addictive lines of reasoning. She has a convincing stability of change in her personal presence, she is the optimistic self. She can also build a bridge between different cultures within society with her unconventional approach.

Humberto Schwab, Filosofía SLU

The philosopher and physicist Humberto Schwab works as Socratic designer in Spain and the Netherlands. He developed the Socratic Design Method to create new strategies and missions for businesses and nonprofits.

With this method organisations can create knowledge to be prepared for any future. We base our thinking and acting on old assumptions and old theories; even we have difficulty in thinking along new lines. In a world of drastic change, we have to know what our core competence is, what we need to change and what to preserve. We also need a vision of the future.

To do this investigation, the company first has to create a collaborative mind, listening to each other, listening to the weak signals in the practices of all the personnel. It is above all a process of communication how to share day-to-day intelligence. We should stop the fragmentation in companies in departments and silos. A fluid connection between all is crucial to be agile.

Socratic methods are the way – starting with questions – to leave your fixed assumptions aside, to pose the urgent question, to see new facts, to integrate values and to create a new idea to „see" the concrete world. One person can have wisdom, a group of people can make new ideas and theories. In the end phase we can create new future scenarios, new vocabulary, new rituals and procedures resulting in innovative products and services.

More about Humberto Schwab: http://humbertoschwab.net/

7.8 Interview mit Gabriela Seir – Head of Digital, Coca-Cola: Die Bedeutung von Agilität, Achtsamkeit und Empathie in der Führung in Zeiten der digitalen Transformation

Gabriela Seir gehört zu den besten Führungskräften der modernen Zeit, die ich kenne. Ich freue mich daher sehr, ihre Ansichten mit Ihnen teilen zu können. Wir haben uns im Rahmen unserer Zusammenarbeit bei der Coca-Cola Erfrischungsgetränke GmbH kennengelernt. In diesem Interview sprechen wir über die nötigen Kompetenzen der Führungskräfte in der digitalen Transformation sowie über die Bedeutung von Achtsamkeit, Agilität und Empathie. Da Gabi lange im Ausland gelebt und gearbeitet hat und eigentlich Italienerin ist, könnte Ihnen auch das eine oder andere englische Wort in diesem Interview begegnen.

Du bist eine erfolgreiche Führungskraft in einem Weltkonzern mit viel Verantwortung und einem schnellen und fordernden Alltag. Dennoch hast Du immer ein Lächeln im Gesicht und verlierst nie Deine Freundlichkeit und Menschlichkeit. Was ist Dein Geheimnis? Welche Empfehlungen kannst Du geben, für etwas Ruhe in der Beschleunigung und mehr Achtsamkeit im Alltag?

Danke für das Kompliment, Lilian. Ich bin und war immer schon ein „the glass is half full"-Mensch. Für alle, die es nicht sind, man kann es sich selbstverständlich auch antrainieren. Mein Mantra ist: Andere so zu behandeln, wie ich gerne von ihnen behandelt werden möchte. Dies gilt im Beruflichen ebenso, wie im Umgang mit Mitmenschen im Privaten. Wir haben alle gute und schlechte Tage, etwas Menschlichkeit kann dazu beitragen, einen positiven Impact auf das Arbeits- und private Umfeld einer Person zu haben. Das Beste: Es kostet nichts und hat einen riesen Return on Investment (ROI)!

Ein weiterer Grundsatz, mit dem ich gut im Arbeitsumfeld zurechtkomme, lautet: „Believe in best intention of others". Nehme also die besten Intentionen in anderen an. So startet man sofort mit einer Vertrauensbasis und kann sich auf die gemeinsame Zielerreichung konzentrieren. Wir haben anspruchsvolle Jobs, mit einem Lachen und Spaß geht die Arbeit einfach leichter von der Hand. Lachen hält außerdem gesund, das hat schon der Wiener Psychiater Viktor Frankl 1946 erkannt. „Lachen stärkt das Immunsystem und weckt neuen Lebensmut", so Frankl. In Krankenhäusern bringen Clowns die Patienten mit ihren Späßen zum Lachen und unterstützen so den Heilungsprozess. Genau das Prinzip kann und sollte man auch in Unternehmen nutzen. Studien zeigen, dass fröhliche Menschen von anderen als sympathisch und kompetent wahrgenommen werden und Jobs schneller erledigen.

Daher mein Tipp, Spaß fördern und Mitarbeiter mit Humor führen. Das erleichtert die Kommunikation, fördert die Offenheit und schafft eine gute Voraussetzung für Problemlösungen. Dasselbe Prinzip gilt übrigens auch im privaten Umfeld.

Die künstliche Intelligenz und das Roboter-Zeitalter sind auf dem Vormarsch. Welche Skills sollten Führungskräfte und Mitarbeiter haben, die heute und in der Zukunft in der digitalen Zeit bestehen wollen? Was heißt in diesem Zusammenhang digitale Ethik und Menschlichkeit für Dich?

Die digital „enabled" Gesellschaft sollte auf die solide Basis bauen: Respekt für sich selbst und das Umfeld, offen für Neues sein und ein Maß gesunder Menschenverstand. Darauf lässt sich gut aufsetzen, um die inhaltlichen Fähigkeiten zu entwickeln/weiter zu entwickeln, die in der digitalen Gesellschaft benötigt werden. Der größte Wandel heißt: „the digital marketplace has created a business imperative that every company be – in some way – a technology company." Fokus für mich ist dabei die Marketing-IT-Beziehung, da ich aus erster Hand erlebe, wie viele der neuen Marketingaktivitäten durch technologische Neuheiten getrieben werden. Technologie-Interesse und Expertise wird Key sein, Kommunikationsskills (Over-Communication, Nutzerverständnis, Brücken zwischen Abteilungen bauen, etc.), Cross-funktionales Teammanagement um Vision und Business-Ziele abzugleichen, analytisches Denken („data analytics") und kreatives Umsetzen.

Digital wird nicht ein separates Skill-Set sein, es wird immer und überall mitintegriert sein. Nicht digital zu denken, wird es nicht mehr geben.

„Adaptability, cultural competence (the capacity to think, act, and move across multiple borders), 360-degree thinking (holistic understanding, capable of recognizing patterns of problems and their solutions), intellectual curiosity, and, of course, empathy. These so-called ‚soft' attributes constitute a distinctive way of seeing the world. Taken together, they create a kind of ‚Third Space' that differs sharply from the other two perspectives that have long dominated business thinking: the engineering and traditional MBA perspectives." (Quelle: https://hbr.org/2015/09/empathy-is-still-lacking-in-the-leaders-who-need-it-most)

Wir machen digital nicht, um einfach nur digital zu sein, wir machen es, um besser zu werden und die modernen Möglichkeiten zu nutzen. Führungskräfte und Mitarbeiter werden zu „connectors", „translators" und „enablers". Es ist unsere Verantwortung, Mitarbeiter, Kollegen und den Betrieb auf die Reise mitzunehmen.

Was bedeutet Achtsamkeit für Dich? Warum denkst Du, wird es immer relevanter und wie löst Du das Thema für Dich persönlich, im Umgang mit Technologie sowie im Business-Alltag?

„Achtsamkeit ist Handlung – ein innerer Prozess mit vielen Konsequenzen und Bedingungen" – Matthias Horx über Achtsamkeit im Zukunftsreport 2016.

Achtsame Menschen wissen, dass Krisen (egal ob im Arbeitsumfeld oder Privat) Impulse des Neuen sind. Achtsamkeit lehrt uns, in den Problemen die Lösungen zu sehen, das ist ein sehr wichtiger Ansatz in einer agilen, sich schnell verändernden Welt. Veränderung wird eine Konstante sein und bleiben, die daraus resultierende Ungewissheit kann Ungewissheit schaffen. Achtsamkeit hilft diese Ungewissheit zu moderieren.

Achtsamkeit klingt anstrengend? Ist es nicht. Mit wenigen einfachen Schritten kann man für sich selbst jeden Tag Momente finden, zum Beispiel ein freundliches Hallo im Aufzug, Meetings beim Spazieren im Park absolvieren oder einfach mal das Smartphone am Wochenende zu Hause lassen. Wirkt Wunder!

Welchen Stellenwert hat Empathie, Intuition und emotionale Intelligenz für Dich insbesondere in der schnelllebigen, digitalen Welt? Wird Empathie von Konzernen aus Deiner Sicht als Führungsstärke wahrgenommen? Wird sie ausreichend kultiviert?

„What is empathy? It is a deep emotional intelligence that is closely connected to cultural competence. Empathy enables those who possess it to see the world through others' eyes and understand their unique perspectives" (Quelle: https://hbr.org/2016/01/the-limits-of-empathy).

Empathie wird als Führungsqualität wahrgenommen, jedoch reicht Empathie alleine nicht, um erfolgreich zu sein. Alle „five third Space attributes" sind wichtig. Empathy bleibt aber meiner Meinung nach die emotionale Grundlage für erfolgreiche Business Leader.

Es ist wichtig, empathische Fähigkeiten in Führungskräften zu entwickeln, besonders wichtig für die Führung von sogenannten Millennials (es gibt hiervon schließlich ca. 80 Mio. im Arbeitsmarkt). Hier ist es insbesondere wichtig, die Person persönlich zu kennen und ein wirkliches Verständnis zu haben. Das schafft man durch Empathie.

Die digitale Transformation zeichnet sich durch ständigen Wandel aus, der primär technologiegetrieben ist. Geschwindigkeit und Daten sind heute neue Währungen geworden. Was ist die Stelle des Menschen in diesen Zeiten? Welche Auswirkungen kannst Du feststellen?

Digital nicht nur um digital zu sein („for digital sake"), sondern um Mehrwerte zu schaffen. Die digitale Transformation ist die vielleicht größte Revolution, die es je gab und wird die Gesellschaft, Geschäftsmodelle und Industrien verändern. Unternehmen, die sich nicht anpassen, riskieren, irrelevant zu werden. Um relevant zu bleiben, ist es wichtig, einen customer first/focussed/obsessed Fokus zu haben, egal, ob man von Mitarbeitern, Kunden oder Konsumenten spricht. Nur so können wir (schnell) echte Mehrwerte liefern. Um relevant und erfolgreich zu sein, muss man zudem agil sein und sich schnell anpassen. Besser noch, man definiert neue Standards (durch Erkenntnisse) und schafft sich so einen Wettbewerbsvorteil und einen „barrier to entry" für Konkurrenten. Je nachdem in welcher Industrie man sich befindet, fällt die digitale Transformation „mehr auf". In traditionelleren Industrien ist extra Aufklärarbeit, Training und gute Kommunikation notwendig, um alle Stakeholder mit auf die Reise der digitalen Transformation zu nehmen. Transparenz hierzu nimmt auch die Angst, die Änderungen oft mit sich bringen.

Welche Verantwortung siehst Du heute bei Unternehmen gegenüber ihren Mitarbeitern? Wie verhält es sich zum Beispiel mit der Möglichkeit zeit- und ortsunabhängig zu arbeiten, den Grenzen von Always-on, dem achtsamen Umgang mit Technologie oder der Sicherung von Kreativität?

Durch Technologien können wir von überall in der Welt miteinander kommunizieren und Geschäfte abschließen. Flexibles Arbeiten kann ermöglichen, die besten Mitarbeiter für die besten Stellen zu rekrutieren, irrelevant von Zeit- und Ortsabhängigkeit. Digitalisierung macht das möglich. Zukünftig werden Unternehmen auch mehr in das „BYOD-Model" einsteigen, wenn „Governance", Sicherheit und die Unternehmensarchitekturen und -strukturen das ermöglichen. Wichtig ist es einen Weg zu finden, um Teamgeist und die Firmenkultur am Leben zu erhalten, sowie Zugehörigkeit zu fördern.

Agile Entwicklungsmethoden (wie zum Beispiel Scrum) haben heute einen hohen Stellenwert erlangt. Das Wasserfall-Modell, indem ein Thema nach dem nächsten angegangen wird, findet weniger Aufmerksamkeit. Welche Folgen siehst Du hierdurch für die Menschen? Sind Multitasking und Flexibilität heute Voraussetzungen geworden? Wie können wir so agil blieben, wie auch die Methoden und Entwicklungszyklen, denen wir uns bedienen?

Ein sich schnell veränderndes Umfeld setzt voraus, dass man schnell Produkte und Services baut und testet. Das Mantra von Silicon Valley und der Innovations-Welt ist: „Fail Fast, Fail Often", „Fail Better" oder „Fail Forward". Doch das Ziel von Projekten sollte nicht sein fehlzuschlagen, sondern „embrace resilience" und die Fähigkeit, schnell wieder auf die Beine zu kommen und Fähigkeiten entwickeln, sich anzupassen und schnell zu lernen.

Unternehmenskultur und Führungsstil müssen sich dementsprechend anpassen und entwickeln. Auch Mitarbeiter müssen sich mit diesem Wandel bzw. Shift zurechtfinden. Vor allem traditionelle Unternehmensbereiche können mit agilen Methodologien und Design-Thinking-Ansätzen oft wenig anfangen, Flexibilität wird daher ein Muss sein. So auch die Offenheit für Neues.

Warum findest Du „The Dignified Self" und die damit verfolgte Initiative für mehr Achtsamkeit in der digitalen Zeit wichtig? Was motiviert Dich persönlich, diese zu unterstützen? Warum werden die Grundgedanken von The Dignified Self aus Deiner Sicht auch für Unternehmen immer relevanter?

Ich verstehe Achtsamkeit als Qualität des Seins. In einer Welt, in der sich alles sehr schnell bewegt, ist es nicht immer einfach, das Prinzip der Achtsamkeit zu leben oder Zeit dafür zu finden. Aber es ist wichtig in Achtsamkeit zu investieren, jeder persönlich für sich selbst, aber auch auf Unternehmensebene. Investitionen in Achtsamkeit helfen Unternehmen und Mitarbeitern, Digitalisierung optimal zu nutzen und positiv zu leben. Achtsamkeit ist eine Win-win-Situation für Unternehmen. „The Dignified Self" hat das Potenzial, die führende Informationsrolle für Unternehmen einzunehmen.

Gabriela Seir, Head of Digital & eCommerce at Coca-Cola Erfrischungsgetränke GmbH

Gabriela Seir ist eine mehrfach ausgezeichnete digitale Führungskraft. Sie arbeitet seit über 15 Jahren im digitalen Umfeld sowie im E-Commerce für multinationale Unternehmen.

Gabi's Fokus war von Anfang an auf die Bereiche Marketing, Technologie, Creative, Media und FMCG gerichtet und auf die Verknüpfung dieser Felder untereinander. Nach ihrem MA-Abschluss bei Central St Martin's University of London, hat Gabi ihre Karriere bei Apple in London begonnen und ihr Interesse, Marketing und Technologien eng miteinander zu verknüpfen, ausgelebt.

Gabi war eine der ersten Digital Marketeers in Großbritannien, die Podcasts und Spiele für Restaurantketten entwickelt hat, damit Gäste länger in Restaurants verweilen und Kinder und deren Eltern die Zeit im Restaurant mehr genießen können. Gabi verfolgt das Credo: „Digital/ technology not for digital sake, but to drive real user value". Und das Beste, Gabi macht das alles mit einem Lachen im Gesicht und führt Teams, die offensichtlich Spaß haben an der Arbeit.

Aktuell leitet Gabi den digitalen Bereich bei Coca-Cola Deutschland. Gabi's Leadership-Fähigkeiten und ihr Know-how im Bereich Digital, Marketing und Technologie, kombiniert mit ihrer italienischen Herkunft und fast 15 Jahren in London, machen sie zu einer entscheidenden Kraft der digitalen Transformation.

7.9   Interview mit Rudy De Waele – Change Agent & Speaker, Autor, Shift 2020: Die Bedeutung künstlicher und emotionaler Intelligenz, Werte & die Zukunft der Arbeit (in englischer Sprache)

Rudy De Waele kannte ich lange nur von Tech-Konferenzen und als jemanden, der Technologie-Events organisiert und maßgeblich die Mobile-Welt mitgestaltet. Als wir uns das erste Mal bewusst unterhielten, stellten wir fest, dass wir beide neben all der Technologie auch große Fans der Menschen sind. Meinen ersten Vortrag über Achtsamkeit in digitalen Zeiten hielt ich kurze Zeit später auf einer seiner Konferenzen über das „Internet der Dinge" und ich danke ihm für die Unterstützung und das frühe Vertrauen. Rudy ist ein Kooperationspartner von The Dignified Self und manifestiert mit seinen Aktivitäten und dem Format des „Socratic Designs", welches er mit Humberto Schwab realisiert, eine wunderbare Bewegung für die Kultivierung menschlicher Werte. In dem nachfolgenden Gespräch haben wir uns über die digitale Transformation, Achtsamkeit, die künstliche Intelligenz und die Zukunft der Arbeit unterhalten. Das Interview wurde in englischer Sprache geführt.

1. The digital transformation (including the time and place independence) has led to more potential freedom for employees. Also it has brought up new challenges for corporations to keep their employees happy and for individuals to stay focussed and mindful. a. What is your opinion about that?

The Internet and technology innovation in the last 20 years has created more freedom for people to be connected and work from whatever device, wherever they want and whenever they want. Smart companies have been able to turn these changes into advantages by empowering their teams. For larger corporations this is more complicated as they are used to control people and workforces. But control is no longer a requirement to create exciting products, or experience services in the new economy. People want to be empowered, not controlled. Research from the last years has shown that empowered teams are a lot more productive and innovative: giving people and teams a purpose and responsibility to create initiates far better results. Employees need to be engaged and connected to the brands they work for, and the products and services produced. This creates fulfilment and happiness at work. Not respecting these new rules of creation makes employees unhappy, so no great products or services will be created in such environments.

b. Mindfulness can increase emotional intelligence and empathy skills, by becoming more conscious of yourself and others around you. Do you agree? What is your take on this?

First, we need to understand the word Mindfulness; I believe there's a lot of things associated with the word that are often misunderstood. Emotional Intelligence is a totally different thing that is composed of so many different senses, experiences and knowledge connected to the brain, heart and soul. I'm not sure mindfulness increases Emotional Intelligence; it's definitely a way to start digging more into oneself and become more aware of the powers surrounding us.

c. What is the importance of mindfulness and emotional intelligence in leadership (now and in the future)? From 1 to 10 (10 being the highest): how important is it in your opinion?

The impact of technology on business and society has created great innovations solving day-to-day problems towards a convenience economy creating more dependencies on technology. These years of technological domination in every sector will soon have a complete opposite effect on people and workforces who will feel the lack of human values in their day-to-day interaction. So, mindfulness will become one of the major trends managers will have to embed in their planning as to keep their people happy, engaged and performant.

I don't believe you can put this into numbers from 1 to 10, as if Emotional Intelligence can be measured? Different activities of Mindfulness have different outputs. What will be important for leadership in the future is that leaders understand the dynamics of their people and teams, how they can connect and engage their teams with core company values in order to create purposeful products for a sustainable future. More attention will be required now and in the near future for leaders to attract the best talent and keep that talent happy and connected to the company.

Digging deeper into one's personal values, potentially in sync with company values is the secret to success in the future. The big companies like Google, Facebook and Apple understood that already and are creating totally different kind of working environments for their new headquarters and offices. They design places so cool that employees want to spend time and have fun with co-workers. Those types of environments are the best to generate and create.

Meditating, yoga or Tai Chi type of activities can help people relax but are not enough to compete in the future. Being connected and in sync with one's values, reflected in what they do every day to move towards a future goal is more important.

d. How do you think the future of work will or should develop? Are there changes needed? Please explain.

- Purpose.
- Connect to personal values.
- People will work for companies that share their values. No good values, no good people.
- More space and time flexibility at work.
- Empower people, don't control them.
- Large corporations need to split into smaller more efficient operating teams or divisions.
- Happiness is the new ROI.

2. The rise of Artificial Intelligence leads to a higher need for emotional intelligence among humans, as this will be one of the few things that machines cannot learn or do.
a. Do you agree? Please explain.

Any type of work that can be copied by a robot, AI or an algorithm will be copied. It's important to realise that and start focusing on (re)developing our core human characteristics like ethics, imagination, and creativity…

We need to make sure we stay on top of developments with AI and not let technology dominate us. As the race is going now and technology is gro-wing exponentially, while we humans only develop in a linear way, we need to understand the challenges ahead. There is a lot of learning to be done in this area for people to fully understand the impact technology can have on our evolution. Digital ethics will be key in a machine-dominated future of work. Products and services that value human unique features will grow in importance the coming years.

BTW machines will develop a better understanding of human behaviour and emotional intelligence as we move forward. It is we humans who need to reflect and go back to a more emphatic society and keep our core human features intact.

b. How would you describe the influence robotics has and will have on humans? How can we prepare? How can we differentiate us from robots in the future?

The first thing to do is not to compare us with robots, then we don't need to differentiate (*Laughs*).

It will be hard for the corporate world NOT to go for automation with robots. Robots can work 24/7, are never sick, never complain and don't need social security to pay for... Corporationes are about profit, so they do not really care about having people do the work or robots. However, I am sure that only the companies with good ethics will be able to survive in the future. If people do not agree, they won't buy the products or services anymore from companies doing things only for the sake of making money. The communication of good values will become more and more key for corporations. You can see now already that the young generation doesn't want to work anymore for large corporations with whom they do not share values or purpose. This mentality will be amplified with the integration of more and more robots on the work floor.

What needs to change is our relationship and obsession with money. Companies cannot keep extracting value (and money) just for the sake of some shareholders, while more and more people will lose their job due to automation. Companies should help relocate their employees or retrain them instead of just dumping that. As the Internet and technology made our society more transparent, companies who behave badly in these areas will pay the price in the future. Good ethics means good business in the long term.

3. Do you use your technology mindfully? And would you describe yourself as mindful? If so, please share why and how you achieve this state of being for yourself (any life hacks, tips, etc.)?

All people want to change the world but do not want to change themselves. The first thing to do and spend time on is to „Know Thyself". Most people just run around thinking they need to make money or become somebody in order to be successful in society and be respected, but it is the system we live in that pushes us in this direction. If everyone took the time and invested to understand oneself, his/her purpose better and where he/she really wants to be in the future, the world would be a much better place. Most people live with the wrong assumptions, doing the wrong things all the time. Standing still and challenging assumptions to dig into oneself is a much more important thing to do. This is what we do with Socratic Design. The alternative is that most people, one day or another, will succumb through burnout, family explosions and looking back on their life like „was that all it was?" (Realising that most of their lifetime was spent to work). We have done quite some workshops now and the one thing that always comes back is that whatever entrepreneur or executive is doing the value exercise, no one is mentioning technology as part of their values they want to live for. These are all core human values, like family, friends, creating, sharing, collaborating, educating, etc…. So, I advise anyone reading this to just take a nice walk and think about your life; who are your beloved ones and your relationship with them; what are you doing that you love in your life; what are the values you live for and start thinking how you want to live your perfect life based on those values in the future. If you do this honestly with yourself, we're all moving in the right direction towards happiness.

The change is possible: start with yourself, connect to your values, what you really believe you should do, connect that to your dream vision, both personal and professional, and stay truthful to that. It's not more complicated than that.

Rudy de Waele, Founder & CEO shift 2020 – shift2020.com

Rudy de Waele is an innovation change agent and transformation strategist, keynote speaker, and author. He assists companies and entrepreneurs to improve their business using new methodologies to re-invent and transform business, creating events, presentations, think tanks and Socratic Design workshops.

Rudy specialises in giving technology trend forecasts, in analysis and ideas exchange on how to thrive in the new economy. His unparalleled experience, knowledge and insight propel leaders to stay ahead of the curve by providing clients with targeted advice and strategies to transform their business. He is a graduate of the Singularity University and has developed more than 200 events in the industry in more than 50 cities around the world.

More information at shift2020.com

8

Anhang

8.1 Achtsamkeit-Fotostrecke – Bilder sagen mehr als 1000 Worte

Im folgenden Anhang finden Sie Bilder[1], die Sie neben den Impulsen im Rahmen des Buches als Inspiration für Ihre weitere Reise und das Leben im „Jetzt" begleiten sollen. Ich habe sie persönlich für Sie ausgewählt. Die Fotostrecke illustriert Momente der Achtsamkeit.

Abschließend bleibt eigentlich nun noch eins zu sagen:

Ich wünsche Ihnen eine fantastische Reise in die Gegenwart! Wir sehen uns dort.

---

[1] Alle Fotos von Lilian N. Güntsche.

© Springer Fachmedien Wiesbaden 2017
L.N. Güntsche, *Achtsamkeit in digitalen Zeiten,*
DOI 10.1007/978-3-658-11090-1_8

Inspirationen für die Reise

Die Gegenwart genießen (Thailand 2016)

Gedanken ziehen lassen (Berlin 2014)

Die Stille hören (Südafrika, 2013)

Die Farben der Welt wertschätzen (Thailand 2016)

Bewusst Details erkennen (Sylt 2015)

In den Körper hinein fühlen (Thailand 2014)

Das Ruder des Lebens in die Hand nehmen (Thailand 2016)

Loslassen (Berlin 2013)

Neue Seiten entdecken (Sylt 2014)

Neue Wege gehen (Spanien 2016)

Gleichgesinnte finden (Südafrika 2013)

Chancen der Digitalisierung nutzen (Thailand 2016)

Erfüllung im Beruf leben (Frankfurt 2014)

Die Ruhe als Kraft erkennen (Südafrika 2013)

Ein „Teilzeit-Baum" sein (Berlin 2015)

Entspannt bleiben (England 2015)

Die innere Mitte spüren (Thailand 2016)

Wahre Glücksmomente erkennen (Thailand 2016)

Authentizität leben (Spanien 2015)

Printed by Printforce, the Netherlands